AF550659

DROEMER

YASCHA MOUNK

DAS GROSSE EXPERIMENT

WIE DIVERSITÄT DIE DEMOKRATIE BEDROHT UND BEREICHERT

Die Originalausgabe erschien 2022 unter dem Titel
The Great Experiment
bei Penguin Press, New York.

Aus dem Englischen übersetzt von
Johanna Fierlings

Besuchen Sie uns im Internet:
www.droemer.de

Aus Verantwortung für die Umwelt hat sich die Verlagsgruppe Droemer Knaur zu einer nachhaltigen Buchproduktion verpflichtet. Der bewusste Umgang mit unseren Ressourcen, der Schutz unseres Klimas und der Natur gehören zu unseren obersten Unternehmenszielen. Gemeinsam mit unseren Partnern und Lieferanten setzen wir uns für eine klimaneutrale Buchproduktion ein, die den Erwerb von Klimazertifikaten zur Kompensation des CO_2-Ausstoßes einschließt. Weitere Informationen finden Sie unter: www.klimaneutralerverlag.de

Deutsche Erstausgabe April 2022
Droemer Verlag

Covergestaltung: total italic, Thierry Wijnberg
Satz: Adobe InDesign im Verlag
Druck und Bindung: CPI books GmbH, Leck
ISBN 978-3-426-27850-5

2 4 5 3 1

Inhalt

Einleitung 7

TEIL EINS
Wenn diverse Gesellschaften scheitern
31

1 Warum der Konflikt vorprogrammiert ist ... 36
2 Drei Wege, wie diverse Gesellschaften scheitern ... 55
3 Wie der Frieden gewahrt werden kann ... 90

TEIL ZWEI
Welche Zukunft diverse Demokratien anstreben sollten
101

4 Welche Rolle soll der Staat spielen? ... 105
5 Kann Patriotismus etwas Positives sein? ... 128
6 Muss aus Vielfalt Einheit werden? ... 150
7 Werden wir überhaupt noch etwas gemein haben? ... 169

TEIL DREI
Wie diverse Demokratien gelingen können
195

8 Anlass zum Optimismus ... 198
9 Demografie ist kein Schicksal ... 228
10 Wie die Politik helfen kann ... 251

Zum Schluss 279

Anmerkungen 291

Einleitung

Kurz bevor wir auf Sendung gingen, merkte ich auf einmal, wie nervös ich war.

Deutsch ist meine Muttersprache. Aber nachdem ich in Großbritannien das College besucht und in den USA meinen Doktor gemacht habe, fällt es mir inzwischen leichter, auf Englisch über Politik zu reden. Als ich nun zu dem Live-Interview mit den *Tagesthemen* im Studio Platz nahm, saß mir die Angst im Nacken, ich könnte mich missverständlich ausdrücken oder mich gar zum Narren machen.

Als mich Caren Miosga bat, über die Hauptargumente meines aktuellen Buchs zu sprechen – konkret fragte sie mich nach den Gründen für das Erstarken des autoritären Populismus –, fühlte ich mich schon wohler. Allmählich beruhigten sich meine Nerven.

Es gibt eine weitverbreitete Wut über die wirtschaftliche Stagnation, sagte ich. Hinzu kommt der steigende Einfluss der sozialen Medien, die es Demagogen leichter machen, ein großes Publikum zu erreichen, wenn sie ihre Lügen verbreiten und zum Hass aufstacheln. Und dann gibt es noch einen weiteren Grund, der in einem Land, das noch immer mit der Ankunft von einer Million Flüchtlingen aus Afrika und dem Mittleren Osten zu kämpfen hat, besonders wichtig ist.

»Wir wagen hier ein Experiment, das in der Geschichte einzigartig ist«, sagte ich der Moderatorin. »Und zwar, eine monoethnische und monokulturelle Demokratie in eine multiethnische zu verwandeln. Das kann klappen, das wird, glaube ich, auch klappen, aber dabei kommt es natürlich auch zu vielen Verwerfungen.«

Nach dem Interview war ich sehr erleichtert. Mein Deutsch hatte ganz natürlich geklungen, und es war mir gelungen, die Kernargumente meines Buchs zu vermitteln. Vor allem war mir nichts Albernes oder Peinliches passiert. Das schlimmste Ergebnis eines Live-Interviews – dass man wider Willen viral geht – war nicht eingetreten. Dachte ich.

Mit einem breiten Lächeln fuhr ich zum Bahnhof, erwischte noch so eben den Zug nach Frankfurt, checkte im Flughafenhotel ein und schlief fast sofort ein.

Erst als ich am nächsten Abend, nach einem zehnstündigen Flug in die USA, mein Telefon wieder einschaltete, wurde mir klar, dass das Interview eben doch viral gegangen war. Mein Maileingang quoll förmlich über von wütenden Botschaften: »Du hast uns nicht zu sagen, wie wir leben sollen!!« – »Wie können Sie es wagen, Experimente mit uns zu machen?« – »Vielen Dank, dass Sie Ihre miese Verschwörung eingestanden haben!«

Ich war überrascht, wie hasserfüllt die Nachrichten klangen. Aber noch mehr verblüffte mich der Inhalt. Von was für einer Verschwörung war hier die Rede? Und mit wem führte ich angeblich irgendwelche Experimente durch?

Eine Recherche im Internet brachte mir rasch die Antwort. Ein paar Minuten nach meinem Interview hatte *Tichys Einblick*, eine rechte Website, einen Artikel gepostet, in dem behauptet wurde, Angela Merkel und ich führten ein Experiment mit dem deutschen Volk durch. »Wer hat diesem ›Experiment‹ zugestimmt?«, fragte der Autor.[1]

Nach diesem Kommentar hatte sich die Wut über mein angebliches Geständnis mit erstaunlichem Tempo verbreitet. Ultrarechte Radiomoderatoren, YouTuber, sogar gewisse Politiker von der AfD zitierten das Interview als Beweis dafür, dass sinistre Kräfte einen »großen Bevölkerungsaustausch« planten – mit dem Ziel, die angestammte Bevölkerung Europas auszulöschen.

Schließlich meldete sich auch *The Daily Stormer*, eine Neo-nazi-Website in den USA, zu Wort.[2] In der Überschrift wurde mein Name in Klammern gesetzt, um anzuzeigen, dass ich Jude bin, und vor »(((Yascha Mounk)))'s einzigartigem historischen Experiment«[3] gewarnt. Mit einer Anspielung auf »Arbeit macht frei«, die widerwärtige Inschrift am Eingang des Vernichtungslagers Auschwitz, bekam der Beitrag den Tag »Diversity macht frei – The Hebrew People Are At It Again«.[4]

In gewisser Weise beruhten meine fünfzehn Minuten Ruhm bei den extremen Rechten und die fünf Minuten Hass, die sich daraus ergaben, auf einem schlichten Missverständnis. Um das Selbstverständliche noch einmal klar zu formulieren: Angela Merkel und ich haben uns nicht zu einem großen Experiment am deutschen Volk verabredet. Niemand hat das getan. Der rasche Wandel der ethnischen und religiösen Zusammensetzung der Bevölkerung vieler Länder – von Deutschland bis Schweden, von Australien bis zu den USA – beruht nicht auf einer geheimen Verschwörung. Er ist eine im Wesentlichen unbeabsichtigte Folge von Entscheidungen, die Politiker aus verschiedenen ökonomischen, politischen und humanitären Gründen getroffen haben.

Dennoch bereue ich es nicht, den Begriff »Experiment« benutzt zu haben. Denn ich glaube nach wie vor, dass dieses Wort, richtig verstanden, die Situation, in der sich die meisten Demokratien der Welt heute befinden, gut beschreibt.

In einer Bedeutung wird ein Experiment von Naturwissenschaftlern durchgeführt, die seine Parameter bewusst festlegen, bevor es beginnt. Nach Auskunft des *Oxford English Dictionary* handelt es sich bei einem Experiment um ein wissenschaftliches Verfahren mit dem Ziel, etwas zu entdecken, eine Hypothese zu überprüfen oder eine bereits bekannte Tatsache zu beweisen.[5] Meine Kritiker verstanden die Aussage, dass in vielen Ländern der Erde heute ein bisher so nicht da gewesenes Experiment laufe, in diesem Sinne. Wo es ein Experiment gibt, muss auch einer sein, der es durchführt, dachten sie. Und wer eignet sich dafür besser als ein Jude mit Anbindung an eine Elite-Institution wie die Harvard University?[6]

Es gibt aber auch noch eine andere Bedeutung des Begriffs: Ein Experiment kann schlicht und einfach der Versuch sein, unter ungewohnten oder unvorhergesehenen Bedingungen zum Erfolg zu kommen. Oder mit anderen Worten, ebenfalls nach dem *Oxford English Dictionary*: eine vorläufige Vorgehensweise ohne Gewissheit über ihren Ausgang.[7]

Das war es natürlich, was ich gemeint hatte.

Im 18. Jahrhundert ließen sich die Gründungsväter der Vereinigten Staaten auf ein großes Experiment in Sachen moderne Demokratie ein, als sie eine sich selbst regierende Republik errichteten – zu einer Zeit, da ähnliche Vorhaben in allen Ländern, die den Versuch dazu gemacht hatten, gescheitert waren. Obwohl sie nicht sicher sein konnten, wie das Experiment ausgehen würde, erkannten sie, dass ihnen eine »lange Reihe von Missständen« keine andere Wahl ließ, wenn sie ihren Idealen treu bleiben wollten.[8]

Heute sind wir in einer ähnlichen Lage. Ohne dass es größere Präzedenzfälle gäbe, sind wir in das große Experiment hineingestolpert, sehr diverse – und hoffentlich stabile – Demokratien zu errichten, die ihre Mitglieder gerecht behandeln sollen.

Dieses große Experiment ist die wichtigste Aufgabe unserer Zeit. Es wurde in Gang gesetzt, ohne dass jemand es bewusst geplant oder gesteuert hätte. Wir sind uns über die Regeln und Institutionen, die diesem Experiment zum Erfolg verhelfen können, noch nicht einig. Und wir verlieren das Ziel – die Vision einer Zukunft, die sowohl Mehrheits- als auch Minderheitengruppen enthusiastisch mittragen können – immer mehr aus den Augen.

Ziel dieses Buchs ist es, dem Charakter dieses Experiments nachzuspüren, den hohen Preis zu beziffern, den wir alle im

Falle seines Scheiterns zu zahlen hätten, und eine optimistische Vision für sein Gelingen zu entwerfen.

Das Unbehagen an der diversen Demokratie

Es wäre verführend zu denken, dass das große Experiment ganz einfach funktionieren sollte.

»Die Diversität ist unsere Stärke«, behaupten Politiker von Schweden bis zu den USA gern. Und wer demokratische Institutionen schätzt, glaubt selbstverständlich, dass sie besser dazu in der Lage sein sollten, den Frieden zwischen verschiedenen ethnischen oder religiösen Gruppen zu wahren, als Diktaturen. Sollte es also nicht ein Leichtes sein, diverse Demokratien aufzubauen?

Leider gibt es zwei oft zu wenig berücksichtigte Gründe, warum das Wechselspiel zwischen Diversität und Demokratie den Erfolg von Gesellschaften eher behindern kann. Erstens gehören Auseinandersetzungen zwischen verschiedenen Identitätsgruppen seit jeher zu den Haupttreibern von Konflikten zwischen Menschen. In vielen Gesellschaften erwies die Diversität sich eher als Stolperstein denn als Stärke. Zweitens können demokratische Institutionen die Herausforderungen von Diversität ebenso leicht verschärfen wie verringern. In vielen Fällen hat die Herrschaft der Mehrheit eher zu Gewalt zwischen rivalisierenden ethnischen oder religiösen Gruppen geführt und den Ausschluss von Minderheiten vorangetrieben.

Wenn das große Experiment Erfolg haben soll, müssen wir diese Hindernisse ohne Scheuklappen in den Blick nehmen.

In einigen der blutigsten Konflikte der Menschheitsgeschichte hatten Opfer und Täter – zumindest aus moderner Sicht – dieselbe Identität. Menschen sind durchaus in der Lage, gegen

Angehörige derselben Religion in den Krieg zu ziehen oder Menschen mit derselben Hautfarbe unaussprechliches Leid zuzufügen.

Die Geschichte von Ländern wie Indien und Indonesien zeigt aber auch, dass Diversität die Gefahr gewaltsamer Konflikte deutlich erhöht. Bei vielen der grausamsten Verbrechen der Menschheit spielten »zugeschriebene Identitäten« wie »Rasse« oder Religion eine entscheidende Rolle*. Von den Massendeportationen der Assyrer im 9. Jahrhundert v. Chr. über die Vertreibung der Muslime aus dem mittelalterlichen Spanien bis hin zur Schoah und dem Völkermord in Ruanda: Immer wieder lieferte das »Anderssein« oder die angebliche »Minderwertigkeit« einer Gruppe den Vorwand für Gewalt und Massenmord.

Die Auseinandersetzung zwischen Gruppen, die von unterschiedlichen Vorfahren abstammen oder verschiedene Götter anbeten, gehört historisch gesehen zu den Hauptgründen für gewaltsame Konflikte, Staatsversagen und sogar Bürgerkriege. Das ist die erste Schwierigkeit, der sich diverse Gesellschaften stellen müssen.

Können die charakteristischen Merkmale der Demokratie, wie etwa regelmäßige Wahlen, dabei helfen, den Problemen diverser Gesellschaften zu entgehen?

Die historische Bilanz ist alles andere als rosig. Die Angehörigen der besonders hoch geschätzten Demokratien waren stolz auf ihre ethnische »Reinheit«. Vom antiken Athen bis zum Römischen Reich, von Venedig bis Genua – vormoderne Versuche der Selbstregierung waren stets auf eine ethnische In-Group beschränkt.

Andersherum waren die berühmtesten Beispiele diverser Gesellschaften – von Bagdad im 9. Jahrhundert bis hin zu Wien im

* Besonders in den USA ist es üblich, auch bei Menschen von verschiedenen »Rassen« zu sprechen. Diesen Sprachgebrauch sehe ich kritisch. Dort, wo das Wort aufgrund des Kontextes doch notwendig ist, setze ich es deshalb in Anführungszeichen.

19. Jahrhundert – zumeist Monarchien. Historische Phasen, in denen viele verschiedene Gruppen friedlich zusammenlebten und einander beeinflussten, fielen mit Zeiten zusammen, in denen die Menschen wenig Einfluss auf ihr kollektives Schicksal genossen.

Das ist kein Zufall. Wenn du Untertan eines Königs oder Kaisers bist, hat die relative Größe deiner Gruppe keinen direkten Einfluss auf die Gesetze, denen du gehorchen musst. Solange du dem Monarchen vertraust, dass er deine ethnische oder religiöse Gemeinschaft toleriert, kannst du dem Zustrom von Menschen anderer Gruppen recht gelassen entgegenblicken.

Als Bürger einer Demokratie dagegen hat die relative Größe der eigenen Gruppe direkte Auswirkungen auf die Möglichkeiten politischer Einflussnahme. Solange man in der Mehrheit ist, bestimmt man, wo es langgeht.

Gerät man aber aufgrund von Einwanderung oder anderer Formen demografischen Wandels in die Minderheit, können sich die Gesetze, denen man unterworfen ist, drastisch ändern. Die Logik der Selbstregierung mit ihrer ständigen Notwendigkeit, eine Mehrheit gleichgesinnter Wählerinnen und Wähler zusammenzuschustern, führt Menschen in Versuchung, diejenigen, die sie als »anders« betrachten, von der vollen Teilhabe an Politik auszuschließen.

Und das ist die zweite Schwierigkeit, mit der diverse Demokratien konfrontiert sind. Demokratische Institutionen machen es eher schwerer als leichter, den Frieden zwischen rivalisierenden Identitätsgruppen zu wahren.

Diversität führt oft zum Konflikt. Demokratische Institutionen verschärfen häufig ethnische und religiöse Spannungen. Sollen diverse Demokratien also dauerhaft funktionieren oder gar gedeihen, dann wäre es hilfreich, wenn sie auf eine lange Geschichte zurückblicken könnten, in der man versucht hat, faire und inklusive Gesellschaften zu schaffen.

Doch leider ist das nicht der Fall. Im Gegenteil blicken die meisten Demokratien auf eine lange Tradition ethnischer und religiöser Ausgrenzung zurück. Damit, die Diversität von Identitätsgruppen – die heute längst zu ihrer Wirklichkeit gehören –, zu handhaben, haben sie beunruhigend wenig Erfahrung.

Erst in den letzten fünfzig oder sechzig Jahren haben die meisten Demokratien im größeren Stil damit begonnen, frühere Außenseiter als Landsleute zu begreifen. Am Ende des Zweiten Weltkriegs waren nicht einmal vier Prozent der Einwohner von Großbritannien im Ausland geboren.[9] Heute sind es mehr als vierzehn Prozent.[10] Vor wenigen Jahrzehnten war Schweden eines der homogensten Länder der Erde. Heute haben zwanzig Prozent der Menschen, die in Schweden leben, ausländische Wurzeln.[11] Ähnlich schnell vollzieht sich diese Transformation in vielen anderen Ländern.

Die Gründe für diesen demografischen Wandel unterscheiden sich von Land zu Land. In Deutschland[12] und der Schweiz[13] war er hauptsächlich vom Bedarf an ungelernten Arbeitskräften getrieben, die das »Wirtschaftswunder« der Fünfziger und Sechziger möglich machten. In Frankreich und Großbritannien sind es weitgehend die Folgen der Errichtung und späteren Auflösung einer brutalen Kolonialherrschaft.[14] In Dänemark und Schweden spielt die großzügige Asylpolitik eine wesentliche Rolle.

Doch trotz aller bedeutenden Unterschiede haben diese Länder eine wichtige Gemeinsamkeit: Ihre Transformation beruht auf unvorhergesehenen und unbeabsichtigten Folgen politischer Entscheidungen, deren Ziele mit dem heute sichtbaren Ergebnis nichts zu tun hatten. Keines dieser Länder hat sich bewusst dafür entschieden, sich in eine diverse Demokratie zu verwandeln. Und so entwickelte auch keines von ihnen einen vernünftigen Plan für den Umgang mit den großen Herausforderungen, die sich aus dem großen Experiment ergeben.

Auch in Nordamerika gibt es eine Version dieser Geschichte.

Da die große Mehrheit ihrer Bürger aus fernen Ländern stammt, konnten weder die USA noch Kanada jemals so tun, als würde eine gemeinsame Abstammung oder eine lange Geschichte gemeinsamer Erfahrungen ihre Bewohner aneinanderbinden. Anders als die meisten europäischen Länder betrachteten sie sich von Anfang an als Nationen, die sich aus Einwanderern zusammensetzten. Trotzdem herrschte in den großen Demokratien der Neuen Welt über weite Strecken ihrer Existenz eine anders geartete Form der ethnischen Ausgrenzung und stolperten auch sie ohne Absicht oder Voraussicht in das große Experiment.

Die Verbindung zwischen Hautfarbe und dem Status als voller Bürger ist in den USA besonders eng. Während der ersten neunzig Jahre der Republik besaßen Schwarze nicht einmal die grundlegendsten Bürgerrechte. Sie durften weder die Früchte ihrer Arbeit genießen noch selbst entscheiden, wo sie lebten und wen sie heirateten.

Nachdem die grausame Institution der Sklaverei im Jahr 1865 endlich abgeschafft wurde[15] und eine hoffnungsvolle Phase der »Reconstruction« begann, konnten Amerikaner mit afrikanischer Abstammung kurzzeitig auf volle Bürgerrechte hoffen. Doch die Gegenreaktion ließ nicht lange auf sich warten. Nach ein paar Jahren wurden sie wieder von der vollen Teilhabe am öffentlichen Leben der Nation ausgeschlossen.[16] Unter den repressiven Gesetzen, die die nächsten hundert Jahre vor allem im Süden galten, wurden sie von ihren nominellen Landsleuten abgesondert, hatten keinen Zugang zu grundlegenden Sozialleistungen und waren auch vom Wählen ausgeschlossen.

Während eines Großteils seiner Geschichte war Amerika auch weniger offen für Einwanderung aus nicht europäischen Ländern, als die gängigen Erzählungen über die Ursprünge der Nation glauben machen wollen. Als in der zweiten Hälfte des 19. Jahrhunderts chinesische Arbeiter in größerer Zahl an der

Westküste ankamen, machten sich Politiker Sorgen über die Auswirkungen dieses Zustroms einer »fremden Rasse« auf die amerikanische Bevölkerung.[17] Ab 1875 wurden daraufhin mithilfe einer ganzen Reihe von Gesetzen »unerwünschte« Einwanderer aus Ostasien daran gehindert, ins Land zu kommen.[18]

Als in den ersten Jahrzehnten des 20. Jahrhunderts die Zahl der im Ausland geborenen Einwohner neue Rekordhöhen erreichte, einigten sich Demokraten und Republikaner darauf, die Schrauben noch stärker anzuziehen. Die Gesetze, die sie in den Zwanzigerjahren verabschiedeten, deckelten die Gesamtzahl der Neuankömmlinge auf 165 000 pro Jahr und legten nicht europäischen Einwanderern zusätzliche Beschränkungen auf.[19]

Erst im Jahr 1965 wurden mit dem Immigration and Nationality Act die strengen Beschränkungen der Einwanderung von außerhalb der westlichen Hemisphäre abgebaut.[20] Und selbst zu diesem Zeitpunkt versuchten führende Politiker noch zu verhindern, dass das neue Gesetz die demografische Zusammensetzung des Landes veränderte. In seinem Statement anlässlich der Unterzeichnung erklärte Lyndon B. Johnson, es handele sich nicht »um eine Revolution. Dieses Gesetz hat keinerlei Einfluss auf das Leben von Millionen Menschen in unserem Land. Es wird unseren Alltag nicht verändern.«[21]

Zunächst stieg die Zahl der Einwanderer aus Asien, Afrika und Lateinamerika nur langsam. Doch der Anteil von nicht europäischen Einwanderern wuchs stetig. Und da die Neuankömmlinge auch regen Gebrauch von ihrem Recht machten, Familienangehörige ins gelobte Land nachzuholen, machten sie bald den Löwenanteil der Neubürger aus. In den 2010er-Jahren kamen vier von fünf legalen Einwanderern in die USA aus Asien oder Lateinamerika.[22]

Selbst in den USA ist das große Experiment also eher das Ergebnis falscher Annahmen über die langfristigen Auswirkungen politischer Reformen als Zeugnis einer grundsätzlich positiven

Einstellung zu den Segnungen der Diversität. Weder Woodrow Wilson noch Franklin D. Roosevelt, weder Lyndon B. Johnson noch Ronald Reagan haben bewusst eine Entscheidung zugunsten des großen Experiments getroffen. Sie alle sind in das Experiment hineingestolpert.

Das hilft, viele der Probleme zu erklären, unter denen diverse Demokratien rund um den Globus heute leiden.

Viele Demokratien haben sich bei ihrer Gründung dazu verpflichtet, alle ihre Bürger gleich zu behandeln, unabhängig von Religion und ethnischer Herkunft. Sie tun ihr Bestes, um das große Experiment zum Erfolg zu führen. Und doch beruhen die Geschichten, die sie über sich selbst erzählen, noch immer auf der Fiktion ihrer Homogenität.

Wenn Sie Bewohner von Stockholm, Wien oder Tokio vor fünfzig Jahren gefragt hätten, wer wirklich in ihr Land gehörte, dann hätten Sie überall mehr oder weniger dieselbe Antwort bekommen: jemand, dessen Vorfahren dieselbe Sprache sprachen, auf demselben Territorium lebten, zur selben ethnischen Gruppe gehörten und vielleicht sogar denselben Gott anbeteten. Noch heute wird es in vielen dieser Länder Minderheiten schwer gemacht, ihre Religion zu praktizieren oder kulturell akzeptiert zu werden. Häufig werden die dunkelsten Kapitel der eigenen Geschichte unterschlagen. Und in einigen Fällen herrscht nach wie vor die Überzeugung, ein »wahres« Mitglied der Gesellschaft müsse dieselbe Kultur und ethnische Herkunft besitzen.

Vor allem in Ländern, die lange stolz auf ihre kulturelle Homogenität waren und keinen größeren Zustrom von Einwanderern erlebten, fördern solche Haltungen das Risiko einer dauerhaften Spaltung zwischen Einheimischen und Fremden. In Teilen von Europa und Ostasien befürchten Einwanderer und Mitglieder anderer Minderheiten, dass sie niemals ganz dazugehören werden, obwohl sie gar kein anderes Land kennen.

Das daraus resultierende Risiko einer kulturellen Fragmentierung ist heute sehr real. Einige Einwanderergruppen bilden eine sozioökonomische Unterschicht. In den ärmsten *Banlieues* oder »Problemvierteln« führt dies bei manchen Bewohnern zu einer Ablehnung der grundlegenden gesellschaftlichen Spielregeln, zu Sympathiebekundungen für gewalttätige Extremisten oder sogar zu Fällen von hausgemachtem Terrorismus.

Andere Demokratien, die seit ihrer Gründung in hohem Maße divers sind, haben über Jahrhunderte hinweg eine Struktur der Dominanz aufrechterhalten. Ein Großteil ihrer Geschichte besteht aus dem mühsamen Kampf für die Überwindung einer offen rassistischen Hierarchie, die wie im Falle der USA weiße angelsächsische Protestanten an die Spitze setzte, eine breite Vielfalt von Religionen und Ethnien in die Mitte und Schwarze sowie die Urbevölkerung ganz nach unten. Die Erfolge dieses Kampfes sollte niemand kleinreden. Es gibt einen gewaltigen Unterschied zwischen den Zuständen, die vor fünfzig oder hundert Jahren herrschten, und den Rechten und Möglichkeiten, die Amerikaner mit afrikanischer Abstammung heute haben. Selbst die defektesten Demokratien verfügen über die Fähigkeit, sich zu wandeln.

Und doch wirft die brutale Geschichte der Dominanz nach wie vor ihren langen Schatten auf die betroffenen Gesellschaften. Menschen, deren Vorfahren in der Vergangenheit unterdrückt wurden, leiden immer noch unter ernsthaften sozioökonomischen Nachteilen. Das Misstrauen zwischen verschiedenen demografischen Gruppen sitzt tief. Und obwohl diese Länder dem Gesetz nach längst alle ihre Bürger gleich behandeln, findet die Unterdrückung vergangener Tage ihren Nachhall in schockierenden Ungerechtigkeiten wie den abscheulichen Polizeiverbrechen gegen unbewaffnete schwarze Männer.

Diverse Gesellschaften blicken auf eine düstere Geschichte zurück. Obwohl sich in den letzten Jahrzehnten vieles gebessert hat, sucht die Vergangenheit die Gegenwart noch immer heim. Kein Wunder also, dass viele Menschen zunehmend pessimistisch auf die Zukunft diverser Demokratien blicken.

Der Aufstieg der Pessimisten

Um die Zeit vor dem Spiel totzuschlagen, stimmten die Fans ein paar ihrer Schlachtgesänge an. »Hier kommt der Moskito«, intonierte ein Mann mit kurz geschnittenem braunem Haar, der Menge zugewandt. »Der sticht euch vorn und hinten«, fuhr er fort, während die anderen mit den Füßen trampelten. »Hol schnell das Mückenspray«, ging der Gesang weiter, untermalt von wildem Applaus. »Dann ist der Moskito kaputt.«

Dann trank er einen großen Schluck Bier und hob die Hand zum Hitlergruß. Die Menge, etwa hundert Männer und ein Dutzend Frauen, tat es ihm gleich.

Einer der wenigen, die nicht den Arm hoben, stand gleich neben mir. »Heutzutage muss man vorsichtig sein, wie man jubelt«, sagte Paolo Polidori, ein Italiener mittleren Alters, der ein T-Shirt, gelbbraune Hosen und blaue Turnschuhe trug. »Sonst wird da womöglich noch was missverstanden.«

Polidori ist in Triest geboren. Die *Curva Furlan,* wo sich die treuesten Fans des lokalen Fußballklubs treffen, besucht er seit seiner Kindheit. Über die Jahre ist er in dieser mittelgroßen Stadt im Nordosten Italiens zu einem mächtigen Mann aufgestiegen. Inzwischen ist der langjährige Vorsitzende der größten Stadtratsfraktion stellvertretender Bürgermeister von Triest. Sollte seine Partei, die rechte *Lega,* die nächsten Parlamentswahlen gewinnen, steht er auch für größere Aufgaben bereit. »Polidori ist ein aufsteigender Stern«, erzählte mir ein Lokaljournalist.

Bei unserem Gespräch im pittoresken Caffè Degli Specchi am Stadtplatz betete Polidori die ganze Litanei an Sprüchen herunter, die ich schon von rechten Aktivisten auf der ganzen Welt – von Polen bis nach Brasilien – gehört hatte. Die Mainstream-Politiker, erklärte er mir nachdrücklich, seien in Wirklichkeit alle Marionetten von George Soros. Ihre Regierungen verschwiegen die schädliche Wirkung von Impfungen, nur um die Profite der großen Pharmakonzerne zu sichern. Die Einwanderung, vor allem aus muslimischen Ländern, sei eine entsetzliche Gefahr für Italien. Deshalb sei seine Partei, die der multiethnischen Gesellschaft stolzen Widerstand entgegensetzt, die einzige politische Kraft, die das Land retten könne.

Im Stadion hatte inzwischen das Match begonnen. Jedes Mal, wenn der gegnerische Torwart einen Ball hielt, kamen laute Affenrufe von den Fans. »Schon okay, ist ja ein Weißer«, erklärte mir Polidori mit verschmitztem Lächeln. »Ein Paradox …«

In vielen entwickelten Demokratien ist der Pessimismus gegenüber dem großen Experiment zum Markenzeichen von Teilen der Rechten geworden. Die Rassisten und Demagogen dieser Welt teilen Polidoris Credo: Der historische Erfolg der Demokratien von Italien bis hin zu den USA wurzele in ihrem kulturellen Erbe und ihrer ethnischen Zusammensetzung. Einwanderung und demografischer Wandel stellten eine existenzielle Bedrohung für diesen Erfolg dar. Sie ließen Länder und Kulturen verarmen und schürten Chaos bis hin zum Bürgerkrieg.

In den letzten Jahrzehnten sind diese Stimmen von den Rändern des öffentlichen und politischen Lebens in die Mitte gewandert. Es gibt viele große Unterschiede zwischen rechten Politikern wie Donald Trump und Marine Le Pen, Viktor Orbán und Jair Bolsonaro, Narendra Modi und Recep Tayyip Erdoğan. Sie stammen aus unterschiedlichen religiösen Traditionen, gehören zu verschiedenen ideologischen Kreisen und richten ihre Wut gegen unterschiedliche Feinde. Doch was sie alle vereint, ist eine starke Neigung zum ethnischen Mehrheitsdenken: Sie alle betrachten die sichtbarste Minderheit in ihrem Land als zentrale Bedrohung des Gemeinwohls – und versprechen, für die Rechte der Mehrheit einzustehen.

Diese Politiker regieren heute einige der größten Demokratien der Welt. In Dutzenden von Ländern, die früher als stabil galten, unterdrücken sie abweichende Meinungen, behindern unabhängige Institutionen und greifen den Rechtsstaat an. In einigen Ländern ist es ihnen sogar gelungen, den Charakter demokratischer Bürgerrechte grundlegend zu verändern.[23]

Auf der ganzen Welt, von Italien bis Indien, werden große Teile der Rechten heute von Leuten dominiert, die eine diverse Demokratie ganz und gar ablehnen. An diesem historischen Moment erstaunt aber nicht nur, dass Teile der Rechten die Diversität ablehnen – sondern auch, dass Teile der Linken ihren ganz eigenen Pessimismus gegenüber den Erfolgsaussichten des großen Experiments entwickelt haben.

Heidi Schreck verehrte als Kind die amerikanische Verfassung. In Wenatchee im US-Bundesstaat Washington aufgewachsen, wurde sie durch ihre patriotischen Vorträge über die Verfassung der USA, die sie in Legion Halls im ganzen Land hielt, bekannt.[24]

Doch dann wurde Schreck erwachsen und erfuhr immer mehr über vergangene und aktuelle Ungerechtigkeiten in Amerika. Und so wurde sie skeptischer, sowohl in Bezug auf ihr Land als auch auf seine Verfassung. Wie konnten die Dinge so schrecklich aus dem Ruder laufen?, fragte sie sich. Scheitert die Verfassung daran, ihren ursprünglichen Sinn in die Realität umzusetzen?[25]

In einem Ein-Frau-Stück, das den Broadway im Sturm eroberte und sowohl für den Tony als auch den Pulitzerpreis nominiert wurde, verneint Schreck diese Frage. »Ich glaube nicht, dass unsere Verfassung scheitert. Ich glaube, sie tut genau das, was sie von Anfang an tun sollte: Sie schützt die Interessen einer kleinen Zahl reicher weißer Männer.«[26]

Am Ende ihres Erfolgsstücks fragt Schreck jemanden aus dem Publikum, ob die Amerikaner ihre Verfassung abschaffen sollten.[27] Was ihre eigene Haltung angeht, lässt sie ihre Zuschauer nicht im Zweifel. Trotzdem warf eine Rezension in der Zeitschrift *The Atlantic* dem Stück vor, nicht stärker gegen den »altersschwachen nationalen Albatros« Stellung zu beziehen.[28]

Über lange Phasen der amerikanischen Geschichte hinweg argumentierten selbst die glühendsten Kritiker der Ungerechtigkeiten im Land, die Gründungsideale könnten helfen, den Weg in eine bessere Zukunft zu weisen. In einer Rede über die Bedeutung der Unabhängigkeitserklärung wies Frederick Douglass auf die bittere Ironie hin, dass man die Freiheit feierte, während die Sklaverei noch das Recht des Landes blieb: »Dieser vierte Juli ist Ihr Feiertag, nicht meiner«, erklärte er. »Sie können sich freuen, aber ich muss trauern.« Trotzdem wies auch Douglass die Prinzipien der Gründerväter nicht zurück: »Trotz des düsteren Bildes, das ich heute zur Lage der Nation zeichne«, schloss er, »verzweifle ich nicht über dieses Land. ... Deshalb ende ich, wie ich begonnen habe: mit Hoffnung. Ich lasse mich von der Unabhängigkeitserklärung ermutigen, von den großen Prinzipien, die sie enthält, und dem Geist der amerikanischen Institutionen.«[29]

Als Martin Luther King Jr. hundert Jahre später die Grausamkeiten der Jim-Crow-Gesetze thematisierte, beklagte er, Amerika habe sein Versprechen gebrochen, allen Menschen »die unveräußerlichen Rechte auf Leben, Freiheit und das Streben nach Glück« zu garantieren. Trotzdem zeigte auch er sich entschlossen, »diesen Schuldschein einzulösen«, und weigerte sich zu glauben, »dass die Bank der Gerechtigkeit bankrott« sein könne.[30]

Die heutige Generation verwirft diese Gefühle als naiv. Für Autorinnen wie Schreck stellen Ungleichheiten zwischen verschiedenen ethnischen Gruppen keinen Verrat an Amerika dar, sondern seine Definition. Rassismus ist keine von bestimmten Personen begangene Sünde – sondern eine allgegenwärtige gesellschaftliche Kraft, an der alle Weißen unweigerlich mitschuldig seien. Und die letzten fünfzig Jahre schreiben nicht die Geschichte eines großen, wenn auch zickzackartigen Fortschritts hin zu mehr Gerechtigkeit und Gleichheit – sondern haben bestenfalls ein paar kurze Atempausen von der weißen Vorherrschaft gebracht, die die DNA des Landes ausmacht.

Da sie für das letzte halbe Jahrhundert keinen deutlichen Fortschritt erkennen wollen, haben sie natürlich auch wenig Hoffnung für die nächsten fünfzig Jahre. So wie sie die Dinge sehen, werden sich »Weiße« und sogenannte »People of Color« immer als unversöhnliche Feinde gegenüberstehen. Und sollten Länder wie die Vereinigten Staaten tatsächlich einen erkennbaren Fortschritt in Richtung Gerechtigkeit machen, dann nur aufgrund eines unerbittlichen Machtkampfes, als Ergebnis eines Sieges der Unterdrückten über die Unterdrücker.

Viele der Ungerechtigkeiten, die diese Autoren beschreiben, sind real. Trotzdem führt ihr Fatalismus ebenso wenig zu einem realistischen Blick darauf, wie es möglich sein könnte, funktionierende diverse Demokratien zu schaffen, wie die Xenophobie der Rechtsextremisten. Wenn das große Experiment gelingen soll, brauchen wir eine optimistischere Vision für die Zukunft.

Von der Notwendigkeit einer optimistischen Vision

Diejenigen, die das große Experiment mit großem Pessimismus beäugen, zeichnen weder ein realistisches Bild seines aktuellen Zustands noch seiner möglichen Zukunft.

Manche Pessimisten behaupten, Immigranten und andere Mitglieder von Minderheiten würden sich nicht in den gesellschaftlichen Mainstream integrieren, weil sie dumm, faul oder bösartig seien. Andere weisen diese Analyse zurück und machen vergangene Unterdrückung oder fortbestehende Hürden für den niedrigeren sozioökonomischen Status von Minderheiten verantwortlich. Beide Sichtweisen übersehen, dass diese Gruppen in Wirklichkeit erhebliche Fortschritte in Richtung Gleichstellung machen.

In den meisten diversen Demokratien steigen die Nachkommen von Einwanderern und die Angehörigen von Minderheiten in der gesellschaftlichen Rangordnung schnell auf. Sie erlangen immer mehr Universitätsabschlüsse. Ihr Einkommen steigt rasch. In Wirtschaft, Kultur und Politik erreichen sie einflussreichere und angesehenere Positionen, als ihre Eltern und Großeltern es sich hätten vorstellen können.

Auch die Ansichten der Mehrheit zu Herkunft und Religion verändert sich rasend schnell. Ob in Deutschland oder Australien: Die Wahrscheinlichkeit, dass Bürger eine feindselige Einstellung gegenüber ethnischen oder religiösen Minderheiten hegen, ist deutlich gesunken. Gleichzeitig steigt die Wahrscheinlichkeit, dass Menschen eine Person, die nicht dieselbe Hautfarbe oder Religion hat, als echten Deutschen oder echte Australierin anerkennen.

Solange wir zurückdenken können, war Amerika von offizieller Segregation und offenem Hass geprägt. Gültige Gesetze machten es schwarzen und weißen Amerikanern schwer, Freundschaft zu schließen, und verboten es ihnen, zu heiraten. Heute gibt es schwere Strafen für Unternehmen, die gesetzeswidrige Diskriminierung betreiben. Personen, die Hassverbrechen begehen, landen im Gefängnis. Die Zahl von Freundschaften, Partnerschaften und Familien mit gemischter Herkunft und Hautfarbe wächst stündlich. Und obwohl die Lücke beim Einkommen und im Bildungsstatus, bei der Lebenserwartung und dem Risiko einer Inhaftierung noch deutlich sichtbar ist, schließt sie sich immer weiter.[31]

Allen Schatten der Vergangenheit zum Trotz bewegen sich die meisten Demokratien ganz klar darauf zu, Diversität in ihr Selbstbild zu integrieren.

Eine übermäßig pessimistische Einschätzung des derzeitigen Status diverser Demokratien ist nicht nur falsch. Sie zeichnet auch eine abstoßende Vision der Zukunft und schadet damit den Erfolgsaussichten des großen Experiments.

Menschen, die sich stark für Politik interessieren, neigen gerade bei heiß diskutierten Themen zu polarisierten Ansichten.

Entweder befürworten sie diverse Demokratien und glauben, dass eine intolerante oder gar rassistische Mehrheitsbevölkerung die Verantwortung für alle Schwierigkeiten bei ihrem Aufbau trage. Oder sie lehnen diverse Demokratien ab und schieben Immigranten oder Minderheiten die Schuld für alle derzeitigen Probleme zu.

Die meisten Bürger jedoch interessieren sich wenig für Parteipolitik und haben gegenüber den zentralen Fragen der Politik eher ambivalente Gefühle. Sie wünschen sich, dass das große Experiment gelingt. Aber sie machen sich auch Sorgen über Veränderungen in ihrem Land, die ihren Gewohnheiten zuwiderlaufen, oder über Probleme, die eine wachsende Diversität mit sich bringen kann. Sie verabscheuen die Ungerechtigkeit, die viele ihrer Landsleute erleiden, von Herzen. Aber sie fragen sich auch, ob mehr Einwanderung nicht womöglich zu mehr Kriminalität oder Terrorismus führen könnte.[32]

Wer sich diverse Demokratien wünscht, die erfolgreich sind, muss darum bemüht sein, anständige Leute, die dem großen Experiment solche ambivalenten Gefühle entgegenbringen, an Bord zu holen. Doch diese Leute werden sich kaum überzeugen lassen, wenn man ihnen sagt, dass sie sich als ersten Schritt eine unerbittlich negative Einschätzung ihres eigenen Landes zu eigen machen müssen. Und sie werden auch kaum an der Verwirklichung gerechterer Demokratien mitarbeiten, wenn man sie glauben macht, diese würden selbst im besten Fall zu einem Existenzkampf verschiedener Identitätsgruppen führen.

Es gibt gute Gründe für die Sorge, das große Experiment könnte misslingen.

So ist es durchaus denkbar, dass diverse Demokratien selbst in fünfundzwanzig oder fünfzig Jahren noch unter denselben Ungerechtigkeiten leiden werden, die sie heute prägen. Doch es ist viel zu früh, sich mit einer düsteren Vision der Zukunft abzufinden, laut derer die meisten Menschen die Angehörigen anderer Religionen oder Hautfarben weiterhin misstrauisch beäugen werden; Mitglieder verschiedener Identitätsgruppen im Alltag kaum Kontakt zueinander haben werden; wir alle mehr auf die Unterschiede, die uns trennen, als auf die Gemeinsamkeiten, die uns verbinden, schauen werden; und die politischen und kulturellen Gräben immer noch zwischen Christen und Muslimen, zwischen Einheimischen und Migranten oder zwischen Schwarz und Weiß verlaufen werden.

Vielleicht wirkt es smart und cool, ehrgeizigere Zukunftsvisionen als naiv oder utopisch zu belächeln. In Wahrheit hat das große Experiment aber viel größere Erfolgsaussichten, wenn seine eifrigsten Verfechter versuchen, Gesellschaften aufzubauen, in denen die meisten Menschen auch gern leben würden.

Um solche Gesellschaften aufzubauen, sollten wir darauf hinweisen, dass die Mankos von heute nicht die Möglichkeiten von morgen festschreiben müssen. Mitglieder diverser Demokratien können durchaus engere Freundschaften und Beziehungen knüpfen. Nationen können Neuankömmlinge als gleichwertige Mitglieder integrieren. Menschen aus unterschiedlichen ethnischen und kulturellen Gruppen können gemeinsam ein sinnerfülltes Leben führen, ohne ihre jeweilige Identität aufgeben zu müssen. Und askriptive Identitäten wie die Hautfarbe können eine geringere Rolle spielen, als das jetzt der Fall ist – nicht weil Menschen vor ihrer heutigen Bedeutung die Augen verschließen, sondern weil sie viele der Ungerechtigkeiten, die sie heute verursachen, überwunden haben werden.

Wer es ernst meint mit der Schaffung diverser Demokratien, die Bestand haben oder gar gedeihen, muss eine positive und realistische Vision für das Gelingen des großen Experiments entwerfen. Genau das möchte ich in diesem Buch tun.

Im ersten Teil erkläre ich, warum das große Experiment eine solch ernste Herausforderung ist. Menschen neigen stark dazu, In-Groups zu bilden und Außenseiter zu diskriminieren. Das erklärt ein Stück weit, warum diverse Demokratien oft unter

Anarchie, Dominanz und Fragmentierung leiden. Um diese Fallstricke zu vermeiden, brauchen wir Regeln und Institutionen, die unsere instinktive Neigung zum Gruppendenken in Schach halten können.

Im zweiten Teil entwerfe ich eine ehrgeizige Vision für die Zukunft diverser Demokratien. Die Bürger solcher Gesellschaften können ihren tiefsten Überzeugungen treu bleiben und sich gleichzeitig gewiss sein, dass sie sowohl von staatlicher Unterdrückung als auch von den restriktiven Normen ihrer eigenen Gruppe beschützt werden. Sie empfinden eine gemeinsame Verantwortung für ihr Land, das sowohl in seinen politischen Traditionen als auch in seiner alltäglichen Kultur wurzelt. In ihnen ähnelt der öffentliche Raum einem belebten Park, in dem jede Gruppe ihr eigenes Ding machen kann, sich Menschen mit unterschiedlichem Hintergrund aber auch oft zu gemeinsamem Handeln entschließen. Und schließlich gäbe es in ihnen informelle Regeln für den Umgang miteinander, die alle zu größerem gegenseitigen Verständnis und Solidarität ermutigen – in dem festen Glauben, dass die Bürger diverser Demokratien gemeinsam ein sinnerfülltes Leben gestalten können.

Im dritten Teil des Buchs schließlich werde ich erklären, warum eine solch ehrgeizige Zukunftsvision für diverse Demokratien realistisch ist, und gleichzeitig aufzeigen, wie Bürger und Politiker dazu beitragen können, sie zu verwirklichen. In den letzten Jahrzehnten ist es diversen Demokratien in aller Welt gelungen, den Lebensstandard von Minderheiten deutlich zu erhöhen und sie wesentlich stärker in den gesellschaftlichen Mainstream zu integrieren. Sie können eine viel besser integrierte Kultur und Politik aufbauen und so eine dystopische Zukunft, die von Gräben zwischen Einheimischen und Migranten oder zwischen Weißen und »People of Color« gezeichnet wäre, vermeiden. Für die ernsten Herausforderungen und Ungerechtigkeiten, die heute noch herrschen, gibt es keine Allheilmittel. Aber realistische Veränderungen in Politik, Kultur und Alltag können das Gelingen solch diverser Demokratien deutlich beschleunigen.

Bevor es losgeht, möchte ich kurz ansprechen, wovon dieses Buch *nicht* handelt. Diversität ist ein vielschichtiges Phänomen. Menschliche Gesellschaften kennen die Spaltung entlang von Klassenunterschieden und Geschlechtszugehörigkeit seit jeher. Länder wie Frankreich, in denen die »Ureinwohner« für den heutigen Beobachter relativ homogen wirken, sind aus Regionen zusammengesetzt, die früher stolz auf ihre eigenen Bräuche, Gesetze, Traditionen und Dialekte pochten. Und eine ganze Reihe von Demokratien, darunter Belgien und Kanada, muss eine gemeinsame Regierung zusammenhalten, obwohl das Land aus kulturell und sprachlich verschiedenen Territorien zusammengesetzt ist.

Gelegentlich werde ich auf historische Beispiele zurückgreifen, die diese Konfliktebenen verdeutlichen. Aber mein Hauptaugenmerk liegt auf einer neueren Herausforderung für den Erfolg und das Überleben der diversen Demokratie: die Weise, in der grundlegende Identitätsmerkmale wie die Ethnie und die Religion die Bewohner der führenden Demokratien der Welt spalten.

In der derzeitigen Situation fällt Optimismus nicht unbedingt leicht. Und als jemand, der bereits vor der ernsten Bedrohung durch autoritäre Populisten gewarnt hat, bevor Trump 2016 Präsident der USA wurde, bin ich, wenn es um Optimismus geht, vielleicht nicht die erste Wahl. Trotzdem muss ich zugeben, dass ich wesentlich zuversichtlicher in die Zukunft blicke, als es derzeit Mode ist.

Es wäre freilich blindem Optimismus geschuldet, nicht zu sehen, dass unsere Demokratien dringend Verbesserungen nötig haben. Aber genauso wäre es blindem Zynismus geschuldet, zu glauben, dass wir nicht in der Lage seien, auf den Fortschritten der letzten fünfzig Jahre aufzubauen – oder dass unsere Gesellschaften auf ewig dazu verdammt seien, von Rassismus oder Exklusion geprägt zu sein.

Der Weg zum Erfolg für das große Experiment ist steinig. Aber ein Misserfolg wäre viel zu teuer, als dass wir uns mit weniger zufriedengeben oder auf halbem Wege haltmachen dürften.

TEIL EINS
Wenn diverse Gesellschaften scheitern

Meine Mutter hasst Menschenmengen. Als ich ein Kind war, gingen wir ihnen, so gut es irgendwie möglich war, aus dem Weg. Fußballspiele mit Zehntausenden Fans, die ihre Mannschaft anfeuerten – und den Gegner schmähten – waren ihr besonders unangenehm.

Da wir mitten in München lebten, trafen wir manchmal vor einem Bayern-Spiel auf kleinere Gruppen von gegnerischen Fans, die auf der Suche nach einer Kneipe oder einem Biergarten durch die Straßen zogen. Auf mich wirkten sie meistens harmlos. Aber sobald meine Mutter sie sah, zog sie mich auf die andere Straßenseite.

Trotzdem befanden wir uns immer wieder mal zur falschen Zeit am falschen Ort. Einmal fuhren wir an einem Samstagnachmittag um drei mit der U-Bahn zu Freunden im Norden der Stadt. Kaum waren wir am Marienplatz angekommen, stiegen Hunderte von Fußballfans zu, die fröhlich sangen und hüpften. Meine Mutter drückte meine Hand ganz fest und versicherte mir, ich müsse keine Angst haben. Schon damals wusste ich, dass eher sie diejenige war, die beruhigt werden musste.

Ihre Angst vor Menschenmengen hat mit ihrer Veranlagung zu tun: Sie ist eine zurückhaltende Frau, die schon immer das Zusammensein mit einigen wenigen Freunden großen Partys oder Versammlungen vorzog. Aber sie entstammt auch ihrer politischen Überzeugung.

Einige Jahre vor der Geburt meiner Mutter wurde ein Großteil ihrer Familie im Holocaust ermordet. Als sie Anfang zwanzig war, gab es in Polen eine gewalttätige Welle an Antisemitismus, die sie und ihre Eltern aus dem Land trieb. Menschenmengen sind für sie aufs Engste mit der tragischen Geschichte des 20. Jahrhunderts verbunden. Wenn sie Hunderte Fußballfans sieht, die ihre Stadiongesänge grölen, ist das für sie keine Gruppe von Leuten, die ihrer gemeinsamen Liebe zum Fußball und ihrem Stolz auf ihre Heimatstadt Ausdruck verleihen. Für sie repräsentieren diese Gesänge vielmehr die dunkelste Seite des menschlichen Charakters. Sie erinnern sie an die Neigung des Menschen, sich in Gruppen zusammenzuschließen, individuelles Urteilsvermögen kollektiven Leidenschaften zu opfern und – allzu oft – Außenstehenden schreckliches Leid zuzufügen.

Ich bin nicht wie meine Mutter.

Als Kind liebte ich Fußball und war ein leidenschaftlicher Bayern-Fan. Sobald ich alt genug war, ging ich zu Heimspielen ins Olympiastadion und genoss die dortige Atmosphäre. Und doch haben die Ansichten meiner Mutter über das Wesen von Gruppen und die Gefahren eines Stammesdenkens mein eigenes Weltbild zutiefst geprägt.

Auch ich war der Ansicht, die beste Verteidigung gegen gefährliche Formen von Gruppendenken sei eine entschieden individualistische Haltung. Und auch ich dachte, die Bedeutung von Gruppenidentitäten würde, je toleranter und fortschrittlicher die Gesellschaft wird, umso mehr zurückgehen. Irgendwann würden wir uns nicht mehr als Deutsche oder Franzosen, als Juden oder Nichtjuden, als Weiße oder Schwarze begreifen, sondern den anderen einfach nur als Menschen sehen. Das Zeitalter des Nationalismus würde einer Ära des Kosmopolitismus weichen, in der die meisten von uns sich um Menschen, die wir noch nie getroffen haben, genauso sorgen wie um unsere nächsten Nachbarn.

In vielerlei Hinsicht halte ich eine solche Vision weiterhin für sehr nobel. Die Welt wäre besser dran, wenn wir alle die eigene Gruppe oder Nation weniger stark bevorzugten und mehr Mitgefühl für Menschen zeigten, die weit entfernt leben. Wer es wagt, die Stimme zu erheben, wenn Mitglieder der eigenen Gruppe ungerecht handeln, oder gar echte Opfer erbringt, um Menschen, mit denen er nur wenige Gemeinsamkeiten hat, zu helfen, verdient unsere tiefste Bewunderung.

Inzwischen aber bin ich viel in der Welt herumgekommen und habe mich mit ihrer Geschichte beschäftigt. Dabei bin ich zu der Überzeugung gelangt, dass eine generelle Ablehnung sämtlicher Formen kollektiver Identität nicht der richtige Weg ist, um tolerante Gesellschaften aufzubauen. Wenn wir die dunkelsten Aspekte unserer menschlichen Natur in Schach halten wollen, ist die richtige Frage nicht, ob wir unseren Gruppeninstinkt überwinden können – sondern wie wir das enorme positive Potenzial dieses Instinkts nutzen und seine negativen Seiten eindämmen können.

Unsere Neigung, uns in Gruppen zusammenzuschließen, ist nicht nur für die dunkelsten Kapitel der Menschheitsgeschichte verantwortlich – sondern auch für die größten Leistungen unserer Spezies.

Schimpansen sind hochintelligente Lebewesen. Doch sosehr sie sich auch wünschen, an Nahrung heranzukommen, die nur über einen Holzbalken erreichbar wäre – sie schaffen es nicht, sich zusammenzutun, um den Balken in die richtige Position zu schieben. Nach Ansicht der meisten Naturwissenschaftler sind sie schlicht nicht gemeinschaftsorientiert genug, um eine so einfache Aufgabe zu lösen.[1] Laut Michael Tomasello, einem Psychologen, der sich auf soziale Kognition spezialisiert hat, »ist es unvorstellbar, dass zwei Schimpansen zusammen einen Holzbalken tragen«.[2]

Menschen jedoch definieren sich nicht nur über ihre Intelligenz, sondern auch über ihren Gemeinschaftssinn. Ab einem Alter von drei bis vier Jahren sind Kinder zu Formen der Kooperation in der Lage, die Schimpansen niemals erreichen.[3] Indem sie zusammenarbeiten, haben Menschen riesige Städte erbaut, wunderbare Kunstwerke geschaffen und Menschen zum Mond gebracht.

Viele dieser Leistungen wurden im Namen bestimmter Identitätsgruppen erbracht: Die Römer bauten ihre Stadt mit aller Pracht aus, um die Macht Karthagos einzudämmen. Fromme Künstler schufen wunderbare Darstellungen von Christus oder riesige Buddha-Statuen, um die eigene Zivilisation zu verherrlichen. Und die Amerikaner investierten Unsummen in die Mondlandung, um es den Sowjets zu zeigen.

Selbst meine Mutter, diese eingefleischte Individualistin, verbrachte ihr Berufsleben mit einer Tätigkeit, die Sozialwissenschaftler oft als bestes Beispiel für die erstaunliche Fähigkeit des Menschen anführen, Gruppen zu bilden, die ein gemeinsames Ziel eint: Als Dirigentin hatte sie die Aufgabe, aus den Stimmen und Instrumenten von mehr als hundert Musikern ein Kunstwerk zusammenzufügen.

Wenn wir über die Herausforderungen sprechen, die der Aufbau einer diversen Demokratie in unseren Tagen mit sich bringt, liegt es nahe, sich auf den gegenwärtigen Zustand unserer eigenen Gesellschaften oder die jüngsten Kontroversen in den sozialen Medien zu konzentrieren. Doch bevor wir entscheiden können, welche Art von Gesellschaft wir eigentlich aufbauen wollen und wie uns das gelingen könnte, müssen wir diese Frage in den Kontext der Geschichte und Psychologie des Menschen stellen. Denn es ist unmöglich, die wahren Ursachen all der Probleme zu erkennen, mit denen diverse Demokratien konfrontiert sind – oder gar zu analysieren, wie es besser laufen könnte –, wenn wir nicht verstehen, wie Menschen ticken und wie frühere Gesellschaften mit Diversität umgegangen sind.

Deshalb stellt der erste Teil dieses Buchs die großen Fragen, die wir beantworten müssen, bevor wir uns mit den Problemen, die diverse Demokratien in der Gegenwart meistern müssen, befassen können. Haben Menschen eine natürliche Neigung, Gruppen zu bilden? Ziehen sie zwangsläufig die In-Group vor und diskriminieren Außenstehende? Werden uns Kategorien wie Religion und Hautfarbe immer trennen? Auf welche Arten sind die diversen Gesellschaften der Vergangenheit zerfallen? Und was können wir aus alldem lernen, damit diverse Demokratien in Zukunft besser funktionieren als in der Vergangenheit?

KAPITEL 1

Warum der Konflikt vorprogrammiert ist

Als Henri Tajfel in Włocławek, einer Kleinstadt in Polen, geboren wurde, hatten seine Eltern guten Grund zu glauben, vor ihrem Sohn läge eine bessere Zukunft. Der Erste Weltkrieg war gerade zu Ende gegangen. In ganz Europa warfen Länder Monarchie und Fremdherrschaft ab und gaben sich demokratische Verfassungen. Polen wurde zum ersten Mal seit hundert Jahren wieder unabhängig.

Als Tajfel ins Teenageralter kam, waren diese Hoffnungen bereits wieder zerstört. Die polnische Demokratie musste einer Militärdiktatur weichen. In ganz Europa wuchs der Antisemitismus. Weil es eine Quote für Juden gab, konnte sich Tajfel in seinem Heimatland nicht für ein Studium an der Universität einschreiben.

Er zog nach Paris und studierte Chemie an der Sorbonne. Als der Zweite Weltkrieg begann, meldete er sich freiwillig für den Dienst in der französischen Armee, geriet aber schnell in deutsche Kriegsgefangenschaft und überlebte die tödlichsten Jahre in der Geschichte Europas in verschiedenen Gefangenenlagern. Bei seiner Befreiung musste er erfahren, dass die Nazis den größten Teil seiner Familie ermordet hatten.[1]

Um das Schicksal seiner Eltern und Geschwister zu verstehen, entschloss sich Tajfel, darüber zu forschen, wie der Hass scheinbar zivilisierte Nationen so ergreifen konnte, dass sie Millionen von Menschen schlachteten. Mit einem Essay über die Natur des Vorurteils gewann er ein Stipendium für das Studium der Psychologie am Birkbeck College in London.

Im Verlauf seines Studiums stieß Tajfel auf eine Reihe neuer

Experimente, die zeigten, wie leicht man Menschen dazu bringen kann, einander schreckliche Dinge anzutun. Was passiert, wenn ein Wissenschaftler im weißen Kittel einem Probanden die Anweisung gibt, einem anderen Probanden Elektroschocks zuzufügen, selbst wenn dieser fleht, man möge damit aufhören? Wenn Sie ähnlich ticken wie die Mehrzahl der Amerikaner (oder, wie spätere Studien zeigten, die Mehrzahl der Deutschen, Jordanier und Australier), werden Sie weitermachen, auch wenn ihr Opfer sich vor Schmerzen windet.[2]

Und was passiert, wenn nette Mittelschicht-Jungs aus einer friedlichen amerikanischen Stadt in zwei Gruppen aufgeteilt werden, die miteinander um Nahrung und Feuerholz konkurrieren? Innerhalb weniger Tage entsteht eine tiefe Bindung innerhalb der eigenen Gruppe – und brodelnder Hass gegen die Mitglieder der anderen.[3]

Psychologen haben in den Fünfziger- und Sechzigerjahren immer und immer wieder gezeigt, wie schockierend leicht sich Menschen dazu verleiten lassen, einander zu hassen, sobald man sie in Gruppen aufteilt. Doch während sich die Beweise für die Verderbtheit des Menschen häuften – nicht nur auf den Schlachtfeldern des Zweiten Weltkriegs, sondern auch in den friedlichen Laboren angesehener Universitäten –, wuchs Tajfels Frustration darüber, dass die Sozialwissenschaftler noch immer nicht wussten, *warum* Gruppen bereit sind, einander so schreckliche Dinge anzutun. Was braucht es, um eine Gruppe zu formen? Und welche Eigenschaften dieser Gruppen befähigen Menschen zu solch entsetzlicher Grausamkeit?

Das war das Rätsel, von dem Tajfel – der inzwischen einen angesehenen Lehrstuhl für Sozialpsychologie an der Universität Bristol innehatte – besessen war.[4] Um es zu lösen, führte er eine genial kontraintuitive Studie durch. Er bildete Gruppen, die so bedeutungslos sein sollten, dass ihre Mitglieder nicht auf die Idee kommen würden, sie gegenüber anderen zu bevorzugen.

Daraufhin wollte Tajfel diesen Gruppen allmählich weitere Merkmale hinzufügen, um dann zu beobachten, wann ihre Mitglieder die Bereitschaft entwickeln würden, Außenstehende zu diskriminieren.

Im Jahr 1970 bildete Tajfel eine solche Gruppe aus vierundsechzig Jungen im Teenager-Alter, die eine Schule in einem nahe gelegenen Vorort besuchten. Nachdem sie sich in einem großen Hörsaal versammelt hatten, stellte er ihnen die beliebigste Aufgabe, die ihm einfiel: Seine Assistenten zeigten ihnen vierzig Anordnungen von Punkten und forderten sie auf zu raten, wie viele Punkte auf diesen Bildern jeweils zu sehen waren.

Manche Menschen, erklärte Tajfel den Jungen, neigen dazu, die Zahl der Punkte zu unterschätzen. Andere neigen dazu, sie zu überschätzen. Keine Gruppe hat einen Vorteil bei der Annäherung an das richtige Ergebnis.

Im zweiten Teil des Experiments teilte Tajfel die Jungen in eine Gruppe von »Unterschätzern« und eine Gruppe von »Überschätzern« ein[5] und forderte sie auf, ihren Mitschülern Punkte zu geben, die später in Geld eingetauscht werden konnten. Sie erfuhren nicht, wem die Punkte zugeteilt wurden, sondern sollten lediglich verschiedene Belohnungen an »Mitglied Nummer eins deiner Gruppe« und »Mitglied Nummer eins der anderen Gruppe« verteilen.

Da die Jungen »nach nichtigen, bedeutungslosen Kriterien aufgeteilt worden waren«, schrieb Tajfel später in einem Aufsatz, der weite Teile der Sozialwissenschaft verändern sollte, erwartete er nicht, dass sie die Mitglieder ihrer eigenen Gruppe bevorzugen würden. Denn unter den Umständen würde eine solche Form der Diskriminierung schlicht keinen Sinn machen.

Trotzdem bevorzugten fast alle von ihnen die Mitglieder ihrer eigenen Gruppe.

Der Unterschied zwischen der Behandlung von Mitgliedern der »eigenen« und der »fremden« Gruppe war verblüffend. Solange Geld zwischen den verschiedenen Mitgliedern der eigenen Gruppe verteilt werden sollte, waren die Jungen bemüht, allen denselben Betrag zuzusprechen. Doch sobald sie vor die Wahl gestellt wurden, einem Mitglied der eigenen oder der fremden Gruppe Geld zuzuteilen, bevorzugten sie die eigene Gruppe. »Das Einzige, was nötig war, um dieses Ergebnis zu erreichen«, berichtete Tajfel, »war die Verbindung ihrer Ergebnisse beim Raten von Zahlen mit dem Begriff ›deine Gruppe‹.«

Erstaunt über dieses Ergebnis, wiederholte Tajfel den Versuch mit anderen, ähnlich nichtigen Kriterien. In einem Fall zeigte er Schuljungen Gemälde von Paul Klee und Wassily Kandinsky und fragte, welches ihnen besser gefiele. Zu seiner Verblüffung verbündete sich die »Klee-Gruppe« sofort gegen die »Kandinsky-Gruppe« (und umgekehrt).

In den folgenden Jahren haben zahlreiche andere Forscher Tajfels Ergebnisse bestätigt. Sie konnten Menschen aufgrund so alberner Kriterien wie der Farbe ihres T-Shirts oder ihrer Meinung, ob ein Hotdog ein Sandwich sei, zur Bevorzugung der »eigenen Gruppe« veranlassen.[6]

»Die Diskriminierung von Außenstehenden«, so Tajfel, »ist unglaublich leicht in Gang zu setzen.«[7]

Für diejenigen unter uns, die das Glück hatten, in einer vergleichsweise friedlichen und toleranten Gesellschaft aufzuwachsen, ist es verführerisch zu denken, Stammesrivalitäten oder Hass aufgrund ethnischer Unterschiede seien eine außergewöhnliche Verirrung. Ich selbst dachte früher, die Neigung zur Gruppenbildung sei alles andere als natürlich – und müsse dem Menschen erst eingebläut werden. Wenn wir nur die zynischen Demagogen und Politiker überwinden könnten, die unsere niedrigsten Instinkte anstacheln, würden wir alle in Harmonie leben.

Tajfels Forschung widerlegt diese beruhigende Annahme. Er hat gezeigt, dass die Neigung, Gruppen zu bilden und Außenseiter zu diskriminieren, in uns allen schlummert.

Selbst gebildete Menschen, die in guten Verhältnissen aufgewachsen sind, sind natürlich dazu veranlagt, Gruppen zu bilden. Wir mögen uns für Individualisten halten, die mit allen anderen fair umgehen wollen. Aber in Wirklichkeit sind wir jederzeit bereit, den Unterschätzern gegen die Überschätzer beizustehen oder in einer Auseinandersetzung mit dem Team Klee gegen das Team Kandinsky ins Feld zu ziehen.

Tajfels »Minimalgruppen-Paradigma« bietet uns eine wichtige Erkenntnis. Doch die letzten hundert Jahre sind voll von Fällen, in denen Menschen einander aufgrund von angeblichen Unterschieden ermordeten, die weitaus bedeutungsvoller als diejenigen sind, die Tajfel in seinem Labor erschaffen konnte.

Im Ersten und Zweiten Weltkrieg lag die Hauptunterscheidung in den tödlichsten Konflikten der Menschheitsgeschichte zwischen Nationen. In den gewaltsamen Konflikten zwischen gemäßigten Muslimen und islamistischen Terroristen wie auch bei der Massenvernichtung von »Klassenfeinden« durch kommunistische Regierungen waren die Kriterien religiöser oder ideologischer Art. Und die Völkermorde von Ruanda bis Sarajevo waren hauptsächlich ethnisch motiviert.

Werden die tödlichsten Konflikte von Gruppen ausgelöst, deren Zusammensetzung ebenso willkürlich ist wie in Tajfels Experimenten? Oder sind die meisten von echten Unterschieden getrieben, die seit Langem bestehen?

Weder natürlich noch willkürlich

Viele Menschen glauben, die wichtigsten Gruppen in unserem Leben seien zutiefst bedeutungsvolle Einheiten, die natürlichen, biologischen oder weit zurückreichenden historischen Unterschieden folgen.

Französische Schülerinnen und Schüler lernen über »unsere

Vorfahren, die Gallier«.[8] Die Chinesen nennen ihr Land das Reich der Mitte.[9] Die Maori bezeichnen sich als Kinder der Erde.[10] Praktisch alle solchen Mythen enthalten zwei Aussagen über die jeweilige Gruppe: Sie beschreiben sie als natürliche Einheit, und sie behaupten, ihre Wurzeln ließen sich bis in Urzeiten zurückverfolgen. In der Sprache der Sozialwissenschaft werden die Geschichten, die die meisten Gruppen über sich selbst erzählen, »primordial« genannt.

Die primordiale Sicht auf soziale Gruppen hat durchaus wahre Wurzeln. Wir alle wissen, dass es auffällige visuelle Unterschiede zwischen vielen ethnischen Gruppen gibt. In den meisten Fällen brauchen wir nur den Bruchteil einer Sekunde, um zumindest eine Vermutung darüber anzustellen, ob die Vorfahren eines Menschen, dem wir auf der Straße begegnen, aus Europa, Asien oder Afrika stammen. Wer eine Kultur oder einen Kontinent gut kennt, kann vielleicht sogar die Unterschiede zwischen einem Italiener und einem Spanier, einer Kenianerin und einer Nigerianerin, einem Bengali und einem Bihari oder zwischen einer Japanerin und einer Koreanerin ausmachen.

In vielen Fällen haben Mitglieder heutiger ethnischer Gruppen auch eine gemeinsame Abstammung. Nach allem, was wir wissen, stammen Juden und Zoroastrier von kleinen Gruppen ab, die vor Tausenden von Jahren diese Identitäten angenommen haben.[11] Und wenn Sie ein Gläschen mit Speichel und 99 Dollar an die freundlichen Leute bei 23andMe schicken, bekommen Sie eine hübsche Tabelle, die Ihnen sagt, dass sie beispielsweise zu 75 Prozent aus Westafrika, zu 10 Prozent aus Südasien, zu 10 Prozent aus Ozeanien und zu 5 Prozent aus Südeuropa stammen. Außerdem erfahren Sie dann, ob Sie zu 100 Prozent Homo sapiens sind oder ein bisschen Neandertalerblut in den Adern haben.

Genetische Unterschiede zwischen ethnischen Gruppen können sogar medizinische Relevanz haben. Ärzte wissen heute, dass vielen Ostasiaten ein Enzym fehlt, das die Verarbeitung von

Alkohol erleichtert.[12] Afroamerikaner haben ein erhöhtes Risiko, an Sichelzellenanämie zu erkranken,[13] aschkenasische Jüdinnen, an Brustkrebs zu sterben.[14]

So gern wir es anders hätten, können wir die Unterschiede zwischen ethnischen Gruppen nicht einfach vom Tisch wischen. Aber obwohl viele ethnische Gruppen echte historische Gemeinsamkeiten haben, sind die Unterschiede zwischen ihnen gleichzeitig viel fließender, als die meisten Menschen denken.

Viele Behauptungen über die durchschnittlichen Unterschiede zwischen Mitgliedern verschiedener Gruppen sind deutlich übertrieben oder komplett falsch. Wie wir die Grenzen zwischen verschiedenen Gruppen ziehen, hängt stark von vergangenen politischen Debatten und anderen historischen Umständen ab. Und da nicht immer klar ist, wer zu welcher Gruppe gehört, kann die Art und Weise, wie wir die Zugehörigkeit zu verschiedenen Identitätsgruppen definieren, höchst willkürlich sein – wie die erschreckende Geschichte einer Frau zeigt, die in die Fänge der brasilianischen Bürokratie geriet, weil diese ihre »Rassenzugehörigkeit« nicht klar klären konnte.

Wie Millionen anderer Brasilianer ist auch Maíra Mutti Araújo gemischter Abstammung.[15]

Unter ihren Vorfahren sind wahrscheinlich Angehörige indigener Völker, die seit Jahrhunderten im Land leben, versklavte Afrikaner, die in Ketten dorthin verschleppt wurden, um Zuckerrohr oder Kaffee zu ernten, und portugiesische Kolonisten, die auf der Suche nach Reichtum und Macht nach Südamerika kamen.

Die junge Juristin galt als *pardo,* die brasilianische Bezeichnung für Menschen, deren Hautfarbe weder weiß noch schwarz ist. Da sie dunkler aussah als einige andere Mitglieder ihrer Familie, nannten ihre Eltern sie zärtlich *pretinha,* ein Kosename für dunkelhäutige Mädchen.

Als nun der brasilianische Bundesstaat Bahia ein Quotensystem ins Leben rief, um dafür zu sorgen, dass ein größerer Anteil der Stellen im öffentlichen Dienst von *pretos* oder *pardos* besetzt würde, und die Stadt Salvador neue Posten als Staatsanwalt ausschrieb, folgte Araújo dem Rat ihrer Freunde und bewarb sich.

Sie brachte drei heftige Prüfungen hinter sich und landete unter tausend Bewerbern auf Platz drei. Ihr Traum war zum Greifen nah. Doch dann begann, wie sie selbst es in einem Interview mit der brasilianischen Journalistin Cleuci de Oliveira nannte, eine »Rassen-Soap«, in der ihr die Rolle des Bösewichts zugewiesen wurde.

In der zweiten Runde des Bewerbungsprozesses versuchte die Einstellungskommission herauszufinden, ob die vielversprechenden Bewerberinnen und Bewerber für einen Posten infrage kamen, der für dunkelhäutige und schwarze Brasilianer reserviert war. Araújo wurde aufgefordert, Fotos einzusenden und einen Fragebogen zu ihrer ethnischen Identität auszufüllen. Sie wurde nach etwaigen schwarzen oder dunkelhäutigen Vorbildern befragt und sollte beantworten, ob sie »mit einer schwarzen oder braunen Person zusammen ist«.

»Ich fand die Fragen übergriffig«, sagte Araújo in dem Interview zu Oliveira. »Was hat es denn mit meiner Identität zu tun, mit wem ich zusammen bin?« Da sie die Stelle aber unbedingt haben wollte, füllte sie den Fragebogen brav aus.

Nach Betrachtung der Fotos und des Fragebogens beschloss die Kommission, Araújo zu disqualifizieren. Sie hatte sich zwar ein Leben lang als *pardo* gesehen, angeblich fehlte ihr jedoch der nötige »Phänotyp einer afrikanischen Herkunft«.

Araújo legte gegen diese Entscheidung Einspruch ein. Ihm wurde stattgegeben. Doch das führte nur zu einer weiteren demütigenden Runde im Bewerbungsprozess: einer direkten Beurteilung ihrer Rassenzugehörigkeit, zu der sie persönlich erscheinen musste. Wie Dutzende andere Bewerberinnen und Bewerber flog sie kurzfristig nach Salvador und begab sich in ein Regierungsgebäude, wo fünf Experten auf einer Bühne saßen und die Parade der Bewerberinnen und Bewerber musterten. Sie reichte einem der Experten ihren Personalausweis und wurde angewiesen, sich auf einen Stuhl zu setzen. Dann betrachtete die Kommission sie drei Minuten lang stillschweigend.

»Ich bin mir vorgekommen wie ein Tier im Zoo«, sagte sie im Interview.

Ein paar Wochen gingen ins Land, bevor Araújo erfuhr, dass die Kommission sie nun definitiv ausgeschlossen hatte. In einer ironischen Wende, die jeden Schreiber einer Seifenoper stolz machen würde, strengte die Staatsanwaltschaft, für die sie so gern hatte arbeiten wollen, gegen sie ein Ermittlungsverfahren an. Der Vorwurf: »Rassenbetrug«.

Verglichen mit anderen Kolonien waren die Gesetze zur sogenannten Rassenvermischung in Brasilien immer recht locker.[16] Da es nicht genug potenzielle Ehefrauen mit europäischer Herkunft gab, heirateten viele Siedler afrikanische Sklavinnen oder indigene Frauen. Die Kinder, die aus diesen gemischten Verbindungen stammten, galten nicht als schwarz, sondern wurden nach komplexen Kategorien eingeteilt.[17] Mit der Zeit ließen sich diese Kategorien nicht mehr aufrechterhalten. Nachdem sich die Mitglieder der verschiedenen Gruppen seit vielen Generationen vermischten und die meisten Brasilianer in großen Städten statt in kleinen Dörfern lebten, wurde es immer schwieriger festzustellen, ob jemand beispielsweise »cafuzo«, »caboclo« oder »juçare« war. So kam es dazu, dass die Zugehörigkeit zu der einen oder anderen Gruppe lediglich nach dem Aussehen bestimmt wurde – was auch bedeutet, dass Geschwister, die dieselben Eltern, aber unterschiedliche Hauttöne haben, oft verschiedenen Gruppen zugeordnet werden.[18]

In den USA sieht die Sache komplett anders aus. Schwarze Identität wurde lange nach der »Ein Tropfen Blut«-Regel festgelegt.[19] Während in anderen Teilen der Welt die meisten Siedler männlich waren, kamen nach Nordamerika von Anfang an auch Frauen und Kinder. Die Siedler mussten also nicht außerhalb der eigenen Gruppe heiraten. Und so entwickelten die amerikanischen Kolonisten ein kompliziertes Netz von Gesetzen und gesellschaftlichen Konventionen, die allesamt darauf abzielten, den untergeordneten Status von Sklaven und ihren Nachkommen zu zementieren. Da Kinder aus gemischten Verbindungen die strikte Trennung der Gesellschaft in eine herrschende weiße und eine beherrschte schwarze Gruppe bedrohten, kam es zu einer ganz einfachen Lösung: Kinder, die irgendwo in ihrer Ahnenreihe einen schwarzen Vorfahren hatten, galten als schwarz.

Manche Amerikaner haben schon vor langer Zeit begriffen, wie verrückt diese Regel ist. *Octoroon,* eines der erfolgreichsten amerikanischen Theaterstücke des 19. Jahrhunderts, beschreibt die zum Scheitern verurteilte Liebe zwischen dem Besitzer einer Sklaven-Plantage und seiner Cousine, die zu einem Achtel schwarz ist.[20]

Doch trotz ihres verstörenden Ursprungs hat die »Ein Tropfen Blut«-Regel bis heute enormen Einfluss auf die amerikanische Gesellschaft. Barack Obamas Haut mag nicht viel dunkler als die von Maíra Mutti Araújo sein. Doch während Araújo den brasilianischen Behörden als »nicht schwarz genug« auffiel, würden in den USA nur Exzentriker oder Extremisten bezweifeln, dass Obama der erste schwarze Präsident des Landes war.[21]

Systeme von Rassenkategorisierung können Menschen, die damit aufgewachsen sind, vollkommen natürlich erscheinen, während sie Menschen, die in einer anderen Kultur groß geworden sind, seltsam und unlogisch vorkommen. Selbst innerhalb eines Landes gibt es viele Fälle, die zeigen, wie uneinig wir über die Zugehörigkeit zu der einen oder anderen Gruppe sind.

Nehmen wir die USA. Sollten Amerikaner, die aus Spanien stammen, als Latinos qualifiziert werden? (Der offizielle Zensus tut das.)[22] Ist jemand ein Angehöriger der First Nations, wenn er entsprechende Vorfahren hat, oder muss er dafür von einem Stamm anerkannt sein? (Viele Natives protestierten, als Elizabeth Warren das Erstere behauptete.)[23] Und sollten die Kinder von Afrikanern, die in jüngster Zeit in die USA kamen, von Programmen profitieren dürfen, deren Ziel es ist, die Nachwirkungen der Sklaverei und die damit einhergehenden Ungerechtigkeiten zu beheben? (Eine neue Gruppe von Aktivisten, die *American Descendants of Slavery,* wehrt sich gegen diese Realität.)[24]

Die rassischen Kategorien, die besonders in Amerika so oft als Basis der Politik dienen, sind alles andere als natürlich. Wie Barbara und Karen Fields deutlich gemacht haben, basieren sie auf einer Art »racecraft«: Indem wir »kollektive soziale Praktiken als angeborene individuelle Eigenschaften ausgeben«, schreiben die beiden Autorinnen, »verwandeln wir Rassismus in Rasse«.[25]

Sogenannte Rassen sind also in erheblichem Ausmaß soziale Konstrukte. Das bedeutet aber nicht, dass verschiedene Ethnien keine irgendwie geartete reale Grundlage hätten. Wir sprechen über Fragen der Ethnizität gerne so, als wären solche Gruppen entweder reine Fantasieprodukte oder als sei genau das System von Kategorien, das eine bestimmte Gesellschaft sich zurechtgelegt hat, die einzig logische Möglichkeit. Beide Sichtweisen greifen zu kurz.

Paradoxerweise ist ethnische Identität beides: sehr real und höchst formbar. Viele Gruppen, denen Menschen besonders viel Bedeutung zumessen, haben einen realen Hintergrund, der für ihre Mitglieder auch wichtig ist. Aus gutem Grund hängen so viele Menschen sehr an ihrer Zugehörigkeit zu einer bestimmten Klasse oder ethnischen Gruppe, ihrer Nation oder Religion. Es ist auch nicht überraschend, dass Menschen in der realen Welt eher bereit sind, ihr Leben für die politischen Ziele des Proletariats, die Überlegenheit des Volks der Han, die Rechte der Ukraine oder die Verteidigung des Hinduismus zu opfern als in einem Kampf um die Frage, ob ein Hotdog auch wirklich als Sandwich gelten solle.

Doch trotz der realen Grundlage für Identitäten, die Menschen wichtig sind – und sie bereit machen, ihr Leben zu opfern oder anderen Schaden zuzufügen –, sind es die historischen Umstände, die bestimmen, welche Rolle diese Identitäten spielen. Es ist nicht offensichtlich, warum bestimmte Gruppenmerkmale mal unwichtig erscheinen, um dann plötzlich den Lauf der Geschichte zu prägen. Und das wirft die Frage auf, wann Menschen mit unterschiedlichen Identitäten am ehesten aneinandergeraten – und wann sie es schaffen, friedlich miteinander zu koexistieren.

Freund und Feind

Die Chewa und Tumbuka, zwei große Völker im Südosten Afrikas, verbindet eine lange Geschichte der Feindschaft. Als Daniel Posner, ein junger Doktorand von der Harvard University, nach Malawi reiste, um mit Angehörigen dieser Völker über ihre Einstellung zueinander zu sprechen, äußerten sie ihre Klagen erstaunlich offen.

Die Tumbuka, so berichteten ihm Interviewpartner aus einem Chewa-Dorf, betrieben alle möglichen seltsamen Praktiken. Ihre Tänze seien falsch, sie verlangten einen viel höheren Brautpreis, und jung verheiratete Paare müssten nah bei der Familie des Ehemannes leben. Die Mehrheit der Befragten erklärte Posner, sie würde weder einen Tumbuka als Präsidentschaftskandidaten wählen noch jemanden aus diesem Volk heiraten.

Wie sah, umgekehrt, die Sicht der Tumbuka auf die Chewa aus? Um das herauszufinden, musste Posner nur ein paar Dutzend Meilen weiter Richtung Norden reisen. Wie zu erwarten, spiegelten die Aussagen seiner Interviewpartner bei den Tumbuka die Klagen, die er schon von den Chewa gehört hatte.

Die traditionellen Tänze der Chewa, wurde ihm erklärt, seien falsch. Sie verlangten einen zu geringen Brautpreis, und die frisch Vermählten müssten bei der Familie der Braut leben. Eine Mehrheit der Befragten erklärte, ohne zu zögern, sie würde weder einen Chewa-Präsidentschaftskandidaten wählen noch jemanden aus dem Volk der Chewa heiraten.

Hätte Posner nach der Befragung der Menschen in diesen beiden Dörfern seine Feldforschungen beendet, dann hätte er wohl den Schluss gezogen, dass die Antipathie zwischen Chewa und Tumbuka primordial sei, eines jener Phänomene von »uraltem Hass«, die Reporter immer gern bemühen, wenn irgendwo in Afrika, auf dem Balkan oder im Nahen Osten ein Bürgerkrieg ausbricht. »Die Chewa hassen die Tumbuka seit jeher, und umgekehrt ist es genauso«, hätte er vielleicht geschrieben. »Was ist da schon zu machen?« Doch statt diesen Schluss zu ziehen, reiste Posner ein paar Meilen gen Westen und überquerte die Grenze zwischen Malawi und Sambia.

Diese Grenze, 1884 gezogen, ist das Ergebnis eines Streits zwischen den Kolonialmächten Belgien, Deutschland, Frankreich und England. Mit irgendwelchen bedeutsamen historischen oder geografischen Merkmalen hat sie nichts zu tun.[26] Diesseits und jenseits der Grenze leben Chewa und Tumbuka, sprechen dieselben Dialekte und pflegen dieselben Bräuche.

Und so war Posner zunächst erstaunt, wie ähnlich sich die Situation in Sambia darstellte. Die Straßen waren genauso schlecht, die Dörfer ähnlich gebaut, auch der Stand der wirtschaftlichen Entwicklung vergleichbar.

Doch dann redete er mit den Leuten.

Als er die Tumbuka auf der sambischen Seite der Grenze dazu befragte, wie sie mit den Chewa zurechtkämen, hörte er viel freundlichere Kommentare als in Malawi. Er hatte mit der gewohnten Litanei an Klagen über die andere Gruppe gerechnet. Doch seine Interviewpartner betonten, wie viel Respekt sie für die Chewa hatten. Nur wenige erklärten, sie würden niemanden aus dem Volk der Chewa heiraten. Und noch weniger gaben an, sie würden einen Chewa-Präsidenten ablehnen. Umgekehrt war es genauso. Auch bei den Bewohnern eines nahe gelegenen Chewa-Dorfes war ein Geist der Toleranz gegenüber den Tumbuka zu spüren.

In Malawi hassen Chewa und Tumbuka einander. Jenseits der willkürlich gezogenen Grenze, in Sambia, vertrauen und respektieren sie einander. Wie kann das sein?

Der Grund, so konnte Posner zeigen, nachdem er mühsam alle möglichen anderen Erklärungen ausgeschlossen hatte, ist ein politischer.[27]

In Malawi stellen Chewa und Tumbuka jeweils einen relativ großen Bevölkerungsanteil. Beide Gruppen können sich Hoffnungen auf die Präsidentschaft und die damit einhergehenden politischen Vorteile machen. Deshalb sind sie politische Gegner und pflegen ihre gegenseitige Abneigung.

Sambia hingegen ist ein ethnisch viel diverseres Land. Weder Chewa noch Tumbuka stellen eine besonders große Gruppe innerhalb der Gesamtbevölkerung, und sie können sich auch keine Hoffnungen darauf machen, aus eigener Kraft die Präsidentschaft zu erringen. Um sich aber gegen den Westen des Landes durchsetzen zu können – der sich kulturell vom Osten stark unterscheidet –, müssen sie gemeinsame Kandidaten unterstützen. Die meiste Zeit sind sie also politische Verbündete. Und daraus ergibt sich eine wesentlich positivere Haltung gegenüber der jeweils anderen Gruppe.

Was zunächst aussah wie ein uralter Hass, erwies sich als Einfluss aktueller Umstände. Wenn Chewa und Tumbuka auf der einen Seite der Grenze Verbündete und auf der anderen Seite Feinde sind, dann könnten veränderte Bedingungen den gleichen Wandel auch bei anderen Gruppen bewirken, die einander in der Vergangenheit gehasst haben. So seltsam die Geschichte über die Chewa und Tumbuka anmuten mag, sie lehrt uns etwas über die Merkmale von Identität, deren Bedeutung weit über den Südosten Afrikas hinausreicht.

In den letzten Jahrzehnten haben Politikwissenschaftler Dutzende ähnlicher Beispiele gefunden. Überall auf der Welt scheinen Bedeutung und Einfluss bestimmter Identitäten von den lokalen Umständen abhängig zu sein.

Chinesische Einwanderer in Jamaika haben die Kriterien für die Zugehörigkeit zu ihrer Gruppe im Laufe der Zeit verändert, da sich die ökonomischen Bedingungen weiterentwickelten.[28] Politiker in Ländern wie Uganda und Nigeria haben die Spannungen zwischen verschiedenen Volksgruppen angeheizt, um ihre Chancen bei Wahlen zu erhöhen.[29] Und die Verschlechterung der Beziehungen zwischen Serben und Kroaten war zum Teil darauf zurückzuführen, dass die geografischen Gegebenheiten des sich auflösenden Jugoslawien die jeweiligen Sicherheitsbedürfnisse beeinflussten.[30]

Das heißt nicht, dass diese Gruppen zufällig zusammengesetzt sind. Die kulturellen Unterschiede zwischen Chewa und Tumbuka, die ethnischen Differenzen zwischen schwarzen und chinesischen Jamaikanern und die religiösen Differenzen zwischen Serben und Kroaten sind weder neu noch unbedeutend. Aber die Art, wie sich diese Gruppen im Detail bilden – und inwieweit sie sich als Verbündete oder Feinde betrachten – hängt von den jeweiligen Umständen und Anreizen ab.

Solche Anreize bestimmen nicht nur, wie sich verschiedene Gruppen zueinander verhalten. In vielen Fällen, in denen Individuen mehrfache Identitäten besitzen, helfen sie auch zu entscheiden, welche davon im Vordergrund steht.

In den USA ist die Hautfarbe der wichtigste Marker für Identität. In Indien besitzt das Kastensystem nach wie vor enorme Macht. Im südlichen Afrika werden die blutigsten Konflikte zwischen Mitgliedern verschiedener Stämme ausgetragen. In großen Teilen des Nahen Ostens spielt die religiöse Unterscheidung zwischen Sunniten und Schiiten die größte Rolle. Und fast überall tragen starke Klassen- und Geschlechterunterschiede in hohem Maß zur Etablierung politischer Konfliktlinien bei.

Selbst in ein und demselben Land kann sich der Stellenwert solcher Kategorien schnell ändern. Meine jüdischen Großeltern beispielsweise fühlten sich während großer Teile ihres Lebens als Proletarier, die zusammen mit nichtjüdischen Genossen in der kommunistischen Partei Polens für eine egalitärere Gesellschaft kämpften. Als jedoch Ende der Sechzigerjahre die Parteiführung beschloss, die Flamme des Antisemitismus anzufachen, stellten meine Großeltern fest, dass sie plötzlich vor allem als Juden gesehen wurden.

Schon vor 1968 war der Antisemitismus in Polen weit verbreitet. Und selbst auf dem Höhepunkt der Regierungskampagne zur Vertreibung der wenigen verbliebenen Juden aus Polen gab es noch so etwas wie Klassenbewusstsein.[31] Aber die Grenze zwischen den Gruppen, auf die es am meisten ankam, verschob sich erstaunlich schnell. Und für diejenigen, die das Pech hatten, auf der falschen Seite der neuen Trennlinie zu stehen, waren die Folgen drastisch. Im einen Jahr hatten meine Großeltern noch angesehene Posten und einen ordentlichen Lebensstandard. Im nächsten Jahr wurden sie von der Regierung als Außenseiter betrachtet, die man mit Fug und Recht schikanieren, aus dem Job entlassen und des Landes verweisen durfte.

* * *

Anders als bei den Experimenten, die Tajfel durchführte, wurzeln die meisten echten Konflikte in Unterschieden, die über lange Zeit hinweg große Bedeutung besaßen.[32] Welche Formen diese Konflikte annehmen, variiert von Ort zu Ort. Aber es ist kaum als Zufall zu bezeichnen, dass die gewalttätigsten Konflikte weltweit mit vier Unterscheidungsmerkmalen zu tun haben: Klasse, Ethnizität, Religion und Nation.*

* Ein weiteres wichtiges Unterscheidungsmerkmal in Hinblick auf Konflikte und Identitäten ist das Geschlecht. Die Aufgaben und Verantwortlichkeiten, die Männern und Frauen in der Gesellschaft zugeschrieben werden, variieren oft beträchtlich. Frauen waren viele Jahrhunderte lang auf eine enge »Privatsphäre« beschränkt, sodass ihre

Gleichzeitig wird die Rolle, die diese Unterscheidungen in bestimmten Kontexten spielen, erheblich von den Begleitumständen geprägt. Ob ein Konflikt beigelegt wird oder eskaliert, hängt von den Entscheidungen der Mächtigen ab, von den herrschenden Institutionen und dem Ausmaß, in dem normale Menschen in der Lage sind, vertrauensvolle und kooperative Beziehungen zu unterhalten.

In einigen Ländern sind die Anreize, sich unter einer allbestimmenden Identität zu versammeln, stark. Die Mitglieder einer erkennbaren Gruppe interagieren kaum mit denen einer anderen erkennbaren Gruppe. Da sie wenig Kontakt zueinander haben, kommt es ihnen gar nicht in den Sinn, dass sie wichtige gemeinsame Interessen haben könnten. Und weil sie sich von der Kontrolle des Staatsapparats große Vorteile versprechen – oder großes Leiden befürchten, wenn sie zulassen, dass ihr Feind stärker wird als sie –, sind sie ständig bereit, sich auf Gruppenrivalitäten einzulassen. Daraus entstehen oft gewalttätige Konflikte.

In anderen Ländern tragen die Umstände dazu bei, Konflikte zu entschärfen. Menschen, die sich in Bezug auf ein sichtbares Merkmal, wie der Hautfarbe, unterscheiden, sind möglicherweise in einer anderen Hinsicht, zum Beispiel ihrer Religion, verbunden. Sie verbringen deshalb relativ viel Zeit miteinander, erkennen gemeinsame Interessen und reagieren skeptisch auf Leute, die es darauf anlegen, Ängste und Konflikte zu schüren. Im besten Fall helfen die politischen Institutionen mit, Konflikte zu verringern, indem sie dafür sorgen, dass jeder Bürger fair be-

Freiheit und ihre Chancen auf ein selbstbestimmtes Leben deutlich eingeschränkt waren. Es ist wenig überraschend, dass die Ungerechtigkeit hinter vielen dieser Arrangements zunehmend politisch bekämpft wird. Doch während viele Gesellschaften an den Trennlinien von Ethnizität, Klasse, Religion und Nation geteilt waren, lebten Frauen und Männer in praktisch allen bekannten Gesellschaften in derselben Familie, im selben Stamm, in derselben Gruppe. Vielleicht hat das Geschlecht deshalb nur selten eine primäre gesellschaftliche Identität von Gegnern in gewalttätigen Konflikten, beispielsweise Kriegen, etabliert.

handelt wird, selbst wenn der Präsident oder Premierminister nicht zur gleichen Gruppe gehört.

In praktisch jedem Teil der Welt gibt es alte Spannungen und Feindseligkeiten zwischen Gruppen. Vielfalt ist nicht immer nur schön. Doch ob diverse Gesellschaften Frieden und Zusammenarbeit zwischen den Gruppen bewahren können, hängt nicht (nur) von den Erfahrungen der Vergangenheit ab, sondern (auch) vom Handeln in der Gegenwart.

Wenn ich die vielen Spannungen und Ungerechtigkeiten betrachte, die diverse Demokratien heute von Brasilien bis Sambia und von Indien bis zu den Vereinigten Staaten heimsuchen, dann bin ich versucht, ungeduldig zu werden. Warum können diese Leute nicht einfach die kosmopolitischen Ideale übernehmen, die ich als Kind von meiner Mutter gelernt habe? Können wir uns nicht einfach alle vertragen?

Doch je länger ich mich mit Geschichte, vergleichender Politikwissenschaft und Sozialpsychologie befasst habe, desto naiver kamen mir die eigenen Fragen vor. Menschen haben nun mal eine starke Neigung zur Gruppenbildung. Es ist nicht erstaunlich, dass es in großen Gesellschaften mit Millionen von extrem verschiedenen Menschen ab und zu kracht – viel erstaunlicher ist eigentlich, dass so viele Gesellschaften den Frieden zumeist mehr oder weniger bewahren.

Dieser Befund ist kein Plädoyer für Quietismus. Alles, was wir wissen, deutet darauf hin, dass selbst diverse Demokratien, die relativ friedlich sind, jederzeit in gegenseitiges Misstrauen, Unterdrückung und sogar Bürgerkrieg abrutschen können.

Gleichzeitig lehren uns Geschichte und Sozialwissenschaften aber auch, dass wir über Instrumente zur Konfliktvermeidung verfügen. Welche Identität sich Menschen zuschreiben, unterliegt ebenso wenig einer Zwangsläufigkeit wie die Beilegung von Differenzen mit gewaltsamen Mitteln. Alles deutet darauf hin, dass unsere Fähigkeit, Frieden und Demokratie zu bewahren, wesentlich davon abhängt, wie wir den mächtigen Instinkt des Menschen zum Gruppendenken handhaben.

Welche Lehren können wir aus alldem ziehen? Welche Maßnahmen und Institutionen verhindern Konflikte, und welche heizen sie an?

Ich wünschte, ich könnte diese Fragen beantworten, indem ich Sie zu einer Reise durch all die diversen Demokratien einlade, die ihre Probleme vollständig gelöst und bewundernswert gerechte Gesellschaften aufgebaut haben. Aber leider existieren solche Demokratien nicht. Und so kann ich im Moment nur eine recht unvollkommene Alternative vorschlagen: Um gemeinsam darüber nachzudenken, wie es richtig laufen könnte, müssen wir uns konkrete Beispiele dafür ansehen, wie es immer wieder falsch gelaufen ist. Vielleicht können wir aus dem Scheitern anderer lernen, diese Fehler in Zukunft zu vermeiden.

KAPITEL 2

Drei Wege, wie diverse Gesellschaften scheitern

»Alle glücklichen Familien sind einander ähnlich«, hat Leo Tolstoi geschrieben, »jede unglückliche Familie ist dagegen auf eigene Weise unglücklich.« Da ist viel Wahres dran. Und doch können Psychologen durchaus Muster identifizieren.

Manche Familien sind unglücklich, weil sie extrem arm sind. Andere sind unglücklich, weil die Eltern nicht miteinander auskommen. Und wieder andere sind unglücklich, weil eins ihrer Mitglieder geistigen, körperlichen oder sexuellen Missbrauch betreibt.

Dasselbe gilt für diverse Demokratien. Hunderte von Büchern sind über Länder geschrieben worden, die unter ethnischen Konflikten, ethnischer Unterdrückung und Völkermord leiden. Jedes Land hat seine eigene Geschichte, die es verdient, analysiert zu werden. Trotzdem können wir viel lernen, wenn wir uns ansehen, aus welchen Gründen so viele diverse Gesellschaften zerbrochen sind.

In diesem Kapitel will ich die drei wichtigsten erklären: Anarchie, Dominanz und Fragmentierung.

Anarchie

Thomas Hobbes, der englische Philosoph des 17. Jahrhunderts, war der erste große Theoretiker, der sich mit den Gefahren beschäftigte, die aus der Anarchie erwachsen.

»Die Natur«, argumentiert Hobbes in seinem Hauptwerk,

dem *Leviathan,* hat die Menschen »in ihren körperlichen und geistigen Fähigkeiten relativ gleich geschaffen«.[1] Der eine sei vielleicht stärker, schneller oder schlauer als der andere. Doch »wenn man alles zusammenrechnet, sind die Unterschiede von Mensch zu Mensch nicht so bedeutend, als dass der eine daraus irgendwelche Vorteile ableiten könnte, auf die der andere nicht dasselbe Anrecht stellen könnte«.[2]

Diese Gleichheit der Menschen ist für Hobbes aber wenig tröstlich. Er erklärt vielmehr, dass sie schreckliche Folgen hat. Denn da Menschen recht ähnliche Fähigkeiten haben, streben sie danach, dieselben Güter und Ehren zu erlangen. Und da selbst eine kleine, schwächliche Person ihren Verstand nutzen kann, um eine große, starke Person zu verletzen oder zu töten, haben alle guten Grund, einander zu misstrauen. Auf allen Seiten von potenziellen Rivalen umgeben und niemals sicher, dass sie einem gezielten Angriff standhalten könnten, sind selbst friedliebende Menschen geneigt, präventiv zuzuschlagen.

Ohne eine zentrale Autorität, so leitet Hobbes aus diesen einfachen Prämissen ab, würde bald »ein Krieg aller gegen alle« ausbrechen – mit entsetzlichen Folgen. Im von ihm so benannten »Naturzustand« »gibt es keinen Grund für Fleiß, weil die Früchte unsicher sind, und in der Folge auch keine Kultur. Keine Navigation und keinen Nutzen jener Annehmlichkeiten, die auf dem Seeweg importiert werden könnten. … Keine Kunst. Keine Literatur. Keine Gesellschaft. Und das Schlimmste: ständige Angst und die Gefahr eines gewaltsamen Todes. Das Leben der Menschen einsam, ärmlich, bestial, brutal und kurz.«[3]

Hobbes zufolge behielten die Schwierigkeiten des Naturzustands auch unter Menschen, die mit den Annehmlichkeiten der Zivilisation aufgewachsen sind, ihre Relevanz. In einem Zeitalter der Eroberungen, Revolutionen und Bürgerkriege aufgewachsen, lebte er in der Furcht, Angriffe auf die Autorität des Staates könnten in jedem beliebigen Moment dazu führen, dass der Naturzustand wieder sein hässliches Haupt erhebe. Und so war er geradezu verzweifelt darum bemüht, die politische Ordnung um jeden Preis aufrechtzuerhalten.

Wie genau die Regeln aussehen, die Staaten uns auferlegen, so Hobbes, sei weniger wichtig als ihre bloße Existenz. Lieber unter der Fuchtel eines egoistischen, unmoralischen Monarchen leben als Chaos und Anarchie erleiden. Denn wenn es keinen Staat gibt, leiden alle.

In den Jahrhunderten nach Hobbes haben Philosophen und Sozialwissenschaftler nicht aufgehört, darüber zu debattieren, ob die Abwesenheit der staatlichen Macht wirklich zu der von ihm prophezeiten Anarchie führen würde. Die Belege, die sie gefunden haben, sind so zwiespältig, dass bis heute kein definitives Urteil möglich scheint.

In den meisten Gesellschaften, die über keinen Souverän nach hobbesschem Muster verfügen, scheint das Leben nicht so schlimm, wie er es vorhergesagt hat. Selbst ohne formellen Staat gelingt es vielen traditionellen Gesellschaften, starke Normen aufrechtzuerhalten. In Abwesenheit allgemeingültiger Regeln, wie sie von modernen Regierungen auferlegt werden, etablieren familiäre Bindungen, kulturelle Bräuche und religiöse Riten, wer was tun darf (oder eben nicht).

Bei den Inuit im Norden Kanadas beispielsweise werden Konflikte durch »Gesangsduelle« beigelegt. Wenn zwei Personen sich streiten, so berichtet die Anthropologin Jean Briggs, lösen die Parteien ihren Konflikt, indem sie vor einem amüsierten Publikum Schmählieder aufeinander singen. Der Konflikt ist ausgestanden, wenn die Gemeinschaft – unter Augenmerk auf den künstlerischen Wert der Lieder, nicht nur auf Fragen von Recht und Unrecht – einen Sieger ausruft.[4]

Auch Anthropologen, die Stämme an entlegenen Orten – vom afrikanischen Bergland bis zum Regenwald des Amazonas – beobachtet haben, sind immer wieder zu denselben Schlüssen gelangt: Lange vor der Entstehung moderner Staaten haben Menschen Mechanismen entwickelt, um die schädlichen Folgen des Chaos zu vermeiden. Statt sich in einen Zustand der Anarchie zu stürzen, wie Hobbes befürchtete, gab es für die meisten unserer Vorfahren einen komplizierten »Käfig von Normen«, der ihr Verhalten weitgehend einengte und bestimmte. (Wie dieser Käfig aussah und welche Folgen das hatte, werde ich in Kapitel 4 genauer beschreiben.)

Gleichzeitig haben Forscher jede Menge Belege dafür gefunden, welch hohen Preis Menschen bezahlen, wenn sie nicht in der Lage sind, sich um eine höhere Macht herum zu organisieren, die Regeln aufstellt und Regelverstöße bestraft. Laut Anthropologen, die bei archäologischen Ausgrabungen gefundene menschliche Skelette untersucht haben, kam es in prähistorischen Gesellschaften und frühen menschlichen Ansiedlungen außerordentlich häufig zu gewaltsamen Todesfällen.[5] Doch als Herrscher allmählich genug Macht auf sich vereinten, um ihre Regeln durchzusetzen, sank das Ausmaß der Gewalt deutlich. Vom späten Mittelalter bis zum 20. Jahrhundert, schreibt Steven Pinker in seinem Buch *Gewalt. Eine neue Geschichte der Menschheit,* sei die Mordrate in den europäischen Ländern um das Zehn- bis Fünfzigfache gesunken.[6]

Auch heute ist die Zahl an Gewalttaten in Regionen mit schwachen Staaten deutlich höher als in Ländern mit starkem Staat. Singapur mit seinem ausgesprochen starken Staat hat eine Mordrate von 0,2 auf 100 000 Einwohner. Die USA, in denen die Zahl der Gewaltverbrechen für eine wohlhabende Demokratie immer schon ungewöhnlich hoch war, liegen bei 5 auf 100 000. In El Salvador, einem Land mit schwachem Staat und korrupter Regierung, sind es erschütternde 62 auf 100 000.[7] Einige der gefährlichsten Orte der Welt, darunter der Jemen und die Zentralafrikanische Republik, haben Regierungen, die über weite Teile ihres nominellen Territoriums keine effektive Autorität ausüben.[8]

Warum können manche Gruppen ohne zentrale Autorität Frieden wahren, während die Abwesenheit eines Staates andere

Gesellschaften in einen Strudel von Mord, Gewalt und sogar Bürgerkrieg stürzt?

Die Antwort lautet: Die Neigung des Menschen zur Gruppenbildung hilft einerseits, den Frieden *innerhalb* einer Gruppe zu bewahren, fördert zugleich aber Konflikte *zwischen* den Gruppen.

Als Hobbes über den Naturzustand schrieb, zeichnete er ein Bild von einsamen Individuen, die unfähig seien, überhaupt zu kooperieren. Seine Vision eines Krieges von Mensch gegen Mensch war die einer »atomisierten Anarchie«. In Wirklichkeit aber leben Menschen seit Hunderttausenden von Jahren in Familien, Gruppen oder Stämmen zusammen. Innerhalb dieser Gruppen helfen informelle Regeln und gegenseitige Zuneigung, ein gewisses Maß an Kooperation aufrechtzuerhalten.

Doch während Menschen in der Regel einen Weg finden, den Krieg aller gegen alle innerhalb ihrer kleinen Gruppen zu vermeiden, können sie sich beim Aufeinandertreffen verschiedener Gruppen nicht mehr auf den Käfig der Normen verlassen, um Frieden zu wahren. Den Mitgliedern verschiedener Gruppen fehlen gewöhnlich familiäre Bindungen oder kulturelle Gemeinsamkeiten. In der Abwesenheit einer höheren Macht bleiben viele Gründe für gegenseitiges Misstrauen. Wenn sich zwei Gruppen von Jägern und Sammlern begegnen, wenn zwei Dörfer um den Zugang zu einer wichtigen Nahrungsquelle kämpfen, wenn zwei Stämme um die Macht im Staat konkurrieren, dann verfügen sie nicht über die nötigen Werkzeuge, um die Angst voreinander in Schach zu halten.

Innerhalb von Gruppen wurde es nie so schlimm, wie Hobbes vorhergesagt hatte. Zwischen Gruppen jedoch führt die Abwesenheit einer zentralen Autorität nur allzu oft zu gewaltsamem Tod und unaussprechlicher Grausamkeit. Die wahre Gefahr, der Menschen durch das Fehlen eines starken Staates ausgesetzt sind, ist nicht die atomisierte Anarchie des Krieges aller gegen alle – es ist der zerstörerische Kampf zwischen rivalisierenden Gruppen, den ich als »strukturierte Anarchie« bezeichnen möchte.

Und in vielen Teilen der Welt ist die Bedrohung durch strukturierte Anarchie nach wie vor sehr lebendig.

Der hohe Preis der strukturierten Anarchie

Am 12. Mai 2020 drang eine Gruppe junger Männer mit Gewehren und Granaten in das Dasht-e-Barchi-Krankenhaus im Westen von Kabul ein. Sie betraten die Entbindungsstation, zielten auf Krankenschwestern, Schwangere und Neugeborene und eröffneten das Feuer.

Einigen jungen Müttern gelang die Flucht vor den Angreifern. Ein paar hochschwangere Frauen verbarrikadierten sich hinter einer schweren Tür. Eine Frau bekam im Versteck ihr Kind – eine Hebamme half ihr mit bloßen Händen und wickelte das Kind dann in ihr Kopftuch.

Doch die meisten hatten nicht so viel Glück. Als die Regierungstruppen die Angreifer endlich zurückdrängten, etwa vier Stunden nachdem der Albtraum begonnen hatte, waren die Mehrheit der Frauen und viele neugeborene Kinder tot. Vierundzwanzig Frauen und Kinder wurden bei dem Angriff erschossen.

Während des Angriffs fühlte sich das Krankenhaus an wie der Schauplatz eines Horrorfilms – eine chaotische Szene sinnlosen Mordens. Im Rückblick wird klar, dass die Angreifer kaum etwas dem Zufall überlassen hatten. Die sunnitischen Attentäter hatten das Dasht-e-Barchi-Krankenhaus angesteuert, weil es in einer Gegend liegt, in der hauptsächlich Hazara-Schiiten leben. Und sie waren, nachdem sie einige andere Stationen durchquert hatten, auch ganz bewusst in die Entbindungsstation eingedrungen. Wie Frederic Bonmot von Ärzte ohne Grenzen, der Organisation, die das Krankenhaus betreibt, sagte: »Sie kamen, um die Mütter zu töten.«[9]

In den Tagen nach dem Angriff herrschte große Verwirrung über die Identität der Täter. Ein Sprecher der US-Regierung erklärte, der IS sei dafür verantwortlich. Ashraf Ghani, der damalige afghanische Präsident, schien die Schuld den Taliban zu geben. Beide Gruppen stritten ihre Beteiligung ab.[10] Klar ist jedoch, dass der aufsehenerregende Angriff ein weiterer Versuch einer der vielen aufständischen Gruppen des Landes war, die Schwäche der Zentralregierung in Kabul zu offenbaren – die im darauffolgenden Sommer tatsächlich jämmerlich zusammenbrach.

Selbst in den entlegensten ländlichen Regionen Afghanistans gibt es wunderbares Kunsthandwerk, eine reiche kulinarische Tradition und einen großen Schatz an traditionellem Wissen. Von einem chaotischen Krieg aller gegen alle weit entfernt, sind die meisten Regionen des Landes sehr hierarchisch strukturiert. Die lokalen Stammesältesten haben große Macht über die Mitglieder ihres Clans.[11] Von Hobbes' »Naturzustand« ist das Land weit entfernt.[12]

Trotzdem leidet Afghanistan seit langer Zeit unter ernsten Problemen. Weil das Land keine Zentralregierung hatte, die über ein Gewaltmonopol verfügt, gab es niemanden, der die ständigen inneren Konflikte verhindern oder dringend benötigte Kollektivgüter aufstellen konnte. Das Land ist in etwa vierzehn größere ethnische Gruppen aufgespalten, darunter Paschtunen, Tadschiken, Hazara und Usbeken.[13] Die Paschtunen sind ihrerseits in vier Hauptstämme aufgeteilt: Bettani, Gharghaschti, Karlani und Sarbani. Und die Bettani bestehen aus mehr als zwanzig Untergruppen, in denen es jeweils Dutzende von separaten Clans gibt.

Das Leben der normalen Bewohner eines kleinen Dorfs im ländlichen Afghanistan wird in einem Maße von diesen Machtstrukturen bestimmt, das für diejenigen unter uns, die das Glück haben, in funktionierenden Demokratien zu leben, kaum vorstellbar ist. Der Zugang zu Ackerflächen, die religiöse Praxis und die Partnerwahl sind in allen Einzelheiten geregelt.[14] Frauen sind zutiefst patriarchalen Normen unterworfen und haben noch einmal deutlich weniger Handlungsfreiheit als ihre Väter oder Ehemänner.[15]

In jedem dieser Clans helfen Bräuche und Machtstrukturen, einen Krieg aller gegen alle zu verhindern. Doch da viele Gruppen einander zutiefst misstrauen, befindet sich das Land als Ganzes seit Langem in einem andauernden Bürgerkrieg. Die meisten seiner Bewohner haben bestenfalls ein sehr abstraktes Gefühl der Zugehörigkeit zu einer gemeinsamen afghanischen Identität.[16]

Das erklärt vielleicht ein Stück weit, warum die demokratisch gewählte afghanische Regierung so viel Mühe hatte, das nationale Territorium zu kontrollieren. In großen Teilen des Landes waren die Taliban schon lange an der Macht. In anderen Teilen konnte die Regierung nur dank verschiedentlicher Deals mit verbündeten Warlords einen begrenzten Einfluss ausüben. Selbst in Kabul und Umgebung war die Regierung nie in der Lage, blutige Angriffe rivalisierender Kräfte zu verhindern.

Da die Zentralregierung in weiten Teilen des Landes ihre Regeln nicht durchsetzen konnte, hatte sie auch enorme Schwierigkeiten, die nötigen finanziellen Mittel aufzubringen. So konnte es kaum gelingen, öffentliche Einrichtungen zu unterhalten. Die Qualität der afghanischen Schulen ist nach wie vor unterirdisch.[17] Sozialleistungen gibt es praktisch nicht.[18] Selbst bevor COVID-19 zuschlug, stand das öffentliche Gesundheitssystem ständig kurz vor dem Kollaps.[19] In weiten Teilen des Landes gibt es kaum feste Straßen, funktionierende Schulen und so gut wie keine Ärzte.[20]

Die katastrophalen Auswirkungen auf die Lebensqualität lassen sich leicht an einigen Zahlen ablesen. Nur 43 Prozent der Afghanen können lesen und schreiben.[21] Sechzig von tausend Kindern sterben vor ihrem fünften Geburtstag.[22] Im Jahr 2018 betrug die durchschnittliche Lebenserwartung bei Frauen sechsundsechzig, bei Männern dreiundsechzig Jahre – etwa zwanzig Jahre weniger als in den entwickelten Demokratien.[23]

Im August 2021 vereinte die Eroberung Kabuls durch die Taliban das Land vorübergehend unter ihrer theokratischen Herrschaft. Doch damit ist die lange Geschichte von ethnischen und religiösen Konflikten in Afghanistan vermutlich nicht vorbei. Warlords, die derzeit mit den Taliban verbündet sind, werden sich ihre Unterstützung teuer bezahlen lassen und sich möglicherweise gegen die neue Regierung wenden, wenn sie das Gefühl haben, man belohne sie nicht ausreichend. Und da die traditionelle Basis der Taliban aus Paschtunen besteht, könnten sich Mitglieder anderer ethnischer Gruppen bald gegen die Vorherrschaft ihrer historischen Rivalen auflehnen. Die Taliban werden also nicht nur unerträglich grausam gegen Frauen und Minderheiten vorgehen – ihre Herrschaft könnte sich auch als weniger stabil entpuppen, als die ersten Bilder ihres Sieges glauben ließen.

Hobbes irrte, als er annahm, dass die Mehrzahl der Menschen in einem Land wie Afghanistan in einen Zustand atomisierter Anarchie geraten würde. Er hatte aber recht mit der Annahme, das Fehlen einer zentralen Autorität, die für Ordnung sorgt und kollektive Probleme löst, habe schwerwiegende Folgen. Solange viele Teile der Welt von strukturierter Anarchie geprägt sind, werden ihre Bewohner selbst die grundlegendsten öffentlichen Einrichtungen – wie ordentliche Schulen und Krankenhäuser – entbehren.

Die Kosten strukturierter Anarchie sind hoch. Aber das ist nicht die einzige Art, wie diverse Gesellschaften scheitern.

In manchen Zeiten und an manchen Orten hat eine einzelne Gruppe über lange Phasen alle anderen dominiert. Verglichen mit dem Staatsversagen in Ländern wie Somalia und Afghanistan hat ein solcher Zustand deutliche Vorteile. Selbst ein zutiefst repressiver Staat kann endemische Konflikte beenden. Und selbst wenn er eine bestimmte Gruppe in höchst ungerechter Weise bevorzugt, kann die Existenz einer finanziell gut ausgestatteten Zentralgewalt helfen, öffentliche Einrichtungen, von festen Straßen bis hin zum Trinkwasser, aufrechtzuerhalten.

Länder, die unter strukturierter Anarchie leiden, sind praktisch immer sehr arm. Viele Länder, in denen eine Gruppe dominiert, haben einen hohen Lebensstandard erreicht. Das Vorhandensein eines funktionierenden Staates kann den Unterschied zwischen dem Leben und dem Verhungern oder dem Fiebertod ausmachen. Aber allzu oft waren diese Errungenschaften für die Mitglieder der unterdrückten Minderheit nicht zugänglich – oder forderten einen nicht hinnehmbaren Preis.

Dominanz

Anthony Burns wurde im Frühjahr 1834 in Stafford County, Virginia, in die Sklaverei geboren.[24] Von klein auf entschlossen, die Freiheit zu erlangen, lernte er von den Kindern seines Herrn lesen und schreiben[25] und gründete eine geheime Schule, um auch andere Sklaven zu unterrichten.[26]

Als Teenager wurde er nach Richmond gebracht, wo er verschiedene Gelegenheitsarbeiten verrichtete.[27] Er musste zwar einen Großteil seines Lohns an seinen Herrn abgeben, besaß im Alltag aber mehr Bewegungsfreiheit als je zuvor. Als ihm klar wurde, dass eine so gute Gelegenheit womöglich nie wieder käme, freundete er sich mit ein paar Seeleuten im Hafen der Stadt an und schmiedete einen waghalsigen Plan.

An einem kalten Morgen im Februar 1854 half ihm ein Freund, sich auf einem Schiff zu verstecken, das nach Boston fahren sollte.[28] Die Reise war furchtbar, Burns konnte sich kaum bewegen, hatte fast nichts zu essen oder zu trinken und litt entsetzlich unter der Seekrankheit. Doch als er nach drei Wochen endlich an Land gehen konnte, fühlte er sich zum ersten Mal in seinem jungen Leben als freier Mensch.

Er vermied es, viel über seine Herkunft zu erzählen, und fand Arbeit in einem Kleiderladen an der Brattle Street, einer der Haupteinkaufsstraßen der Stadt. Doch dann schrieb er seinem Bruder einen Brief, um ihm von seinen neuen Lebensumständen zu berichten. Der Brief wurde abgefangen und sein früherer Herr über seinen Aufenthaltsort informiert.

Entschlossen, die Kontrolle über sein »Eigentum« wiederzuerlangen, beantragte Charles F. Suttle einen Haftbefehl für Burns. Auf der Grundlage des Fugitive Slave Act, eines Gesetzes über die Rückführung entflohener Sklaven, das vier Jahre zuvor im Kongress verabschiedet worden war, gab ein Richter in Alexandria einen Erlass heraus, der die Polizei dazu verpflichtete, Burns festzunehmen und nach Virginia zurückzubringen.[29] Wenige Wochen später fing Asa O. Butman, ein berüchtigter Sklavenjäger, Burns im Zentrum von Boston.[30]

Die lokalen Behörden hofften, den Fall Burns so schnell und lautlos wie möglich zu verhandeln. Doch Gerüchte über den Fall verbreiteten sich schnell in der ganzen Stadt, und das aktive Netzwerk der Abolitionisten trat in Aktion.

Richard Henry Dana jr., der Spross einer Patrizierfamilie in Massachusetts und ein politisch sehr engagierter Anwalt,[31] bot Burns an, ihn vor Gericht zu vertreten. Tausende von Demonstranten versammelten sich vor der Faneuil Hall und forderten Burns' Freilassung. Wendell Phillips, ein wichtiger Anführer der Abolitionistenbewegung, formulierte es vor einer großteils weißen Menge so: »Anthony Burns hat keinen anderen Herrn als Gott!«

Bei Einbruch der Nacht versuchte die immer noch anwachsende Menschenmenge, Burns aus seiner Zelle zu befreien. Die Wachmänner, die sie zurückdrängten, schossen über die Köpfe der Demonstranten in die Luft.[32] Präsident Franklin Pierce beorderte eine Einheit Marines zur Bewachung des Gerichtsgebäudes, während drinnen der Prozess stattfand.[33]

Am Ende wurde Burns von Richter Edward Loring verurteilt. »Als eine Einheit Marines Burns aus dem Gerichtsgebäude und zu dem Schiff führte, das ihn zurück nach Virginia bringen sollte, zurück in die Sklaverei, säumten fünfzigtausend Menschen die Straßen hinunter zum Hafen«, berichtet der Historiker Joshua D. Rothman. »Sie hielten amerikanische Flaggen hoch, die sie auf den Kopf gestellt hatten, um ihrer Trauer Ausdruck zu verleihen. Viele Fenster waren schwarz verhängt, wie man es sonst nur von Beerdigungszügen kannte.«[34]

Burns wurde auf das Schiff und zurück in die Sklaverei verschleppt.[35]

Selbst an den grausamen Standards der Menschheitsgeschichte gemessen, war die amerikanische Sklaverei besonders brutal. Und selbst im Vergleich zu den brutalen Standards der amerikanischen Sklaverei ist die Geschichte von Anthony Burns besonders tragisch.

Doch auf eine Weise ist diese Geschichte nicht untypisch. Viele, womöglich die meisten diversen Gesellschaften haben Diversität auf eine ganz einfache Weise gehandhabt: Sie erlaubten einer Gruppe, die anderen zu dominieren. Von den Monarchien der frühen Neuzeit in Südasien bis hin zu den europäischen Demokratien des 20. Jahrhunderts: Diversität ging oft Hand in Hand mit einer Form von Dominanz.

Drei solche Formen sind dabei besonders wichtig. Bei harten Formen der Dominanz beansprucht die Mehrheit explizit das Recht, die Minderheit zu dominieren. Bei weichen Formen der Dominanz gibt die Mehrheit vor, alle Bewohner des Landes gleich zu behandeln, marginalisiert oder diskriminiert jedoch einen großen Teil der Bevölkerung. Und bei einer Dominanz der Minderheiten sind es nicht die vielen, die über die wenigen herrschen, sondern umgekehrt.

Siedlergesellschaften wie Kanada und Australien wurden auf angeblich menschenleeren Gebieten gegründet, die in Wirklichkeit natürlich von zahlreichen indigenen Völkern bewohnt wurden. In einigen Ländern, darunter Brasilien und Jamaika, erhöhte sich diese Diversität alsbald, weil auch noch Millionen von Sklaven aus Afrika dorthin verschleppt wurden. Die daraus resultierende Hierarchie war in der Regel steil und strikt. Eine Gruppe beherrschte offen und explizit die anderen.

In den Augen vieler Kolonisten hatten die »Eingeborenen« das Recht auf ihr Land verwirkt, weil sie sich nicht dafür interessierten, es landwirtschaftlich zu nutzen. Die mörderischen Feldzüge gegen sie waren nach Ansicht der neuen Herren durch den göttlichen Auftrag gerechtfertigt, das Land zu bebauen. Schwarze wurden außerdem als moralisch und geistig unterlegen betrachtet. Für ihre Befürworter war die Sklaverei ein natürlicher Zustand, der den Unterdrückten sogar zugutekomme.

Die Vereinigten Staaten kombinierten beide Formen harter Dominanz. In den ersten Jahrzehnten nach der Unabhängigkeit kam es zu einer schnellen Expansion Richtung Westen. Ureinwohner wurden immer mehr von ihrem Land vertrieben. Viele wurden getötet. Und in den über achtzig Jahren, bevor Abraham Lincoln die Emanzipationsproklamation unterzeichnete, brachten die Südstaaten etwa dreihunderttausend weitere Sklaven ins Land.[36]

In ihren frühen Jahren praktizierte die amerikanische Republik also eine der extremsten Formen harter Dominanz in der Neuzeit. Doch die Prinzipien, auf die sie sich gründete, gab den Opfern dieser Hierarchie – und ihren weißen Verbündeten – auch Instrumente in die Hand, das System infrage zu stellen.

Die meisten Regelwerke setzen sich aus zwei Komponenten zusammen. Die erste bestimmt, wer von diesem Regelwerk betroffen ist. Die zweite bestimmt die Rechte und Pflichten derjenigen, für die es gilt. Das erklärt sowohl das katastrophale Scheitern als auch den großen Triumph der amerikanischen Verfassung.

Die Prinzipien der Unabhängigkeitserklärung und der Bill of Rights schufen einen moralischen und politischen Rahmen, der half, die Demokratie zu erhalten und zweihundertfünfzig Jahre lang Freiheit zu sichern. Die Vorstellung, dass »alle Menschen gleich erschaffen« sind, bleibt heute so edel und inspirierend, wie sie es im 18. Jahrhundert war.

Doch während die Rechte und Pflichten, die in der Verfassung niedergelegt waren, nach wie vor relevant sind, ist die Geschichte des Landes geprägt vom brutalen Ausschluss wichtiger Gruppen. Vor allem indigene Völker und Sklaven gehörten erschütternd lange nicht zu denen, die gleich behandelt werden sollten.

Ein Großteil der amerikanischen Geschichte besteht deshalb aus dem Kampf um Inklusion von und für diejenigen, die von den Freiheiten der Verfassung ausgeschlossen wurden. Diese Geschichte lässt sich keineswegs auf stetigen Fortschritt reduzieren. Und doch ist die Gruppe derer, die heute gleiche Rechte beanspruchen können, gewaltig gewachsen. Langsam, aber sicher triumphierten die moralischen Argumente für die Befreiung der Sklaven, für die Gewährung einer Form der politischen Autonomie der First Nations und für die Aufhebung der Segregation im Süden der USA.

Amerika ist ein extremes Beispiel dafür, dass Länder auf der Grundlage ihres wertvollsten Erbes sogar besonders strenge Rassendiskriminierung abbauen können. In praktisch jeder entwickelten Demokratie sind gesetzlich sanktionierte Ungerechtigkeiten wie die, die dazu führten, dass Anthony Burns zurück nach Virginia gebracht wurde, heute abgeschafft. Es wäre zutiefst unmoralisch, den großen Unterschied, den das im Leben der Betroffenen ausmacht, zu unterschätzen oder gänzlich abzustreiten. Zu behaupten, ein Land wie die USA habe keine echten Fortschritte in Richtung Gleichheit gemacht – so wie es inzwischen Mode geworden ist –, wäre eine Beleidigung des Gedenkens an all die Menschen, die Opfer der extremen Formen von ethnischer Diskriminierung wurden.

Und doch zeigen die USA, wie auch viele andere Länder, dass die Opfer solcher Herrschaftssysteme noch viele Jahre nach der Abschaffung expliziter Unterdrückung unter schweren sozioökonomischen Benachteiligungen leiden. Schwarze in den USA,[37] indigene Völker in Australien,[38] Mitglieder niederer Kasten in Indien[39] und viele andere Gruppen auf der ganzen Welt sind bis heute deutlich ärmer und weniger gut ausgebildet als die Mitglieder traditionell bevorzugter Gruppen.

Tragischerweise bestehen die Probleme, die eine harte Dominanz verursacht, noch lange nach der Abschaffung der ursprünglichen Ungerechtigkeiten fort.

Weiche Dominanz

Harte Dominanz ist besonders widerwärtig. Kein Land, das viele Bewohner des eigenen Territoriums – sei es aufgrund ihrer Hautfarbe oder aufgrund der Herkunft ihrer Eltern – ganz offenkundig entrechtet, kann sich mit Fug und Recht als Demokratie bezeichnen. Aber während es schwierig sein mag, andere Formen der Dominanz zu erkennen, sind sie nicht immer weniger schädlich.

Viele der im Laufe des 20. Jahrhunderts gegründeten Demokratien behaupten seit ihrer Entstehung, sie würden allen Bewohnern ihres Territoriums gleiche Rechte gewähren. Stolz verkündeten sie die Abkehr von der expliziten Rechtlosigkeit, an der benachteiligte Minderheiten in Ländern wie den USA litten.

Doch in vielen Fällen konnten diese Demokratien nur deshalb so tun, als seien sie egalitär, weil ihre blutige Geschichte sie bereits homogenisiert hat. So konnte die ethnische oder kulturelle Mehrheit ihre Präferenzen durchsetzen, ohne explizit Minderheiten entrechten zu müssen oder die Natur der eigenen Dominanz offenzulegen.

Wenn solche Gesellschaften diverser werden, lässt sich das Erbe der »weichen Dominanz« nicht mehr so leicht ignorieren. Denn Regeln, die in einer homogenen Gesellschaft gut funktionierten, werden dann auf einmal von einem bedeutenden Teil der Bevölkerung infrage gestellt. In Ländern wie den USA besteht das Hauptproblem diverser Demokratien im Umgang mit dem langen Schatten der harten Dominanz. In Ländern wie Deutschland oder Italien bleibt das Hauptproblem dagegen, Formen der weichen Dominanz, die Mitglieder der historischen Mehrheit unfair begünstigen, zu erkennen und abzuschaffen.

Um diese Herausforderungen besser zu verstehen, müssen wir zunächst einmal ihre Entstehung betrachten.

Im Europa des Mittelalters wurden »Ungläubige« systematisch ins Exil getrieben, Ketzer landeten auf dem Scheiterhaufen. Als die Christen im Zuge der *Reconquista* die Kontrolle über die Iberische Halbinsel übernahmen, zwangen sie die Juden des Landes, zu fliehen oder zu konvertieren.[40] Noch im 17. Jahrhundert herrschte in Europa der Grundsatz »Cuius regio, eius religio« – die Untertanen mussten sich der Religion des jeweiligen Monarchen unterwerfen.[41]

Doch in den vielen Jahrtausenden, in denen die Monarchie die vorherrschende Regierungsform war, gab es auch Beispiele für tolerantere Gesellschaften. Im Bagdad des 9. Jahrhunderts, im Istanbul des 17. Jahrhunderts und im Wien des 19. Jahrhunderts genossen Minderheiten viel größere Privilegien als in anderen Teilen der Welt. Sie konnten ihre Religion relativ frei ausüben, ohne größere Hindernisse Handel treiben und erheblichen Reichtum erwerben. Die Ergebnisse waren bemerkenswert. All diese Gesellschaften erlebten ein für die jeweilige Zeit ungewöhnliches Ausmaß an Wohlstand, die Künste blühten auf, und auch der wissenschaftliche Fortschritt war erheblich.* Dann zerfielen diese multiethnischen Reiche.

Jahrhundertelang hatten multiethnische Reiche Diversität ausgehalten, ohne zu versuchen, die Bevölkerung zu homogenisieren oder verschiedenen Gruppen echte Gleichheit zu gewähren. In einem Zeitalter der Alphabetisierung und Industrialisierung wurden sie aber genau aus diesem Grund für die schnelle Ausbreitung nationalistischer Ideen anfällig. Weder Serben und Ungarn noch Griechen und Armenier wollten von Monarchen regiert werden, mit denen sie kulturell, sprachlich und religiös nichts gemein hatten. Sie strebten die nationale Selbstbestimmung an.

Erst langsam, dann sehr plötzlich brachen die multiethnischen Reiche zusammen. In den meisten Fällen wurden sie durch Nationalstaaten ersetzt, die das Problem der Dominanz nur insoweit meisterten, als sie eine neuartige Homogenität erzwangen.

Vor allem in der ersten Hälfte des 20. Jahrhunderts kam es zu massiven »ethnischen Säuberungen«. Mit unaussprechlicher Gewalt wurden Gebiete, in denen Menschen aus unterschiedlichen Kulturen und Religionen jahrhundertelang friedlich zusammengelebt hatten, in erstaunlich einfarbige Nationalstaaten verwandelt. Vor allem in Westeuropa, wo die meisten Minderheiten entweder vertrieben oder ermordet worden waren, fiel es den praktisch homogenen Bevölkerungen der neuen Demokra-

* Natürlich darf man diese Zeiten nicht zu Musterbeispielen von Harmonie hochstilisieren. Im Bagdad des 9. Jahrhunderts waren religiöse Minderheiten durchaus benachteiligt, sie waren von wichtigen Ämtern im Staat ausgeschlossen, mussten hohe Steuern zahlen und durften sich nicht kleiden, wie sie wollten. In Istanbul und Wien war es ähnlich. Doch an den Maßstäben der Zeit gemessen waren diese multiethnischen Reiche erstaunlich tolerant. In den 1500 Jahren zwischen dem Ende des Römischen Reiches und dem Aufstieg der modernen Nationalstaaten repräsentierten sie leuchtende Beispiele für die Vorzüge diverser Gesellschaften.

tien, die nach dem Sieg über den Faschismus gegründet wurden, leicht, sich einzureden, sie hätten das Problem der Dominanz gelöst.

Viele dieser europäischen Demokratien waren auf der Vorstellung, kulturell zusammengehörige Gruppen sollten sich selbst regieren, gegründet worden. Und so neigten sie dazu, die wenigen Minderheiten, die noch innerhalb ihrer Grenzen lebten, zu marginalisieren. Sie waren kaum in der Lage, die Millionen von Einwanderern, die in den darauffolgenden Jahrzehnten zu ihnen kamen, zu integrieren. Und so ist es auch kein Wunder, dass die meisten dieser Demokratien nach wie vor unter einem System weicher Dominanz leiden.

Diese Demokratien sind auf der Annahme einer Homogenität, die nicht mehr existiert, begründet. Sowohl ihr traditionelles Selbstverständnis, wie ein Mitglied der Nation aussehen soll, als auch ihre formalen Regeln, wer zum Staatsbürger werden darf, drängen viele in diesen Ländern lebende Menschen in eine Außenseiterrolle. Das Ergebnis: Viele Einwanderer, und selbst deren Nachkommen, fühlen sich dauerhaft von der vollen Zugehörigkeit in den Ländern, in denen sie eigentlich zu Hause sind, ausgeschlossen.

Die Frage, die sich in den nächsten Jahrzehnten stellen wird, lautet also: Wird es diesen Demokratien gelingen, ihr Selbstverständnis so auszuweiten, dass sich die informellen Hierarchien, die sie bis in die jüngste Vergangenheit prägten, nicht noch weiter verfestigen? Wenn es ihnen gelingt, das System der weichen Dominanz zu überwinden, können sie Minderheitengruppen fair behandeln und die Nachkommen von Einwanderern integrieren. Wenn nicht, wird es irgendwann womöglich zu einer Aufspaltung in sich feindlich gegenüberstehende Blöcke kommen. Oder ein System, das implizit bestimmte Gruppen benachteiligt, verwandelt sich irgendwann sogar in ein System, in dem die Mehrheit explizit über den Rest herrscht.

Dominanz von Minderheiten

Wenn wir über das Problem der Dominanz sprechen, gehen wir in der Regel davon aus, dass eine Mehrheit eine Minderheit unterdrückt. Doch in Ländern wie dem Irak oder Ruanda, in Syrien und Guatemala[42] rekrutiert sich die herrschende Elite traditionell aus einer mächtigen Minderheit.[43]

Die meisten Länder, in denen eine Minderheit die Macht in Händen hält, sind keine Demokratien. Da die Mächtigen wissen, dass sie ziemlich sicher überstimmt werden, sobald sie dem Volk die Herrschaft überlassen, halten sie sich entweder an einen Monarchen oder unterstützen einen Diktator. Die Demokratie geht mit der Dominanz einer Minderheit nicht einfach zusammen.

Und doch gibt es, vom Athen des 5. Jahrhunderts v. Chr. bis hin zu Großbritannien im 18. Jahrhundert, wichtige Ausnahmen von dieser Regel. Das vielleicht verblüffendste Beispiel dafür ist Südafrika. Die niederländischen Siedler, die die Südspitze des afrikanischen Kontinents seit dem 17. Jahrhundert kolonisierten, brachten das Streben nach kollektiver Selbstbestimmung aus der zunehmend demokratischen Kultur ihrer Vorfahren mit. Sie wussten aber auch, dass sie in Südafrika eine kleine Minderheit darstellten. Hätten sie der schwarzen Mehrheit das Wahlrecht gegeben, hätten weiße Siedler kaum die Vorteile genießen können, die ihre gewaltsame Dominanz ihnen ermöglichte.

Die Lösung war ebenso schlau wie grausam. In einem System, das der Politologe Pierre L. van den Berghe als »Herrenvolk-Demokratie« bezeichnete, beschränkten die niederländischen Siedler das Wahlrecht auf die Mitglieder der angeblich überlegenen »weißen Rasse«.[44]

So konnten die sogenannten Afrikaaner auf zwei Hochzeiten gleichzeitig tanzen. Sie bewahrten traditionelle demokratische Institutionen wie ein Parlament. Sie hielten einigermaßen freie und faire Wahlen ab. Sie gewährten Vollbürgern sogar einen Grad an Meinungs- und Versammlungsfreiheit. Doch alle diese Regeln galten nur für eine kleine Bevölkerungsgruppe. Die große Mehrheit durfte nicht wählen, genoss keinerlei Bürgerrechte und litt unter den täglichen Demütigungen der Apartheid.[45]

Minderheiten, die bis vor Kurzem die Herrschaft im Land innehatten, stehen vor einem besonders schweren Dilemma, wenn ihre Macht infrage gestellt wird.

Geraten Mehrheitsgruppen unter Druck, ihre Macht zu teilen, können sie relativ sicher sein, dass die Kosten erträglich sein werden. Sie wissen ja, dass ihre Stimme in einer Demokratie immer großes Gewicht haben wird.

Minderheiten können sich da nicht so sicher sein. Wenn sie sich auf faire demokratische Spielregeln einlassen, werden sie vermutlich ständig überstimmt. Sie werden also eine allmähliche Erosion ihrer Macht kaum akzeptieren, sondern sich mit allen Mitteln an ihre Vorherrschaft klammern. Deshalb neigen sie häufig zu brutalen Maßnahmen, um die unterdrückte Mehrheit weiterhin unter der Knute zu halten – was die Gefahr einer gewaltsamen Vergeltung erhöht, sobald sie von der Macht verdrängt werden.

Der Irakkrieg ging auch deshalb so furchtbar schief, weil die Besatzungskräfte diese Dynamik nicht zur Genüge berücksichtigten. Jahrzehntelang war das Land von einem faschistischen Diktator regiert worden, der seine grausame Herrschaft mit einem dürftigen Rückgriff auf säkulare, linke Werte rechtfertigte. Tatsächlich war Saddam Hussein, ein Sunnit in einem mehrheitlich schiitischen Land, ebenso sehr Sektierer wie Ideologe.

Nach der Invasion im Irak lag den Eroberern verständlicherweise viel daran, Mitglieder von Husseins Baath-Partei zu entmachten. Da sie die sektiererische Dimension des Konflikts im Land zu wenig beachteten, übersahen sie jedoch, dass sich nun die Schiiten berechtigt fühlen würden, Rache an ihren langjährigen Unterdrückern zu nehmen. Innerhalb weniger Monate hatten Sunniten, die nie auch nur die geringste Sympathie für Hussein gehegt hatten, guten Grund anzunehmen, in Zukunft eine ähnlich grausame Unterdrückung erleiden zu müssen.[46]

Da der Zentralstaat geschwächt war und sich die Besatzungsmächte als unfähig erwiesen, Vertrauen zwischen den historisch verfeindeten Gruppen herzustellen, fiel der Irak sehr schnell in einen Zustand strukturierter Anarchie. In Kombination stürzten die Versuche der Schiiten, den Staat für sich zu vereinnahmen, und der Unwille der Sunniten, einen solch rapiden Machtverlust hinzunehmen, das Land in einen mörderischen Bürgerkrieg.[47]

Ob in ihrer harten oder weichen Form und ob sie von einer Mehrheit oder einer Minderheit ausgeht, stellt die Dominanz eine dauerhafte Gefahr für diverse Gesellschaften dar. Von der Sklaverei bis zum Völkermord war die Vorstellung, die Mitglieder einer Gruppe seien mehr wert als andere, für einige der blutigsten Kapitel der Menschheitsgeschichte verantwortlich.

Verglichen mit den Gefahren der Dominanz, wirken Gesellschaften, in denen verschiedene Gruppen sich die Macht teilen und es jeder Gemeinschaft erlauben, nach ihren eigenen Regeln zu leben, wesentlich attraktiver. Deshalb haben viele Länder nach Bürgerkriegen oder anderen Formen der ethnischen Gewalt Systeme der Machtteilung eingeführt, die ein friedliches Zusammenleben ermöglichen sollen.

Doch im Großen und Ganzen sind diese angeblichen Lösungen immer wieder gescheitert. Die so geschaffenen Gesellschaften leiden häufig unter der dritten großen Gefahr, der diverse Demokratien ausgesetzt sind: der Fragmentierung.

Fragmentierung

Zu Beginn des 20. Jahrhunderts beherrschten ein paar kleine Länder am nordwestlichen Zipfel der eurasischen Landmasse einen Großteil der Welt. Nie zuvor in der Geschichte der Menschheit hatte ein so kleiner Teil der Erde so viel Macht in seinen Händen.

Doch am Ende des Zweiten Weltkriegs erkannten selbst die Siegernationen, dass sie die Kraft verloren hatten, ihre Kolonialreiche aufrechtzuerhalten. Obwohl Länder wie Großbritannien und Portugal noch jahrzehntelang in blutigen Kämpfen versuchten, die Auflösung zu verhindern, wurde das Ende des Kolonialzeitalters offensichtlich.

Nationalisten wie Mahatma Gandhi in Indien und Jomo Kenyatta in Kenia erreichten schließlich ihr lang ersehntes Ziel, unabhängige Nationen aufzubauen. Aber alsbald wurde deutlich, dass die Sicherung des inneren Friedens zu einer noch größeren Herausforderung als der Sieg gegen die einstigen Kolonialmächte werden würde.

In der Zeit vor der Kolonialherrschaft gab es nur in den wenigsten Teilen der Welt Nationalstaaten nach modernem Muster. In einigen Regionen herrschten Monarchen über riesige Territorien mit höchst diverser Bevölkerung. Anderswo hatte es keine wirkliche Zentralgewalt gegeben, die Macht lag vielmehr in den Händen lokaler Potentaten und Stammesherrscher. Nun standen die Staatsgründer von Indien und Kenia, von der Elfenbeinküste und Guinea-Bissau vor der schwierigen Aufgabe, hoch diverse Bevölkerungen innerhalb willkürlich gezogener Grenzen zu einem funktionierenden Nationalstaat zusammenzuführen.

In vielen Ländern scheiterten die Bemühungen sehr bald. In den Fünfziger- und Sechzigerjahren machten sich Dutzende von neuen unabhängigen Staaten daran, demokratische Institutionen aufzubauen. Doch die meisten von ihnen rutschten in

Bürgerkriege oder autoritäre Regime ab. Innerhalb weniger Jahre wurden sie von Diktatoren regiert, die sich auf die Loyalität ihres eigenen Stammes oder ihrer Glaubensgenossen stützten und sich mit aller Gewalt an die Macht klammerten.

Idealistische Sozialwissenschaftler in Europa und den USA beobachteten den Prozess der Entkolonialisierung zunächst mit großer Hoffnung. Sie erwarteten in den Ländern in Asien und Afrika, die sich von der Kolonialherrschaft befreit hatten, die Geburt blühender Demokratien. Als dann ein Land nach dem anderen in Tyrannei oder Bürgerkrieg versank, fragten sie sich natürlich, wie andere diverse Demokratien dieses traurige Schicksal vermeiden könnten. Die einflussreichste Antwort auf diese Frage gab ein junger Politologe namens Arend Lijphart.

Die Niederlande, in denen Lijphart aufgewachsen war, bevor er in die USA auswanderte, waren über viele Jahre eine zutiefst gespaltene Gesellschaft. Katholiken, Protestanten und Sozialisten betrieben eigene Schulen und Zeitungen und hatten natürlich auch eigene politische Parteien. Selbst Institutionen wie Krankenhäuser und Wohlfahrtsverbände waren oft nach diesen Kriterien aufgeteilt.[48]

Wäre es nach den herrschenden Theorien der Politikwissenschaft gegangen, dann hätte die »Fragmentierung« des Landes den Erhalt demokratischer Institutionen erschweren müssen. Da es so wenig Kontakt zwischen den Gruppen gab, hätten Katholiken, Protestanten und Sozialisten eigentlich kaum eine Möglichkeit finden dürfen, friedlich zusammenzuarbeiten. Und doch waren die Niederlande, wie Lijphart kürzlich in einem Interview sagte, »ein gut regiertes, stabiles Land«.[49]

Wie, so fragte er sich, war das nur möglich? Könnten die neuen Nationen, die so schnell zu Diktaturen verkamen oder in Bürgerkriege stürzten, von diesem Erfolg lernen?[50]

Kann geteilte Macht das Problem der Fragmentierung lösen?

In einer Demokratie hat normalerweise die Mehrheit das Sagen.

Alle Bürger eines Landes haben einen guten Grund, sich für die Wahl einer Regierung auf einen fairen Abstimmungsmechanismus zu einigen. Und auch wenn Wahlniederlagen immer schmerzen, fällt es doch leichter, sie zu akzeptieren, wenn man weiß, dass man seine Mitbürger beim nächsten Mal lediglich von den eigenen Idealen überzeugen muss, um wieder an die Macht zu kommen. Solange die meisten Wähler ernsthaft darauf hoffen können, dass die von ihnen bevorzugte Partei die Wahl gewinnen kann, ist das Mehrheitsprinzip ein vielversprechender Weg, um Konflikte zu vermeiden.

Doch in zutiefst gespaltenen Gesellschaften, in denen fast ausschließlich anhand von ethnischen oder religiösen Kriterien gewählt wird, kann das Mehrheitsprinzip Schwierigkeiten bereiten.

In vielen derartigen Ländern gehört ein nicht unerheblicher Teil der Bevölkerung dauerhaft zu einer Minderheit. Und selbst bei fairen Wahlen werden die Mitglieder dieser Minderheit wahrscheinlich in der Opposition bleiben. Dauerhaft von der Macht ausgeschlossen, gibt es für sie keinen Weg, dafür zu sorgen, dass die Regierung die Schulen in ihrer Vierteln angemessen ausstattet oder ihre Straßen ausreichend instand hält.

Wenn »Mehrheit und Minderheit festgezurrt anstatt variabel sind, weil sich beide als Gruppen verstehen, die durch ihre Geburt definiert sind und keine gemeinsamen Interessen haben«, so warnte der Politologe Donald L. Horowitz schon vor dreißig Jahren, dann werden Wahlen zu einer reinen Stammesangelegenheit.[51] Da die Parteien nur die Interessen einer großen Identitätsgruppe repräsentieren und es kaum Möglichkeiten für einen Machtwechsel gibt, »verwandelt sich der Lehrbuchfall eines demokratischen Mehrheitsprinzips schnell in ein Beispiel eklatanter Diskriminierung von Minderheiten«.[52]

Das erklärt auch, warum ethnische und religiöse Fragmentierung die Stabilität demokratischer Institutionen so oft in Gefahr bringt. Wenn bestimmte Bevölkerungsgruppen damit konfrontiert sind, dass ihre Feinde sich die mächtigsten staatlichen Institutionen unter den Nagel reißen könnten, verweigern sie entweder die Zusammenarbeit beim Aufbau staatlicher Institutionen oder versuchen, sie ihrerseits zu monopolisieren. Damit gerät ein solches Land entweder in einen Zustand strukturierter Anarchie oder in ein System brutaler Dominanz.

Die Niederlande, so Lijphart, könnten als Modell für die Abwehr solcher Gefahren dienen. Zu seiner Zeit wurden viele wichtige Entscheidungen im Land von einem Sozial- und Wirtschaftsrat getroffen, der von Mitgliedern der drei wichtigsten gesellschaftlichen »Pfeiler« besetzt war.[53] Statt dem Wahlsieger für vier oder fünf Jahre die komplette Kontrolle zu überlassen, sorgten die Institutionen des Landes dafür, dass jeder – inklusive Angehörige der Minderheit – mit am Tisch saß.[54]

Eine Reihe weiterer europäischer Länder, darunter auch Österreich und Belgien, nutzten ähnliche Instrumente der Machtteilung. In der Schweiz ist sogar jede Partei, die eine bestimmte Zahl von Abgeordnetensitzen erreicht, an der Regierung beteiligt. Statt die Verlierer der Wahl auf die Oppositionsbänke zu verbannen, teilen Vertreter aller größeren Parteien die Verantwortung für den Kurs des Landes.

Zu seiner großen Begeisterung stellte Lijphart fest, dass einige Länder, in denen in der jüngeren Vergangenheit noch schwere Konflikte geherrscht hatten, ähnliche Institutionen nutzten, um Spannungen abzubauen und den inneren Frieden zu sichern. Der Libanon beispielsweise war lange Zeit zutiefst zwischen Christen, Sunniten und Schiiten gespalten gewesen. Als das Land 1943 von Frankreich unabhängig wurde, vereinbarten die Führer dieser Gruppen ein System geteilter Macht. Statt einem Wahlsieger das Ruder zu überlassen, sollten alle Gruppen in der Regierung repräsentiert sein. Der Präsident des Landes wäre immer ein maronitischer Christ, der Premierminister Sunnit und der Parlamentspräsident Schiit.[55]

Um den Einfluss der nationalen Politik noch weiter einzuschränken, garantierte die Verfassung den großen Bevölkerungsgruppen das Recht, ihre inneren Angelegenheiten selbstständig zu regeln. Statt einheitlicher Gesetze zu Themen wie Eheschließung und Scheidung, Bildung und Erbrecht übertrug die libanesische Regierung diese Angelegenheiten schiitischen, sunnitischen und christlichen Geistlichen. Da viele maßgebliche Regelungen nun innerhalb der Gemeinschaften getroffen wurden, hatten die Mitglieder dieser religiösen Gruppen theoretisch weniger Anlass, um die alleinige Kontrolle der Regierung per Waffengewalt zu erkämpfen.

Die Gründungsväter des Libanon bemühten sich also nicht, die Spaltung des Landes zu überwinden, sondern fanden sich mit der vorherrschenden Fragmentierung ab. Nur auf diese Weise, so meinte Lijphart Ende der Sechzigerjahre, konnte das Land ein demokratisches System aufrechterhalten. »Eine multiple Machtbalance«, schrieb er, trug wesentlich zum Erfolg des Landes bei.[56]

Lijpharts Bücher und Aufsätze hatten großen Einfluss. Was er als »Konkordanzdemokratie« bezeichnete, verschaffte Politologen eine Waffe, die sie sonst eher selten in ihrem Arsenal haben: praktische Ratschläge, die angeblich dabei helfen konnten, demokratische Verhältnisse aufzubauen oder gar Bürgerkriege zu vermeiden. Mit der ständig wachsenden Publikationsliste von Lijphart und seinen Anhängern im Hinterkopf schwärmten europäische und amerikanische Berater in konfliktbeladene Länder aus und empfahlen ihnen, sich institutionalisierte Formen der Machtteilung zu eigen zu machen.

Als Lijphart seine Theorie 1968 zum ersten Mal präsentierte,[57] konnten nur sehr wenige Länder als Konkordanzdemokratien gelten. In den Neunzigerjahren, als zahlreiche frisch gegründete Demokratien bei der Entwicklung ihrer Verfassungen den Rat der Sozialwissenschaften suchten und Lijphart Präsident der American Political Science Association war,[58] hatten viele Länder Formen der Machtteilung übernommen.

Doch die Ergebnisse lösten die Hoffnungen nicht ein. In den meisten Ländern führten die neuen Institutionen in Sackgassen oder wurden ignoriert. Viele rutschten bald wieder in die Diktatur oder gar in einen Bürgerkrieg ab. Ihre Fragmentierung erwies sich als immer gefährlicher.

Vielleicht sollte uns das nicht allzu sehr überraschen. Schließlich geriet das Land, auf das sich Lijphart mit seiner These, niederländische Institutionen könnten mit Gewinn auf andere Teile der Welt übertragen werden, am meisten stützte, alsbald aus den Fugen.

Noch während Lijphart die letzten Korrekturen an seinem ersten größeren Buch vornahm,[59] brach im Libanon ein blutiger Bürgerkrieg aus, der lange andauern sollte.[60] Von 1975 bis 1990 wurden mehr als hunderttausend Menschen getötet und noch viel mehr verletzt oder vertrieben. Ausgerechnet in dem Land, das lange als *das* Beispiel für das sogenannte Power-Sharing gedient hatte, scheiterte die Idee kläglich.[61]

Eine institutionalisierte Machtteilung vertieft die Fragmentierung

Ich hatte Abdallah Salam, einen begeisterten Redner mit Kindergesicht und neugierigen Augen, vor einem Dutzend Jahren bei einem Sommerkurs in Cortona kennengelernt. Zusammen mit zwanzig weiteren Studierenden und Lehrenden verbrachten wir zwei idyllische Wochen mit Diskussionen über Religion und Identität in einem ehemaligen Kloster in den Hügeln der Toskana. Seitdem habe ich immer wieder mal mit ein wenig Nostalgie an diese Wochen zurückgedacht, Abdallah sonst aber mehr oder weniger vergessen – bis ich sein Gesicht, das mir nur ein wenig erwachsener erschien, auf einem Foto im *Guardian* wiedersah.[62]

Auf dem Foto trug Abdallah einen Smoking und hielt die Hand einer schönen Frau in einem schicken Brautkleid. Etwa hundert Gäste applaudierten den Frischvermählten in einem üppigen Garten. Doch trotz des Eindrucks von Harmonie, den das glamouröse Foto ausstrahlte, sorgte Abdallahs Hochzeit mit Marie-Joe Abi-Nassif in seinem Heimatland für einen Skandal.

Abdallah ist ein sunnitischer Muslim, Marie-Joe Christin. Bis heute gibt es im Libanon kaum Ehen über die Grenzen der Religionen und Konfessionen hinweg.[63] In den wenigen Ausnahmefällen haben die Paare große Schwierigkeiten, ihre Verbindung rechtlich anerkennen zu lassen. Da Ehen normalerweise unter der Ägide der großen religiösen Gruppen geschlossen werden, fallen religionsübergreifende Paare einfach durchs Raster.

Die wenigen Paare, die über die Jahre hinweg mit diesem Problem konfrontiert waren, fanden einen eher unbefriedigenden Ausweg. Sie heirateten nicht im Libanon, sondern auf der nahe gelegenen Insel Zypern. Das führte zwar nach der Rückkehr immer noch zu einigen Nachteilen, doch mehr oder weniger wurden diese »Auslandsehen« von den staatlichen Behörden in der Regel anerkannt.

Für Abdallah und Marie-Joe war das nie eine Option. Sie hatten sich in den Kopf gesetzt, die religiösen Grenzen zu überwinden, die das Land zerrissen, und wollten für echten Reformen kämpfen. »Wir existieren überhaupt nicht als Bürger, sondern nur als Mitglieder von Gruppen. Für uns fühlt es sich an, als hätte der Staat seine Souveränität komplett aufgegeben«, sagte Marie-Joe.[64]

Ihre Hochzeit, so hofften die beiden, würde einen kleinen Beitrag dazu leisten, Menschen ihrer Generation mehr Freiheit zu geben, selbst über ihren eigenen Lebensstil zu entscheiden. »Wir wollen, dass der Libanon ein Land für alle Menschen ist, mit Gleichheit vor dem Gesetz, frei von den archaischen religiösen Regeln und konfessionellen Gerichten, die heute herrschen«, erklärte Marie-Joe.[65] Doch Monate nach der Hochzeit hatten die Behörden des Landes ihren neuen Familienstand noch immer nicht anerkannt.

Die Probleme von Abdallah und Marie-Joe sind repräsentativ dafür, wie sogenannte Konkordanzdemokratien die Fragmentierung zutiefst gespaltener Länder noch verschärfen.

Institutionen geteilter Macht untergraben oft eines der Schlüsselversprechen der Demokratie: dass Menschen selbst über ihr Schicksal entscheiden können. Vielmehr richten sich politische Eliten das System nach ihren eigenen Interessen ein und nehmen den Bürgern alle Möglichkeiten, gegen Misswirtschaft, Korruption und dauerhaftes Regierungsversagen vorzugehen.

Dieses Demokratiedefizit betrifft vor allem Individuen, die die traditionellen Gebräuche ihrer eigenen Gemeinschaften verändern wollen. Im Libanon unterliegt das Personenrecht einem System der geteilten Rechtsprechung. Will sich ein Sunnit scheiden lassen, ist er dem sunnitischen Recht und sunnitischen Richtern unterworfen.[66] Wer diese Regeln ändern will, kann natürlich öffentlich dagegen protestieren. Aber letztlich liegen alle wichtigen Entscheidungen bei religiösen Autoritäten, die sich keiner Wahl stellen müssen.[67]

Konkordanzdemokratien berauben ihre Bürger in der Regel jeglicher Kontrolle über die Gesetze, die über ihren Alltag bestimmen. In weiten Teilen der Politik läuft das sogenannte Power-Sharing auf die faktische Abschaffung der Demokratie hinaus.

Echte Lösungen für die Probleme, denen Länder wie Indien und der Libanon begegnen, müssten darauf abzielen, ihre Fragmentierung langfristig zu verringern. Um die Gefahr künftiger Konflikte wirklich zu verringern, sollten politische Institutionen den Mitgliedern verschiedener Gruppen dabei helfen, Vertrauen zueinander aufzubauen.[68]

Die institutionalisierte Machtteilung bewirkt zumeist das Gegenteil. Sie zielt explizit darauf ab, enge Beziehungen zwischen den Mitgliedern verschiedener Gruppen zu verhindern. Existierende Identitäten werden verklärt und gefestigt. Das Entstehen eines gemeinsamen Bürgersinns wird quasi unmöglich.

Konkordanzdemokratien zwingen Individuen dazu, sich in erster Linie als Mitglieder der Identitätsgruppe, in die sie hineingeboren wurden, zu verstehen. Manche mögen sich eher als Libanesen denn als Sunniten, Schiiten oder Christen definieren. Andere mögen auf persönliche Leistungen oder berufliche Erfolge, und nicht so sehr auf Blutsbande oder ihre Glaubensrichtung, stolz sein. Wieder andere mögen sich in jemanden verlieben, der nicht zur selben Gemeinschaft gehört. Aber sobald sich diese Menschen außerhalb der von ihren politischen Institutionen zementierten Bahnen bewegen, werden sie mit Hindernissen und Ungerechtigkeiten von geradezu kafkaeskem Ausmaß konfrontiert.

Bemerkenswerterweise sah Lijphart diese Nachteile von Fragmentierung von Anfang an voraus – und lobte sie sogar. In seinem ersten Essay über die Konkordanzdemokratie erklärte er, das System könne nur dann funktionieren, wenn die Mitglieder verschiedener Gruppen wenig Kontakt miteinander hätten. »Klare Trennlinien zwischen den Subkulturen«, argumentierte er, seien für das Funktionieren dieser politischen Form eine Grundbedingung. Denn »überlappende Zugehörigkeiten« würden die Möglichkeiten der Eliten beeinträchtigen, ihre eigene Subkultur zu regieren. Gerade die strikte Trennung *zwischen* den Gruppen würde den »inneren politischen Zusammenhalt« *innerhalb* der Gruppen hervorbringen, der notwendig sei, damit das System funktioniere.[69]

Die Folgen hätten eigentlich absehbar sein müssen. Der Versuch, eine fragmentierte Gesellschaft mithilfe von Institutionen geteilter Macht zu heilen, ähnelt dem Unterfangen, die Entzugserscheinungen eines Suchtkranken zu lindern, indem man ihm seine Lieblingsdroge füttert. Kurzfristig können solche Institutionen helfen, Gewaltausbrüche zu verhindern. Langfristig verschärfen sie das Problem nur.

Lehren aus dem Scheitern

Diverse Gesellschaften leiden unter mindestens drei schweren Problemen: Dominanz, Anarchie und Fragmentierung. Jedes dieser Probleme steht für eine Gefahr, die selbst in den am weitesten entwickelten Demokratien der Welt bis heute hoch relevant ist.

Die meisten entwickelten Demokratien bauen historisch auf einer Form von Dominanz auf. In vielen europäischen Ländern herrschte diese Dominanz eher verdeckt. Da diese Länder zum Zeitpunkt ihrer Gründung ungewöhnlich homogen waren, konnten sie Toleranz vorspiegeln, ohne wirklich inklusiv sein zu müssen. In anderen Demokratien, wie beispielsweise den USA, war die Dominanz wesentlich sichtbarer. In den ersten Jahrzehnten oder Jahrhunderten ihrer Existenz konnten diese Staaten ihre Entschlossenheit zur Unterdrückung von Schwarzen und Ureinwohnern nur mit ihrem demokratischen Selbstverständnis versöhnen, indem sie diese Gruppe ganz offen vom Schutz so edler Gesetze wie der Bill of Rights ausschlossen.

In den letzten Jahrzehnten sind beide Formen der Demokratie deutlich inklusiver geworden. Länder wie Deutschland, Uruguay und Japan haben vielen Einwanderern und deren Nachkommen zum ersten Mal die Möglichkeit zur Einbürgerung eröffnet.[70] Die Vereinigten Staaten gewähren endlich auch Minderheiten vollen Zugang zu den Bürgerrechten.[71]

In praktisch allen diversen Demokratien vertritt die Bevölkerungsmehrheit heute eine weitaus positivere Haltung gegenüber der Integration von Einwanderern und Minderheiten als in der Vergangenheit. Und diese Gruppen nutzen die neuen Gelegenheiten auch, ohne zu zögern. Wichtige Erfolgsindikatoren wie Einkommen und Bildung zeigen in den letzten Jahren rasche Fortschritte. (Wie dieser Fortschritt im Detail aussieht, beschreibe ich in Kapitel 8.)

Und doch reichten diese ermutigenden Entwicklungen nicht aus, um die Nachwirkungen früherer Dominanz zu beseitigen. Die Kluft zwischen den verschiedenen Gruppen ist zwar deutlich kleiner geworden, aber lange dominierende Gruppen besitzen nach wie vor klare sozioökonomische Vorteile. Und während die Ansichten darüber, wer wirklich in ein Land gehört, inzwischen viel inklusiver geworden sind, haben viele Einwanderer und Mitglieder ethnischer Minderheiten immer noch das Gefühl, sie würden wie Gäste oder gar Eindringlinge behandelt.

Die erste große Gefahr, der diverse Demokratien in den nächsten Jahrzehnten ausgesetzt sein werden, besteht also darin, dass es ihnen misslingen könnte, den langen Schatten der Dominanz zu überwinden. Formal egalitäre Gesellschaften könnten sich dann in Kastensysteme verwandeln, bei denen die Angehörigen einer ethnischen Mehrheit an der Spitze stehen – und alle anderen weit unten stecken bleiben.

Eine weitere ernsthafte Gefahr für diverse Gesellschaften ist die strukturierte Anarchie. In vielen Teilen der Welt ist das Misstrauen zwischen verschiedenen Gruppen so groß, dass sie sich weigern, gemeinsam einen funktionierenden Staat zu unterstützen.

Auf den ersten Blick ist das nicht unbedingt das Hauptproblem heutiger diverser Demokratien. Sie verfügen über riesige Staatshaushalte, beschäftigen eine große Beamtenschaft und kontrollieren starke Armeen. Einige haben die nötigen Waffen, die Erde gleich zigfach zu zerstören. Staatsversagen ist also nicht unbedingt die Hauptsorge in Ländern wie Frankreich, Großbritannien oder den USA.

Doch jüngere Forschungen zeigen, dass es selbst für diese mächtigen Länder in den nächsten Jahren schwerer werden könnte, ihre öffentlichen Einrichtungen aufrechtzuerhalten. In Nordamerika und Westeuropa ist die wachsende demografische Diversität eng mit einer nachlassenden Unterstützung für den Wohlfahrtsstaat verbunden.[72] Solange die Bürger glauben, dass mit ihren Steuern »Leute wie du und ich« unterstützt werden, sind sie viel eher bereit, einen großzügigen Sozialstaat zu finanzieren, als wenn sie fürchten, das Geld gehe ohnehin an Menschen, mit denen sie sich nicht identifizieren.

Die zweite Gefahr für diverse Demokratien liegt also darin, dass wachsende Diversität die Fähigkeit untergraben könnte, den Sozialstaat aufrechtzuerhalten und den Bürgern das Gefühl einer Schicksalsgemeinschaft zu vermitteln. Wenn diverse Demokratien die Vorteile eines funktionierenden Staates erhalten wollen, müssen sie dafür sorgen, dass die Mitglieder verschiedener Gruppen darauf vertrauen, dass ihre wichtigsten Institutionen allen zugutekommen.

Schließlich gibt es noch eine dritte Gefahr, vor der sich diverse Demokratien hüten müssen: die Fragmentierung. Viele Staaten rund um den Globus haben das Problem ihrer Diversität zumindest kurzfristig durch eine Art Waffenstillstand gelöst. Länder wie der Libanon haben weitgehend die Hoffnung aufgegeben, bei ihren Bürgern das Gefühl einer gemeinsamen Identität zu inspirieren. Statt Vertrauen und Kontakte zwischen verschiedenen Gruppen zu fördern, haben die politischen Eliten eine Art Kuhhandel abgeschlossen. Ausführliche Regeln garantieren jeder Gruppe einen maßgeblichen Anteil an der Macht – und sorgen gleichzeitig dafür, dass die Eliten die Kontrolle behalten.[73]

Der Preis, den die Bevölkerung dafür zahlt, ist hoch. Ohne

das Gefühl einer gemeinsamen Staatsbürgerschaft besitzen die Libanesen praktisch keine Möglichkeit, etwas gegen die Korruption ihrer Eliten zu unternehmen.[74] Und da sämtliche Institutionen zusätzlich dazu beitragen, die jeweilige Identität zu festigen, nimmt die Fragmentierung der Gesellschaft von Generation zu Generation kaum ab. Institutionen, die eingerichtet wurden, um den Frieden zu sichern, haben den Ausbruch eines blutigen Bürgerkriegs letztlich nur verzögert.

Zum Glück verbindet die Bürger der meisten entwickelten Demokratien eine viel stärkere gemeinsame Identität. Weiße und Schwarze in den USA oder Christen und Muslime in Frankreich haben ein viel stärkeres Gefühl einer gemeinsamen Staatsbürgerschaft als Schiiten, Sunniten und Maroniten im Libanon.

Trotzdem laufen auch Länder wie Frankreich oder die USA Gefahr, dass die ethnische Fragmentierung den Fortschritt der letzten Jahre zunichtemachen könnte. In weiten Teilen der demokratischen Welt versuchen Demagogen, die kleiner werdenden ethnischen Mehrheiten aufzuhetzen, »bevor es zu spät ist«. Selbst akademische und aktivistische Kreise, die einst die Notwendigkeit des Universalismus verteidigten, vertreten heute die Ansicht, dass der einzig realistische Weg zur Gleichstellung darin besteht, historisch benachteiligten Gruppen (und zum Teil sogar historisch dominanten Gruppen wie den Weißen in den USA)[75] ein deutlich stärkeres Bewusstsein für ihre eigene ethnische oder religiöse Identität zu vermitteln.

Diese Entwicklungen tragen dazu bei, dass genau jene Gruppenidentitäten, die diverse Gesellschaften so oft in der Vergangenheit zutiefst gespalten haben, noch an Bedeutung gewinnen. Auch wenn die meisten Menschen ihre eigene Identität als fließend empfinden, schaffen Politik und einflussreiche Institutionen starke Anreize für ihre Bürger, sich mehr und mehr über ihre ethnische oder religiöse Identität zu definieren.

Wenn diverse Demokratien ein Gefühl von staatsbürgerlicher Gemeinschaft und gegenseitiger Solidarität erhalten wollen, müssen sie Wege finden, die langen Schatten der Dominanz zu überwinden, ohne die Menschen zu animieren, sich über ihre Unterschiede anstatt über ihre Gemeinsamkeiten zu definieren. Die dritte große Gefahr besteht nämlich darin, dass sie sich zunehmend in starre, einander feindlich gegenüberstehende Gruppen aufspalten könnten.

KAPITEL 3
Wie der Frieden gewahrt werden kann

Am 6. Dezember 1992 griffen hundertfünfzigtausend Hindus[1] aus ganz Indien die Babri Masjid, eine berühmte Moschee in der Stadt Ayodhya, an.[2] Fahnen schwenkend versuchten sie, ihren Anspruch auf ein Stück Land zu bekräftigen, auf dem ihrer Meinung nach früher ein Hindutempel gestanden hatte, der den Geburtsort des Gottes Rama markierte.[3]

Als Politiker der Bharatiya Janata-Partei (BJP) – einer hinduistischen Bewegung, die heutzutage von Premierminister Narendra Modi angeführt wird – im Laufe des Tages Hassgesänge anstimmten[4] und die Menge immer weiter anwuchs, schwoll der Zorn der Menschenmasse. Gegen Mittag durchbrach ein junger religiöser Fanatiker die Barrikaden, stieg auf die Außenmauer der Moschee und schwenkte triumphierend eine safrangelbe Flagge.[5]

Die Menge drängte vorwärts. Die Polizisten, hoffnungslos in Unterzahl, überließen die Moschee den Hämmern und Äxten des siegreichen Mobs. Es brauchte nur ein paar Stunden, um das jahrhundertealte Gebäude dem Erdboden gleichzumachen.[6] In den Tagen nach der Zerstörung der Babri Masjid besuchte der Todesengel weitere Städte und Dörfer in ganz Indien. Mehr als zweitausend Menschen starben bei Aufständen und gewaltsamen Zusammenstößen.[7]

In Aligarh im Norden des Landes führte der Streit um die Babri Masjid zu besonders entsetzlichen Gewaltausbrüchen. Schon vor der Zerstörung der Moschee hatten die lokalen Spannungen den Siedepunkt erreicht. Als zwei der größten Zeitungen in der Stadt die Falschmeldung verbreiteten, muslimische

Ärzte und Schwestern in einem örtlichen Krankenhaus hätten hinduistische Patienten ermordet, schworen die Aktivisten Rache. Eine Bande hielt einen Zug an, der in den Hauptbahnhof der Stadt einfuhr, zerrte muslimische Passagiere heraus und schlachtete sie am helllichten Tag förmlich ab. Als das Töten nach ein paar Tagen endlich aufhörte, waren mehr als siebzig Menschen, sowohl Hindus als auch Muslime, tot.[8]

In vielen Städten im Land kam es zu ähnlichen blutigen Zwischenfällen,[9] die indische Zeitungen und Politiker mit dem zurückhaltenden Begriff »communal violence« bezeichneten.[10] Doch seltsamerweise gab es auch Städte, in denen derartige Gräuel vermieden werden konnten.[11]

Kozhikode, früher als Calicut bekannt, im Süden des Landes hat viele Gemeinsamkeiten mit Aligarh. In beiden Fällen handelt es sich um mittelgroße Städte.[12] In beiden Städten sind fast zwei Drittel der Bewohner Hindus und fast ein Drittel Muslime. In beiden Fällen machten Falschmeldungen über angebliche Massaker der jeweils anderen Seite die Runde, als der Streit um die Babri Masjid besonders hochkochte.[13] Trotzdem blieb Kozhikode die Gewalt erspart, die in Aligarh so viele Menschenleben kostete.[14]

»Aligarh ist eine der acht Städte [in Indien] mit dem höchsten Risiko für Unruhen«, erklärt der Politologe Ashutosh Varshney.[15] In Kozhikode »hat es [im gesamten 20. Jahrhundert] keinen einzigen Aufstand gegeben«.[16]

Wie lässt sich dieser Unterschied erklären? Und inwiefern kann uns die Erklärung helfen, Strategien zu entwickeln, die diverse Demokratien übernehmen könnten, um die Gefahr von Dominanz, Anarchie und Fragmentierung zu bannen?

Ein guter Teil der Antwort auf diese Fragen ergibt sich aus den Arbeiten eines Psychologen, der nicht in Indien, sondern in Indiana geboren wurde.

Wann der Kontakt zwischen verfeindeten Gruppen zu Toleranz führt (und wann nicht)

Gordon W. Allport wurde kurz vor Beginn des 20. Jahrhunderts in Montezuma, Indiana, geboren,[17] einer Kleinstadt auf halbem Weg zwischen Decatur und Indianapolis. Als Sohn eines frommen Vaters[18] gründete er schon als Teenager eine kleine Druckerei. Er war ein sehr guter Schüler, bekam ein Harvard-Stipendium und verbrachte ein Auslandsjahr in Hamburg und Berlin, wo er bei den bedeutendsten Psychologen jener Zeit studierte. Später wurde er ein einflussreicher Professor, der sich auf das damals noch neue Gebiet der Persönlichkeitspsychologie spezialisierte.[19]

In den folgenden Jahren beobachtete Allport aus der Ferne, wie ein Großteil der Alten Welt in Barbarei versank. »Der zivilisierte Mensch«, schrieb er nach dem Krieg, »hat eine bemerkenswerte Herrschaft über Energie, Materie und die unbelebte Natur im Allgemeinen erlangt und lernt schnell, körperliches Leiden und vorzeitigen Tod zu kontrollieren.« Doch trotz des erstaunlichen technologischen Fortschrittes, der sich in der ersten Hälfte des 20. Jahrhunderts vollzogen habe, »scheinen wir immer noch in der Steinzeit zu leben, was unseren Umgang mit zwischenmenschlichen Beziehungen angeht … Jeder Winkel der Erde trägt seine eigene Bürde an Feindseligkeit.«[20]

Wäre die Menschheit in der Lage, das Ausmaß ihrer Vorurteile irgendwie zu reduzieren, so Allport, dann wäre wohl auch ein gewisser moralischer Fortschritt möglich. Und so machte er sich daran, soziale und politische Institutionen auszumachen, die helfen könnten, diesen gefährlichen psychologischen Instinkt einzudämmen.

Eines Tages brachte ihn seine eigene Haltung anderen Menschen gegenüber auf eine entscheidende Idee, wie das gehen könnte. In seiner Freizeit arbeitete Allport ehrenamtlich bei einer Hilfsorganisation für Flüchtlinge. Zu Beginn war er gegenüber einigen Gruppen, denen er dort begegnete, misstrauisch eingestellt. Doch je mehr Zeit er mit ihnen verbrachte, desto mehr lösten sich seine Vorurteile auf. Vielleicht, dachte er nun, war diese Erfahrung gar nicht so einzigartig? Könnte mehr Kontakt zwischen Gruppen, die einander bis dahin eher feindselig begegneten, dabei helfen, solche Vorurteile zu überwinden?

In den nächsten Jahren und Jahrzehnten bestätigten umfangreiche Studien diese These. Psychologen untersuchten viele verschiedene Kontexte, in denen Mitglieder verfeindeter Gruppen zur Interaktion gezwungen waren, und stellten fest, dass dieser Kontakt in allen Bereichen des sozialen und beruflichen Lebens eine positive Wirkung entfaltete.[21]

Amerikanische Soldaten, die häufig Kontakt mit deutschen Zivilisten hatten, entwickelten deutlich positivere Ansichten über sie als ihre Kameraden, die keine Kontakte zu Deutschen hatten.[22] Weiße Soldaten in ethnisch gemischten Einheiten befürworteten viel eher die Integration von Kampfeinheiten in der US Army als solche, die in getrennten Gruppen Dienst taten.[23] Weiße, die in integrierten Wohneinheiten lebten, stimmten viel öfter als Weiße, die in getrennten Einheiten lebten, der Aussage zu, Afroamerikaner seien »eigentlich genauso wie die Weißen, die hier leben«.[24]

Allports Erkenntnisse machten Hoffnung auf eine bessere Zukunft. Sobald Menschen aus unterschiedlichen Gruppen die Gelegenheit bekommen zu interagieren, so war zu vermuten, lassen die gegenseitigen Vorurteile allmählich nach.

Es dürfte kaum eine andere These auf dem Gebiet der Sozialpsychologie in den letzten fünfundsiebzig Jahren geben, in deren Bestätigung oder Widerlegung Forscher so viel Zeit investiert haben. Und tatsächlich hat sich die sogenannte Kontakthypothese im Großen und Ganzen bestätigt.

In mühevoller Kleinarbeit haben Forscher Hunderte von Fällen auf der ganzen Welt dokumentiert, bei denen der Kontakt mit Fremden tatsächlich zu mehr Toleranz gegenüber Gruppen, denen die Menschen früher mit Misstrauen oder Ablehnung begegnet waren, geführt hat.[25] Doch sie bestätigten auch eine Sorge, die Allport von Anfang an beschäftigt hatte: dass der Kontakt zwischen Gruppen nicht funktioniert, wenn die Rahmenbedingungen der Interaktion sie dazu führen, einander mit Abneigung oder Herablassung zu begegnen.

Hinweise darauf gab es von Anfang an. In einer Studie hatten 64 Prozent der Weißen, die gemeinsam mit Afroamerikanern hoch qualifizierte Arbeit erledigten oder in akademischen Berufen zusammenarbeiteten, einen günstigen Eindruck von ihnen. Bei Weißen, die ausschließlich mit Afroamerikanern in untergeordneten Positionen als ungelernte Arbeiter zu tun hatten, waren es nur fünf Prozent.[26]

Auf der Basis von weiteren Studien mit ähnlich enttäuschenden Ergebnissen formulierte Allport vier allgemeine Bedingungen,[27] die erfüllt sein müssen, damit ein stärkerer Kontakt zwischen verschiedenen Gruppen den gewünschten Effekt hat:

Gleicher Status: Die beiden Gruppen können in der Gesellschaft sehr unterschiedlich sein, in dem Kontext, in dem die Interaktion stattfindet, muss der Status aber relativ gleich sein. Zusammenarbeit als Kollegen funktioniert; Zusammenarbeit als Chef und Untergebener funktioniert nicht.

Gemeinsame Ziele: Die Mitglieder der beiden Gruppen müssen an einem gemeinsamen Ziel arbeiten. Der Kampf um eine Meisterschaft in einem gemeinsamen Team funktioniert; die Teilnahme an einem Turnier in gegnerischen Mannschaften funktioniert nicht.

Kooperation zwischen den Gruppen: Die Mitglieder beider Gruppen brauchen einen Anlass, um zusammenzuarbeiten. Im Idealfall arbeiten sie an einer gemeinsamen Problemlösung, zu der jedes Mitglied einen klaren Beitrag leistet.[28]

Unterstützung durch Autoritäten und gesellschaftliche Institutionen: Es braucht Autoritätspersonen, die ein besseres Verständnis zwischen den Gruppen befürworten und fördern. Wenn ein größeres gegenseitiges Verständnis gegen Gesetze verstößt oder die Gefahr mit sich bringt, den Chef zu verärgern, wird es sich viel seltener einstellen.

Nachfolgende Forschungen haben diese Einschätzung weitgehend bestätigt.[29] Allport kam in seinem 1954 erschienenen Bestseller zu dem Schluss, dass Vorurteile »durch Kontakt auf Augenhöhe zwischen Mehrheits- und Minderheitengruppen reduziert werden können, wenn diese gemeinsame Ziele verfolgen«. Doch dieser positive Effekt tritt nur ein, wenn die Art des Kontakts »zur Wahrnehmung gemeinsamer Interessen und einer gemeinsamen Menschlichkeit unter den Mitgliedern beider Gruppen führt«.[30]

Psychologen neigen dazu, Eigenschaften von Individuen zu untersuchen, während Politologen eher die Merkmale größerer Einheiten, beispielsweise von Staaten, erforschen. Doch ohne direkten Rückgriff auf Allports Ergebnisse ist auch die Politikwissenschaft in den letzten Jahrzehnten zu bemerkenswert ähnlichen Einsichten gekommen.

Politologen wie Robert Putnam haben festgestellt, dass enge Verbindungen zwischen den Bewohnern einer Stadt oder einer Region für die nächsten Jahrzehnte bessere demokratische Institutionen und schnelleren wirtschaftlichen Fortschritt erwarten lassen. Je mehr ehrenamtliche Vereine, Chöre oder Kegelklubs es gibt, desto strahlender sieht die Zukunft in der Regel aus.[31]

Doch so wie bei näherem Hinschauen klar wurde, dass Kontakte zwischen Gruppen nur dann positive Effekte zeigen, wenn die Begleitumstände stimmen, erweisen sich auch die genaueren Eigenschaften dieses »Sozialkapitals« als wesentlich für die Fähigkeit eines Landes, Konflikte zu vermeiden. Wenn das Sozialkapital an einem Ort eher dazu geeignet ist, die Mitglieder einer bestimmten Gruppe aneinander zu binden, bringt das für die Vermeidung von Feindseligkeiten gegenüber anderen Gruppen nicht viel. Wenn das Sozialkapital dagegen hilft, Brücken zu bauen, sodass die Mitglieder verschiedener Gruppen miteinander Bindungen eingehen können, kommt es viel eher zur Zusammenarbeit an gemeinwohlorientierten Projekten.[32] Das heißt: Wenn Chöre und Kegelklubs etwas dazu beitragen sollen, friedliche Kooperation in diversen Demokratien möglich zu machen, dann müssen sie einen breiten Querschnitt der Gesellschaft abdecken.

Auf diese Erkenntnisse aus der Sozialwissenschaft stützte sich Ashutosh Varshney, als er den Versuch unternahm, den erstaunlichen Kontrast zwischen dem Frieden in Kozhikode und der Gewalt in Aligarh zu verstehen.[33]

Denn tatsächlich unterscheidet sich das Ausmaß, in dem Hindus und Muslime in diesen beiden Städten Gelegenheit haben, einander in einem positiven Kontext zu begegnen, ganz erheblich. »Studien zufolge«, berichtet Varshney, »nehmen fast 83 Prozent der Hindus und Muslime in Kozhikode häufig gemeinsame Mahlzeiten ein. In Aligarh sind es nur 54 Prozent. Etwa 90 Prozent der hinduistischen und muslimischen Familien in Kozhikode berichten, dass ihre Kinder miteinander spielen, in Aligarh trifft das nur auf 42 Prozent der Familien zu.«[34]

In beiden Städten gibt es jede Menge Kontakt zwischen den beiden Gruppen.[35] Doch nur in Kozhikode begegnen sich Hindus und Muslime auf Augenhöhe.

Auch das Vereinsleben unterscheidet sich erheblich. In Aligarh gibt es zahlreiche bürgerschaftliche Organisationen, darunter religiöse Vereine und Wohlfahrtskomitees. Doch die meisten richten sich entweder an Hindus oder an Muslime.[36] Das Sozialkapital der Stadt unterstützt im Wesentlichen die »Gruppenbindung«.

In Kozhikode dagegen liefern die bürgerschaftlichen Vereinigungen zahlreiche Gelegenheiten für Hindus und Muslime, gemeinsamen Interessen nachzugehen und an gemeinsamen Zielen zu arbeiten. Es gibt integrierte Standesorganisationen und Gewerkschaftsgruppen, Sport- und Kunstvereine, Vereinigungen der Rikschafahrer und Leseklubs.[37] Varshney beschreibt Kozhikode als »einen Ort der Verbindung, ähnlich wie Tocquevilles Amerika«.[38]

Kommt es, wie etwa im Fall des Streits um die Babri Masjid, zu einer Krise, können solche Verbindungen zwischen Gruppen über Leben und Tod entscheiden. In Aligarh, wo die meisten Bindungen innerhalb der Gruppen verlaufen, half das Sozialkapital dabei, wilde Gerüchte zu verbreiten und den Zorn der Bevölkerung zu verstärken. In Kozhikode, wo langjährige Verbindungen Brücken zwischen den Gruppen bauen, konnten falsche Gerüchte rechtzeitig zerstreut werden.[39]

Weder rege Kontakte zwischen Gruppen noch ein Sozialkapital, das verschiedene Gruppen miteinander verbindet, sind abstrakte Konzepte aus dem Labor von Psychologen und Politologen; bei beiden handelt es sich vielmehr um konkrete Vorteile, die selbst in Zeiten extremer Spannungen helfen können, diverse Demokratien auf Kurs zu halten und den Frieden zu wahren.

Blick nach vorn

In meiner Jugend dachte ich, die menschliche Neigung zur Diskriminierung von Außenseitern habe etwas Künstliches an sich. Ohne hasserfüllte Politiker oder zynische Demagogen kämen wir alle gut miteinander aus.

Heute halte ich das nicht mehr für eine realistische Weltsicht. Die Neigung, das Eigene zu bevorzugen, ist uns offenbar angeboren. Immer wieder hat diese Neigung dazu geführt, dass Menschen einander entsetzliches Leid zugefügt haben. Es hat lange Phasen in der Geschichte gegeben, in denen einzelne

Gruppen brutal unterdrückt wurden. Es gibt Gebiete auf dieser Erde, wo Konflikte zwischen verschiedenen Gruppen an der Tagesordnung sind und die meisten Menschen in verzweifelter Armut leben müssen. Und auf absehbare Zeit laufen diverse Gesellschaften Gefahr, eine Fragmentierung zu erleben, die Menschen mit gleicher Staatsbürgerschaft jedes Gefühls von gemeinsamen Zielen und einem geteilten Schicksal beraubt.

In der Geschichte der Menschheit waren die Beziehungen zwischen Gruppen selten gerecht oder harmonisch. Und doch wäre es falsch, deshalb zu verzweifeln.

Trotz aller Neigung zur Gruppenbildung sind der Charakter und die Haltungen dieser Gruppen in hohem Maße von den begleitenden Umständen abhängig. Unterschiede zwischen Hautfarbe und Religionen sind Realität, doch allen Unterschieden zum Trotz können eine weiße Christin aus Boston, ein dunkelhäutiger Hindu aus Chicago und eine schwarze Muslima aus Los Angeles bei den Olympischen Spielen dieselbe Mannschaft anfeuern.

Die sichtbaren Unterschiede zwischen Gruppen werden immer das Gespenst des gegenseitigen Misstrauens oder des gewaltsamen Konflikts aufkommen lassen. Und doch kamen viele Gruppen, die zu manchen Zeiten und an manchen Orten tödlich verfeindet waren, zu anderen Zeiten und an anderen Orten gut miteinander klar. Weder Deutsche und Franzosen noch Chewa und Tumbuka oder Schiiten und Sunniten sind dazu verurteilt, einander bis in alle Ewigkeit zu hassen.

Unter den richtigen Voraussetzungen sind Menschen verschiedener Kulturen, Religionen und Ethnien zu erstaunlichen Kooperationsleistungen fähig. Die Frage ist nur: Wie schaffen wir diese Voraussetzungen? Und wie würde eine erstrebenswerte Gesellschaft aussehen? Mit diesen Fragen werde ich mich im weiteren Verlauf dieses Buchs beschäftigen.

Im ersten Teil ging es mir darum, die Welt so, wie sie sich heute darstellt, zu beschreiben. Ich habe mich dabei auf die Fehler und Ungerechtigkeiten konzentriert, die diverse Gesellschaften weltweit so oft gekennzeichnet haben. Bisher habe ich dabei im Wesentlichen »empirisch« argumentiert. Im zweiten Teil wird es darum gehen, herauszufinden, wie wir es besser machen können. In den folgenden Kapiteln argumentiere ich also hauptsächlich »normativ«. Welche Art von diversen Demokratien, so frage ich, sollten wir anstreben?

Die Antwort auf diese Frage hängt teilweise von den konkreten gesellschaftlichen Umständen ab, mit denen verschiedene Gesellschaften konfrontiert sind. Und da sich diese Umstände zwischen wohlhabenden, stabilen Gesellschaften auf der einen Seite und armen, instabilen Gesellschaften auf der anderen Seite ganz erheblich unterscheiden, wird der geografische Fokus sich im weiteren Verlauf etwas einengen. Die empirische Analyse in den ersten Kapiteln hat Beispiele von Afghanistan bis Sambia aufgegriffen, im zweiten Teil werden wir uns hauptsächlich mit den Bewohnern entwickelter Demokratien beschäftigen, von Deutschland über Japan bis hin zu den USA.

Die menschliche Natur ist ein weiterer einschränkender Faktor.[40] Da ich nicht glaube, dass die meisten Menschen fähig sind, Stammesloyalitäten vollständig abzulegen, konzentriere ich mich auf die Frage, wie es uns gelingen kann, unseren Instinkt zur Bevorzugung der eigenen Gruppe so weit zu bändigen, dass unsere Welt nicht komplett auseinanderbricht. Statt mir eine Zukunft ohne Gruppen oder Nationen vorzustellen, beschäftige ich mich mit der Frage, wie wir die Beziehungen zwischen Gruppen in einer Weise strukturieren können, die ein möglichst niedriges Konfliktpotenzial mit sich bringt und möglichst viel Kooperation ermöglicht.

Wie wir in den vergangenen Kapiteln gelernt haben, bedeutet dies, dass wir genau darauf achten müssen, wie die Menschen ihre eigene Identität konstruieren und unter welchen Umständen sie ihre Gemeinsamkeiten am ehesten wahrnehmen. Um zu gedeihen, müssen diverse Demokratien viel brückenbauendes Sozialkapital schaffen und echten Kontakt zwischen den Mitgliedern verschiedener Gruppen fördern.

TEIL ZWEI

Welche Zukunft diverse Demokratien anstreben sollten

Es ist alles andere als selbstverständlich, dass die diversen Demokratien, die in den letzten Jahrzehnten überall auf der Welt entstanden sind, ohne schreckliche Gewalt oder Ungerechtigkeit überleben werden.

Auch weil die Erfolgsaussichten des großen Experiments so unsicher sind – und die Folgen, falls es scheitern sollte, so entsetzlich wären –, legt ein Teil seiner Befürworter die Latte sehr niedrig. Wenn sie sich ausmalen, wie diverse Demokratien in fünfzig oder hundert Jahren aussehen könnten, stellen sie sich Gesellschaften vor, in denen sich das Machtgefüge zugunsten historisch unterdrückter Gruppen verschoben hat, die schlimmsten Probleme von heute aber fortbestehen. Ihre Bewohner haben wenig Gemeinsamkeiten, und die wichtigsten Konfliktlinien verlaufen noch immer zwischen den großen Identitätsgruppen.

In dieser pessimistischen Vision hängen die Rechte und Pflichten der Mitglieder diverser Demokratien auch in Zukunft stark von den Gemeinschaften ab, in die sie hineingeboren wurden. Die meisten Menschen werden eine starke Bindung an ihre eigene ethnische oder religiöse Gruppe, aber nur ein schwaches Zugehörigkeitsgefühl zu einem gemeinsamen Land haben. Die Gesellschaft als Ganzes bestünde dann aus einer Vielzahl verschiedener Gruppen, deren Mitglieder nur sporadisch miteinander Kontakt haben. Und die informellen Regeln, die den Alltag bestimmen, würden sich auf die Annahme gründen, die ethnische Herkunft, die Hautfarbe und die Religion seien auf immer die wichtigsten Attribute eines jeden Menschen.

Hört man manchen der selbst ernannten Befürworter des großen Experiments zu, fällt es ab und an schwer, sich noch daran zu entsinnen, warum wir diesem Experiment überhaupt Erfolg wünschen sollten.

Vor dem Hintergrund der Ungerechtigkeiten, die noch immer herrschen, und der Schwierigkeiten, die beim Aufbau diverser Demokratien zu erwarten sind, verstehe ich durchaus, warum so viele Leute die Ziele so niedrig ansetzen. Trotzdem bin ich überzeugt, dass es ein schwerer moralischer wie auch praktischer Fehler wäre, die Hoffnung auf eine bessere Zukunft vorzeitig aufzugeben.

Es wäre ein moralischer Fehler, weil wir versuchen sollten, blühende diverse Demokratien aufzubauen – und nicht solche, die nur gerade so durchhalten. Die Welt hat sich in den letzten fünfzig Jahren dramatisch verändert. Es wäre extrem fantasielos anzunehmen, dass sie sich in den nächsten fünfzig Jahren nicht ebenso dramatisch wandeln könnte. So schwer es auch werden mag, diversen Demokratien zum Erfolg zu verhelfen, steht zu viel auf dem Spiel, als dass wir uns mit einer zweit- oder drittbesten Lösung zufriedengeben dürften.

Gleichzeitig wäre es auch ein praktischer Fehler, die Ziele zu niedrig zu stecken. Es mag lebensklug erscheinen, immer wieder darauf hinzuweisen, wie stark unsere Gesellschaften von Rassismus und Fanatismus geprägt sind – und deshalb darauf zu schließen, die wichtigsten politischen Konflikte in der Gesellschaft würden auf ewig zwischen den Mitgliedern verschiedener ethnischer oder religiöser Gruppen ausgetragen. Doch aus der Geschichte diverser Demokratien ergibt sich mit erschreckender Klarheit, dass stark fragmentierte Länder auch in hohem Maße dysfunktional sind – und letztlich umso schneller in gewaltsame Konflikte stürzen.

Deshalb denke ich, dass es eben nicht weltklug ist, die Ziele sehr niedrig anzusetzen – sondern gefährlich naiv. Dafür, eine Zukunft anzuvisieren, in der Menschen mit unterschiedlichem ethnischem oder religiösem Hintergrund echte Gemeinsamkeiten zueinander entdecken, gibt es gute moralische Gründe. Aber wer weiß, wie leicht diverse Demokratien auseinanderfallen, der sollte erkennen, dass die praktischen Gründe, sich hohe Ziele zu stecken, noch schwerer wiegen. Solange diverse Demokratien sich aus gegenseitig feindlich gesinnten Stämmen zusammensetzen, werden sie immer in akuter Gefahr stehen, alsbald in schreckliche Ungerechtigkeit oder entsetzliche Gewalt zu verfallen.

Wie also könnten diverse Demokratien, die nicht nur gerade so durchhalten, sondern wirklich erfolgreich sind, aussehen?

Da sich solche Demokratien in den letzten Jahren und Jahrzehnten auf eine bislang beispiellose Reise gemacht haben, fehlt ihnen eine klare Wegbeschreibung. Es gibt weder viele Erfolgsgeschichten früherer Reisender noch ein GPS-System, das uns an jeder Kreuzung sagen könnte, welche Richtung wir einschlagen sollten.

Eine der zentralen Aufgaben für alle, die dem großen Experiment Erfolg wünschen, besteht deshalb darin, über die Grundregeln und Ideale nachzudenken, die für die künftige Reise Orientierung geben können. Dazu müssen vor allem vier grundsätzliche – und hoch umstrittene – Fragen beantwortet werden:

1. Welche Rolle soll der Staat in diversen Demokratien spielen?
2. Sollten diverse Demokratien Patriotismus begrüßen oder vermeiden?
3. In welchem Maße sollte von Einwanderern und Mitgliedern anderer Minderheiten erwartet werden, sich in die Mehrheitsgesellschaft zu »integrieren«?

4. Welche informellen Regeln sollen den Alltag der Menschen bestimmen?

Die nächsten Kapitel beantworten diese Fragen. Diverse Demokratien, so zeige ich in Kapitel 4, müssen dafür sorgen, dass ihre Mitglieder vor staatlicher Unterdrückung geschützt sind, dass sie ihre eigene Identität ausleben können *und* dass sie (falls sie sich dazu entschließen) dem engen Käfig ihrer eigenen Gemeinschaften entkommen können. Sie sollten, so schlage ich in Kapitel 5 vor, einen inklusiven Patriotismus pflegen, der zwischen Mitgliedern verschiedener Gruppen eine echte Solidarität ermöglicht, indem er sich sowohl auf gemeinsame politische Ideale als auch auf eine Liebe zur geteilten Alltagskultur stützt. Eine solche Gesellschaft, rege ich in Kapitel 6 an, kann man sich als öffentlichen Park vorstellen, in dem jeder Besucher sein eigenes Ding machen kann, der aber viel schöner und lebendiger wird, wenn viele Besucher für Begegnungen und neue Freundschaften offen sind. Und schließlich, so schreibe ich in Kapitel 7, sollten diverse Demokratien sich auf informelle Regeln einigen, die Menschen aus unterschiedlichsten Gruppen in die Lage versetzen, einander mit Empathie und Solidarität zu begegnen.

Der Aufbau diverser Demokratien ist schwierig. Vermutlich werden sie auch noch in fünfzig oder hundert Jahren gravierende Mängel haben. Doch damit das große Experiment eine Erfolgschance hat – und damit diejenigen, die es weiterhin skeptisch beäugen, einen Grund erhalten, überhaupt an seinem Erfolg mitzuarbeiten –, müssen wir eine attraktive Zukunftsvision entwerfen: eine Vision, in der Bürger, die unterschiedlichen ethnischen und religiösen Gruppen entstammen, gemeinsam ein sinnerfülltes Leben führen können, ohne das, was sie voneinander unterscheidet, aufgeben zu müssen.

KAPITEL 4
Welche Rolle soll der Staat spielen?

Moderne Staaten üben eine enorme Macht über ihre Bürger aus.

Sie sagen Millionen von Menschen, was sie tun dürfen und was sie lassen müssen. Sie verlangen einen erheblichen Teil ihres Einkommens als Steuern. Sie regeln das Leben bis in kleinste Details, zum Beispiel indem sie bestimmen, welche Substanzen Menschen zu sich nehmen dürfen oder in welcher Farbe die Außenwände ihres Hauses zu streichen sind. Die Zwangsmechanismen, die all das durchsetzen, sind zwar oft unsichtbar – trotzdem ist ihr ultimativer Garant eine harte Machtausübung. Wenn Sie sich dauerhaft weigern, Ihre Steuern zu bezahlen, klopft irgendwann die Polizei an Ihre Tür und bringt Sie hinter Gitter.

Eine der grundlegenden Fragen, die jeder moderne Staat beantworten muss, wenn er Legitimation in den Augen seiner Bürger sucht, lautet deshalb: Wie ist diese Machtausübung gerechtfertigt? Warum soll es legitim sein, dass eine Gruppe von Politikern bestimmt, welchen Anteil Ihres Einkommens Sie in Form von Steuern abgeben müssen, dass eine Behörde Sie zu einem Bußgeld verdonnern kann, wenn Sie Ihr Haus in der falschen Farbe streichen, oder ein Polizist Sie danach fragen darf, welche Drogen Sie nehmen, um sich zu entspannen?

In diversen Demokratien werden solche Fragen noch viel komplizierter.

Homogene Nationen besitzen ein Repertoire langjähriger Traditionen, auf die sie bei der Festlegung ihrer Regeln zurückgreifen können. Viele ihrer Bürger sind sich zumindest in bestimmten zentralen religiösen und moralischen Fragen einig – etwa darüber, wie ein Gotteshaus auszusehen hat oder ob Läden am Sonntag öffnen dürfen. Selbst in diesen Gesellschaften wird es immer Menschen geben, die mit der Mehrheitsmeinung nicht einverstanden sind. Aber sie stammen in der Regel nicht aus einer geschlossenen ethnischen oder religiösen Gruppe, die systematische Unterdrückung erlitten hat.

Das Dilemma, mit dem diverse Demokratien konfrontiert sind, ist schwieriger. In solchen Gesellschaften reichen die Meinungsverschiedenheiten über Grundfragen von Moral und Religion oft noch tiefer. Auch dort gibt es hergebrachte Traditionen, doch wurden diese normalerweise von der Mehrheit geschaffen und spiegeln die Präferenzen und Bedürfnisse ethnischer und religiöser Minderheiten nicht angemessen wider. Noch komplizierter wird die Sache dadurch, dass diejenigen, die abweichende Präferenzen vertreten, keine individuellen »Abweichler« sind, die einfach andere Vorstellungen haben; sie sind Mitglieder von Gemeinschaften, die schnell das Gefühl kriegen können, ihre Identität oder ihre wichtigsten Überzeugungen würden missachtet.

Alle diese Faktoren erschweren es diversen Demokratien, die Macht des Staates zu rechtfertigen. Außerdem erhöhen sie den Preis des Scheiterns. Sollte eine Gruppe zu dem Schluss kommen, die Regierung sei nicht legitim, wächst die Gefahr von gewaltsamen Konflikten, Abspaltungsversuchen oder gar Bürgerkriegen sprunghaft an.

Wie also sollten diverse Demokratien die Beziehung zwischen Staat und Bürger konzipieren, um zumindest ein gewisses Maß an Legitimität in den Augen ihrer Mitglieder zu gewinnen?

In den meisten entwickelten Demokratien beruhte die Antwort auf diese Frage auf den Prinzipien des »philosophischen Liberalismus«.

Es gibt viele verschiedene Weisen, den Kern dieser Tradition zu beschreiben. Doch letztlich läuft es darauf hinaus, dass ein legitimer Staat die Freiheitsrechte seiner Bürger in zentralen

Punkten zu schützen hat. Die Regierung hat zwar das Recht, der Gesellschaft gewisse Regeln aufzuerlegen und Steuern einzunehmen, aber sie verfügt nicht über die moralische Autorität, den Menschen zu sagen, was sie denken, wen oder was sie anbeten oder wie sie ihr Privatleben gestalten sollen. (In diesem philosophischen Sinne hat der Liberalismus keine spezifische Position im politischen Links-Rechts-Spektrum. In dem Sinne, wie ich ihn hier verstehe, können Willy Brandt und Helmut Kohl, Margaret Thatcher und Tony Blair, Ronald Reagan und Barack Obama allesamt als Liberale gelten.)

Was das im Detail für einzelne kontroverse Themen bedeutet, ist alles andere als eindeutig. Philosophische Liberale vertreten durchaus unterschiedliche Ansichten zu wichtigen gesellschaftlichen Fragen, von der Bildungspolitik bis hin zu den Ausnahmeregeln, die für Menschen mit besonders starken religiösen Überzeugungen gelten sollten.

Und doch ist die Kernaussage des philosophischen Liberalismus klar. Vertreter dieser Denkschule sind der Ansicht, dass die Autorität des Staates durch die Verpflichtung eingeschränkt ist, die moralische Autonomie seiner Bürger zu respektieren. Und das heißt – selbst in einem Land mit vielen verschiedenen Religionen, Kulturen oder ethnischen Gruppen – auch, dass das Individuum, und nicht die Gruppe, aus der es stammt, der grundlegende Baustein der Gesellschaft ist.

Kann dieses Grundprinzip auch zunehmend diverse Demokratien zusammenhalten? Eine wachsende Zahl von Denkern behauptet, die Antwort auf diese Frage heiße Nein.

Kritiker des Liberalismus behaupten gern, der Fokus auf die Rechte und Pflichten des Individuums mache diese Philosophie unfähig, mit den Herausforderungen diverser Demokratien zurechtzukommen.

Der Liberalismus geht ihrer Ansicht nach fälschlicherweise von der Annahme aus, dass die meisten Menschen ihre moralischen und religiösen Überzeugungen ähnlich frei wählen wie das Essen in einem Restaurant oder die passende Jeans in einem Laden. Genau dies, so behaupten sie, hindere Liberale daran, die fundamentale Bedeutung zu erkennen, die ethnische oder religiöse Gemeinschaften im Leben der meisten Menschen spielen. Denn tatsächlich seien fast alle Menschen in ein kompliziertes Netz aus Beziehungen hineingeboren, das tiefe emotionale Bindungen schafft.

»Individuen erben einen bestimmten Platz innerhalb eines Netzes sozialer Beziehungen«, argumentiert der Philosoph Alasdair MacIntyre in seinem Buch *After Virtue.* »Um sich selbst als eine solche soziale Person zu erkennen … muss man sich an einem bestimmten Punkt einer Reise mit klarem Ziel verorten. Die Bewegung durchs Leben ist von Fortschritt – oder vom Scheitern dieses Fortschritts – auf ein Ziel hin gekennzeichnet.«[1]

Die Kritiker des Liberalismus sind sich allerdings vollkommen uneins über die Frage, was ihn ersetzen könnte. Einige hoffen, eine geschlossene ethnische oder religiöse Mehrheit werde dem Rest der Gesellschaft ihren Willen aufzwingen. Für sie liegt die Antwort auf den Individualismus der liberalen Gesellschaft in der kollektiven Bestätigung einer nationalen Kultur. So sieht das beispielsweise Viktor Orbán, wenn er explizit das Ideal einer »illiberalen Demokratie« vertritt und verspricht, er werde als ungarischer Ministerpräsident den Erhalt der traditionellen Werte seines Landes sichern.[2]

Doch die antiliberale Tradition mit der stärksten Zugkraft im akademischen und politischen Mainstream der entwickelten Demokratien ist nicht Orbáns Mehrheitsgesellschaft, in der die Präferenzen der Mehrheit allen anderen aufgezwungen werden, sondern ein moralischer Relativismus, der es jeder gesellschaftlichen Gruppe erlaubt, ihre eigenen Mitglieder so weit wie möglich selbst zu lenken. Inspiriert von der Kritik am Liberalismus, haben zahlreiche Aktivisten und Akademiker in den letzten

Jahrzehnten versucht, ein »kommunitaristisches« Konzept diverser Demokratien zu entwickeln. Statt das Individuum als grundlegenden Baustein des modernen Staates aufzufassen, schlagen sie vor, ethnische und religiöse Gruppen zur Grundeinheit der Gesellschaft zu machen.

So ist beispielsweise der kommunitaristische Philosoph Chandran Kukathas der Ansicht, die staatlich eingesetzten Regeln seien in keiner Weise legitimer als die Normen der ethnischen und religiösen Gemeinschaften, aus denen sich der Staat zusammensetzt. Anstatt Individuen als Besitzer von Rechten aufzufassen, die es ihnen erlauben, einen repressiven Staat in Schach zu halten, sollten wir eine Reihe von »Vereinigungen« als die eigentliche konstitutive Macht in diversen Gesellschaften betrachten. Der Staat selbst, so Kukathas, sei nur eine »Vereinigung von Vereinigungen«.[3] Deshalb müsse sein Recht, sich in die inneren Angelegenheiten verschiedener Gruppen einzumischen, extrem eingeschränkt, vielleicht sogar ganz abgeschafft werden.

Sind kommunitaristische Konzepte, die Gruppen statt Individuen ins Zentrum diverser Demokratien rücken, eine attraktive Alternative zum Liberalismus?

Um diese Frage zu beantworten, müssen wir zunächst klären, was die Bürger diverser Demokratien brauchen, um ihr Leben frei gestalten zu können. Es gibt nämlich mindestens zwei Grundfreiheiten, die gewährleistet sein müssen, damit Bürger eines Landes sich eines Mindestmaßes an Selbstbestimmung erfreuen.

Freiheit vor Verfolgung. In einer erfolgreichen diversen Demokratie müssen Individuen frei von Verfolgung sein, sei es durch den Staat oder durch die Mehrheit ihrer eigenen Landsleute. Das heißt, sie müssen vor staatlicher Willkür geschützt sein und zum Beispiel Rede- und Versammlungsfreiheit genießen. Es heißt aber auch, sie müssen darauf vertrauen können, dass der Staat sie aktiv vor dem Zorn einer intoleranten Mehrheit schützt, die womöglich ihre Herkunft, kulturelle Tradition oder religiöse Praxis ablehnt.

Freiheit von Zwang. In einer erfolgreichen diversen Demokratie müssen Individuen frei von Zwangsausübung sein, der sie durch ihre eigenen Verwandten oder Geistliche ausgesetzt sein könnten. Das heißt: Sie müssen das Recht haben, die Normen ihrer eigenen Gemeinschaft zu verletzen und diese Gruppe, falls sie das wollen, auch zu verlassen.

In einem zweiten Schritt können wir dann vergleichen, ob der Liberalismus oder der Kommunitarismus besser geeignet ist, Menschen den zweifachen Schutz zu sichern, den sie brauchen, um einerseits ihrer Identität treu bleiben und andererseits selbstbestimmt leben zu können. Meine Antwort ist klar: Diverse Demokratien werden die Überzeugungen all ihrer Mitglieder – sowohl derjenigen, die ihren ethnischen und religiösen Bindungen große Bedeutung beimessen, als auch derjenigen, die das nicht tun – besser respektieren können, wenn sie an einem liberalen Selbstverständnis festhalten.

Die wichtigsten Freiheiten – und was sie bedroht

Am 20. August 2020 um 8:06 Uhr startete Flug Nummer 2614 der Airline S7 vom Flughafen in Tomsk in Sibirien. Ziel des Flugs war Moskau.[4] Die ersten Minuten verliefen ereignislos. Dann begann ein Passagier in Todesqualen zu stöhnen. Seine lang gezogenen, hohen Schreie drangen durch die gesamte Kabine. Vollkommen desorientiert begab er sich Richtung Toilette und verlor das Bewusstsein.[5]

Das Flugzeug setzte zur Notlandung an, Sanitäter trugen den kranken Fluggast auf einer Trage hinaus.[6] Als Alexei Nawalny,

Russlands bekanntester Oppositionspolitiker, das Notfallkrankenhaus Nr. 1 in Omsk erreichte, befand er sich bereits im Koma.[7]

In den nächsten paar Tagen wurde Nawalny zum Spielball der Politik. Der Chefarzt des Krankenhauses, Alexander Murachowsky, schloss bei einer eiligst einberufenen Pressekonferenz eine Vergiftung kategorisch aus. [8] Als Nawalnys Frau Julia das Krankenhaus erreichte, wurde ihr von den Behörden zunächst der Zugang verweigert, weil sie ihre Heiratsurkunde nicht bei sich hatte.[9]

Da sie den Eindruck hatte, dass die Ärzte vor Ort nicht alles Menschenmögliche unternahmen, um sein Leben zu retten, forderte Julia, ihren Mann ins Ausland verlegen zu dürfen. Zunächst verweigerten die Behörden Nawalnys Ausreise, doch dank erheblichen internationalen Drucks erteilten sie schließlich doch die Erlaubnis, ihn mit einem Charterflugzeug in die Charité nach Berlin zu bringen.[10]

Die dortigen Ärzte bestätigten sehr bald, dass Nawalny vergiftet worden war, und zwar mit einer Substanz aus der Gruppe der Cholinesteraseinhibitoren.[11] Nachdem man ihn mit Medikamenten, die gegen das Nervengift wirkten, behandelt hatte, erholte er sich sehr gut. Weniger als einen Monat nach seinem Zusammenbruch erklärte Nawalny, er und seine Frau wollten – trotz der offensichtlichen Lebensgefahr – nach Russland zurückkehren.[12]

Als Nawalny im Januar 2021 endlich so weit war, besetzten Journalisten die Hälfte der Plätze in dem Flugzeug und dokumentierten die waghalsige Tat.[13] Mit einem Zitat aus einem russichen Kultfilm der frühen 2000er-Jahre wandte sich Julia an eine Stewardess: »Bringen Sie uns Wodka. Wir fliegen nach Hause.«[14]

Doch wie erwartet, währte die Freude des Paares über die Heimkehr nicht lange. Das Flugzeug wurde umgeleitet, um eine Gruppe von Nawalny-Unterstützern daran zu hindern, ihm zu-

zujubeln. Und sobald er russischen Boden betrat, wurde er verhaftet.[15]

Wenige Wochen später wurde Nawalny von einem Moskauer Gericht zu mehr als zwei Jahren Gefängnis verurteilt.[16] Durch seine Ausreise aus Russland zur medizinischen Behandlung in Deutschland, so erklärte der Richter in einer Urteilsbegründung, die auf der langen Hitliste perverser Gerichtsverfahren von Unterdrückerregimen ziemlich weit oben steht, habe Nawalny die Bewährungsauflagen verletzt, die man ihm bei einer früheren Verurteilung aufgrund ähnlich dubioser Anklagen gemacht hatte.[17]

»Es geht darum, möglichst viele Leute einzuschüchtern«, erklärte Nawalny in einer trotzigen Rede vor Gericht. »Einer wird eingesperrt, um Millionen andere zu verängstigen.«[18] Seine Erfahrung, sagte er, sei die Essenz von Diktatur. Die nackte Gewalt des Kremls verkleide sich zwar gelegentlich in Richterroben, doch die Entschlossenheit, Gegner einzusperren oder zu töten, sei »genau das, was passiert, wenn Gesetzlosigkeit und Tyrannei zur Essenz eines politischen Systems werden«.[19]

Freiheit vor Verfolgung

Die Geschichte von Alexei Nawalny ist keine Verirrung. In den dunkelsten Momenten der Menschheitsgeschichte hat der Todesengel nur allzu oft eine Richterrobe getragen. In weiten Teilen der Welt – im Deutschland der Dreißiger- und Vierzigerjahre, in der Sowjetunion der Fünfzigerjahre, im China der Sechziger- und im Brasilien der Siebzigerjahre – war die Geschichte des 20. Jahrhunderts eine Geschichte staatlicher Verfolgung.

Auch heute kontrollieren repressive Regime in totalitären Ländern wie Nordkorea das Leben ihrer Bürger bis in die intimsten Details hinein.[20] Ein paar kritische Worte, im eigenen Zuhause an den Ehemann oder die Ehefrau gerichtet, können zur Gefängnis- oder gar Todesstrafe führen. Selbst wenn man seine Treue zum Regime nicht laut genug äußert, kann das bereits unaussprechliche Strafen zur Folge haben.[21] Einige unglückliche Seelen sind in grauenhafte Arbeitslager geschickt worden, weil sie nicht enthusiastisch genug jubelten oder, als der Tod des »geliebten Führers« verkündet wurde, nicht verzweifelt genug weinten.[22]

Glücklicherweise sind totalitäre Staaten selten geworden. Die meisten Diktatoren im 21. Jahrhundert haben gelernt, dass sie nicht jeden Aspekt im Leben ihrer Untertanen politisieren müssen. Anders als in Nordkorea können sich die Bürger der Allerweltsdiktaturen in Russland und Nicaragua, in der Türkei und Simbabwe, weitgehend von Politik fernhalten.[23] Solange sie einfach ihr Leben führen, ohne sich über das Regime zu beschweren, Korruption anzuprangern oder die Opposition zu unterstützen, können sie im Grunde genommen machen, was sie wollen.

Doch sobald sie offen sprechen, eine unorthodoxe Meinung vertreten oder die Geschäfte von Vertretern der politischen Eliten stören, schlägt der Staat mit ganzer Härte zu. Kommt der Staat aus mehr oder manchmal auch weniger rationalen Erwägungen zu dem Schluss, jemand sei eine Bedrohung, lernt dieser sehr schnell eine gewaltige Unterdrückungsmaschinerie kennen. Vielleicht bekommt man auf einmal kein Darlehen mehr, oder es gibt Schwierigkeiten mit dem Ausreisevisum. Vielleicht wird einem der Job oder die Wohnung gekündigt. Vielleicht wird man auch verhört, eingesperrt, hingerichtet oder auf offener Straße erschossen.

Selbst Länder, deren Bürger sich bis vor Kurzem großer Freiheit erfreuten, rutschen zurück in den Absolutismus.[24] Larry Diamond hat gezeigt, dass wir mitten in einer ernsthaften »Rezession der Demokratien« stecken.[25] In den letzten fünfzehn Jahren haben sich mehr Länder von freien politischen Institutionen entfernt, als sich darauf zubewegt haben.[26] Nach Auskunft von FreedomHouse ist der Anteil von Menschen, die in freien Ländern leben, weltweit bis Ende 2020 auf den niedrigsten Stand seit fünfundzwanzig Jahren gefallen. Weniger als ein Fünftel der Menschen lebt heute in Ländern, in denen man sich ohne Furcht vor ernsten Konsequenzen gegen die Regierung stellen kann.[27]

Jede Demokratie, die den Namen verdient, muss staatliche Willkür eindämmen. Ihre Bürger müssen sicher sein können, dass sie nicht ins Visier geraten, wenn sie die Mächtigen kritisieren oder sich der Opposition anschließen. Doch gerade in diversen Gesellschaften muss der Schutz des Einzelnen weitergehen: Um ein würdiges und selbstbestimmtes Leben führen zu können, müssen die Menschen auch sicher sein, dass weder der Staat noch ihre Landsleute sie aufgrund ihrer Identität verfolgen.

Von lokalen Sheriffs, die für den reibungslosen Ablauf einer Sklavenauktion sorgen, bis hin zu Soldaten, die an »ethnischen Säuberungen« teilnehmen, und von Gestapobeamten, die versteckte Juden aufspüren, bis hin zu uniformierten Hutu, die wehrlose Tutsi abschlachten – Mord und Misshandlung an Minderheiten geschieht nur allzu oft unter der Aufsicht des Staates.

Selbst in angeblich gefestigten Demokratien[28] leben Mitglieder ethnischer und religiöser Minderheiten gefährlicher als ihre Landsleute. In der gesamten westlichen Welt haben rechtsextreme Populisten mit ihrem Versprechen, das Land gegen die angeblich drängende Gefahr durch Fremde zu beschützen, enormen Zulauf und Macht gewonnen. In vielen Fällen haben sie Hass gegen Mitglieder von Minderheiten geschürt oder Vertreter des Staates aufgefordert, deren grundlegende Bürgerrechte zu verletzen.

Hinzu kommt, dass die Bedrohung durch Verfolgung nicht immer direkt vom Staat kommen muss. In vielen osteuropäischen Ländern hegen große Teile der Bevölkerung erhebliche

Vorurteile gegen Schwule und Lesben. Da staatliche Behörden oft nicht bereit oder in der Lage sind, sie angemessen zu schützen, müssen Bürger, die in der Öffentlichkeit als homosexuell erkennbar sind oder es gar wagen, an einer Pride-Parade teilzunehmen, mit körperlicher Gewalt rechnen. Ein Staat kann die Verfolgung von Minderheiten auch ganz einfach dadurch fördern, dass er die Tyrannei der Mehrheit stillschweigend duldet.[29]

Deshalb reicht es nicht aus, dass ein Staat davon absieht, seine eigenen Bürger aufgrund ihrer politischen oder religiösen Überzeugungen oder ihrer sexuellen Orientierung zu verfolgen. Er muss aktive Schritte unternehmen, um Minderheiten vor der Unterdrückung durch nichtstaatliche Akteure zu beschützen. In einer freien Gesellschaft muss es den Mitgliedern aller Gruppen möglich sein, ihre Identität auszuleben, ohne Verfolgung fürchten zu müssen – sei es durch den Staat oder die eigenen Mitbürger.

Hinzu kommt aber noch eine ganz andere Form der Freiheit, die die Bürger einer diversen Demokratie brauchen. Um ein selbstbestimmtes Leben führen zu können, müssen sie auch vor den schrecklichen Formen von Zwang beschützt werden, denen sie durch Mitglieder ihrer eigenen Gemeinschaft ausgesetzt sein können.

Freiheit von Zwang

Irgendwann Ende 2017 oder Anfang 2018 lernte Saif Ali Khan, zweiundzwanzig Jahre alt und Obstverkäufer auf den Märkten von Bikaner im malerischen Nordwesten von Indien, eine junge Frau kennen, die in seiner Nachbarschaft lebte. Die beiden verliebten sich, trafen sich, wo immer es möglich war, und beschlossen zu heiraten.

Dann erfuhr die Familie der jungen Frau von der Beziehung. Entsetzt von der Vorstellung, dass ihre Tochter, eine Hindu, sich mit einem Muslim habe einlassen können, arrangierten die Eltern eine »passendere« Heirat und schickten die künftige Braut zu Verwandten nach Rampura Basti, ein paar Kilometer von ihrem Heimatort entfernt. Doch Khan war nicht bereit, die Frau, die er liebte, so einfach aufzugeben. Als er erfuhr, wo sie sich aufhielt, machte er sich auf die Suche. Sie planten, miteinander wegzulaufen, bevor sie gegen ihren Willen mit einem anderen verheiratet wurde.

Doch es lief nicht nach Plan. Als Khan bei dem Haus ankam, in dem sich seine Liebste aufhielt, wurde er von sechs Männern angegriffen. Nachdem sie ihn blutig und bewusstlos geschlagen hatten, fuhren ihn die Männer, darunter der Vater, die Brüder und ein Cousin der jungen Frau, ins Industriegebiet Karni am Stadtrand von Bikaner und warfen ihn in ein Abwasserbecken. »Sie haben erbarmungslos auf ihn eingeschlagen und ihm die Beine gebrochen«, berichtete Khans Bruder Asmal später einem Lokaljournalisten. »Sie sind mit dem Auto über seine Beine gefahren und haben ihn in das Abwasserbecken geworfen.«

Als Khan Stunden später von Arbeitern gefunden wurde, lebte er noch. Doch als die Sonne am nächsten Tag wieder über Bikaner aufging, war er seinen Verletzungen bereits erlegen.[30]

Die blutige Geschichte des 20. Jahrhunderts hat dazu geführt, dass sich Philosophen und Sozialwissenschaftler hauptsächlich auf die Unterdrückungskräfte moderner Staaten konzentrieren. Doch das verstellt den Blick auf eine ältere und ebenso starke Gefahr für die individuelle Freiheit: den sogenannten Käfig der Normen.

Wie Daron Acemoglu und James Robinson in ihrem Buch *Gleichgewicht der Macht*[31] dargelegt haben, muss die Abwesenheit eines Staates kein ärmliches, bestialisches oder kurzes Leben zur Folge haben.[32] Um in »Gesellschaften ohne Zentralmacht« einen Hauch an sozialer Ordnung aufrechtzuerhalten, üben ungeschriebene Regeln oft eine ebenso entmachtende Dominanz über Menschen aus. Sie schreiben ihnen vor, wie sie zu beten haben und was sie anziehen sollen, ob und was sie sagen dürfen, wann sie Sex haben können und wen sie heiraten müssen.

In den meisten traditionellen Gesellschaften verhängen Priester und Eltern, Älteste und Nachbarn drastische Strafen über Menschen, die ihren eigenen Weg gehen oder sich mit Mitgliedern einer außenstehenden Gruppe zusammentun wollen. Dieser minutiös geregelte »Käfig der Normen« kann deutlich stabiler und friedlicher sein als der Krieg aller gegen alle, den Hobbes so sehr fürchtete.[33] Aber er ist eben auch zutiefst klaustrophobisch, höchst hierarchisch – und manchmal genauso brutal.

In entwickelten Demokratien wurden zum Glück viele der Praktiken abgeschafft, die Acemoglu und Robinson in ihrem Buch beschreiben. Doch wie das Beispiel von Saif Ali Khan und seiner Liebsten zeigt, können Mitglieder geschlossener ethnischer oder religiöser Gemeinschaften auch heute noch auf grausame Weise von ihren Anführern unterdrückt werden. Von fundamentalistischen Christen in Topeka, die dazu gezwungen werden, sich einer »Konversionstherapie« zu unterziehen, um ihre homosexuellen Neigungen zu unterdrücken, bis hin zu ultraorthodoxen Juden in Brooklyn, die ihre Kinder nicht mehr sehen dürfen, wenn sie die Gemeinde verlassen, und von somalischen Frauen, die selbst in Schweden noch der Genitalverstümmelung unterworfen werden, bis hin zu Türkinnen in Berlin, die einen sogenannten Ehrenmord fürchten müssen – der Käfig der Normen bleibt, oft unsichtbar und manchmal gewalttätig, in diversen Demokratien auf der ganzen Welt bestehen.[34]

Eine freie Gesellschaft muss ihre Bürger vor staatlicher Verfolgung schützen. Sie muss aber auch die schweren Türen aufstoßen, die einen Großteil der Menschheit von alters her in einem klaustrophobischen Käfig der Normen gefangen hielten. Damit sie ein Leben frei von demütigenden Zwängen führen können, müssen die Bürger diverser Demokratien die Möglichkeit bekommen, sich über die Regeln der Gruppe, in die sie hineingeboren wurden, hinwegzusetzen und sie zu verlassen, wenn sie das wünschen.

Können diverse Demokratien ihre Bürger erfolgreich vor der Verfolgung von außen und dem Zwang im Inneren ihrer Gruppe schützen? Und welches Konzept – Liberalismus oder Kommunitarismus – hat in dieser Hinsicht die realistischeren Erfolgsaussichten?

Verfolgung eindämmen

Die lange, blutige Geschichte der Menschheit bietet uns jede Menge Informationen darüber, wie man die schlimmsten Formen der Verfolgung eindämmen kann.

Tausende von Jahren wurden weite Teile Europas und Asiens von Monarchen regiert, die allumfassende Macht besaßen. Und solange ein Mann oder eine Frau das alleinige Machtmonopol besaß, waren Ungerechtigkeit und Unterdrückung an der Tagesordnung. Lord Acton fasste Jahrhunderte europäischer Geschichte 1887 in die vier schlichten Worte: »Absolute Macht korrumpiert absolut.«[35]

Und weil das so ist, ist die Geschichte der Freiheit zu einem Gutteil eine Geschichte kreativer Beschränkungen staatlicher Macht. Im Laufe der Jahrhunderte entwickelten sich drei Formen solcher Machtbegrenzung: die Begrenzung der Möglichkeit für Herrscher, ohne Zustimmung ihrer Untertanen an der Macht zu bleiben; die Begrenzung von Entscheidungsbefugnissen ohne Zusammenarbeit mit konkurrierenden Institutionen; und die Begrenzung der Bereiche, in die sich der Staat überhaupt einmischen darf.

Mit der Zeit wurden die Merkmale liberaler Demokratie so

zentral für freie Gesellschaften weltweit, dass man auf die Idee kommen könnte, sie für selbstverständlich zu halten. Doch es lohnt sich, einen Moment darüber nachzudenken, welchen Sinn sie haben und warum alle drei wichtig sind, um der Gefahr von Verfolgung – von Individuen wie Alexei Nawalny ebenso wie von ganzen Bevölkerungsgruppen wie den Rohingya – entgegenzuwirken.

1. Regelmäßige Wahlen

In den meisten Gesellschaften der Menschheitsgeschichte bestand keinerlei Möglichkeit, die Mächtigen ohne immense Gewalt und Aufruhr aus dem Amt zu entfernen. Wenn ein Großteil der Untertanen das Verhalten des Königs oder Stammeshäuptlings missbilligte, gab es letztlich nur zwei Möglichkeiten. Sie konnten warten, bis er starb, und wider alle Vernunft hoffen, dass der Nachfolger etwas gütiger sein würde. Oder sie konnten, um es mit den Worten von John Locke zu sagen, »an den Himmel appellieren«[36] und einen Aufstand anzetteln, der wenig Aussicht auf Erfolg hatte, aber mit Sicherheit enormes Blutvergießen mit sich bringen würde.

Zum Glück gibt es heute bessere Alternativen. Über viele Jahrhunderte hinweg haben einige Staaten Mechanismen entwickelt und verfeinert, die es uns erlauben, Herrscher, die ihre Macht missbrauchen, aus dem Amt zu entfernen. Das ist die zentrale Aufgabe regelmäßiger Wahlen.

Wahlen verschaffen Bürgern die Möglichkeit, die Entscheidungen ihrer Regierungen zu beeinflussen. Doch wie jeder Bürger einer Demokratie weiß, halten Politiker oft die Versprechen nicht, die sie vor der Wahl gemacht haben. Wären Wahlen nur einmalige Ereignisse, bei denen der Sieger auf Lebenszeit bestimmt würde, dann wäre Demokratie nur eine leicht verbesserte Version der Autokratie.

Aus diesem Grund dürfen die Mächtigen die wichtigsten Ämter im Land nur für eine begrenzte Zeit übernehmen. Nach einer gewissen Anzahl von Jahren – zwei bei Mitgliedern des US-Repräsentantenhauses, vier bei US-Präsidenten, ungewöhnlich lange sechs bei US-Senatoren – müssen Personen, die Schlüsselpositionen im Staat einnehmen, um eine Erneuerung ihres Mandats bitten.[37] Wenn die Mehrheit der Wähler nicht mehr davon überzeugt ist, dass sie ihre Interessen vertreten, dann können sie sie nach Hause schicken.

2. Gewaltenteilung

Regelmäßige Wahlen bergen allerdings ein offensichtliches Problem: Was passiert, wenn der amtierende Präsident oder Premierminister sich nach einer Wahl weigert, sein Amt aufzugeben – oder wenn er die Wahlen manipuliert, um dafür zu sorgen, dass er gar nicht erst in diese Lage gerät?

Diese Sorge ist alles andere als abstrakt. Viele Staatsoberhäupter, von Robert Mugabe in Simbabwe bis Hugo Chavez in Venezuela, haben ungeheure Machtbefugnisse in ihren Händen konzentriert, kaum hatten sie demokratische Wahlen gewonnen. Sie haben die Pressefreiheit abgeschafft, Gerichte und Wahlkommissionen mit treuen Gefolgsleuten besetzt und Oppositionsführer eingesperrt.

Und sobald all das erledigt war, wurde es praktisch unmöglich, die demokratisch gewählten Regierungschefs mit demokratischen Mitteln wieder aus ihrem Amt zu entfernen. Obwohl Mugabe, Chavez und Dutzende weitere Diktatoren demokratische Institutionen zum Schein aufrechterhielten und sogar regelmäßige Wahlen abhielten, die ihnen eine oberflächliche Legitimation verschafften, wurden sie faktisch zu Monarchen auf Lebenszeit.[38]

Deshalb bedarf es einer zweiten Maßnahme, die den Bürgern garantiert, dass sie Unterdrücker aus dem Amt entfernen können: Die Exekutive muss mithilfe konkurrierender Institutionen in der Balance gehalten werden. Oppositionsparteien müssen, selbst wenn das der Regierung nicht gefällt, ihre Arbeit machen können. Journalisten müssen den Präsidenten kritisieren können, selbst wenn er sie am liebsten ins Gefängnis stecken würde. Und Richter müssen ihre politische Unabhängigkeit bewahren und den Präsidenten in die Schranken weisen, wenn er die Grenzen seiner legitimen Machtbefugnisse überschreitet.

Das ist der ganze Sinn des scheinbar paradoxen Aufbaus von Regeln und Normen, die Politologen als »Gewaltenteilung« bezeichnen. Ein Präsident oder Regierungschef leitet die Exekutive, führt das Kabinett und die Arbeit der Diplomatie, er überwacht die gesamte Regierungsarbeit. Doch seine Macht ist beschränkt, denn die Gesetze werden vom Parlament gemacht, das mit der Exekutive im Widerstreit stehen und in vielen Ländern sogar den Regierungschef aus dem Amt entfernen kann. Und Streitigkeiten über die Interpretation existierender Gesetze oder die Amtsbefugnisse des Präsidenten werden von der Judikative – die aus unabhängigen Richtern besteht – gelöst.

3. Individuelle Rechte

Regelmäßige Wahlen erlauben es den Bürgern, Politiker aus dem Amt zu entfernen, wenn diese sich unbeliebt machen. Die Gewaltenteilung sorgt dafür, dass Wahlen tatsächlich frei und fair ablaufen. Doch diese institutionellen Maßnahmen reichen nicht aus, um den Bürgern ein wirklich freies Leben zu garantieren. Denn wenn eine Mehrheit vom Staat verlangt, dass er ins Leben ihrer Mitbürger eingreift, dann können selbst frei gewählte Regierungen zu Instrumenten der Unterdrückung werden.

Die Gefahr einer Tyrannei der Mehrheit ist in ethnisch oder religiös gespaltenen Demokratien besonders groß. Selbst wenn es regelmäßige Wahlen gibt und die Gewaltenteilung funktioniert, kann religiösen Minderheiten die freie Religionsausübung verboten werden, können ethnische Minderheiten daran gehindert werden, ihre eigene Kultur oder Sprache zu pflegen, und können staatliche Institutionen stillschweigend die Verfolgung von Minderheiten durch fanatische Mobs dulden. Es ist also noch mehr nötig, um solche Gruppen sowohl vor dem Staat als auch vor der Tyrannei der Mehrheit zu schützen.

Zum Glück gibt es eine dritte institutionelle Maßnahme, die allen Bürgern ein weitgehendes Recht sichert, ihr Leben nach ihren eigenen Wertvorstellungen zu führen: die Anerkennung, dass es einen Lebensbereich gibt, in dem jeder Mensch tun und lassen kann, was er will, ohne sich um die Meinung anderer kümmern zu müssen.

Sowohl die Bill of Rights in den USA als auch die Erklärung der Menschenrechte in Frankreich erkennen an, dass es viele wichtige Entscheidungen gibt, die die Bürger selbst treffen sollten. Die Mehrheit kann die Worte, die Sie veröffentlichen, die Menschen, die Sie zum Abendessen einladen, die religiösen Praktiken, die Sie pflegen, zutiefst ablehnen. Solange der Staat bestimmte liberale Grundprinzipien wie die Freiheit der Meinungsäußerung, der Versammlung und der Religionsausübung einhält – und solange er jeden, der versucht, diese Rechte zu unterminieren, indem er unbeliebte Minderheiten bedroht, energisch bestraft –, sollten alle Bürger frei von Verfolgung sein.[39]

Die Verbindung von regelmäßigen Wahlen, Gewaltenteilung und individuellen Rechten garantiert den Bürgern diverser Demokratien ein hohes Maß an Schutz. Doch erlauben diese Kerninstitutionen der liberalen Demokratie es den Bürgern auch, ihr Leben an den tiefen Bindungen auszurichten, die viele von ihnen an ihre eigenen Gemeinschaften haben? Oder gelingt es Alternativen zum Liberalismus, wie etwa dem Kommunitarismus, besser, eine Balance zwischen individueller Freiheit und der großen Bedeutung, die viele Menschen der eigenen kulturellen und religiösen Gruppe zumessen, herzustellen?

Kommunitaristen glauben, dass sie eher als die Liberalen in der Lage sind, die große Bedeutung zu respektieren, die kulturelle Bindungen im Leben vieler Menschen spielen. Denker wie Kukatha sehen diverse Demokratien nicht als Zusammensetzung individueller Bürger, sondern als lose Zusammenschlüsse ethnischer oder religiöser Gemeinschaften.

Eine diverse Demokratie, die sich auf den Kommunitarismus stützt, wäre in Bezug auf ein wichtiges Ziel diverser Demokratien also scheinbar sehr erfolgreich: Sie könnte sicherstellen, dass sich kulturelle oder religiöse Gemeinschaften frei entfalten können. Da sie, sagen wir, die katholische Kirche, die Southern Baptist Convention und den Council of American-Islamic Relations als Bausteine der Gesellschaft anerkennen würde, bekämen diese Gruppen weitgehende Rechte und Privilegien. Das sollte im Prinzip reichen, um den Mitgliedern dieser Gemeinschaften ein Leben im Einklang mit ihrer eigenen Identität zu garantieren.

Doch dieser scheinbar so schlüssige Vorschlag bereitet einige ernsthafte Probleme. Eins davon betrifft die Schwierigkeit, verschiedene Gruppen offiziell anzuerkennen und die Grenzen zwischen ihnen zu ziehen. Wie soll eine diverse Demokratie entscheiden, welche Gruppen eine offizielle Anerkennung verdienen und welche zu neu, zu klein oder zu »frivol« sind, um als Bausteine der Gesellschaft zu gelten?[40] Wie kann garantiert werden, dass die Führung dieser Gruppe tatsächlich für ihre Mitglieder spricht? Und was passiert mit den vielen Menschen, die sich keiner anerkannten Gruppen zuordnen lassen?

Ein noch größeres Problem ist, dass ein solches kommunitaristisches Konzept zwar allem Anschein nach dafür sorgt, Menschen vor Verfolgung zu schützen und es ihnen zu erlauben, im Einklang mit ihrer ererbten Identität zu leben – es ihnen aber gleichzeitig fast unmöglich macht, ihr Leben selbst zu bestimmen. Menschen, die mit den Bräuchen der Gemeinschaft, in die sie hineingeboren wurden, nicht einverstanden sind, wären in Kukathas Modell diverser Demokratie in einem repressiven »Käfig der Normen« gefangen.

Staaten, die sich als reine »Vereinigung von Vereinigungen« betrachten, haben keine Legitimation, in die »inneren« Angelegenheiten dieser Gruppen einzugreifen. Das heißt: Sie müssen es dulden, wenn Gruppen keine abweichenden Meinungen im Inneren tolerieren, wenn sie ihren Kindern ein selbstbestimmtes Leben versagen und wenn sie Menschen daran hindern, die Gruppe zu verlassen. Wer als Schwuler in eine christliche Gemeinschaft hineingeboren wurde, die Homosexualität für etwas Böses hält, oder wer als neugieriges Kind in eine chassidische Sekte hineingeboren wird, die säkulare Bildung ablehnt, der müsste sich in einem solchen Staat damit abfinden, innerhalb des Käfigs der »eigenen« Gruppe zu leben.[41]

Kommunitaristen verweigern Bürgern diverser Demokratien ein ausreichendes Maß an Freiheit von dem Zwang, den die »eigene« Gruppe ausüben kann. Das macht den Kommunitarismus zu einem unattraktiven Konzept für die Zukunft, die wir uns aufbauen wollen. Doch gelingt es Liberalen besser, die Freiheit vom Käfig der Normen und den Wunsch vieler Bürger, ihrer Identität treu bleiben zu können, miteinander zu vereinbaren?

Die Antwort lautet Ja.

Aus liberaler Sicht bestehen diverse Demokratien aus einer breiten Vielfalt von Individuen, nicht aus wie auch immer gearteten Gruppen. Sie sollten sich für den Schutz der Grundfreiheiten dieser Individuen einsetzen. Und so scheint es nur logisch, dass eine gerechte Demokratie auch einen legitimen Grund – ja, eine Verpflichtung – hat, einzugreifen, wenn ethnische oder religiöse Gruppen Zwang auf ihre eigenen Mitglieder ausüben.[42]

Doch während Liberale wesentlich besser dafür sorgen können, die Freiheit des Einzelnen vom Käfig der Normen zu sichern, ist zunächst weniger klar, wie sie sicherstellen, dass Menschen, die ihren kulturellen oder religiösen Bindungen große Bedeutung beimessen, ihrer Identität treu bleiben können. Hat also MacIntyre recht, wenn er Liberalen vorwirft, sie würden den tief verwurzelten Glauben vieler Bürger so behandeln, als wäre er eine triviale Präferenz?

Dieser Einwand missversteht den Grundcharakter des liberalen Projekts. Oft heißt es, die Betonung des Individuums würde es den Liberalen unmöglich machen, die Bedeutung von Gruppen im Leben vieler Menschen angemessen zu würdigen. Doch tatsächlich ist uns vollkommen klar, welch große Bedeutung viele Menschen ihrer Gruppe beimessen – und dass die meisten diese enge Zugehörigkeit niemals aufgeben würden. Natürlich entscheiden sich Menschen nicht mit derselben Leichtigkeit für oder gegen kulturelle Bindungen, wie sie sich ihr Abendessen auf der Speisekarte aussuchen.

Deshalb betrachten die Vertreter des philosophischen Liberalismus die Bedeutung von Familie, Religion und Tradition in heutigen Gesellschaften mit großem Respekt. Wir sind uns völlig bewusst, dass eine große Zahl von Bürgern ihr Leben nach Normen ausrichtet, die sie als Diktat des Gewissens betrachten. Genau deshalb pochen wir so sehr auf den Schutz der persönlichen Grundrechte, wie der Freiheit der Meinungsäußerung und der Religionsausübung. Denn nur diese können dafür sorgen, dass Bürger nicht gezwungen werden, ihren tiefsten Überzeugungen abzuschwören.

Das ist auch der Grund, warum liberale Staaten auf der ganzen Welt ihren Bürgern die Möglichkeit geben, ihr Leben im Einklang mit ihren kulturellen und religiösen Bindungen zu gestalten – selbst wenn eine Mehrheit diese Ausdrucksformen als extrem empfinden mag. Und genau das tun diese Staaten auch. Solange religiöse Gemeinschaften ihre Kinder mit einem ausreichenden Maß an säkularer Bildung ausstatten, das es ihnen ermöglicht, ein selbstbestimmtes Erwachsenenleben zu führen, können sie Schulen gründen, in denen die Kinder in den Traditionen ihres Glaubens erzogen werden. Für Menschen, die ehrlich glauben, dass der Militärdienst ihrem Gewissen widerspricht, gibt es Ausnahmen von der Wehrpflicht. Und wenn Gemeinschaften wie die Amischen sich für ein Leben entschließen, das sich von der Mehrheitsgesellschaft stark isoliert, zwingt sie niemand, moderne Technologie zu benutzen oder mit ihren Nachbarn zu Abend zu essen.

Für Liberale ist dieser tiefe Respekt für kulturelle oder religiöse Gemeinschaften aber letztlich immer von der Verpflichtung ihren Mitgliedern gegenüber abgeleitet. Wenn wir baptistische Kirchen, muslimische Gemeinschaften oder die Humanistische Union respektieren, so tun wir das nicht, weil wir diese Gruppen als solche für Bausteine der Gesellschaft halten – sondern weil sie für Millionen von Menschen so wichtig sind.

Um wirklich frei leben zu können, müssen sich die Bürger diverser Demokratien darauf verlassen können, dass sie keine Feindseligkeit oder Diskriminierung aufgrund ihrer Hautfarbe erfahren; dass sie ihren Glauben leben können, wie sie möchten; und dass sie, wenn sie das wollen, den größten Teil ihres Lebens innerhalb der ethnischen oder religiösen Gemeinschaft verbringen können, in die sie hineingeboren wurden. Sie müssen sich aber ebenso darauf verlassen können, die Gruppe, in die sie hineingeboren wurden, verlassen zu dürfen; sie müssen die Normen dieser Gruppen verletzen können, ohne Gewalt oder Tod aus den eigenen Reihen fürchten zu müssen; und sie müssen die Möglichkeit haben, sich nach den Identitäten und Verpflichtungen zu definieren, die sie sich selbst aussuchen.

Um dieses Versprechen einzulösen, müssen diverse Demokratien ihre Mitglieder aktiv vor den doppelten Gefahren von Verfolgung und Zwang schützen. Ihre Bürger müssen von allen institutionellen Maßnahmen profitieren, die historisch dafür gesorgt haben, einen tyrannischen Staat in Schach zu halten – sich also zum Beispiel darauf verlassen können, dass ihre Gemeinschaften in Frieden ihre Bräuche praktizieren dürfen. Aber gleichzeitig müssen sie von staatlicher Seite Unterstützung erfahren, wenn private Gruppen sie gegen ihren Willen in einen Käfig von Normen einsperren wollen. Nur eine diverse Demokratie, die auf den Prinzipien des philosophischen Liberalismus aufbaut, kann diesen beiden Grundwerten in gleichem Maß treu bleiben.

* * *

Nur Staaten, die mächtig genug sind, Individuen vor repressiven Gruppen zu schützen, dabei aber so eingedämmt sind, dass sie nicht selbst repressiv werden können, sind in der Lage, die zweifache Freiheit zu garantieren, auf die jeder Mensch ein Recht hat.

Eine Gesellschaft, in der alle Bürger diese zweifache Freiheit besitzen, schützt sie vor Unterdrückung und zerstreut einige der wichtigsten Gründe für Konflikte zwischen Gruppen. Doch als Grundlage einer erfolgreichen diversen Demokratie reicht das noch nicht aus. Denn wenn sich Bürger verschiedener Ethnien und Religionen wirklich für das Zusammenleben in einem Staat engagieren sollen, dann müssen sie auch auf emotionaler Ebene aufeinander zugehen.

Traditionell liefern Patriotismus und Nationalismus in den meisten Demokratien genau diesen Klebstoff. Sie verschaffen den Menschen ein Gefühl für das Gemeinwohl und entwickeln selbst für Mitbürger, die sie noch nie gesehen haben, Mitgefühl. Doch viele Menschen sind heute – aus gutem Grund – skeptisch, was diese Emotionen angeht. Ist es möglich, so fragen sie sich, eine gesunde Form des Patriotismus zu pflegen, ohne ethnische Ausgrenzung, rassistische Diskriminierung oder gar grausame Kriege zu provozieren?

Dieser Frage widme ich mich im nächsten Kapitel.

KAPITEL 5

Kann Patriotismus etwas Positives sein?

In den schlimmsten Monaten des Zweiten Weltkriegs, als deutsche Flugzeuge Bomben auf London herabregnen ließen und es so aussah, als ob die Nazis bald weite Teile Europas beherrschen würden, arbeitete George Orwell an einem überraschende Projekt: Er schrieb über die guten Seiten des Patriotismus.

Orwell wusste um das destruktive Potenzial des Nationalismus. Ein paar Jahre zuvor hatte er sich den internationalen Brigaden angeschlossen, einer Gruppe von Idealisten, die mithelfen wollten, die spanische Republik gegen ihre faschistischen Feinde zu verteidigen.[1] »Die Energie, die die Welt tatsächlich prägt«, warnte Orwell alle, die immer noch glaubten, Adolf Hitler sei eine zu absurde Gestalt, als dass er wirklich eine Bedrohung darstellen könnte, »entspringt Gefühlen – Rassenstolz, Führerkult, religiöser Glaube, Liebe zum Krieg –, die liberale Intellektuelle automatisch als Anachronismen abtun.«[2]

Doch gerade weil Orwell wusste, was für eine mächtige politische Triebkraft solche Emotionen entfalten können und wie destruktiv sie sein können, wenn man zulässt, dass sie zu einem glühenden Nationalismus ausarten, verteidigte er die Notwendigkeit eines konstruktiven Patriotismus.[3]

»Was hat England im vergangenen Jahr aufrecht gehalten?«, fragte er. Seine Antwort lautete: Im Wesentlichen war es die »atavistische Emotion des Patriotismus … In den letzten zwanzig Jahren hat die intellektuelle Linke Englands alles darangesetzt, dieses Gefühl auszulöschen. Wäre ihr das gelungen, dann könnten wir jetzt zusehen, wie SS-Leute in den Straßen von London patrouillieren.«[4]

Für Orwell war die Schlussfolgerung klar. Viele Aktivisten und Intellektuelle hatten ihren Patriotismus abgelegt, und zwar »so vollständig, dass sie alle Tatkraft verloren haben«.[5] Um jedoch einen mörderischen Nationalismus zu bekämpfen, war es der falsche Weg, auf einer rein rationalen Politik zu bestehen, die alle lokalen Bindungen stolz abtut. Vielmehr galt es, einen gesunden Patriotismus zu fördern, der zum Bollwerk gegen die schlimmsten Manifestationen von Nationalgefühl werden könnte.

In der vergleichsweise friedlichen Phase nach dem Zweiten Weltkrieg tappten zahlreiche Autoren und Intellektuelle bald erneut in die Falle, die Orwell identifiziert hatte. In dieser intellektuellen Atmosphäre bin auch ich aufgewachsen.

Meine Freunde und ich in Deutschland bezeichneten rechte Nationalisten als »Ewiggestrige«. Für uns lag die Zukunft in mehr Toleranz, mehr internationaler Zusammenarbeit und europäischer Integration. Den Nationalismus hielten wir für einen reinen Anachronismus, eine Form kollektiver Vorurteile, die nur zu Gaunern und Demagogen passte und auf den Müllhaufen der Geschichte gehörte.

Doch dann gewannen rechte Nationalisten wie Narendra Modi in Indien, Jair Bolsonaro in Brasilien und Donald Trump in den Vereinigten Staaten plötzlich Wahlen. Jedem, der diese Entwicklung ernst nahm, musste klar sein, dass unsere Verachtung sich wieder einmal als Wunschdenken herausgestellt hatte. Während wir hochtrabende Essays über eine postnationale Zukunft verfassten, hatten Politiker, die einen aggressiven Nationalismus propagierten, die Welt erobert.

Der Nationalismus ist zurück. Sein Einfluss wird im 21. Jahrhundert wohl kaum geringer ausfallen, als es schon im 20. Jahrhundert der Fall war. Wie sollten die Befürworter diverser Demokratien darauf reagieren?

Eine Möglichkeit wäre das verstärkte Bemühen, alle Formen von Nationalgefühl zu überwinden. Vielleicht ist der Aufstieg übler Nationalisten ein Grund mehr für anständige Menschen, sich in Kosmopoliten zu verwandeln und das Wohl aller Menschen in den Blick zu nehmen, ganz unabhängig davon, ob sie nebenan oder am anderen Ende der Welt leben.[6] Schließlich haben die Philosophen nicht ganz unrecht, wenn sie fragen, warum wir auf Menschen, die zufälligerweise unsere Mitbürger sind, besondere Rücksicht nehmen sollten, obwohl Menschen an weit entfernten Orten unsere Hilfe viel dringender brauchen.[7]

Da ist etwas Wahres dran. Auch gegenüber Menschen, mit denen uns keine kulturellen, ethnischen oder staatsbürgerlichen Gemeinsamkeiten verbinden, haben wir ernsthafte moralische Verpflichtungen. Wenn mehr Menschen diese Verpflichtungen ernst nehmen würden, wäre diese Welt wahrscheinlich ein besserer Ort.[8] Die wenigen, die zu einer so grenzenlosen Empathie fähig sind, haben meine volle Bewunderung.

Doch ich bezweifele inzwischen eben auch, ob die Mehrheit der Menschen dauerhaft zu dieser Art von Altruismus fähig ist. Menschen sind Herdentiere. Unsere Neigung zur Bildung von Gruppen und zur Diskriminierung derer, die nicht dazugehören, reicht tief.

Angesichts dieser Tatsache wäre es naiv anzunehmen, dass eine Gesellschaft, die für ihre Bürger jede Art von Nationalgefühl ablehnt, sie dazu bringt, sich mehr um weit entfernte Menschen zu kümmern. In der Praxis besteht eine Gesellschaft ohne Patriotismus nicht aus altruistischen Kosmopoliten, die ihr Geld für hungernde Kinder in fernen Ländern spenden, sondern vielmehr aus verfeindeten Stämmen, die rücksichtslos für ihre eigenen Interessen kämpfen.

In diversen Demokratien spielt das eine besondere Rolle. Damit sie Erfolg haben, brauchen Menschen, die aus vielen verschiedenen ethnischen und religiösen Gruppen stammen, ein echtes Gefühl der Solidarität untereinander. Die gemeinsame Liebe zu dem Land, in dem sie leben, könnte dazu beitragen, Konflikte zwischen den Gruppen abzuschwächen und ein Gefühl der Verantwortung für das Allgemeinwohl zu wecken.

Deshalb betrachte ich Patriotismus seit einiger Zeit als eine Art halbwildes Tier. Wenn man den schlimmsten Leuten die Möglichkeit überlässt, dessen gewalttätigste Instinkte anzustacheln, kann er schrecklichen Schaden anrichten. Doch wenn es anständigen Leuten gelingt, den Patriotismus zu zähmen, kann er sehr nützlich sein, weil er den Bürgern moderner Staaten einen Grund gibt, sich füreinander einzusetzen.[9]

Wie also können diverse Demokratien dieses halbwilde Tier zähmen und Patriotismus zu einem wertvollen statt zu einem gefährlichen Faktor machen? Und was könnte als Basis für einen inklusiven Patriotismus in hoch diversen Gesellschaften dienen, denen althergebrachte Gemeinsamkeiten wie etwa eine gemeinsame Religion fehlen?

Auf diese Frage gibt es drei grundsätzliche Antworten.

Die erste besagt, dass Demokratien an einem ethnisch definierten Nationalismus festhalten sollten. Länder wie Japan oder Italien, deren Geschichte fest mit bestimmten Völkern verknüpft ist, sollten den von den ursprünglichen Bewohnern abstammenden Bürgern eine besondere Stellung einräumen.

Ein solcher ethnischer Ansatz kann in diversen Demokratien, die alle ihre Mitglieder gerecht behandeln wollen, jedoch nicht als Grundlage dienen. Es ist vollkommen in Ordnung, die besondere historische Rolle bestimmter Gruppen bei der Entstehung einer Nation in Ehren zu halten, doch muss den Einwanderern und ihren Nachkommen künftig eine gleichwertige Rolle in dieser Nation eingeräumt werden.

Die zweite Antwort auf die Frage, welche Form der Patriotismus annehmen sollte, besagt, Demokratien sollten sich über ihre staatsbürgerliche Kultur oder ihre politischen Werte definieren. Länder wie Indien und die USA, die auf der Basis von Idealen wie politischer Freiheit gegründet wurden, haben ihre Gründungsdokumente lange als Quelle einer gemeinsamen Identität betrachtet.[10] Selbst in Deutschland, einem Land, das sich früher ethnisch definierte, ist das inzwischen der Fall.[11]

Verfassungspatriotismus kann hoch diversen Nationen helfen, auf der Grundlage gemeinsamer Ideale und Ziele zu agieren. Er spielt also eine wichtige Rolle. Trotzdem glaube ich, dass er das Gefühl von Patriotismus, das die meisten Bewohner heutiger Demokratien empfinden, nur unvollkommen wiedergibt.

Und damit bleibt noch eine dritte Antwort. Ein wichtiger Grund, warum sich die meisten Bürger moderner Demokratien ihrem Land zutiefst verbunden fühlen, liegt ganz einfach in der Liebe zu seiner Kultur. Es mag sein, dass sie manche Probleme ihres Landes erheblich stören. Und es mag auch sein, dass sie herrschende Ungerechtigkeiten zu Recht verabscheuen. Aber doch identifizieren sich die allermeisten mit Dingen, die den Alltag prägen: die Sprache, die Städte, die Promis und Fernsehsendungen, die instinktiven Gewohnheiten und die gesellschaftlichen Konventionen.

Um echte gesellschaftliche Relevanz zu haben, muss diese Art von Kulturpatriotismus in die Zukunft blicken, anstatt sich über eine idealisierte Vergangenheit zu definieren. Und um inklusiv zu sein, muss er Raum für alle Bewohner des Landes schaffen, anstatt eine Gruppe auf ein unverdientes Podest zu stellen. Richtig verstanden, kann diese Form des Patriotismus einen zentralen Beitrag leisten, um den Gemeinschaftssinn zu wecken, den diverse Demokratien so dringend brauchen.*

* Manche Autoren unterscheiden sorgfältig zwischen Nationalismus und Patriotismus. Sie halten den Nationalismus für schlecht, weil er notwendigerweise ein Land über alle anderen stellt. Patriotismus hingegen sei im Wesentlichen die Liebe zum eigenen Land, ohne negative Gefühle für andere Nationen. Ich fürchte, diese Unterscheidung ist zu schlicht. Selbst in seiner schlimmsten Form kann der Nationalismus Gemeinschaftssinn hervorrufen. Und selbst in seiner besten Form kann auch Patriotismus

Die Macht und die Gefahr des ethnischen Nationalismus

Im Jahr 451 v.Chr. erhob sich der berühmteste Redner von Athen von seinem Platz, um zu seinen Landsleuten zu sprechen. Seine geliebte Stadt, so Perikles, befinde sich in einer drängenden Krise.[12] Einwanderer und ihre Nachfahren würden sich in Angelegenheiten einmischen, die doch denen vorbehalten sein sollten, deren Herkunft sich bis zur Gründung des Stadtstaats zurückverfolgen ließ. Es sei höchste Zeit, die Bürgerrechte auf echte Athener zu beschränken.

Schon vor der Reform, die Perikles vorschlug, waren die Gesetze zur Regelung der Bürgerrechte in Athen extrem restriktiv. Um in der Versammlung sprechen zu dürfen, über Gesetze abzustimmen, Richter zu werden oder Grundbesitz zu erwerben, mussten die Bewohner von Athen ihre väterliche Abstammung bis auf die Anfangsjahre der Stadt zurückführen können.[13]

Nachdem die Versammlung das von Perikles geforderte Gesetz verabschiedet hatte, wachte die Stadt noch strenger über die »Reinheit« ihrer Bürger. Nur noch Bewohner, die sowohl auf väterlicher als auch mütterlicher Seite von den Stadtgründern abstammten, durften nun die vollen Bürgerrechte beanspruchen. Einige Autoren, Wissenschaftler und Philosophen, die wir bis heute mit der glorreichen Vergangenheit Athens verbinden – darunter Aristoteles, Diogenes, Demokrit und Protagoras –, blieben ein Leben lang Bürger zweiter Klasse.

zur Waffe werden. Ich stimme eindeutig eher mit den Zielen und Bemühungen von Denkern überein, die sich historisch als Patrioten bezeichnet haben, und nicht mit denen, die sich Nationalisten nannten. Doch ich fürchte, eine allzu saubere Unterscheidung zwischen den beiden Begriffen macht uns blind für eine wichtige empirische Tatsache: Letztlich sind beide Erscheinungen nur die hübsche und die hässliche Seite derselben Medaille. Da der Unterschied zwischen Patriotismus und Nationalismus aber weithin akzeptiert wird, folge ich der üblichen Konvention und beschreibe auf den folgenden Seiten Formen kollektiven Stolzes, die ich für konstruktiv halte, als Patriotismus, und solche, die ich für besorgniserregend halte, als Nationalismus.

In der langen Geschichte der Demokratie gehört Athen eher zur Regel als zu den Ausnahmen. In den letzten dreitausend Jahren waren die Bürger der bedeutendsten Demokratien der Welt stolz auf ihre ethnische Reinheit.

Die römische Republik beispielsweise nahm recht bald riesige Dimensionen an. Zur Zeit der Geburt von Julius Cäsar waren ihre Grenzen Tausende Meilen von den sieben Hügeln der Stadt entfernt, und mehr als eine Million Menschen genossen die Privilegien römischer Bürgerrechte. Doch obwohl die riesige römische Republik viel diverser war als der kleine Athener Stadtstaat, legte auch sie ethnische Kriterien an, um die Zugehörigkeit zu regeln. Bewohner eroberter Gebiete auf der italienischen Halbinsel, die angeblich zum selben Stamm gehörten, konnten das Recht erwerben, sich Römer zu nennen. Die Einwohner weiter entfernter Gebiete, die als ethnisch anders betrachtet wurden, kamen über einen untergeordneten Status nicht hinaus.[14]

In der Neuzeit waren demokratische Staaten von der ethnischen Reinheit noch besessener. Im 18. und 19. Jahrhundert lehnten sich nationalistische Strömungen in Europa mutig gegen die verkrusteten Monarchien auf, die Millionen von Bauern in Leibeigenschaft hielten und auch fast allen anderen eine sinnvolle politische Teilhabe verweigerten. Doch selbst in der Hochphase des fortschrittlichen Nationalismus blieb Demokratie eng mit ethnischer Zugehörigkeit verbunden. Wenn deutsche oder italienische Patrioten darum kämpften, aus disparaten Fürstentümern und Königreichen geeinte Nationen zu bilden, gingen sie davon aus, dass die Bewohner dieser Länder eine gemeinsame Sprache und Geschichte haben und ein kulturelles Erbe teilen würden.

Nationalistische Strömungen, die auf ihre Unabhängigkeit von großen multiethnischen Reichen hofften, legten noch mehr Wert auf eine gemeinsame Abstammung. Tschechische, polnische und rumänische Patrioten beispielsweise, die die Herrschaft des österreichisch-ungarischen Großreiches abschütteln wollten, hofften darauf, neue Staaten zu schaffen, die Menschen vorbehalten sein sollten, die ihre Kultur und ihre Bräuche teilten. Im Laufe des folgenden Jahrhunderts wurde dieses Ziel weitgehend erreicht, indem man ethnische Minderheiten des Landes verwies oder ihre Rechte drastisch beschnitt.

Asiatische und afrikanische Staaten, die sich im Laufe des 20. Jahrhunderts aus der europäischen Kolonialherrschaft befreiten, wirken ein bisschen wie Ausnahmen. Da ihre Grenzen in der Regel ohne Rücksicht auf Kultur oder Geografie gezogen worden waren, lebten in den meisten dieser Länder zu viele verschiedene ethnische Gruppen, als dass man jeder einen eigenen Staat hätte zuweisen können. Doch auch dort identifizierten Politiker alsbald angebliche Außenseiter, die sie für die Probleme der jungen Nationen verantwortlich machen konnten. Von den Hindus im heutigen Bangladesch bis hin zu Südasiaten im heutigen Uganda[15] ging die Geburt postkolonialer Staaten nicht selten mit der gewaltsamen Vertreibung von Minderheiten Hand in Hand.[16]

Eine überzeugende Definition von Patriotismus in heutiger Zeit muss die ethnischen Wurzeln der modernen Nationen ernst nehmen.

Vom Athen der Antike bis zum Uganda unserer Tage spielen ethnische Kriterien eine große Rolle bei der Entscheidung, wer dazugehört und wer nicht. Und so lassen sich bis heute moderne Staaten wie Dänemark, Thailand oder Ruanda nur dann verstehen, wenn man begreift, wie diese Staaten aus einer oder mehreren ethno-kulturellen Gruppen entstanden sind. Wer diese Länder liebt, muss auch die Menschen wertschätzen, die sie über Jahrhunderte hinweg geprägt haben.

Und doch haben die Veränderungen der letzten fünfzig Jahre vor allem in den entwickelten Demokratien, die eine große Zuwanderung erlebt haben, ein vorwiegend ethnisches Verständnis von der eigenen Nation untauglich gemacht.

Viele Menschen, die heute in Dänemark leben und dieses Land lieben, stammen zum Beispiel nicht von den Wikingern ab, die diese Region im frühen Mittelalter dominierten. So wie das Athen der Antike Aristoteles und Protagoras auf den Status von Metöken reduzierte, die weder an der politischen Debatte teilnehmen noch ihren Zeitgenossen auf Augenhöhe begegnen konnten,[17] würde eine ethnische Konzeption des dänischen Patriotismus fast ein Fünftel der Landesbevölkerung zu Bürgern zweiter Klasse machen.

Ethnischer Nationalismus würde die gelebte Wirklichkeit in den meisten modernen Demokratien auch immer weniger abbilden. Wer nur die Leistungen eines Teils der Bevölkerung würdigt, kann nicht anerkennen, wie sehr diese Länder in den letzten fünfzig Jahren von Einwanderern und deren Nachkommen geprägt wurden. Bürger moderner Demokratien, die zu Minderheitengruppen gehören, würden niemals die volle Anerkennung für ihre Leistungen erhalten, was nur zu Bitterkeit und Groll führen kann.

Um erfolgreiche Demokratien aufzubauen, die allen Bürgern eine faire Wertschätzung entgegenbringen, müssen diverse Demokratien ein neues Konzept von Patriotismus entwickeln. Ein Nationalismus, der vorwiegend auf gemeinsamer Herkunft beruht, ist dafür nicht geeignet. Welche anderen Formen gemeinsamer Identität könnten also helfen, die Bewohner eines großen, diversen Landes miteinander zu verbinden?

Ein (verhaltenes) Hoch auf den Verfassungspatriotismus

An einem schönen Morgen im Frühjahr 2017 betrat ich die *John F. Kennedy Presidential Library* im Süden von Boston. Ich trug einen dunkelblauen Anzug, ein weißes Hemd und ein Einstecktuch in den Farben Blau, Rot und Weiß. Zusammen mit zweihundert anderen Menschen aus allen Teilen der Welt begab ich mich in ein lichtdurchflutetes Auditorium und hörte mir eine Reihe offizieller Reden an.

Der Leiter der Bibliothek berichtete von der Herkunft des 35. US-Präsidenten, dessen Urgroßeltern aus Irland gekommen und im Hafen von Boston an Land gegangen waren. Einem Richter kamen die Tränen, als er von seiner Zeit als Vorsitzender einer Einbürgerungszeremonie erzählte, an der auch seine eigene Schwiegertochter teilgenommen hatte. Ein Mann namens Mohamad Ali, der CEO eines Tech-Unternehmens, nicht der berühmte Boxer, erinnerte sich daran, wie er und seine Eltern mit nichts als ein paar Dollar in der Tasche in Amerika angekommen waren.

Dann forderte der Richter uns alle auf, uns von unseren Plätzen zu erheben. Ich stand zwischen einem Mann mittleren Alters, der in China geboren worden war, und einer jungen Frau aus Marokko, als ich den Eid leistete, »die Verfassung und die Gesetze der Vereinigten Staaten von Amerika zu wahren und gegen alle Feinde im Inneren und Äußeren zu verteidigen«. Als wir den Eid zu Ende gesprochen hatten, waren wir amerikanische Staatsbürger.

Die Einbürgerungsfeier bringt ein entscheidendes Merkmal der amerikanischen Selbstwahrnehmung deutlich zum Ausdruck. Die meisten Länder dieser Erde haben sich bis vor Kurzem nach ethnischen Kriterien definiert. George Washington, Thomas Jefferson und Alexander Hamilton jedoch erklärten, die amerikanische Republik gründe sich auf eine Idee. Was die Gründungsväter von den britischen Monarchen unterschied, deren Herrschaft sie nicht länger hinnehmen wollten, war weder die Sprache noch ein kulturelles Erbe; es war das – wenn auch unvollkommene – Bekenntnis zu moralischer Freiheit, politischer Selbstbestimmung und den Prinzipien, die in der Unabhängigkeitserklärung verankert sind.

Viele Philosophen reagieren skeptisch auf jegliche Form von Nationalgefühl. Doch wenn sie doch einmal das, was viele von ihnen als niedere und fehlgeleitete Empfindung ansehen, verteidigen, dann herrscht ein gewisser Konsens darüber, auf welche Weise dies geschehen soll. Stütz dich auf die jeweilige Gründungsgeschichte, heißt es, und tritt für einen Verfassungspatriotismus ein. Wer stolz darauf ist, Amerikaner zu sein, muss die Ideale lieben, auf die sich das Land in seiner Verfassung verpflichtet hat.[18]

Die modernen Wurzeln dieser Haltung liegen in den USA. Doch sie haben mit der Zeit überall auf der Welt Ableger bekommen.

Als sich die Gründer des heutigen Indien überlegten, wie sie dem riesigen neuen Land mit einer Hindu-Mehrheit, aber auch vielen Muslimen, Christen, Sikhs und Parsen eine gemeinsame Identität geben könnten, favorisierte Mahatma Gandhi eine indische Version des Verfassungspatriotismus. »Als die Republik Indien im Jahr 1950 gegründet wurde, wollten ihre Bürger sich auf eine Reihe von Idealen stützen«, schreibt der indische Historiker Ramachandra Guha. »Grundlage der staatsbürgerlichen Zugehörigkeit war die Treue zu diesen Werten, nicht … ein gemeinsamer Glaube oder ein gemeinsamer Feind.«[19]

Selbst einige Länder, die sich lange über die gemeinsame Abstammung ihrer Bevölkerung definierten, haben in letzter Zeit den Versuch unternommen, sich über staatsbürgerliche Kriterien neu zu erfinden. So fragten sich deutsche Intellektuelle nach dem Zweiten Weltkrieg, wie ihre Landsleute eine gesunde Zuneigung zu ihrem Land entwickeln könnten, ohne dabei wieder in den Rassismus zu verfallen, der es auf so schreckliche Abwege geführt hatte. Bürger, die Stolz auf die demokratischen Institutionen des Nachkriegsdeutschland empfanden, so Denker wie Jürgen Habermas, sollten das Grundgesetz zum Objekt ihrer Zuneigung machen.[20]

Die Vorteile eines solchen Verfassungspatriotismus liegen auf der Hand. Im Gegensatz zum ethnischen Nationalismus erlaubt er es jedem, der bereit ist, sich auf gemeinsame politische Werte einzulassen, ein volles Mitglied der Gemeinschaft zu werden. Solange ein deutscher Jude, eine junge Frau aus Marokko und ein älterer Mann aus China sich auf die Verfassung verständigen können, sollten sie auch in der Lage sein, in Frieden zusammenzuleben – und in gleichem Maße als Amerikaner gelten wie ein weißer Protestant angelsächsischer Herkunft, dessen Vorfahren vor Hunderten von Jahren ins Land gekommen sind.

Man darf auch mit einigem Grund annehmen, dass der Verfassungspatriotismus Länder weniger leicht in internationale Konflikte stürzt als ethnische Formen des Nationalismus. Die Liebe zu einem Land, die auf dem Glauben an eine angeborene Überlegenheit der eigenen ethnischen Gruppe beruht, bietet Leuten, die die legitimen Interessen anderer Nationen missachten wollen, eine billige Entschuldigung. Eine Nation jedoch, die sich auf die Bedeutung von Selbstbestimmung gründet, sollte anerkennen können, dass auch andere Länder ein legitimes Interesse daran besitzen, sich selbst zu regieren.

Verfassungspatriotismus dürfte also besser als der ethnische Nationalismus geeignet sein, Neuankömmlinge in die Gemeinschaft aufzunehmen und eine sinnvolle internationale Zusammenarbeit zu gewährleisten.*

Die Idee des Verfassungspatriotismus gefällt mir sehr. Sie definiert Nationen anhand ihrer höchsten Ideale und nicht aufgrund ihrer niedrigsten Instinkte. Sie gibt den Bürgern eines Landes Anlass, stolz auf ihr Land zu sein, ohne in Fanatismus

* Wie immer ist die Realität etwas komplizierter als die Theorie. Im Laufe der amerikanischen Geschichte wurden Millionen von Menschen von den Bürgerrechten ausgeschlossen, sei es aufgrund ihres Geschlechts oder aufgrund ihrer Herkunft. Und Nationen, die sich auf einen Verfassungspatriotismus gründeten, haben immer wieder die Rechte anderer Nationen missachtet oder Kriege angezettelt, die durch nichts zu rechtfertigen waren.

oder Chauvinismus zu verfallen. Ich habe damals, im März 2017, den Eid auf die amerikanische Verfassung, ohne zu zögern, mitgesprochen. Dass mir das leichtfiel, liegt zum Teil daran, dass ich diese Verfassung und die Inspiration, die sie für den Verfassungspatriotismus in Amerika und weit darüber hinaus leistete, wirklich liebe.

Trotzdem fürchte ich, dass der Verfassungspatriotismus, auf sich allein gestellt, keine zureichende Antwort auf die Frage gibt, wie diverse Demokratien eine gemeinsame nationale Identität entwickeln können.

Die meisten Deutschen akzeptieren heute, dass jemand mit dem Vornamen Ali oder Mustafa ein echter Angehöriger ihrer Nation sein kann. Doch wenn sie darüber nachdenken, was sie an ihrem Land lieben, ist die Wahrscheinlichkeit groß, dass sie nicht sofort das Grundgesetz nennen, sondern kulturelle und linguistische Merkmale, von der deutschen Sprache bis hin zur Currywurst.

In Indien ist der Verfassungspatriotismus noch stärker gefährdet. Für den mächtigen Regierungschef des Landes, Narendra Modi, ist Indien eine über den Hinduismus definierte Nation – und er verfolgt eine Politik der Diskriminierung, die alles daransetzt, das Land tatsächlich dazu zu machen.[21]

Selbst in Ländern, in denen der Verfassungspatriotismus seine tiefsten Wurzeln hat, beispielsweise in den USA, interessieren sich viele Menschen nicht so sehr für Geschichte oder Politik, dass sie eine tiefe Zuneigung zur Verfassung empfinden würden. Die meisten Amerikaner wissen, wer im letzten Jahr den Super Bowl gewonnen hat, und haben eine Meinung zu der Rapperin Meghan Thee Stallion. Viele Amerikaner empfinden auch eine starke Bindung an eine Partei oder zumindest eine klare Abneigung gegenüber der anderen.[22] Doch die wenigsten Amerikaner könnten die drei Gewalten erklären oder das First Amendment wiedergeben.[23]

Patriotismus ist eine der universellsten Empfindungen der

modernen Welt. Die meisten Bürger von Demokratien hegen sie zumindest in einem gewissen Maß. Doch echtes Interesse an den Verfassungsdokumenten bleibt immer auf eine politisch interessierte Minderheit beschränkt. So nobel der Gedanke auch sein mag – Verfassungspatriotismus kann niemals zur Gänze beschreiben, was die meisten Menschen wirklich empfinden, wenn sie mit Liebe oder Zuneigung an ihr eigenes Land denken.

Ein weiterer Grund, warum Verfassungspatriotismus nicht ausreichend beschreiben kann, was in vielen Menschen die spezielle Zuneigung zum eigenen Land hervorruft, liegt wohl darin, dass Nationalstolz seinem Wesen nach die Verbundenheit mit einem bestimmten Ort beinhaltet. Ein französischer Patriot muss andere Länder nicht hassen oder verachten, um eine besondere Bindung zur eigenen Nation zu empfinden. Ein Konzept von Patriotismus, das diesem Gefühl Rechnung trägt, muss aber erklären, warum und inwiefern sich Frankreich von Deutschland oder den USA unterscheidet.

Damit tut sich der Verfassungspatriotismus schwer. Die in Frankreich, Deutschland oder den Vereinigten Staaten in der Verfassung verankerten Werte sind sehr ähnlich. Auch wenn die Verfassungen natürlich einige bedeutende Unterschiede aufweisen, kann das nicht erklären, warum die meisten Franzosen eine tiefere Zuneigung zu Frankreich als zu Deutschland oder den USA empfinden.

Der Verfassungspatriotismus stellt abstrakte politische Prinzipien ins Zentrum unseres kollektiven Empfindens. Damit läuft er Gefahr, ein Gefühl, das mindestens genauso sehr auch emotionale Bindungen an Menschen und Orte beinhaltet, falsch zu verstehen. Er trifft einfach nicht, wovon die meisten Menschen reden, wenn sie sagen, dass sie ihr Land lieben.

Das ist kein Grund, den Verfassungspatriotismus zu verwerfen. Eine gemeinsame Verpflichtung auf die grundlegenden politischen Werte eines Landes kann in einem gewissen Rahmen durchaus helfen, diverse Demokratien zu stützen. Will man jedoch einen inklusiven Patriotismus entwickeln, der die Zuneigung der meisten Bürger zu ihrer Nation umfassend ausdrückt, brauchen wir eine weitere Dimension: den Kulturpatriotismus.

Plädoyer für den Kulturpatriotismus

Am 22. April 1993 versuchte John Major, Premierminister des Vereinigten Königreichs, seinem Land zu versichern, dass eine engere Beziehung zu Europa seinen Grundcharakter nicht verändern würde. Selbst wenn das Parlament den Vertrag von Maastricht, das Gründungsdokument der Europäischen Union, ratifiziere, so Major, sei Großbritannien immer noch »das Land der langen Schatten auf ländlicher Erde, des warmen Bieres, der unschlagbar grünen Vororte, der Hundefreunde und Poolfüller«.[24]

Die Rede brachte ihm viel Spott ein. Major, so klagte der Leitartikler des *Independent*, verwechsle Großbritannien mit gewissen Teilen Englands.[25] Und auch vielen seiner Landsleute erschien die Vorstellung, Großbritannien definiere sich auf alle Zeiten über warmes Bier und Poolfüller (was auch immer das sein mag)[26], ausgesprochen lächerlich.

Dabei ist Majors Fehler keine Ausnahme. Wann immer Politiker versuchen, den Charakter ihres Landes zu definieren, klingt es am Ende kitschig, altmodisch oder beides. Man könnte daraus nun allzu leicht schließen, diese klugen Politiker und ihre gut bezahlten Redenschreiber würden deshalb regelmäßig scheitern, weil sie etwas in Worte fassen wollen, was es gar nicht gibt. »Nationale Merkmale«, schrieb George Orwell im Jahr 1941, »sind nicht leicht zu fassen, und wenn man sie festhalten will, verwandeln sie sich oft in Trivialitäten.«[27] Sind so viele Menschen deshalb daran gescheitert, die Essenz ihrer Nation in Worte zu fassen, weil moderne Länder mit ihren riesigen Territorien und Millionen diverser Einwohner gar keine echten kulturellen Gemeinsamkeiten aufweisen?

Das glaube ich nicht. Denn nachdem ich in fünf verschiedenen Ländern gelebt und in etwa zehn Ländern längere Zeit verbracht habe, staune ich jeden Tag aufs Neue über das Ausmaß, in dem sich nationale Kulturen weiterhin voneinander unterscheiden. Die Unterschiede sind zwar schwer in Worte zu fassen, aber jeder, der schon einmal im Ausland gelebt hat, weiß, dass es sich dabei um wesentliche Merkmale des täglichen Lebens handelt.

Vor ein paar Jahren stieg ich in Hamburg in den Zug, verbrachte die Zeit bis zu meinem Anschlusszug mit einem Spaziergang in Offenburg und fuhr dann weiter nach Straßburg.

Hamburg und Offenburg unterscheiden sich deutlich. Hamburg ist eine Großstadt, Offenburg eher kleiner. Hamburg hat historische Verbindungen in die Niederlande, nach Schweden, Russland und ins Baltikum.[28] Offenburg ist französisch beeinflusst und war auch eine Weile französisch besetzt.[29] Die beiden Städte liegen nahezu 600 Kilometer Luftlinie voneinander entfernt.

Trotzdem war ich bei meiner Ankunft in Offenburg erstaunt, wie viele Dinge dort genauso waren wie in Hamburg. Die Häuser der beiden Städte haben einen sehr ähnlichen Stil. In den Straßen im Bahnhofsviertel findet man die gleichen Läden. Und als ich eine Bäckerei in Offenburg betrat, wurden dort die gleichen Butterbrezeln und Mohnschnecken angeboten, mit denen ich mich auch schon in Hamburg proviantmäßig versorgt hatte.

Eigentlich müssten Offenburg und Straßburg viel mehr Ähnlichkeiten aufweisen. Sie liegen keine 25 Kilometer voneinander entfernt. In Größe, Klima und Lage haben sie deutlich mehr Gemeinsamkeiten. Und Straßburg liegt zwar heute auf französischem Staatsgebiet, war aber jahrzehntelang Teil des Deutschen Reiches.

Trotzdem fiel mir bei meiner Ankunft unmittelbar auf, wie stark sich Straßburg sowohl von Hamburg wie von Offenburg unterscheidet. Der dominierende Baustil ist anders, es gibt andere Läden in den Hauptstraßen, und in der Bäckerei wurden die gleichen Leckereien angeboten – vom Pain au chocolat bis hin zur Tarte au citron –, die ich auch aus meiner Lieblingspatisserie in Paris kannte.

Deutschland und Frankreich sind beide Mitgliedsländer der Europäischen Union. Die Grenze zwischen den beiden Staaten ist praktisch nicht mehr wahrnehmbar. Trotzdem unterscheiden sich die Nationalkulturen ganz erheblich.

Der Einfluss moderner Nationen prägt auch die Gewohnheiten, Ansichten und Verhaltensweisen, die das Alltagsleben ausmachen. Sie schreiben die kulturellen »Drehbücher«, die, um es mit den Worten der Soziologen Cliff Goddard und Anna Wierbicka zu sagen, »die unterschwelligen Normen, Muster, Richtlinien und Vorbilder für die Denkweise, das Handeln, Fühlen und Reden« liefern.[30]

Diese kulturellen Drehbücher müssen innerhalb einer Nation nicht überall gleich sein. Sie verändern sich im Laufe der Zeit erheblich und werden nicht notwendigerweise von allen Angehörigen eines Landes akzeptiert oder gar begrüßt. Doch Goddard und Wierbicka zeigen, dass »selbst diejenigen, die sich persönlich nicht mit dem Inhalt eines Drehbuchs identifizieren, damit vertraut sind … Es bildet einen Teil des Interpretationsrahmens für Diskurse und gesellschaftliches Verhalten in einem bestimmten kulturellen Kontext«.[31]

Das alles lässt vermuten, dass die dritte Form des Patriotismus für die Empfindungen von Menschen in diversen Demokratien gegenüber ihrem Land eine viel größere Rolle spielt, als die meisten Philosophen und Sozialwissenschaftler annehmen. Wenn Menschen sagen, dass sie ihr Land lieben, geht es dabei in vielen Fällen nicht um die ethnischen Verbindungen zwischen den Mitgliedern der Bevölkerungsmehrheit. Noch geht es um Politik oder die Verfassung. Sie drücken vielmehr ihre Zuneigung zu den Dingen aus, die den Alltag moderner Nationen prägen: ihre Landschaften und Städte, ihre Speisen und Bräuche, ihre Gebäude und kulturellen Drehbücher.

Skeptiker fürchten vielleicht, dass eine Art kultureller Imperialismus entsteht, wenn man diese Gemeinsamkeiten zu sehr feiert. Selbst wenn die meisten Menschen in diversen Demokratien tatsächlich etwas gemeinsam haben, so argumentieren sie, spiegeln diese Gemeinsamkeiten doch nur die Erfahrung herrschender Gruppen. Kulturpatriotismus, so führen sie ins Feld, konzentriere sich zwangsläufig auf stereotype Aspekte einer Kultur, wie Trachten oder militärische Siege vergangener Zeiten. Er privilegiert historisch dominante Gruppen gegenüber späteren Einwanderern. Und damit, so die Sorge, wird er immer statisch, ausgrenzend und rückwärtsgewandt sein.

Diese Gefahr ist durchaus ernst zu nehmen. Für Nationalisten mit einem exklusiven Kulturbegriff wäre Italien nicht mehr Italien, wenn eine größere Zahl von Einwohnern aufhören würde, Weihnachten zu feiern. Und Indien wäre nicht mehr Indien, wenn sich dort der Brauch ausbreiten würde, Halloween zu begehen. Nationalisten nutzen Kultur, um die Toten über die Lebenden zu stellen, Kontinuität über Veränderung und Reinheit über Integration.

Doch das ist es nicht, was dem Kulturpatriotismus in der Praxis seine Kraft verleiht. Politiker mögen aus Mangel an treffenden Worten jede Menge Klischees oder historische Symbole benutzen, wenn sie patriotische Reden halten – die meisten Menschen jedoch erwerben ihren Kulturpatriotismus auf eine viel direktere, unprätentiösere Weise. Die Liebe zu ihrem Land ist tief mit der Wertschätzung für das verbunden, was sie im Alltag sehen und riechen, hören und schmecken. Und in einer diversen Demokratie sind all diese Wahrnehmungen mit dem Zusammenspiel vieler verschiedener Gruppen verbunden.

Wenn man Deutsche nach ihrem Lieblingsessen fragt, ist die Wahrscheinlichkeit hoch, dass sie ein »ausländisches« Gericht nennen: Spaghetti bolognese und Döner Kebab rangieren in Umfragen deutlich vor der »einheimischen« (und von mir sehr geschätzten) Schweinshaxe.[32] Ähnlich auch die Amerikaner, die eher von Pizza oder Tacos sprechen würden als von Hackbraten oder Apfelkuchen.[33]

Im Übrigen ist diese lebendige, atmende, sich ständig wandelnde Alltagskultur Einwanderern und ethnischen Minderheiten ganz und gar nicht fremd. Minderheiten erhalten sich zwar sehr häufig den Stolz auf Elemente ihrer Herkunftskultur, aber die überwiegende Mehrheit kommt mit dem kulturellen Mainstream sehr gut zurecht.

In den meisten diversen Demokratien gehören Angehörige ethnischer oder religiöser Minderheiten zu den glühendsten Fans lokaler Sportmannschaften oder Promis. Sie begehen mit Hingabe Feiertage, die nichts mit ihrer eigenen Religion zu tun haben, in den USA beispielsweise Thanksgiving oder Silvester. An manchen Orten machen sie sich sogar besonders traditionelle und stereotype Aspekte der Nationalkultur zu eigen. Schotten indischer Herkunft tragen in großer Zahl Kilt, und auch mancher Bayer mit türkischen Wurzeln trägt mittlerweile Lederhosen zum Oktoberfest.[34]

Ich liebe New York.

Das wird wahrscheinlich niemanden überraschen. Trotzdem kann ich nur schwer erklären, was diesen Ort so besonders macht. Natürlich gibt es dort wunderbares Essen, aber das gibt es in Paris und Tokio auch. Und natürlich hat New York unglaublich viel Energie, aber das gilt für Beijing und Mexico City sicher ganz genauso.

Wir alle verstehen instinktiv, dass die Kultur einer Stadt eine besondere Zuneigung in uns wecken kann, selbst wenn man viele ihrer Eigenschaften auch in anderen Städten findet. Nein,

New York ist nicht die einzige Stadt auf der Welt mit fantastischer Pizza oder kühnen Wolkenkratzern. Trotzdem ist es nicht verwunderlich, dass ich just zu dieser Stadt, mit ihrem Spirit, ihrer Geschichte, ihrer Architektur und ihrer Mischung kultureller Einflüsse, eine besondere Liebe empfinde.

Doch was bei Städten ganz selbstverständlich erscheint, wird bei Ländern oft als seltsam oder erstaunlich abgetan. Wie kann man die Kultur eines bestimmten modernen Nationalstaats lieben, wenn doch alle Nationen einander immer ähnlicher werden, große Vielfalt innerhalb ihrer Grenzen aufweisen und dazu noch von schlimmer Ungerechtigkeit geprägt sind?

Doch wer so denkt, missversteht die Zuneigung, die viele Menschen ihrem Land entgegenbringen. Wenn jemand sagt, er liebt Brasilien oder Indonesien oder die Vereinigten Staaten, dann heißt das nicht, dass er die Merkmale des jeweiligen Landes für einzigartig hält oder so naiv sei, im eigenen Land alles für perfekt zu halten. Noch beinhaltet es, andere Länder als schlimm oder schrecklich zu verachten. Es drückt einfach nur eine besondere Zuneigung zu einem Land aus, weil es das eigene ist.

»Gibt es wirklich so etwas wie Nationen?«, fragt George Orwell in seiner Verteidigungsschrift für den Patriotismus. Und er gibt eine eindeutige Antwort:

Wenn man aus dem Ausland zurück nach England kommt, hat man sofort das Gefühl, eine andere Luft zu atmen. Schon in den ersten paar Minuten tun sich Dutzende von Kleinigkeiten zusammen, die dieses Gefühl hervorrufen. Das Bier schmeckt bitterer, die Münzen sind schwerer, das Gras ist grüner, die Werbung greller. Die Menschen in den großen Städten mit ihren knorrigen Gesichtern, den schlechten Zähnen und dem höflichen Benehmen sind einfach anders als die Menschen auf dem Kontinent.[35]

Orwell ist sich durchaus bewusst, dass schlechte Zähne oder grelle Werbung objektiv nicht besonders toll sind. Er war auch nicht der Ansicht, dass die englische Nationalkultur der polnischen oder spanischen überlegen sei. Trotzdem liebte er sie. Einfach, weil es die seine war.

Ich bin zu der Überzeugung gekommen, dass dieser Kulturpatriotismus ein wichtiger und weithin unterschätzter Bestandteil der Liebe zu einem Land ist. Diverse Demokratien, die darauf angewiesen sind, dass ihre Bürger ein echtes Gefühl von Solidarität füreinander empfinden, sollten ihn – ohne ihn von oben zu verordnen oder als Mittel des Ausschlusses zu missbrauchen – unumwunden willkommen heißen.

***

Patriotismus und Nationalismus wurden oft für die hässlichsten Zwecke missbraucht. Sie dienten Ausgrenzung und Diskriminierung, Krieg und ethnischen Säuberungen. In der Folge sind viele wohlmeinende Befürworter diverser Demokratie zu der Ansicht gelangt, wir sollten diese Formen kollektiver Identität komplett ablegen. In ihren Augen besteht die offensichtliche Lösung gegen die Gefahren, die sich aus dem Missbrauch des Nationalismus ergeben, darin, sich vor Patriotismus in jeder Form zu hüten.

Als deutscher Jude, dessen Vorfahren von den Nazis ermordet wurden, bringe ich dieser Haltung sehr viel Sympathie entgegen. Um es gelinde auszudrücken, spürte ich weder den Patriotismus noch den Nationalismus auf unkomplizierte oder selbstverständliche Weise. Doch als Politologe, der versucht zu verstehen, wie wir die schlimmsten Instinkte der Menschheit in Schach halten können, habe ich meine ursprüngliche Abwehr allmählich revidiert. Wenn wir das große Experiment zum Erfolg führen wollen, müssen wir den Patriotismus dafür nutzen.

Patriotismus wird nie ganz frei von Gefahren sein. Doch er bleibt die beste Grundlage für die Entwicklung von Solidarität zwischen Menschen, die ansonsten nur wenige Gemeinsamkeiten haben. Historisch gesehen hat er eine bedeutende Rolle dabei gespielt, unsere Sympathien über unsere Familie, unser Dorf oder unseren Stamm hinaus auszuweiten. Heute kann er der Klebstoff sein, der Bürger sehr diverser Nationen miteinander verbindet. Im besten Fall kann er einen weißen Christen irgendwo auf dem Land in Tennessee dazu bringen, sich um das Wohlergehen eines atheistischen Hispanics in Los Angeles zu sorgen – und umgekehrt.

Damit diverse Demokratien gelingen, brauchen ihre Bürger eine gemeinsame Identität. Ohne ein gewisses Maß an inklusivem Patriotismus sind sie auf alle Zeit dazu verurteilt, einander als Fremde oder Gegner zu betrachten.

Aber viele der offenen Fragen über das Zusammenleben von Bürgern gehen darüber hinaus, ob sie zum Patriotismus bereit sind. Die Mitglieder unterschiedlicher Gruppen mögen Tür an Tür oder in getrennten Vierteln leben. Sie können Freunde aus verschiedenen Gesellschaftsschichten haben oder sich strikt an die eigene halten. Es ist durchaus möglich, sich ein Land vorzustellen, in dem viele Bürger patriotisch denken, die Mitglieder unterschiedlicher Gruppen aber kaum Kontakt zueinander haben.

Eine erfolgreiche diverse Demokratie müsste sich also nicht nur darüber definieren, was ihre Bürger empfinden – sondern auch über die Beziehungen, die sie im Alltag zueinander hegen. Gibt es einen Weg, den Angehörigen diverser Demokratien zu ermöglichen, sich und ihrer eigenen Herkunft treu zu sein – ohne deshalb die Hoffnung aufgeben zu müssen, dass viele von ihnen sich dafür entscheiden werden, auf tiefe Weise miteinander zu kooperieren?

Dieser Frage widme ich mich im nächsten Kapitel.

KAPITEL 6
Muss aus Vielfalt Einheit werden?

Praktisch alle entwickelten Demokratien sind in den letzten fünfzig Jahren diverser geworden, und die Vielfalt an ethnischen und religiösen Gruppen wird in den nächsten fünfzig Jahren noch zunehmen. Doch so sicher wir von einer höheren Diversität ausgehen können, bleiben die großen Fragen darüber, wie diese Vielfalt im Alltag aussehen wird, weiterhin offen.

Werden diese Gesellschaften ihren Mitgliedern eine dominante Kultur aufzwingen, in der die Kinder von Einwanderern und Minderheiten viele der Merkmale ablegen, die sie heute ausmachen? Werden diverse Demokratien sich in Parallelgesellschaften aufspalten, in denen sich die Angehörigen verschiedener Gruppen kaum begegnen, geschweige denn gemeinsame Projekte in Angriff nehmen? Oder könnte es eine dritte Möglichkeit geben – eine, die es den Menschen erlaubt, ihrer Identität treu zu bleiben, ohne die Hoffnung auf eine gemeinsame Kultur oder ein starkes Gefühl für das Allgemeinwohl aufzugeben?

In den letzten Jahrzehnten sind Fragen wie diese oft mithilfe von Metaphern wie »Schmelztiegel« oder »Salatschüssel« beantwortet worden. Diskussionen darüber, welches Bild vorzuziehen wäre, können sich mitunter im schlechtesten Sinne akademisch anfühlen: Eine Horde von Professoren debattiert über Pro und Kontra eines abstrakten Ideals, das nur wenig Bezug zur gelebten Realität aufweist. Trotzdem ist es wichtig, sich klarzumachen, welches Ideal diverse Demokratien anstreben sollten. Denn diese Metaphern tragen zu der Zukunftsvision bei, die diverse Demokratien anstreben. Sie beschreiben die Erwartungen vieler

Bürger an ihre Landsleute sowie die Ziele, die einflussreiche Institutionen wie Schulen, Universitäten und Stiftungen verfolgen.

Insofern ist es besorgniserregend, dass die beiden prominentesten Metaphern der vergangenen Jahrzehnte, jede auf ihre eigene Weise, diverse Demokratien auf Abwege geführt haben. Spricht man vom Schmelztiegel, dann steht dahinter die Vorstellung, Einwanderer und Angehörige anderer Minderheiten müssten sich assimilieren, ohne an ihrer Ursprungskultur festzuhalten. Das ist ein übermäßig homogenisierendes Ideal, das die kulturellen Traditionen von Menschen aus verschiedenen Teilen der Welt zu wenig respektiert. Es hat dazu geführt, dass die Mitglieder einiger ethnischer, kultureller oder religiöser Minderheiten ihr wahres Ich verstecken, weil sie fürchten, sonst nicht richtig akzeptiert zu werden.

Das Bild der Salatschüssel dagegen repräsentiert eine Gesellschaft, in der Menschen mit unterschiedlicher Herkunft die Integrität ihrer Gruppen bewahren. Doch Befürworter der Salatschüsselmetapher haben sich allzu oft damit abgefunden, dass Mitglieder diverser Demokratien niemals echte Gemeinsamkeiten entwickeln werden. So führt dieses Ideal in der Praxis oft zu einer verstärkten Fragmentierung diverser Demokratien.

Weder der Schmelztiegel noch die Salatschüssel sind Bilder, die eine attraktive Zukunftsvision stützen können. Wenn diverse Demokratien gelingen sollen, dann können und müssen sie es besser machen. In diesem Kapitel stelle ich eine Idee vor, wie dieses »Besser« aussehen könnte.

Der Schmelztiegel: eine allzu edle Vision

David Quixano, der fiktionale Protagonist eines berühmten Theaterstücks, das einen erheblichen Einfluss auf die Konzepte von Einwanderung und Integration entwickeln sollte, flieht vor den schrecklichen Pogromen in Russland zu Beginn des 20. Jahrhunderts und findet Zuflucht in New York.[1]

David ist ein ziemlich neurotischer junger Mann mit häufigen Anfällen verrückter Ideen und gelegentlichen Nervenzusammenbrüchen. Bei der geringsten Provokation suchen ihn entsetzliche Visionen des »Schlachtergesichts« heim, des Mannes, der seine Eltern und Geschwister während des Massakers von Kishinev ermordet hat.[2] Doch jetzt ist er in Amerika, in Sicherheit, und entschlossen, sein enormes musikalisches Talent einzusetzen, um seiner neuen Heimat Tribut zu zollen.[3] Sein Ehrgeiz richtet sich auf kein geringeres Ziel als die Komposition der Großen Amerikanischen Symphonie.[4]

Diese Symphonie, so erklärt David jedem, der es hören will, soll den Geist des neuen Amerika zum Ausdruck bringen. Wenn Einwanderer auf Ellis Island ankämen, seien sie die Angehörigen von »fünfzig Gruppen mit fünfzig Sprachen und eigenen Geschichten und fünfzig Mal Bluthass und Rivalität«.[5] Doch er hoffe, so würde es nicht lange bleiben.[6] Der Schmelztiegel Amerika werde ihre Fehden und Vendetten beenden. »Deutsche und Franzosen, Iren und Engländer, Juden und Russen – in den Schmelztiegel mit euch allen! Gott erschafft den Amerikaner.«[7] Davids Symphonie soll den Klang dieses neuen Menschen erstmalig zum Ausdruck bringen.[8]

Ein einziger Mensch erkennt Davids Begabung. Vera Revendal, eine radikale Aktivistin, die den Komfort ihrer Adelsfamilie in Russland zurückgelassen hat, um nach Amerika zu gehen, kümmert sich dort um arme Einwanderer.[9] Inspiriert von Davids Vision, findet sie ein Orchester, das seine Symphonie aufführen kann.[10] Selbstverständlich verlieben die beiden sich ineinander. »Wird er uns nicht auseinanderbringen?«, fragt David Vera, als er erfährt, dass ihr Vater ein Baron ist.

»Nichts kann uns auseinanderbringen«, versichert ihm Vera.[11]

Der nächste Monat vergeht in reiner Seligkeit. Dann kommt Baron Revendal über den Atlantik, um die Heirat seiner Tochter mit einem Juden zu verhindern. Vera überredet ihn, ihren Liebsten erst einmal kennenzulernen. Doch als David den Baron sieht, erkennt er, dass Revendal an der Ermordung seiner Familie beteiligt war – sein Gesicht ist es, das ihn in seinen Albträumen heimsucht.[12]

Vera verspricht ihrem Verlobten, alle Verbindungen zu ihrem Vater zu beenden. Doch als sie versucht, David zu umarmen, stößt er sie von sich. »Du kannst mich nicht erreichen«, sagt er. »Ein Strom von Blut fließt zwischen uns.«[13] Und er löst die Verlobung.

Vier Monate vergehen.[14] Am 4. Juli wird Davids Symphonie vor einem Publikum uraufgeführt, das im Wesentlichen aus Einwanderern besteht. Es ist der triumphale Beginn einer Karriere, die nichts anderes sein kann als großartig. Doch David ist verzweifelt. Unfähig, die Gratulationen wohlwollender Zuhörer entgegenzunehmen, flieht er auf das Dach der Konzerthalle.[15]

»Wie soll ich das ertragen, wenn ich doch weiß, wie furchtbar ich gescheitert bin«, fragt er Vera, die mit angespannter Förmlichkeit zu ihm auf das Dach kommt.

»Gescheitert?«, fragt sie.[16]

»Ich habe Gottes Schmelztiegel gepredigt, habe behauptet, dieser große neue Kontinent könne alle Rassenunterschiede und Vendetten einschmelzen«, erklärt David. Doch dann

hat Gott mich auf seine größte Probe gestellt. Er hat mir ein Erbe der Alten Welt gegeben, bestehend aus Hass, Rache und Blut, und mich aufgefordert: Wirf es in meinen Schmelztiegel. Und ich sagte: Selbst dein Schmelztiegel kann diesen Hass nicht schmelzen, dieses Blut nicht aufnehmen. Und so saß ich da und jammerte über die tote Vergangenheit, klagte über die alten Blutflecken – ich, der Apostel Amerikas, der Prophet des Gottes unserer Kinder. Oh, wie sehr meine Musik mich zum Narren macht![17]

Verwirrt macht Vera sich auf den Weg zur Tür. »Was kann ich noch tun?«, fragt sie ihn, als er den Eindruck macht, sich mit ihr versöhnen zu wollen. »Sollen die Schatten von Kishinev ein Leben lang über dir hängen? Soll ich Blut auf deinen Lippen hinterlassen, wenn ich dich küsse, und wenn ich dich umarme, sollen mich all diese kalten, toten Hände wegstoßen?«[18]

»Ja«, erwidert David. »Umarme mich trotz allem, halt mich fest, bis all diese Geister ausgetrieben sind, halt mich fest, bis unsere Liebe über den Tod triumphiert.«[19]

Sie umarmen sich zum ersten Mal nach ihrer Trennung und beobachten den Sonnenuntergang über New York. Während sich der Vorhang senkt, staunt David darüber, wie »der große Alchemist die Bewohner der Stadt« – Kelten und Römer, Griechen und Syrer, Schwarze und Asiaten – »mit seiner reinigenden Flamme schmilzt und vermengt«.[20]

Israel Zangwills Stück *The Melting Pot* wurde schon bei seiner Uraufführung am Columbia Theatre in Washington, D.C., 1908 ein Riesenerfolg. Die Vision von Amerika, die es zum Ausdruck brachte, war bewegend und edel zugleich – zumal in einer Zeit, als die Realität im Land dem Idealismus seines Protagonisten weit nachstand.[21] Das Ideal des Schmelztiegels gründete sich auf ein ausgeprägtes Verständnis für die Tragödien der Geschichte und auf ein tiefes Bewusstsein der Ungerechtigkeiten, die viele Menschen aufgrund ihrer Religion oder Hautfarbe erlitten haben. Das Stück war weit davon entfernt, die dunklen Schatten zu verleugnen, die all dies über jeden Versuch zum Aufbau einer diversen Gesellschaft wirft. Es sprach von der Hoffnung, diese Schatten zu überwinden, und sei es um einen hohen persönlichen Preis. David Quixano und Vera Revendal verdienen unsere Bewunderung.

Die moralische Kraft dieser Vision hilft zu erklären, warum der Schmelztiegel während weiter Teile des 20. Jahrhunderts zur paradigmatischen Metapher für das Leben in Amerika werden konnte. Vor allem in der Zeit nach dem Zweiten Weltkrieg, in dessen Verlauf Millionen von Amerikanern mit unterschiedlichstem ethnischem und kulturellem Hintergrund in Kasernen und auf Schlachtfeldern engsten Kontakt miteinander hatten, konnte man den Eindruck gewinnen, Davids Schwärmerei sei letztlich doch prophetisch gewesen. Unterschiede, die einst von enormer Bedeutung gewesen waren – zwischen Iren und Italienern, Katholiken und Protestanten, Juden und Nicht-Juden –, verloren an Bedeutung. Auf dem Höhepunkt des Kalten Krieges schien der Schmelztiegel zugleich eine präzise Beschreibung für das, was vor sich ging, und ein natürliches Ziel, das die amerikanischen Institutionen anstreben sollten.

Viele Akademiker und Gelehrte, die heute über den Schmelztiegel reden, lästern dagegen – vielleicht, weil sie Zangwills Stück anscheinend nie gelesen haben – über dieses Ideal.[22] Laut ihnen ignoriere es die tief gehenden Konflikte zwischen verschiedenen Kulturen und Religionen. Schlimmer noch: Es setze voraus, dass Einwanderer sich unkritisch in die bereits existierende amerikanische Kultur einfügen und »assimilieren«. Sie würden die bestehenden Normen und Werte übernehmen und zu mangelhaften Imitationen weißer angelsächsischer Protestanten werden, die seit der Gründung der USA die informelle Aristokratie des Landes gebildet hatten.

Diese lieblose Karikatur verweigert sich bewusst der Frage, warum das Bild vom Schmelztiegel die amerikanische Fantasie so nachhaltig beeinflussen konnte. Davids Symphonie sollte den Klang des neuen Amerikaners hörbar machen, nicht den der alteingesessenen Bewohner der Edelviertel von Boston oder Philadelphia. Doch allen Übertreibungen zum Trotz hilft uns die Kritik, dass der Schmelztiegel eine allzu homogene Gesellschaft anstrebt, zu verstehen, warum er letztlich nicht als exlusives Leitbild für die Zukunft diverser Demokratien taugt.

Die Metapher des Schmelztiegels scheint bis zu einem gewissen Grad tatsächlich zu implizieren, dass Individuen ihre Herkunftskultur aufgeben müssen, um echte Amerikaner (oder eben echte Deutsche oder Australier) zu werden. Zangwills Stück begnügte sich nicht damit, diejenigen zu verurteilen, die wie Baron Revendal ihre Angehörigen daran hindern wollen, den Partner ihrer Wahl zu heiraten. Es ging vielmehr davon aus, dass die Kulturen der Alten Welt wegschmelzen müssten, damit Amerika seinen wahren Sinn entfalten konnte. Das wäre aber für die meisten Menschen zu viel verlangt – und letztlich würde die daraus entstehende Kultur nur ärmer.

Im Amerika nach dem Zweiten Weltkrieg passierte, zumindest bis zu einem bestimmten Grad, genau das. Bedingt durch die restriktive Einwanderungspolitik des frühen 20. Jahrhunderts war der Anteil der im Ausland geborenen Einwohner bis in die Sechzigerjahre auf ein Rekordtief gefallen.[23] Gleichzeitig versorgte die Verbreitung des Fernsehens Amerika mit vielen gemeinsamen Bezugspunkten. Die Kultur des Landes wurde homogener als je zuvor. Und obwohl der amerikanische Mainstream Dinge wie Kung Pao-Chicken und Spaghetti mit Fleischklößchen bereits zu schätzen gelernt hatte, wurden die Kinder und Enkel italienischer oder chinesischer Einwanderer noch immer geneckt, wenn sie weniger bekanntes Essen mit in die Schule brachten.

In diesen Jahren fingen also Millionen von Amerikanern an, sich für ihr kulturelles Erbe zu schämen. Viele gaben die Speisen ihrer Vorfahren auf und verlegten sich auf Burger und Fertiggerichte. Und so mancher Beobachter dieser Zeit benutzte die Metapher des Schmelztiegels tatsächlich als Keule gegen Einwanderer, die sich einer solch kompletten Assimilation verweigerten – was natürlich grundfalsch war.

Ein angemessenes Ideal für Einwanderungsgesellschaften sollte durchaus etwas von Zangwills Erkenntnissen aufgreifen. Ihre Schönheit beruht nicht zuletzt auf der Fähigkeit von Menschen, die aus unterschiedlichen Kulturen stammen oder deren Vorfahren einander in tiefer Feindschaft gegenüberstanden, sich als Landsleute zu verstehen. Die Frage ist nur, ob diverse Demokratien dieses edle Ziel erreichen können, ohne von ihren Bürgern – so wie es die Metapher vom Schmelztiegel nahelegt – zu verlangen, ihre Ursprungskultur ganz und gar aufzugeben.

Die Salatschüssel: eine zu fragmentierte Zukunft

Der empfundene Assimilationsdruck an einen homogenen Mainstream rief bald eine Gegenbewegung hervor. Eine neue Generation von Akademikern und Aktivisten kam zu der Ansicht, es sei ein großer Fehler gewesen, von Einwanderern und ihren Nachkommen zu erwarten, ihre Kulturen in einen Schmelztiegel zu werfen und damit wichtige Merkmale ihrer Ursprungskultur aufzugeben. Stattdessen entwickelten sie nun eine Vision diverser Demokratien, die klar erkennbare unterschiedliche Communitys förderten und begrüßten.[24]

Die Ablehnung der Assimilierung brachte bald eine ganze Reihe von künstlerischen und kulinarischen Metaphern hervor. Einige meinten, man solle sich diverse Gesellschaften wie ein Mosaik vorstellen; seine Schönheit beziehe es ja genau daraus, dass jedes konstitutive Element separat erkennbar bliebe. Andere erklärten, man solle sich eine Salatschüssel vorstellen. Ein gemischter Salat, dessen Einzelzutaten heil blieben, so wurde argumentiert, würde doch auch viel besser schmecken, als wenn man sie zu einer einheitlichen Masse püriere.[25]

Das Mosaik wie die Salatschüssel greifen ein wichtiges Merkmal der Städte und Länder auf, zu denen ich mich am meisten hingezogen fühle. Das Schönste an New York City ist ja gerade, dass man an einem einzigen Tag so viele verschiedene Kulturen erleben kann. Um beim Kulinarischen zu bleiben: Man kann in einem Soul-Food-Restaurant in Harlem frühstücken, einen Kaffee in El Barrio trinken, ein spätes Mittagessen in Chinatown einnehmen, die Nachmittagspause in einem georgischen Café in Bay Ridge verbringen und den Tag mit einem russischen Abendessen und sehr viel Wodka in Brighton Beach beschließen.

Das Anliegen, eine »multikulturelle« Gesellschaft[26] zu errichten, wie sie in Metaphern wie dem Mosaik und der Salatschüssel anklingt, ebnete auch den Weg zu einer viel größeren Bereitschaft, das Erbe der einzelnen Einwanderergruppen zu würdigen. Speziell in Europa hatten die meisten Länder lange Zeit so getan, als wären die Einwanderer nur Gäste auf Zeit.[27] Und selbst nachdem dieser Mythos unhaltbar geworden war, behaupteten führende Politiker noch in den Siebziger- und Achtzigerjahren, die Menschen sollten sich assimilieren, ohne an ihrem eigenen kulturellen Erbe festzuhalten.[28] Das änderte sich erst im Laufe der Achtziger- und Neunzigerjahre.

Städte und Gemeinden in ganz Europa veranstalteten auf einmal Kulturfestivals, bei denen türkische Tänze, algerische Gerichte und afrikanisches Design im Mittelpunkt standen.[29] In Deutschland feierten die Grünen, was sie »Multikulti« nannten, eine Zukunftsvision, die den Beitrag der verschiedenen Kulturen zum täglichen Leben betonte.[30] In Großbritannien wich die imperiale Nostalgie für »Rule Britannia« dem freudigen Umgang mit kultureller Heterogenität, der sich im neuen Slogan »Cool Britannia« ausdrückte.[31]

Das Ideal der Salatschüssel machte die wichtigsten Mängel der alten Metapher wett und wirkte so daran mit, eine größere Wertschätzung kultureller Diversität zu wecken. Daran ist viel Gutes. Doch allen Vorteilen zum Trotz leidet auch dieses Ideal mitsamt der dazugehörigen Praxis unter erheblichen Mängeln.

Die Befürworter der Salatschüssel-Metapher haben die allgemeine Vorstellung davon, wie die Kultur einer Einwanderungsgesellschaft aussehen könnte, verändert. Wenn »multikulturelle« Gesellschaften schlicht und einfach die Vielfalt der Kulturen auf ihrem Territorium feiern, ist das eine deutliche Verbesserung gegenüber dem Ideal des Schmelztiegels.

Doch sowohl in der Theorie wie in der Praxis geht die Vorstellung von der Salatschüssel einen großen Schritt darüber hinaus. So wie die Kommunitaristen, die eine Vereinigung von Vereinigungen bevorzugen, sprechen auch einige ihrer Befürworter ausdrücklich von einer Gesellschaft, in der die Mitglieder verschiedener Gruppen sehr wenig Kontakt miteinander haben oder der unkontrollierten Autorität ihrer Ältesten unterworfen sind.[32] Eine unkritische Übernahme dieser Art von Multikulturalismus läuft Gefahr, die Fragmentierung diverser Demokratien zu verstärken.

In Großbritannien beispielsweise hat die letzte Labour-Regierung die Gründung konfessioneller Schulen gefördert – öffentliche Institutionen, durch Steuergelder finanziert, in denen Kinder aus jüdischen, hinduistischen, muslimischen oder Sikh-Gemeinden getrennt voneinander (und der Gesellschaft als Ganzes) unterrichtet werden.[33] Innerhalb von zehn Jahren nach Beginn dieser Praxis äußerten Lehrkräfte schwere Bedenken gegen seine gesellschaftlichen Auswirkungen. »Ich mache mir Sorgen, dass viele junge Leute in konfessionellen Schulen unterrichtet werden, ohne sich ihrer weitergehenden Verantwortung und ihrer Verpflichtung gegenüber der britischen Gesellschaft bewusst zu sein«, schrieb David Bell, der damalige leitende Schulinspekteur im britischen *Office for Standards in Education*, im Jahr 2005.[34]

»Wir befürchten, dass sich die Spaltung der Gesellschaft noch verschärfen wird, wenn sich die Arbeitsweise vieler konfessioneller Schulen nicht ändert«, bemerkte auch Mary Bousted, Generalsekretärin der *Association of Teachers and Lecturers* im Jahr

2008: »Warum sollten staatlich finanzierte Schulen die Erlaubnis bekommen, eine bestimmte Glaubensrichtung zu bevorzugen, statt die Kinder so zu unterrichten, dass sie alle Glaubensrichtungen respektieren, und sie damit auf ein Leben in unserer diversen, multikulturellen Gesellschaft vorzubereiten?«[35] Doch obwohl die Mehrheit der Bevölkerung diese staatlich finanzierten Konfessionsschulen längst ablehnt, geben die britischen Steuerzahler gegen ihren Willen immer noch Geld für diese Einrichtungen.[36]

Ein liberaler Staat sollte Privatschulen selbstverständlich das Recht einräumen, ihre Schülerinnen und Schüler nach konfessionellen Kriterien auszuwählen. Und wenn einige Bürger darauf bestehen, ihre Kontakte auf Mitglieder der eigenen Gruppe zu beschränken, dann muss der Staat auch diese Entscheidung weitgehend respektieren. Doch wenn der Staat aktiv und sogar finanziell die Gründung von Schulen fördert, die den Kontakt von Kindern religiöser Gemeinschaften mit der Außenwelt einschränken, dann zeigt sich, wie schnell die Logik der Salatschüssel in einer kontraproduktiven Form von kulturellem Separatismus enden kann.

In einigen entwickelten Demokratien führte der Respekt vor der kulturellen Autonomie einzelner Gruppen sogar zu noch schädlicheren Ergebnissen, sowohl für die Gesamtgesellschaft als auch für diejenigen, die in diese Gruppen hineingeboren wurden.

Ein Beispiel aus Großbritannien: Dort amtierte Mohammad Lutfur Rahman als Bürgermeister des Londoner Bezirks Tower Hamlets. Über mehr als zehn Jahre baute er dort ein beispielloses System von Korruption und Einschüchterung auf. Im April 2015 wurde er schließlich schuldig gesprochen, die Wahl durch Zuschüsse manipuliert zu haben, mit denen er in bestimmten Gemeinschaften Stimmenkauf betrieb. Außerdem habe er »unangemessenen spirituellen Einfluss«[37] ausgeübt, indem er lokale

Imame aufgefordert hatte, Wahlwerbung für ihn zu machen. Lokale Kritiker, die es wagten, sich gegen ihn aufzulehnen, mussten erleben, dass ihnen Schaufenster eingeworfen oder sie als »Sklaven der Briten« beschimpft wurden.[38]

Die Politiker und die großen Medien des Landes zögerten lange, Rahmans Machtmissbrauch ein Ende zu bereiten. Obwohl viele seiner Opfer selbst Einwanderer aus Bangladesch waren, fürchtete man, der Feindseligkeit gegenüber einer ethnischen Minderheit bezichtigt zu werden. Rahman nutzte dieses Zögern aus und beschimpfte den weißen Politiker, der schließlich die Wahl gegen ihn gewann, als »Rassisten«.[39]

Aus einer fehlgeleiteten Scheu vor der Einmischung in die kulturellen Angelegenheiten von Minderheiten haben in den letzten Jahrzehnten die Behörden etlicher Länder sogar die Praxis der weiblichen Genitalverstümmelung stillschweigend geduldet.[40] So fand Anissa Mohammed Hassan, Einwanderin aus Somali und feministische Aktivistin in Schweden, 2014 heraus, dass ein erheblicher Teil der Mädchen in einer Schule in Norrköping dieser schrecklichen Praxis unterworfen worden war.[41]

Trotzdem argumentieren einige Wissenschaftler, ein multikultureller Ansatz müsse selbst solche grausamen Rituale respektieren.[42] Andere scheinen eher um negative Schlagzeilen über Minderheiten besorgt als um das Unrecht, das Mädchen aus Einwandererfamilien zugefügt wird. So erklärte die schwedische Anthropologin Sara Johnsdotter dem *Guardian* nach Hassans Enthüllungen: »Ich arbeite seit fünfzehn Jahren auf diesem Gebiet, und alle paar Jahre versucht die Regierung erneut, die Praxis zu beenden. Dann tauchen auch wieder Berichte in den Zeitungen dazu auf, die mehr Aufmerksamkeit auf das Thema lenken. Ich persönlich halte das für gefährlich.«[43]

Die attraktive Version der Salatschüssel ist die der Kulturfestivals, die ich als Kind in Deutschland oft besucht habe. An schönen Sommertagen fanden in einem wohlhabenden Viertel einer hübschen Stadt solche Straßenfeste statt. Es gab Stände, an denen Essen oder Kleidung verkauft wurde, und es gab eine Bühne, auf der die verschiedenen Gruppen auftraten, die inzwischen in diesem neuen Deutschland lebten: kurdische Bands, afrikanische Tänzer und ein bisschen Klezmer-Musik.

Es gibt aber auch eine dunklere Fassung dieser Vision. Darin wird die Segregation von Wohngebieten zum Normalfall. Freundschaften zwischen Mitgliedern verschiedener Gruppen sind selten. Kinder aus verschiedenen Ländern und Kulturen besuchen getrennte Schulen. Gemeinschaften akzeptieren nur sehr schwer, dass ihre jüngeren Mitglieder jemanden von außerhalb heiraten. Und so können viele Angehörige dieser Gruppen kaum frei über ihr eigenes Leben bestimmen.

Die Metapher der Salatschüssel konnte manche Probleme des Schmelztiegels beheben. Doch sie lässt auch das Gespenst einer Gesellschaft auferstehen, deren Mitglieder wenig Kontakt zueinander haben und wenig Sympathie füreinander empfinden. Jede Zutat des neuen multikulturellen Gerichts, so impliziert diese Metapher, erträgt die Nähe der anderen, wäre aber niemals stolz auf das gemeinsame Ganze.[44]

Wir brauchen also eine bessere Leitmetapher, die uns zeigt, wie eine erfolgreiche diverse Demokratie aussehen sollte. Sie müsste die attraktiven Aspekte der bisherigen Metaphern umfassen. Wie die Salatschüssel sollte sie den Gedanken beinhalten, dass eine multiethnische Gesellschaft alles andere als homogen sein wird. Und wie die Idee vom Schmelztiegel müsste sie anerkennen, dass die Menschen in einer erfolgreichen Demokratie in nicht unbedeutendem Maß ein gemeinsames Leben führen.

Wie könnte eine diverse Demokratie aussehen, die sich diesen Werten verpflichtet fühlt? Und welche Metapher könnte helfen, die Richtung anzugeben, in die wir uns bewegen sollten?

Eine neue Vision: der öffentliche Park

Als ich in New York lebte, packte ich einmal pro Woche meine Fußballschuhe ein und fuhr mit der Subway bis zur Haltestelle 7th Avenue in Park Slope. Von dort ging ich noch ein paar Blocks an stattlichen Brownstone-Häusern vorbei und betrat dann den Prospect Park zum Fußballspielen.

Ich liebte dieses Ritual, weil ich alte Freunde treffen konnte, neue Leute kennenlernen und meinen Lieblingssport ausüben. Außerdem erlebte ich dabei jedes Mal irgendwie die ganze Lebenskraft und Vielfalt dieser Stadt – und letztlich des ganzen Landes.

Auf dem Weg zu unserem improvisierten Fußballplatz kam ich an Teenagern vorbei, die mit ihren neuen Handys Selfies machten, an Hipstern in den Zwanzigern, die über das jüngste Album ihrer Lieblingsband diskutierten, an puertoricanischen Großfamilien, die einen Kindergeburtstag feierten, an Gruppen von Afroamerikanern, die zusammen grillten, und an Senioren mit italienischen Wurzeln, die Karten spielten.

Oft machte jede dieser Gruppen einfach ihr eigenes Ding. Doch manchmal konnte ich auch beobachten, wie sie miteinander redeten. Italiener und Puertoricaner tauschten Essen, ihre Kinder spielten zusammen Fangen.

Einmal, als ich durch ein kleines Wäldchen lief, fuhr ein Teenagerpärchen erschrocken auseinander und sah mich dann sehr besorgt an. Für eine Sekunde fragte ich mich, wo das Problem war. Die beiden wirkten auf mich nicht, als hätten sie mehr ausgetauscht als ein paar intensive Küsse.

Dann begriff ich: Das Mädchen mit dem dunkelroten Lippenstift und dem bauchfreien Top war wohl Dominikanerin. Der Junge, der seinen schwarzen Hut abgenommen und das Jackett ausgezogen hatte, das nun ordentlich über einem Ast hing, trug ein strahlend weißes Hemd und lange dunkelbraune Schläfenlocken. Er war eindeutig ein chassidischer Jude.

Ich murmelte eine Entschuldigung, weil ich diesen modernen David Quixano und seine Julia gestört hatte, und eilte weiter, um meine Freunde zu treffen. Dabei ging mir der Gedanke durch den Kopf, dass es alles andere als ein Unglück wäre, wenn ganz Amerika zu einer Art Prospect Park würde.

Eine einzelne Metapher kann das Ideal einer diversen Demokratie nie komplett einfangen. Doch um überhaupt hilfreich zu sein, müsste sie – anders als das Bild vom Schmelztiegel – anerkennen, dass unterschiedliche Menschen das Recht haben, so zu leben, wie es ihnen passt. Gleichzeitig sollte sie – anders als das Bild von der Salatschüssel – die Entstehung eines gemeinsamen Raums fördern, in dem Menschen unterschiedlicher Herkunft sinnvolle Gelegenheiten finden, zu interagieren und zu kooperieren. So schlicht das Bild von einem öffentlichen Park auch sein mag, es kann beides leisten. Und drei seiner Merkmale sind besonders nützlich, wenn es darum geht, zu durchdenken, welche Art von Gesellschaft diverse Demokratien anstreben sollten.

1. Ein öffentlicher Park ist für alle zugänglich

Parks erlauben ihren Besuchern, allein zu bleiben, sich in gleichgesinnten Gruppen zusammenzutun oder mit Fremden gemeinsam etwas zu unternehmen. Und ohne vorauszusetzen, dass alle Besucher ein gemeinsames Ziel verfolgen, bieten sie eine wunderbare Gelegenheit für alle, sich hier zu treffen oder Fremde einzuladen, sich ihnen anzuschließen.

In ähnlicher Weise müssen diverse Demokratien dafür sorgen, dass niemand wegen seiner askriptiven Identität unter Diskriminierung oder Feindseligkeit leiden muss. Das bedeutet auch: Sie müssen die Nutzung des öffentlichen Raums – oder das Errichten privater Bauten – allen Mitgliedern zu gleichen Bedingungen gestatten. So wie ein Park für alle da ist, so muss auch eine diverse Gesellschaft ihre Mitglieder mit gleichem Respekt und gleicher Würde behandeln, unabhängig von Hautfarbe und Religion.

2. Ein öffentlicher Park bietet seinen Besuchern verschiedene Optionen

Besucher von Parks gehen dort einer riesigen Vielfalt von legitimen Aktivitäten nach. Sie laufen oder gehen spazieren, lesen oder unterhalten sich, treiben Sport oder essen miteinander.

Diese große Vielfalt ist sehr gut. Doch damit ein Park sicher und attraktiv bleibt, müssen seine Besucher einander die gleichen Rechte und Freiheiten zugestehen, die sie auch selbst in Anspruch nehmen wollen. Man darf niemanden bestehlen oder ihn dazu zwingen, Baseball zu spielen, nur weil man selbst Fußball nicht leiden kann. Man darf auch niemandem vorschreiben, was er essen soll und was nicht. Und wenn jemand diese Regeln verletzt, muss klar sein, dass man schnell Hilfe bekommt.

Auch in diversen Demokratien müssen alle Bürger die Freiheit besitzen, ihr Leben nach eigenen Vorlieben und Wertvorstellungen zu führen. Sie können religiös oder säkular eingestellt sein, Familie oder Beruf in den Vordergrund stellen, fernsehen oder ins Fitnessstudio gehen.

Doch diverse Demokratien müssen auch dafür sorgen, dass niemand einem anderen Mitbürger Schaden zufügt; dass niemand Menschen einschüchtert, die er wegen ihrer Ansichten oder ihrer Identität ablehnt; und dass niemand das Leben derjenigen, die zufällig in dieselbe Gemeinschaft hineingeboren wurden, bis ins Detail reglementiert. So wie ein Park Regeln braucht, die dafür sorgen, dass seine Besucher selbst entscheiden können, ob sie interagieren oder ihr eigenes Ding machen wollen, so müssen auch liberale Demokratien ihren Bürgern Freiheit vor staatlicher Unterdrückung *und* vor Zwang durch die Ältesten ihrer Gruppe zugestehen.

3. Ein öffentlicher Park schafft lebendige Orte der Begegnung

Wenn ich den Prospect Park besuchte, fühlte er sich immer lebendig, schön und erstaunlich sicher an. Doch es gibt viele Parks auf dieser Welt, die gefährlich, vernachlässigt oder gespenstisch leer sind.

Wie es bei Geschmacksurteilen nun mal so ist, werden wir uns auch nicht immer darüber einig sein, welcher Park schöner ist oder welche Eigenschaften er haben sollte. Die einen mögen weite, offene Räume, andere hätten gern mehr Wäldchen und ein bisschen »Wildnis«. Die einen lieben das Gewimmel auf einer großen Rasenfläche an einem heißen Sommertag, andere bevorzugen Trampelpfade, auf denen sie das Gefühl haben können, allein zu sein.

Solche ästhetischen Urteile leiten dann unsere Ansichten über wichtige Entscheidungen, die den Park betreffen. Ein Ausschluss bestimmter Menschen aus einem solchen Park aufgrund ihrer Hautfarbe sollte komplett indiskutabel sein. Über andere Fragen kann man sich durchaus streiten. Auf der Grundlage unterschiedlicher Wertvorstellungen und Präferenzen könnte man für eine eher gepflegte oder eher natürliche Gestaltung plädieren und strengere oder laxere Grenzen festlegen, was die Geräuschkulisse angeht.

Und so wie man trefflich über die Gestaltung eines Parks streiten kann, so mag es auch legitime Differenzen darüber geben, welche Normen und Gewohnheiten eine diverse Demokratie am ehesten zum Erfolg führen.

Einige Menschen würden allen Bürgern gern ein strenges Raster von Regeln und kulturellen Normen vorgeben. Andere haben offenbar die Hoffnung aufgegeben, dass die Mitglieder unterschiedlicher Gruppen einander jemals als Freunde und Verbündete und nicht als Rivalen oder gar Feinde ansehen könnten. Ich lehne beide Sichtweisen ab. Meine eigene Hoffnung für die Zukunft diverser Demokratien sieht so aus, dass sie viele Merkmale aufweisen, die ich am Prospect Park so sehr liebte. Sie sollten lebendig, aber friedlich sein, heterogen, aber nicht fragmentiert.

Vor allem hoffe ich, dass diverse Demokratien jede Menge Raum für zufällige Begegnungen schaffen, so wie es öffentliche Orte im besten Fall auch tun. So könnte jeder die Freiheit behalten, sich in seiner eigenen Gruppe oder Gemeinschaft zu bewegen – doch viele Menschen würden eben auch erkennen, wie viel sie mit Landsleuten gemeinsam haben, die auf den ersten Blick ganz anders sind als sie.

Die besten öffentlichen Orte erlauben es jedem, sein eigenes Ding zu machen, und erleichtern gleichzeitig unerwartete Begegnungen, die sogar zu dauerhaften Verbindungen führen können. In ähnlicher Weise sollten die diversen Demokratien, die wir aufbauen wollen, Gemeinschaften respektieren, die weitgehend für sich bleiben wollen, doch gleichzeitig die Mehrheit der Bürger zu einem Leben ermutigen, das von echten Gemeinsamkeiten geprägt ist.

* * *

Weder der Schmelztiegel noch die Salatschüssel taugen als Bild dazu, die Zukunftsvision einer erfolgreichen diversen Demokratie zu zeichnen. Denn in der Art von Gesellschaft, die wir aufbauen wollen, sollen Menschen weder dazu gezwungen werden, ihre Kultur zu verleugnen, um ganz in der neuen Nation aufzugehen, noch ihre spezifische Kultur in einem solchen Ausmaß kultivieren, dass es gar keine Nation mehr gibt. Im besten Fall können diverse Demokratien ein echtes Gefühl des Zusammenhalts hervorbringen und gleichzeitig eine riesige Vielfalt von Subkulturen aufweisen. Mit weniger sollten wir uns nicht zufriedengeben.

So rundet sich allmählich das Bild von den diversen Demokratien, die wir uns wünschen sollten, ab. Ihre Bürger könnten die doppelte Freiheit genießen, sich und ihrer Identität ohne Angst vor Repressalien treu zu bleiben und gleichzeitig vor übermäßigen Einschränkungen durch den Staat oder den Käfig der Normen geschützt zu sein. Sie könnten einen inklusiven Patriotismus pflegen, der sowohl in den politischen Traditionen der freiheitlich-demokratischen Rechtsordnung als auch in der Alltagskultur wurzelt. Und sie könnten ihre Gesellschaft wie einen lebendigen öffentlichen Park gestalten: als einen Ort, an dem alle ihr eigenes Ding machen können, gern und oft aber auch Fremden mit Neugier und Offenheit begegnen.

Um jedoch ein vollständigeres Bild davon zu bekommen, wie solche diversen Demokratien aussehen können, müssen wir noch eine letzte Gruppe von Fragen abarbeiten. Denn ähnlich wie öffentliche Parks definieren sich Gesellschaften nicht nur über die formalen Regeln, die ihren Bürgern Rechte und Pflichten zuschreiben, über die Art, wie die Menschen ihre kollektive Identität empfinden, oder über die Frage, wie viel Zeit sie im Alltag miteinander verbringen. Vielmehr sind sie auch von sozialen und politischen Normen geprägt, die das Verhalten des Einzelnen beeinflussen, ohne die Kraft eines offiziellen Gesetzes innezuhaben.

In welchem Ausmaß müssen Demokratien also lang bestehende nationale Narrative verändern, um Neuankömmlingen entgegenzukommen? Wie können sie politische Solidarität zwischen den Mitgliedern verschiedener Identitätsgruppen herstellen? Ist es gut oder schlecht, wenn diese Gruppen die Kultur der jeweils anderen beeinflussen? Und sollten die zentralen gesellschaftlichen Institutionen – von öffentlichen Schulen bis hin zu den großen Stiftungen – ihre Mitglieder dazu ermutigen, ihre Gemeinsamkeiten zu betonen oder ihre Unterschiede hervorzuheben?

Diesen ebenso wichtigen wie umstrittenen Fragen widme ich mich im nächsten Kapitel, um die Vision erfolgreicher diverser Demokratien abzurunden.

KAPITEL 7

Werden wir überhaupt noch etwas gemein haben?

In fast jeder Ecke der demokratischen Welt haben in den letzten Jahren heftige Auseinandersetzungen über scheinbar kleine gesellschaftliche oder kulturelle Kontroversen erstaunlich viel öffentliche Aufmerksamkeit erhalten. In Großbritannien zum Beispiel haben Aktivisten eine leidenschaftliche Auseinandersetzung darüber geführt, inwieweit Angehörige privilegierter Gruppen Angehörigen benachteiligter Gruppen das politische Urteil über die Abschaffung von Ungerechtigkeiten überlassen sollten. Währenddessen führten Foodjournalisten in den USA eine erbitterte Debatte darüber, ob es eine gefährliche Form von kultureller Aneignung darstelle, wenn weiße Köche einen Taco-Truck betreiben.

Diese Debatten können durchaus überspannt wirken. Es wäre einfach, sie als Teil eines Kulturkampfes abzutun, in dem die Hauptgegner verzweifelt nach emotional besetzten Themen suchen, die ihre Unterstützer so wütend wie möglich machen. Doch so wahr es auch ist, dass manche Teilnehmer solcher Debatten in böser Absicht handeln, wäre es doch ein Fehler, solche Themen zu ignorieren. Denn die Seiten, die Menschen bei der Beantwortung dieser Fragen einnehmen, sind oft Ausdruck wichtiger und tiefgreifender Meinungsverschiedenheiten darüber, wie demokratische Gesellschaften mit den Herausforderungen der Diversität umgehen sollten.

Grob gesagt beruhen die Positionen, die in solchen Debatten eingenommen werden, auf drei verschiedenen Ansätzen, welche informellen Regeln in diversen Demokratien gelten sollten.[1] Eine Denkschule will das große Experiment komplett beenden, um zu einer vermeintlich besseren Vergangenheit zurückzukehren, in der die meisten Demokratien sehr homogen waren oder über eine klare ethnische und religiöse Hackordnung verfügten. Doch die Hoffnung, die Uhr zurückzudrehen, die in den zunehmend mächtigen politischen Bewegungen der Rechten zum Ausdruck kommt, ist weder realistisch noch wünschenswert.

Eine zweite Denkschule behauptet, diverse Demokratien könnten Neuankömmlinge aufnehmen, ohne die Regeln, die ihre Gesellschaften bestimmen, oder die Weise, wie sie die eigene Geschichte auffassen, groß zu verändern. Doch wer sich dem Wandel gänzlich verweigert, übersieht umso leichter, dass formal neutrale Regeln Mitglieder ethnischer oder religiöser Minderheiten benachteiligen können – insbesondere wenn diese bei der Abfassung der Regeln marginalisiert oder noch nicht anwesend waren.

Eine dritte und letzte Denkschule behauptet, diverse Demokratien müssten die liberalen Prinzipien und individualistischen Annahmen, auf denen sie gründen, aufgeben – und die Gesellschaft dann mit einem Fokus auf die Rechte von unterdrückten Gruppen von Grund auf neu gestalten. Doch wer sich vollständig dem Diktat der Identitäten beugt, läuft nicht nur Gefahr, Prinzipien aufzugeben, die wir beim Aufbau diverser Demokratien dringend benötigen – sondern schadet, indem er die Identität von Minderheiten dermaßen in den Mittelpunkt stellt, oft auch der echten Gleichberechtigung.

Es gibt keinen humanen und realistischen Weg, das große Experiment abzubrechen. Der Aufbau fairer Gesellschaften kommt ohne echten Wandel nicht aus. Und wer die Prinzipien des philosophischen Liberalismus aufgibt, die die Grundlagen diverser Demokratien darstellen, wird lediglich die Ungerechtigkeiten vertiefen, die heute schon da sind.

Wenn das große Experiment gelingen soll, brauchen wir eine neue Vision für die informellen Regeln, die diverse Demokratien leiten sollen – eine Vision mit deutlich optimistischerem

Blick auf unsere Fähigkeit, ein gemeinschaftliches Leben aufzubauen.

Die Uhr zurückdrehen

Als Jugendlicher in Chemnitz schloss sich Benjamin Jahn Zschocke einer antifaschistischen Gruppe an. »So bin ich nun mal«, sagte er, als wir uns im Speisesaal eines leicht verblassten Grandhotels an der Straße der Nationen gegenübersaßen. »Wenn jemand zusammengeschlagen wird, verteidige ich ihn.«[2]

Dann begann sich Zschockes politische Haltung zu ändern. Irgendwann war er so weit, dass er die Einwanderung als schlimmste Bedrohung seiner Heimatstadt ansah. Seine Sorgen wurden übermächtig, als ab dem Sommer 2015 mehr als eine Million Flüchtlinge nach Deutschland kamen. Zschocke bewegte sich immer weiter nach rechts und wurde zu einem wichtigen Anführer der ultranationalistischen Szene in seiner Region.

Nach Ansicht von Zschocke, der bei unserer Begegnung äußerst gepflegt gekleidet war und beste Umgangsformen zeigte, sind die westdeutschen Großstädte dem Untergang geweiht, weil ihre Bewohner demnächst von Einwanderern »überschwemmt« sein werden. »Und wenn die Menschen dagegen protestieren, werden ihre Kinder am nächsten Tag von arabischen Clans tyrannisiert«, behauptete er. »Für Menschen, die ihre Kultur lieben, ist der Westen bereits verloren.«

Zum Glück, so Zschocke, stellen die Weißen in den Städten Ostdeutschlands nach wie vor eine klare Mehrheit. »Wer die multiethnische Gesellschaft ablehnt, für den ist der Osten eine Art Zuflucht.«

Nach etwa einer Stunde durchschnitten heulende Polizeisirenen die vornehme Stille des Hotels. Ein paar Tage bevor ich nach Chemnitz gekommen war, hatte ein syrischer Asylbewerber in der Folge eines nächtlichen Streits Daniel Hibbing, einen Tischler deutsch-kubanischer Herkunft, erstochen. Daraufhin war es zu spontanen Protesten von Rechtsextremisten gekommen, Zschocke organisierte seitdem tägliche Demos gegen Angela Merkels Asylpolitik. Ein solcher Aufmarsch sollte gleich beginnen.

Ich fragte Zschocke, ob er an der Demo, die er mit organisiert hatte, teilnehmen würde. Mit einem listigen Lächeln schüttelte er den Kopf. »Ich bin für so etwas viel zu sensibel«, sagte er. »Diese Menschenmengen, die starken Emotionen – ich gehe lieber nach Hause und höre klassische Musik.«

Die meisten Demokratien auf der Welt durchlaufen gerade eine verwirrende Transformation. Der Versuch, ein Gemeinwesen aufzubauen, das divers, demokratisch und egalitär ist, bleibt ohne historischesn Präzedenzfall. Das wird wahrscheinlich große kulturelle und politische Veränderungen mit sich bringen und Gruppen, die bisher in der ethnischen und religiösen Hierarchie ihrer Länder ganz oben standen, ein paar unverdiente Vorteile kosten.

In den letzten zehn Jahren ist eine neue Generation von Aktivisten und Politikern herangewachsen, die die Ängste ausnutzt, die dieser Wandel in Teilen der Bevölkerung ausgelöst hat. Sie versprechen, ihre Länder in die – in ihren Augen – gute alte Zeit zurückzuführen.

Matteo Salvini, der Vorsitzende der rechtsextremen *Lega* in Italien, schrieb zum Beispiel, er wolle den Italienern die Rückkehr »zu der Freude erlauben, Kinder zu bekommen, ohne die Schrecken einer demografischen Veränderung fürchten zu müssen, die auf eine außer Kontrolle geratene Einwanderung folgt«.[3] Donald Trumps Wahlkampfslogan formulierte das Anliegen noch etwas kerniger. Er würde, so sein Versprechen, »Amerika wieder großartig machen«.[4]

Was das Zurückdrehen der Uhr in der Praxis bedeutet, variiert ganz beträchtlich. Rechte Politiker in den wenigen noch relativ homogenen Demokratien wollen dafür sorgen, dass ihre Länder gar nicht erst heterogen werden. Indem sie die meisten Formen von Einwanderung ablehnen, hoffen einige Regierungen in Mitteleuropa und Ostasien, die Probleme zu umgehen, die heute so viele diverse Demokratien belasten.[5]

Doch diese Option steht rechten Aktivisten in den vielen demokratischen Ländern, die bereits in hohem Maße divers sind, nicht zur Verfügung. Einige von ihnen bestehen trotzdem auf diesem Ziel und wollen es mit wesentlich grausameren Mitteln erreichen. Sie träumen davon, die Homogenität ihrer Länder wiederherzustellen, indem sie die Mitglieder von Minderheiten ausweisen oder zum Verlassen des Landes drängen. Zschocke, der rechtsextreme Aktivist, den ich in Chemnitz traf, hofft beispielsweise, dass es ihm und seinen Kameraden gelingt, eine so feindselige Atmosphäre zu schaffen, dass die meisten Einwanderer Chemnitz »aus freien Stücken« verlassen.

Die meisten rechten Politiker, darunter auch Trump und Salvini, haben begriffen, dass dieses Ziel unrealistisch ist. Ihnen ist klar, dass ihre Länder divers bleiben werden. Statt den Versuch zu unternehmen, sie in homogene Gebilde zurückzuverwandeln, streben sie eine Wiederherstellung der alten Hierarchien an.

Manche Demokratien haben sogar schon konkrete politische Maßnahmen ergriffen, um zu verhindern, dass die Kultur von Minderheiten im Mainstream ankommt. In der Schweiz gab es 2009 ein Volksbegehren, bei dem eine Mehrheit dafür stimmte, den Bau von Minaretten zu verbieten.[6] Einige andere Länder haben mit fadenscheinigen Begründungen das rituelle Schächten von Tieren verboten, um es frommen Juden und Muslimen schwerer zu machen, sich dort niederzulassen.[7]

All diese »Lösungen« verursachen heftige Probleme.

Länder wie Japan oder Bulgarien können, wenn sie bereit sind, mit den negativen Folgen eines rapiden Bevölkerungsrückgangs zu leben, relativ homogen bleiben. Doch die meisten demokratischen Länder sind heute schon hoch divers. Und selbst wenn sie die Einwanderung drastisch beschränken, werden sie in den nächsten Jahren noch diverser werden.

Pläne, diese Veränderungen ohne massive Gewaltanwendung zu verhindern, sind mit ziemlicher Sicherheit zum Scheitern verurteilt. Rhetorische Provokationen, wie sie von populistischen Politikern nur allzu gern geäußert werden, können den Zorn in einem Teil der Bevölkerung schüren, bewirken in Wirklichkeit aber nicht viel. Letztlich ist selbst während Trumps Amtszeit die Bevölkerung der USA diverser geworden und hat sich die Haltung der meisten Wähler zum Thema Einwanderung eher gelockert.[8]

Die einzig realistische Möglichkeit, die bisherigen demografischen Veränderungen umzukehren, ginge mit unglaublicher Grausamkeit einher. Diverse Demokratien müssten Menschen ausweisen, die schon lange ein Aufenthaltsrecht haben, oder Mitglieder von Minderheiten aus dem Land vertreiben, indem sie die feindselige Atmosphäre schaffen, von der Leute wie Zschocke träumen.

In der Geschichte der Menschheit hat es viele ethnische Säuberungen gegeben. Auch heute finden solche extremen Ideen durchaus Unterstützung. Niemand sollte so etwas leichtfertig ausschließen. Doch es ist eine Zukunft, die wir uns nicht wünschen, sondern vor der wir alle uns fürchten sollten.

Das Fazit ist klar: Demokratien können natürlich legitime Debatten darüber führen, wie offen sie künftig für Einwanderung sein wollen. In den vielen Ländern, die bereits hoch divers sind, sind Versuche, die Uhr zurückzudrehen, jedoch grausam oder nutzlos. Humane Wege, das große Experiment zu stoppen, werden ohne große Wirkung verpuffen – und effektive Wege sind moralisch untragbar.

Verweigerung des Wandels

Zum Glück lassen sich die meisten Bürger diverser Demokratien von dem Versprechen, die Uhr zurückzudrehen, nicht in die Irre führen. Sie betrachten viele ihrer neuen Landsleute mit Zuneigung oder gar Bewunderung und lehnen die grausamen Maßnahmen, die nötig wären, um den demografischen Wandel aufzuhalten oder gar umzukehren, kategorisch ab. Selbst wenn sie echte Bedenken gegen das große Experiment haben, ist ihnen klar, dass eine Rückkehr in die Fünfziger- oder auch nur Achtzigerjahre ins Reich der Fantasie gehört.

Gleichzeitig halten viele an Aspekten ihrer Kultur und ihres Landes fest, die ihre Wurzeln in einer homogeneren Vergangenheit haben und in einer zunehmend heterogenen Gegenwart schwer zu rechtfertigen sind. Sie weisen stolz die expliziten Dominanzfantasien derjenigen zurück, die die Uhr zurückdrehen wollen. Aber ihre Weltsicht perpetuiert unbewusst ein implizites Dominanzmuster, das Gesellschaften in Insider, die vollständig dazugehören, und Außenseiter, die marginalisiert bleiben, aufteilt.

Deutlich wird dieser Ansatz beim Zögern, die notwendigen Anpassungen vorzunehmen, die es Einwanderern und anderen Minderheiten erlauben würden, sich als vollwertige Mitglieder der Gemeinschaft zu fühlen. An der Idee einer gemeinsamen öffentlichen Kultur als Grundlage der Begegnung von Menschen unterschiedlicher Herkunft ist im Prinzip nichts falsch. Eine Gesellschaft ohne gemeinsame Kultur oder Identität läuft in jedem Fall Gefahr, sich in gefährlicher Weise zu spalten.

Doch in der Praxis predigen die Befürworter einer solchen »Leitkultur« oft Normen und Erwartungen, die bereits in Stein gemeißelt waren, als demokratische Länder längst nicht so divers waren wie heute. Es mag ihnen gar nicht darum gehen, Neuankömmlinge durch ihr Beharren auf alten Gewohnheiten – wie etwa das Ladenöffnungsverbot an Sonntagen oder die

Präsenz christlicher Symbole in den Klassenzimmern öffentlicher Schulen – auszuschließen. Doch ihre Verweigerung der Erkenntnis, dass diese Traditionen zwar den Vorlieben der Mehrheit entsprechen, aber gerade deshalb alles andere als neutral sind, macht es Minderheiten schwerer, sich in solchen Gesellschaften zu Hause zu fühlen.

Dieselbe Weigerung spiegelt sich auch in der zögerlichen Haltung, über die Rolle nachzudenken, die askriptive Identitäten wie die Hautfarbe in den diversen Demokratien unserer Tage spielen.

Das Streben nach »Rassenblindheit« basiert auf einer wichtigen Erkenntnis: Die ethnische Herkunft sagt nichts über den Wert eines Menschen aus, ebenso wenig wie über seine Fähigkeit, aufrechter Bürger eines Landes zu sein. Menschen nach ihrem Handeln und ihrem Charakter anstatt ihrer Hautfarbe zu bewerten ist und bleibt ein hehres Ideal.

Doch in der Praxis kann das Streben nach »Rassenblindheit« manchmal zu einer Art »Rassismusblindheit« führen. Es ist gut, sich eine Gesellschaft zu wünschen, in der die askriptive Identität von Menschen eine möglichst geringe Rolle spielt. Aber das kann kein Grund sein, so zu tun, als gäbe es keine Vorurteile und keinen Rassismus. Solche Ungerechtigkeiten müssen untersucht, anerkannt und beseitigt werden.

Wer sich der Erkenntnis verweigert, dass eine zunehmend diverse Gesellschaft mit einigen alten Gewohnheiten brechen muss, behindert den Aufbau von wirklich inklusiven Demokratien.

Selbst wenn sie im Prinzip bereit sind, Neuankömmlinge willkommen zu heißen, definieren sich viele Nationen über die historischen Leistungen oder kulturellen Traditionen der Mehrheit. Sie betrachten die USA nach wie vor als Werk der Pilgerväter und der Teilnehmer an der Boston Tea Party und Frankreich als das Land der Revolutionäre, die einst die Bastille stürmten, oder der hübschen Kirchen, die so viele Dorfplätze schmücken.

Im Prinzip ist das alles ja auch nicht falsch. Auch diverse Demokratien werden immer von ihren Gründungsgeschichten und etablierten historischen Narrativen geprägt sein. Amerika ist ohne seine Gründungsväter nicht denkbar, und Frankreich wäre nicht Frankreich ohne die Französische Revolution. Doch wenn solche Aspekte einer nationalen Identität den Wandel verschleiern, den diverse Demokratien im Laufe der Zeit durchgemacht haben, dann gibt es Probleme. Denn dann werden die großen Beiträge, die Neuankömmlinge heute leisten, allzu leicht übersehen und die Bedeutung der heutigen Alltagskultur für die gemeinsame nationale Identität vernachlässigt.

Dieses Problem wird noch verschärft, wenn diverse Demokratien an einer geschönten Sicht auf die eigene Geschichte festhalten. Schließlich weist die Vergangenheit der meisten Länder dunkle Kapitel auf. Es wäre übertrieben, wenn sie ihre gesamte Identität davon bestimmen ließen – denn Gruppen sollten weder auf ihre schlimmsten Verbrechen reduziert noch mit alleinigem Blick auf ihre heldenhaftesten Leistungen verherrlicht werden.

Aber genau darum ist es wichtig, mit den dunkelsten Seiten der eigenen Geschichte ehrlich umzugehen. Viele Mitglieder diverser Demokratien weigern sich allerdings, das zu tun. Sie leugnen das Ausmaß vergangener Untaten und klammern sich stattdessen an ein unvollständiges oder komplett falsches Bild des eigenen Landes.

Wenn Minderheiten durch die Hand ihrer Landsleute Leid erfahren haben, setzt jeder Versuch, ein Gemeinschaftsgefühl zu erschaffen, die Anerkennung dieses Leids und eine ehrliche Bitte um Verzeihung voraus. Wird beides nicht geleistet, kann es nicht überraschen, wenn Menschen eine solch schöngefärbte Geschichte ablehnen – und entsprechend wenig geneigt sind, eine gemeinsame Identität anzunehmen.

Ohne echte Veränderungen alter Gewohnheiten, Narrative und Selbstwahrnehmungen wird das Projekt »diverse Demokratie« nicht gelingen können. Menschen, die sich solchen Veränderungen verweigern, tun das nicht unbedingt aus bösem Willen. Trotzdem müssen sie erkennen, dass die Bewahrung von Werten, an denen auch sie zutiefst hängen – wie die Wahrung des sozialen Friedens –, eine echte Akzeptanz des diversen Charakter ihrer Gesellschaft verlangt.

Das Diktat der Identitäten

Ein drittes Modell für den Aufbau diverser Demokratien ist den Mängeln der bisher genannten Entwürfe geschuldet. Es hat seine Wurzeln in der Frustration über die unzureichende Fantasie derer, die Veränderungen, die nötig wären, damit alle Bürger sich in diversen Demokratien zu Hause fühlen können, ablehnen. Und es wird befeuert durch die verständliche Wut über diejenigen, die die Uhr zurückdrehen und die alten Hierarchien mit unaussprechlicher Grausamkeit zurückholen wollen.

Diese Bewegung hat verschiedene Namen. Man bezeichnet sie als »woke« (»erwacht«), als eine angepasste Form der »critical race theory« (»kritische Rassentheorie«) oder als vorgebliche »successor ideology« (»Nachfolgeideologie«) des Liberalismus.[9] Sie verspricht eine radikale Neuerfindung der Gesellschaft. Dazu sind viele ihrer lautesten Fürsprecher bereit, auch fundamentale Prinzipien, auf denen liberale Demokratien traditionell gründen – wie den Vorrang des Individuums vor der Gruppe –, über Bord zu werfen.

Wie bei jeder politischen oder intellektuellen Bewegung stimmen die Angehörigen dessen, was ich als »challenger ideology« oder »Herausforderideologie« bezeichnen möchte, nicht unbedingt jeder Aussage zu, die in ihrem Namen gemacht wird.* Trotzdem sind drei ineinandergreifende Ideen für ihre Vision diverser Demokratien zentral: Aussagen über die Rolle, die askriptive Identitäten wie die sogenannte Rasse in diesen Gesellschaften spielen sollen; Aussagen über das Ausmaß, in dem Mitglieder unterschiedlicher Gruppen einander verstehen können; und Aussagen, wie die Kultur aussehen sollte, die sie gemeinsam aufbauen.

1. Strategischer Essenzialismus

In den Siebziger- und Achtzigerjahren begannen viele Sozialwissenschaftler zu behaupten, Rassenkategorien seien »soziale Konstrukte«. Etiketten wie weiß oder schwarz würden nicht die biologische Realität widerspiegeln, sondern seien künstliche Gebilde, die aus politischen Gründen erfunden worden seien. Und in fast jedem Fall sei das Ziel dahinter schlicht und einfach gewesen, eine Rechtfertigung dafür zu finden, dass Mitglieder bestimmter Gruppen bevorzugt und andere unterdrückt werden sollten.

Diese Betonung der Idee, dass die meisten Kategorien von Identität soziale Konstrukte sind, implizierte zwei mögliche Vorgehensweisen für diejenigen, die historische Ungerechtigkeiten überwinden wollten. Ein Weg war, die Bedeutung von »Rasse« herunterzuspielen. Wenn Kategorien wie weiß und schwarz künstlich sind und immer nur für schändliche Zwecke genutzt wurden, so folgerten Wissenschaftler wie Karen und

* Ich finde keine der existierenden Bezeichnungen befriedigend. »Woke« ist zu aufgeladen, »kritische Rassentheorie« bezieht sich zu sehr auf die akademischen Ursprünge und lässt außer Acht, dass es auch um verwandte Themen wie Gender und Religion geht. »Nachfolgeideologie« ist noch am vielversprechendsten. Der Begriff ist moralisch neutral und macht darauf aufmerksam, dass diese Theorie viele Prinzipien ersetzen soll, die traditionell in den westlichen Demokratien vorherrschten. Da er aber irrtümlich suggeriert, der Kampf sei bereits vorbei und die neue Bewegung werde sicher gewinnen, benutze ich doch lieber einen eigenen Begriff: *challenger ideology*, also die Ideologie, die die alten Theorien herausfordert.

Barbara Fields, dann wäre es am besten, so wenig Aufhebens wie möglich darum zu machen. Eine echte Abkehr vom Rassismus verlange auch eine Abkehr von der Vorstellung der Existenz verschiedener »Rassen«.[10]

Speziell für die politische Linke war diese Interpretation lange sehr attraktiv. Doch in weiten Teilen der Wissenschaft hat seither eine diametral entgegengesetzte Interpretation die Oberhand gewonnen.

Viele Menschen erleiden schwere Nachteile, weil sie als Angehörige einer untergeordneten Gruppe betrachtet werden. Solange Kategorien wie Latino oder Afroamerikaner im echten Leben Konsequenzen für die Behandlung der Menschen haben, die so bezeichnet werden, so argumentieren Wissenschaftler wie Gayatri Chakravorty Spivak, haben sie allen Anlass, sich zusammenzuschließen und für Gerechtigkeit zu kämpfen. Für alle praktischen Zwecke sollten sich alle, denen diese künstlichen Etiketten traditionell aufgeklebt wurden, so verhalten, als entsprächen sie einer objektiven Wirklichkeit. In der Sprache der Sozialwissenschaft heißt das, ihre Strategie sollte darin bestehen, sich so zu verhalten, als wären essenzialistische Vorstellungen von »Rasse« und Identität wahr.[11]

Im Laufe der letzten Jahrzehnte hat diese Form des »strategischen Essenzialismus« in der angelsächsischen Linken rauschende Erfolge gefeiert. Und mittlerweile scheint sie von Australien bis Großbritannien sogar den gesellschaftlichen und politischen Mainstream zu erobern.

Das Ergebnis ist eine bemerkenswerte Rückkehr der Betonung von »Rasse« und Identität. Während linke Politiker früher in Klassenbegriffen dachten, neigen sie heute eher dazu, die Notwendigkeit einer »Gleichstellung der Rassen« zu fordern. Während sie früher die universelle Vision eines Wohlfahrtsstaates vertraten, der die wichtigsten Grundleistungen für alle Bürger bereitstellt, bevorzugen sie zunehmend eine »rassenbewusste« Politik, die bestimmte Hilfsangebote an die Zugehörigkeit zu einer speziellen ethnischen Gruppe bindet. Und während linke Autoren und Künstler früher die Universalität des Menschseins betonten, halten sie es jetzt für wichtiger, die »gelebten Erfahrungen« der Identitätsgruppen zu präsentieren, zu denen sie gehören.

2. Die Unmöglichkeit gegenseitigen Verständnisses

Von großen Werken der Literatur bis zu viralen Posts auf Instagram betont Kunst häufig die Universalität menschlicher Erfahrung. In dem berühmten Monolog aus Shakespeares *Kaufmann von Venedig* betont der jüdische Protagonist Shylock, dass er Freude und Leid nicht anders empfindet als seine christlichen Zeitgenossen: »Wenn ihr uns stecht, bluten wir nicht? Wenn ihr uns kitzelt, lachen wir nicht?«[12] Und in den Posts der *Humans of New York* erzählen Bewohner der Stadt, die aus allen Ecken der Welt stammen, Geschichten von Liebe und Verlust, Unglück und unerwartetem Triumph, die bei Millionen Leserinnen und Lesern unabhängig von Religion und Hautfarbe auf Resonanz stoßen.[13]

Für viele Schriftsteller ist diese Art gegenseitigen Verständnisses ein Kernziel von Literatur. Salman Rushdie hat es einmal so formuliert, Fiktion werde lebendig, wenn sie eine »idiosynkratische Vision eines Menschen entwirft, in der wir zu unserer Freude und großen Überraschung unsere eigene Vision gespiegelt finden«.[14] Einige Wissenschaftler haben sogar versucht, den Nutzen von Literatur zu beweisen, indem sie zeigten, dass Menschen, die Romane lesen, mehr Empathie mit Menschen empfinden, die anders sind als sie.[15]

Viele Vertreter der *challenger ideology* stehen derartig universalistischen Annahmen jedoch zutiefst skeptisch gegenüber. Selbstverständlich leugnen sie nicht die Notwendigkeit von Mitgefühl oder die Existenz gemeinsamer menschlicher Eigenschaften. Doch die Unterschiede zwischen Gruppen, so behaupten sie, reichen letztlich tiefer als diese Gemeinsamkeiten. Menschen in einer vergleichsweise privilegierten Lage seien niemals fähig, die verstörenden Erfahrungen zu verstehen, denen Mitglieder unterprivilegierter Gruppen ausgesetzt sind.[16] Männer verstünden nicht, wie es sich für Frauen anfühle, mit der Angst vor sexuellen Übergriffen durchs Leben zu gehen. Und weiße Amerikaner könnten nicht die Sorge nachvollziehen, ein Polizist könnte sie ihrer Hautfarbe wegen unfair behandeln.

So weit ist diese Beobachtung auch unumstritten – oder sollte es zumindest sein. Natürlich neigen Menschen, die eine bestimmte Form von Ungerechtigkeit nie erfahren haben, eher dazu, sie zu ignorieren. Und selbstverständlich ist es schwer oder vielleicht sogar unmöglich, vollständig zu verstehen, wie sich solche Erfahrungen anfühlen.

Doch viele Vertreter der *challenger ideology* gehen weit über diese Beobachtung hinaus und ziehen aus ihr viel radikalere Schlüsse. Wenn Mitglieder einer vergleichsweise privilegierten Gruppe nie direkt mit bestimmten Formen von Ungerechtigkeit konfrontiert waren, so behaupten sie, dann sind sie – selbst wenn sie den Berichten darüber sehr genau zuhören – nicht in der Lage, die Erfahrungen unterprivilegierter Gruppen nachzuvollziehen. Und wenn das so ist, dann können sie auch nicht beurteilen, was nötig ist, um diese Ungerechtigkeiten zu beheben. Statt sich eine eigene Meinung dazu anzumaßen, sollten sie sich den Forderungen der Unterdrückten ohne Wenn und Aber beugen.

Damit mündet eine durchaus plausible Darstellung dessen, was Menschen vor dem Hintergrund eigener Erfahrungen sehen oder verstehen können, in einer viel kontroverseren Vorstellung dessen, wie die politische Solidarität in einer diversen Demokratie aussehen könnte. Ein guter Verbündeter zu sein, geht dieser Vision zufolge über das gegenseitige Zuhören oder den Versuch, Gemeinsamkeiten zu finden, hinaus. Für Mitglieder privilegierter Gruppen erfordert echte politische Solidarität nichts Geringeres, als sich selbst zu »dezentrieren«, ihr eigenes Urteil aufzugeben und die Forderungen der Unterdrückten zu »privilegieren«.

3. Die Gefahr kultureller Aneignung

Früher feierte die humanistische Linke es für gewöhnlich, wenn unterschiedliche Kulturen sich vermischen und gegenseitig beeinflussen. Von den Hippies, die gern indische Saris trugen, bis hin zu Mitarbeitern von Hilfsorganisationen, deren Wohnungen (wie es in einem satirischen Gedicht so schön heißt) voller kurioser Schnitzereien und Batikvorhänge waren,[17] galt die Beschäftigung mit der Mode, Musik und den Speisen anderer Kulturen als Nachweis von Weltoffenheit.

Heute weicht dieser demonstrative Kosmopolitismus zunehmend der Sorge, gegenseitige kulturelle Beeinflussung könnte alle möglichen Formen von Ungerechtigkeit fördern. Aus verständlicher Sorge über weiße Künstler, die in der Vergangenheit die Musik schwarzer Sänger stahlen,[18] und die Weise, auf die manche Leute die traditionelle Kleidung von Minderheiten anziehen, um sich über sie lustig zu machen,[19] kommen die Vertreter der *challenger ideology* zu einem viel weiter reichenden Schluss: Sie sprechen sich zunehmend dafür aus, Formen der sogenannten kulturellen Aneignung generell zu verurteilen.[20]

In vielen progressiven Kreisen gilt es inzwischen als schwerer Fauxpas, wenn Mitglieder der Mehrheit Kleidung tragen, die typischerweise mit den Benachteiligten der Geschichte in Verbindung gebracht wird. Man darf zwar immer noch zu Hause Gerichte aus anderen Ländern kochen, aber weiße Restaurantbesitzer in Portland[21] und Toronto[22] sind in ernsthafte Schwierigkeiten geraten, weil sie sich die asiatische oder lateinamerikanische Küche »aneigneten«. Weit davon entfernt, als Zeichen dafür zu gelten, dass diverse Demokratien eine inklusivere Alltagskultur aufbauen, wird die Übernahme kultureller Einflüsse aus Minderheitengruppen in vielen Kreisen mittlerweile als grundsätzlich verdächtig betrachtet.

Die *challenger ideology* lässt sich in mancher Hinsicht auch als Versuch verstehen, ernsthafte blinde Flecken in den anderen Modellen beim Umgang mit dem großen Experiment zu vermeiden. Sie bezieht ihre Schlagkraft aus der Tatsache, dass viele Probleme, auf die sie hinweist, sehr real sind. Viele Bürger diverser Demokratien sind tatsächlich blind für die Hindernisse, denen Mitglieder von Minderheiten begegnen. Und es mag tatsächlich naiv sein, wenn sich die besonders idealistischen Teile der Gesellschaft weigern, in Kategorien wie Ethnizität oder Hautfarbe zu denken, wenn die reaktionärsten Teile derselben Gesellschaft ihre Mitbürger anhand genau derselben Kategorien diskriminieren.

Trotzdem befürchte ich, dass viele der Antworten und Rezepte dieser Denkschule die Ziele ihrer Befürworter nicht gerade fördern werden. Statt dabei mitzuhelfen, das große Experiment zum Erfolg zu führen, laufen sie Gefahr, seine ärgsten Gegner stark zu machen.

Wer die Mitglieder historisch dominanter Gruppen dazu auffordert, sich blind den Ansichten und Forderungen historisch unterdrückter Gruppen zu beugen, wird kaum die nötige politische Solidarität erzeugen, um tatsächliche Ungerechtigkeiten zu beseitigen. Denn diejenigen, die mit dem Status quo zufrieden sind oder gar davon träumen, die Uhr zurückzudrehen, werden derartige Aufforderungen ohnehin ignorieren. Um die Aufmerksamkeit für das Schicksal der Unterdrückten zu erhöhen, sind solche Ansätze also gänzlich ungeeignet. Doch selbst wer hoch motiviert ist, etwas für eine gerechtere Gesellschaft zu tun, wird es in der Praxis schwierig finden, dieser Aufforderung in sinnvoller Weise nachzukommen.

Latinos[23] und Afroamerikaner[24] zum Beispiel vertreten ein breites Spektrum politischer Ansichten. Und es ist überhaupt nicht klar, welcher dieser Ansichten ein weißer Amerikaner, der sich den Forderungen dieser Gruppen beugen will, folgen sollte. Letztlich bleiben nur zwei Möglichkeiten. Entweder hört er auf die Forderungen relativ mächtiger Mitglieder dieser Gruppen, denen es gelungen ist, sich zu Sprechern aufzuschwingen – vermutlich mithilfe von Medien oder politischen Parteien, die ihrerseits von Mitgliedern der weißen Mehrheit kontrolliert werden –, selbst wenn damit die Ansichten von weniger privilegierten Mitgliedern ebenjener Gruppen nicht abgedeckt werden. Oder er entscheidet selbst aufgrund eigener politischer Präferenzen, wen er als geeigneten Sprecher ansehen will – und hört dann wahrscheinlich auf diejenigen, die seinen eigenen Ansichten am nächsten kommen, und tut alle anderen als »nicht authentisch« ab. So oder so bleibt vollkommen offen, wie die Forderung, sich den Ansichten einer unterdrückten Gruppe zu beugen, denjenigen, die unsere Solidarität wirklich nötig haben, helfen kann.

Die Probleme des strategischen Essenzialismus reichen noch tiefer. Befürworter der *challenger ideology* weisen zu Recht darauf hin, dass die Hoffnung auf eine vollkommene Abschaffung der Kategorie »Rasse« naiv sei. In Ländern beispielsweise, in denen es einige politische Parteien darauf anlegen, Mitgliedern von Minderheiten die Teilnahme an Wahlen zu erschweren, müssen sich Aktivisten von Minderheitengruppen mit dem Ziel organisieren, das politische Bewusstsein und die Wahlbereitschaft innerhalb ihrer Gruppe zu fördern. Ob uns das gefällt oder nicht: Der Kampf gegen die Ungerechtigkeiten, die diverse Demokratien seit jeher kennzeichnen, macht es bis zu einem gewissen Grad erforderlich, in ethnischen Kategorien zu denken.

Doch es ist ebenso naiv, Angehörige diverser Demokratien aufzufordern, sich *in erster Linie* als Mitglieder ihrer ethnischen, religiösen oder gar »rassischen« Gruppen zu definieren. So fördern Quotenprogramme, die sich explizit an Menschen mit einer bestimmten ethnischen Zugehörigkeit wenden, letztlich bei allen Gruppen – auch bei den Weißen – eine stärkere Identifikation mit der eigenen Ethnizität. Damit wird genau das Rassebewusstsein unterstützt, das in der Vergangenheit zu den schlimmsten Formen von Ungerechtigkeit und Diskriminierung geführt hat.

Diese Probleme werden besonders drängend, wenn die essenzialistische Betonung der »Rasse« ihren angeblich strategischen Charakter ablegt und zu einer langfristigen Vision mutiert. Viele Anhänger der *challenger ideology* scheinen die Aussichten des großen Experiments heute eher pessimistisch einzuschätzen. Die Geschichte diverser Gesellschaften, so erklären sie, sei immer von Konflikten zwischen »Rassen« und Religionen geprägt gewesen. In Zukunft wären ehemals unterdrückte Gruppen in einer besseren Position, um für eine faire Teilhabe an der Gesellschaft zu kämpfen. Vielleicht würden sie sogar die Oberhand gewinnen. Doch »Rasse« werde auch noch in fünfundzwanzig oder fünfzig Jahren die wichtigste soziale und politische Kategorie in den diversen Demokratien auf der ganzen Welt sein.

Dieser Vision zufolge ist die ethnische Identität nicht einfach nur ein wichtiger Teil der gesellschaftlichen Realität. Sie ist vielmehr ein unausweichlicher Teil unseres kollektiven Schicksals. Obwohl die *challenger ideology* ihre Wurzeln in der kritischen Auseinandersetzung mit dem Essenzialismus hat, fördert sie inzwischen seltsamerweise die essenzialistische Ansicht, die »Rasse« sei immer schon das wichtigste Merkmal des Menschen gewesen und werde das auch immer bleiben.

Diese Vision der Zukunft des großen Experiments ist, fürchte ich, weder attraktiv noch konstruktiv. Doch zum Glück gibt es eine bessere Alternative.

Ein besseres Modell

Die drei vorherrschenden Wege, auf die kulturellen Kämpfe in vielen diversen Demokratien unserer Zeit zu reagieren, sind alle mit Mängeln behaftet.

Die Hoffnung, die Uhr zurückdrehen zu können, ist eine gefährliche Schimäre. Es wäre ein Fehler, wenn sich diverse Demokratien den kulturellen und politischen Veränderungen entgegenstellen würden, die notwendig sind, um Minderheiten die gleiche Anerkennung zukommen zu lassen. Gleichzeitig müssen sich diverse Demokratien davor hüten, sich nur noch auf Identitätspolitik zu verlegen und die zutiefst pessimistische Zukunftsvision zu übernehmen, die Befürworter der *challenger ideology* vertreten.

Menschen aus verschiedenen Identitätsgruppen sind durchaus in der Lage, die Probleme und Prioritäten der jeweils anderen zu verstehen, echte politische Solidarität zu üben und eine gemeinsame Alltagskultur aufzubauen. Wer dem großen Experiment Erfolg wünscht, muss eine Vision anbieten, die die aktuellen Herausforderungen realistisch betrachtet und zugleich optimistisch auf ein Morgen blickt, für das es sich zu kämpfen lohnt.

Dazu müssen drei Grundprinzipien erfüllt sein. Diverse Demokratien sollten eine Form der politischen Solidarität anstreben, die auf mehr Empathie zwischen ihren Bürgern beruht. Sie sollten den Einfluss, den die verschiedenen Kulturen ihrer Mitglieder aufeinander ausüben, begrüßen. Und vor allem sollten sie eine Zukunft zu gestalten versuchen, in der Hautfarbe und Religion weniger wichtig sind – nicht, weil viele Menschen ihre Rolle in der Realität leugnen, sondern weil immer weniger Menschen aufgrund ihrer askriptiven Identität Nachteile erleiden.

1. Mehr Empathie, tiefere Solidarität

Es ist naiv zu denken, dass Menschen die Erfahrungen anderer von Natur aus verstehen. Wer nie gehungert hat, kann sich kaum vorstellen, wie es sich anfühlt, keine verlässliche Nahrungsquelle zu haben. Und wer zu einer herrschenden Mehrheit gehört, hat möglicherweise keine Ahnung, wie ein Leben aussieht, in dem man ständig befürchten muss, aufgrund der eigenen Hautfarbe mit Verachtung oder Feindseligkeit behandelt zu werden. Die Vertreter der *challenger ideology* weisen zu Recht darauf hin, dass es in diversen Demokratien erhebliche Hindernisse für das gegenseitige Verständnis gibt – und dass viele ihrer Landsleute mit den Schwierigkeiten, die damit verbunden sind, naiv umgehen.

Doch selbst wenn Angehörige einer Gruppe die Welt nie genauso wahrnehmen können, wie es die Angehörigen einer anderen Gruppe tun, wäre es ein schwerer Fehler, die Idee einer effektiven Kommunikation komplett aufzugeben. Ein Mann muss keine sexuelle Belästigung erlebt haben, um darin ein Unrecht zu erkennen. Und ein Weißer muss keine »gelebte Erfahrung« mit Diskriminierung haben, um zu begreifen, wie widerwärtig Rassismus ist.

Deshalb sollten diverse Demokratien das Ideal gegenseitigen Verständnisses auf keinen Fall aufgeben, sondern sich intensiv darum bemühen, Empathie zu wecken. Die Bürger diverser Demokratien sollten sich der immer vorhandenen Möglichkeit bewusst sein, dass sie nichts von den Erfahrungen der anderen wissen oder den Motiven ihres Gegenübers fälschlicherweise misstrauen. Aber sie sollten auch darauf vertrauen, dass sie tiefes Mitgefühl füreinander entwickeln können, wenn sie sich die Mühe machen, einander wirklich zuzuhören.

Das impliziert auch eine andere Vision politischer Solidarität als die vieler derzeitiger Aktivisten. Männer sind absolut in der Lage, für eine Gesellschaft zu kämpfen, in der Frauen fair behandelt werden – weil alles andere ihre eigenen moralischen

Ansprüche verletzen würde. Und viele Weiße wollen die Situation von Minderheiten in der demokratischen Gesellschaft, in der sie leben, verbessern – weil sie selbst es sich auch wünschen, in einer gerechten Gesellschaft zu leben.

Menschen werden kaum für die Interessen einer unterprivilegierten Gruppe eintreten, nur weil jemand fordert, sie müssten sich den Ansichten und Forderungen dieser Gruppe beugen. Aber wenn ihr eigenes Gerechtigkeitsempfinden verletzt wird, sind sie durchaus fähig, mutig und altruistisch für ihre Werte einzustehen. Genau deshalb müssen diverse Demokratien auf einem ehrgeizigen Modell von politischer Solidarität bestehen.

2. Ein Lob auf die gegenseitige Beeinflussung

Es gibt eine lange Tradition unter Schriftstellern und Politikern, durch Einwanderung oder andere Formen des Kontakts mit der Außenwelt entstandene Veränderungen ihres Landes anzuprangern. Ende des 19. Jahrhunderts wetterte Richard Wagner gegen den angeblich so schädlichen Einfluss der französischen Kultur in seinem Heimatland. Anfang des 20. Jahrhunderts machten sich viele Amerikaner Sorgen um mögliche negative Veränderungen, die der starke Zustrom katholischer Einwanderer aus Ländern wie Italien mit sich bringen könnte. Und heute beschreiben Politiker wie der indische Regierungschef Narendra Modi äußere Einflüsse von Halloween[25] bis hin zum Valentinstag[26] als ernsthafte Angriffe auf die kulturelle Integrität ihrer Nation.

Wenn das große Experiment gelingen soll, müssen diverse Demokratien diese Form des kulturellen Purismus ablehnen. Kulturen sind flüssige Gebilde, die sich stetig verändernde Vorlieben ihrer Mitglieder widerspiegeln – nicht ein statisches Exponat, das wie ein aufgespießter Schmetterling im naturkundlichen Museum mit Chlorkresol konserviert werden muss. Man kann von Neuankömmlingen nicht erwarten, dass sie sich in die existierende kulturelle Praxis integrieren, ohne dass man ihnen die Chance gibt, einen eigenen Beitrag zu leisten. Diverse Demokratien werden und sollten sich nicht in homogene Gesellschaften verwandeln, in denen jeder Bürger dieselben Vorlieben und Ansichten hegt.

Die Linke hat lange Zeit den Wert dieser Art gegenseitigen Einflusses verteidigt. Doch in letzter Zeit greift in aktivistischen und künstlerischen Kreisen eine Art Angst vor kulturellem Austausch um sich. Kritiker der »kulturellen Aneignung« fürchten den Schaden, den es verursacht, wenn Mitglieder der Mehrheitsgruppe sich über die Kleidung von Minderheitsgruppen lustig machen; wenn Künstler aus unterprivilegierten Gemeinschaften ihr geistiges Eigentum gestohlen wird; oder wenn Kinder von ihren Mitschülern für das ungewohnte Essen in ihrer Brotdose gehänselt werden.

All dies sind echte Ungerechtigkeiten. Kinder sollten einander nicht wegen des Inhalts einer Brotdose mobben. Künstler, die die Arbeit anderer Künstler stehlen, gehören bestraft. Und Menschen, die sich über Minderheiten lustig machen, sollten sich schämen. Doch was daran falsch ist, hat nichts mit kulturellem Austausch zwischen den Menschen in einer diversen Demokratie zu tun. Vielmehr handelt es sich in jedem dieser Fälle um eine Form von Ausbeutung oder Verachtung, die auch ohne das neue Vokabular der kulturellen Aneignung verdammt werden kann. Wer kulturellen Austausch unter Generalverdacht stellt, wird diese Probleme damit nicht beheben – »problematisiert« dafür aber ebenjene Formen des freien Austausches miteinander, die diverse Gesellschaften bereichern und ihnen dabei helfen können, eine gemeinschaftliche Alltagskultur zu entwickeln.

Die Kulturen der Menschheit haben sich schon immer gegenseitig beeinflusst. Identitätsgruppen besitzen kein kollektives Eigentumsrecht an bestimmten Ideen, Speisen oder kulturellen Praktiken (und das ist auch gut so). Moderne Demokratien können nicht gelingen, wenn ihre Mitglieder ständig fürchten, sich gegenseitig zu inspirieren. Aus all diesen Gründen ist kultureller Austausch keine Sünde – sondern eine der größten Stärken einer blühenden diversen Gesellschaft.

Wenn Afroamerikaner chinesisches Essen genießen, bevor sie zum Salsa-Tanzen gehen; wenn Amerikaner koreanischer Herkunft Touristen aus Lateinamerika französische Backwaren verkaufen; wenn Freunde gänzlich verschiedener Herkunft und Religion sich in einem Tex-Mex-Restaurant zusammen betrinken, während »Old Town Road«[27] aus den Lautsprechern dröhnt, dann sind all das Schlaglichter auf eine Zukunft, die wir anstreben sollten. Wer dem großen Experiment Erfolg wünscht, sollte die Freuden gegenseitiger Beeinflussung und Inspiration stolz gegen die Vertreter eines in Mode gekommenen kulturellen Purismus verteidigen.

3. Betonung der Gemeinsamkeiten

Selbst in einer diversen Demokratie mit einer angemessen gemeinschaftlichen Kultur werden sich viele Menschen weiterhin stark mit ihrer eigenen Gruppe identifizieren. Viele von ihnen werden auch künftig die kulturellen Riten ihrer Vorfahren praktizieren und die Götter ihrer Eltern anbeten. Eine liberale Gesellschaft, die die sinnstiftende Rolle kultureller und religiöser Gemeinschaften anerkennt, wird einen solchen Pluralismus nicht bekämpfen, sondern freudig begrüßen.

Auch bestimmte Kategorien von askriptiver Identität wie die Hautfarbe werden ihre Bedeutung auf absehbare Zeit sicher bewahren. In Ländern, deren Geschichte über einen langen Zeitraum von Dominanz geprägt war, wird ein Blick auf Hautfarbe und Ethnizität wichtig bleiben, um untersuchen zu können, inwieweit die gegenwärtigen Bedingungen diese Ungerechtigkeiten aufrechterhalten. Und selbst wenn die Verhältnisse, die solche Ungerechtigkeiten hervorgebracht haben, nicht mehr existieren, werden Gruppen, die lange aufgrund ihrer Hautfarbe diskriminiert wurden, wahrscheinlich Formen der politischen Solidarität und des kulturellen Zusammenhalts bewahren.[28]

Trotzdem sollten diverse Demokratien niemals von einer Zukunftsvision abweichen, in der askriptive Identitäten eine kleinere (und nicht etwa eine größere) Rolle spielen als heute. Sie sollten den Aufbau von Gesellschaften anstreben, in denen Menschen aus verschiedenen Gruppen ausreichend Kontakt miteinander pflegen, um die Sorgen und Nöte der anderen zu verstehen. Und sie sollten versuchen, historische Ungerechtigkeiten so weit zu beheben, dass die Kategorie »Rasse« an Bedeutung verliert – nicht, weil Menschen die nach wie vor existierende Relevanz dieser Kategorie ignorieren, sondern weil diese Kategorie die Realität tatsächlich immer weniger beeinflusst.

In den metaphorischen Parks, in denen wir leben, gibt es viele Probleme.

Die Parkordnung wurde vor langer Zeit erstellt und bedarf dringend einer Überarbeitung. Manche fühlen sich auf den Rasenflächen und Spazierwegen willkommen, andere haben immer noch Grund zur Sorge, sie könnten als Eindringlinge empfunden werden. Und die Besucher reden zwar manchmal miteinander, beobachten sich gegenseitig aber noch häufig mit Skepsis oder gar Feindseligkeit.

Alle diese Probleme verleiten dazu, unsere kollektiven Erwartungen an die Zukunft herunterzuschrauben. Vielleicht dürfen wir nicht mehr als einen unsicheren Waffenstillstand erhoffen – und müssen die Hoffnung auf größere Gemeinsamkeit gänzlich aufgeben. Sollte jede Gruppe eine Ecke im Park zugewiesen bekommen, in der sie unter sich bleiben kann? Oder sollte jede Gruppe, damit es nicht zum Streit kommt, nur zu bestimmten Zeiten Zugang kriegen?

Das wäre ein schrecklicher Fehler. Jeder sollte in dem gemeinsam genutzten Raum willkommen sein und sich auch willkommen fühlen. Wir können die Parkordnung so anpassen, dass alle zur selben Zeit ihren Lieblingsaktivitäten nachgehen können. Nur dann werden die einzelnen Gruppen, die sich jetzt skeptisch beäugen, einander irgendwann als Mitbürger und sogar als Freunde betrachten.

Die Zukunft des gemeinsam genutzten Parks kann deutlich strahlender sein als seine Gegenwart.

Skeptiker werden diese Behauptung vermutlich belächeln.

Es gebe keine Hinweise darauf, dass die alten Ungerechtigkeiten verschwinden, sagen sie. Es gebe so wenig Fortschritt in Richtung echter Gleichberechtigung von Minderheiten. Die Politik in vielen Ländern sei nach wie vor entlang ethnischer und konfessioneller Gräben gespalten. Und die Politiker täten nicht genug, um diese Probleme zu beheben.

Mit diesen Argumenten beschäftige ich mich im letzten Teil des Buchs. Diverse Demokratien sind nicht perfekt. Aber wie ich zeigen werde, machen Minderheiten viel schnellere Fortschritte, als sowohl die Befürworter als auch die Gegner des großen Experiments derzeit glauben. Obwohl die Polarisierung in vielen Ländern entlang demografischen Linien verläuft, gibt es erste Anzeichen dafür, dass die politischen Gräben der Zukunft die Bevölkerung nicht mehr so stark in Einheimische und Einwanderer oder Weiße und Schwarze einteilen wird. Und so begrenzt die Macht der Politik zur Veränderung der Welt auch sein mag, gibt es doch viele vernünftige Schritte, die diverse Demokratien machen können, um eine bessere Zukunft zu schaffen.

Im ersten Teil des Buchs habe ich beschrieben, mit welchen Schwierigkeiten diverse Demokratien zu kämpfen haben. Im zweiten Teil habe ich eine ehrgeizige Vision für die diversen Demokratien der Zukunft entwickelt. Im dritten und letzten Teil zeige ich, warum es schwierig sein mag, wirklich gelingende diverse Demokratien aufzubauen – und es doch gelingen kann.

TEIL DREI

Wie diverse Demokratien gelingen können

Damit das große Experiment Erfolg haben kann, müssen wir diverse Demokratien aufbauen, die von ihren Bürgern aus vollem Herzen unterstützt werden: Gesellschaften, deren Angehörige auf gemeinsame Leistungen stolz sind, die Fremden offen begegnen und fähig sind, echte Solidarität füreinander aufzubringen.

Die wenigsten Leserinnen und Leser werden mir widersprechen, wenn ich sage, dass es wunderbar wäre, wenn die diversen Demokratien der Zukunft von einem solchen Geist gegenseitiger Fürsorge geprägt sein würden. Doch die meisten haben wohl auch Zweifel, wie realistisch dieses Ziel ist. Kann das große Experiment wirklich Erfolg haben? Und wenn ja, was können wir dafür tun?

Wer den Zustand diverser Demokratien von Deutschland bis hin zu den USA betrachtet, wird in der derzeitigen Lage jede Menge Gründe finden, mit Sorge in die Zukunft zu blicken. Etliche Mitglieder der Gesellschaft sind nach wie vor erheblicher Diskriminierung ausgesetzt. Seit Langem schwelen Konflikte zwischen verschiedenen ethnischen und religiösen Gruppen. Und manche Länder erleben regelmäßig Ausbrüche von gewalttätiger Hasskriminalität oder blutige Terroranschläge. Da ist tiefe Besorgnis durchaus angebracht.

Doch in den letzten Jahren hat sich aus diesen berechtigten, realistischen Sorgen ein modischer Pessimismus entwickelt, der den Blick auf die Wirklichkeit verzerrt. Und seltsamerweise wird dieser modische Pessimismus von Menschen geteilt, die sonst völlig unterschiedliche politische Auffassungen vertreten – vom glühenden Befürworter bis hin zum fanatischen Kritiker des großen Experiments.

Glaubt man dieser bunt zusammengewürfelten Truppe von Zynikern, dann haben die meisten diversen Demokratien in den letzten Jahrzehnten kaum einen Fortschritt gemacht. Einwanderer und andere Minderheiten sind wirtschaftlich schlecht aufgestellt und bleiben am Rand des gesellschaftlichen Mainstreams. Und die Konflikte zwischen Mitgliedern der historischen Mehrheit einerseits und ethnischen oder religiösen Minderheiten andererseits verschärfen sich von Tag zu Tag.

Diese pessimistische Beschreibung der Gegenwart geht häufig Hand in Hand mit einem defätistischen Blick in die Zukunft. Diverse Demokratien, so heißt es dann gerne, werden höchstwahrscheinlich nie nennenswerte Fortschritte machen. Um die Schrecken der Gegenwart zu überwinden, müssten sie sich radikal von ihren bisherigen Grundprinzipien verabschieden.

Warum sollten wir, wenn die vergangenen Jahrzehnte keine erkennbaren Verbesserungen gebracht haben, denn noch Hoffnung auf eine bessere Zukunft hegen?

Ich halte diesen Pessimismus für übertrieben. Denn tatsächlich haben die meisten diversen Demokratien in den letzten Jahrzehnten durchaus deutliche Fortschritte gemacht.

Wie ich in Kapitel 8 zeigen werde, gelingt es vielen Gesellschaften, Neuankömmlinge zu integrieren, ihr Verständnis von Zugehörigkeit zu erweitern und historisch unterprivilegierten Gruppen echte wirtschaftliche Chancen zu vermitteln. So ernst die Probleme auch nach wie vor sein mögen, ist die gelebte Realität gleichzeitig sehr vielversprechend.

Auch die Gräben zwischen verschiedenen demografischen Gruppen sind mittlerweile, wie ich in Kapitel 9 zeigen werden, wesentlich kleiner, als Kommentatoren und Politiker gerne glauben machen. Mit den richtigen Entscheidungen lässt sich eine Zukunft, in der ein frontaler Kampf zwischen der historischen Mehrheit und den erstarkenden Minderheiten die Gesellschaft prägt, vermeiden.

Das legt, wie wir in Kapitel 10 sehen werden, nahe, dass bestimmte Prinzipien und politische Maßnahmen dazu beitragen können, das große Experiment zum Erfolg zu führen. Wenn es auch keine Allheilmittel geben mag, können sinnvolle Schritte von Politikern sowie gewöhnlichen Bürgern doch beträchtlich dabei helfen, diverse Demokratien erfolgreich zu machen.

Viele Entwicklungen vor Ort sind positiv. Das Vertrauen in eine bessere Zukunft muss sich nicht auf die unwahrscheinliche Aussicht stützen, dass Politiker geniale Strategien entwickeln werden, um eine schreckliche Situation zu beheben. Vielmehr geht es darum, positive Trends zu verstärken und schlimme Fehler zu vermeiden.

Um diverse Demokratien, in denen wir gerne leben, aufzubauen, müssen wir uns für eine Vision einsetzen, die sowohl für die Mitglieder von Mehrheiten wie für die von Minderheiten attraktiv ist. Und wir müssen uns für eine Politik starkmachen, die Fragmentierungen überwindet, statt sie zu vertiefen. Wenn das große Experiment Erfolg haben sollte, wird das nicht das Verdienst von ein paar Politikern oder Aktivisten – und schon gar nicht eines einzelnen Autors, der an seinem Stehpult vor sich hin tippt – sein. Vielmehr wäre ein solcher Erfolg Millionen von Menschen zu verdanken, die lieber kooperieren, als zu diskriminieren, lieber zuhören, als zu brüllen, lieber Freundschaften schließen oder sich verlieben, als zu hassen oder zu morden.

KAPITEL 8
Anlass zum Optimismus

Wir leben in einer Zeit, die von tiefem Pessimismus gegenüber dem aktuellen Zustand und den Zukunftsaussichten des großen Experiments geprägt ist.

Viele Demokratien sind so polarisiert wie seit fünfzig Jahren nicht mehr. Und doch sind sich viele Menschen, die ansonsten in politischen Fragen fast nie miteinander übereinstimmen, in einem Punkt einig: Aus den verschiedensten Gründen glauben sie, dass Gesellschaften in aller Welt mit ihrer wachsenden Heterogenität nicht gut zurechtkommen.

Auf der politischen Rechten machen viele Autoren Einwanderer und ethnische Minderheiten für diese Probleme verantwortlich. Von Frankreich bis Japan, von Deutschland bis zu den Vereinigten Staaten behaupten Überraschungsbestseller, dass diese Gruppen weniger gebildet sind als die Mitglieder der »einheimischen« Mehrheit, dass sie deutlich weniger Geld verdienen und eine höhere Kriminalitätsrate aufweisen.[1]

In letzter Zeit haben rechte Politiker mithilfe derartiger Angriffe sehr viel Macht gewonnen. Jair Bolsonaro in Brasilien und Viktor Orbán in Ungarn, Marine Le Pen in Frankreich und Donald Trump in den USA waren auch deshalb so erfolgreich, weil sie Außenstehende zum Sündenbock für die vermeintlichen Probleme ihres Landes gemacht haben.

In Teilen der Linken wird dieser Diagnose, wie auch den daraus vorgeblich abzuleitenden Heilsmitteln, heftig widersprochen. So wie auch ich bestreiten viele, die meisten Einwanderer oder Mitglieder ethnischer Minderheiten seien eine Bedrohung; sie wären nicht in der Lage, Leistung zu erbringen; oder ihre bloße Anwesenheit untergrabe bereits die Stabilität vieler Länder. So wie ich wollen diese Kritiker diverse Demokratien zum Erfolg führen.

Und doch haben im letzten Jahrzehnt zunehmend auch Linke eine ähnlich pessimistische Haltung eingenommen. Auch sie betonen immer häufiger, wie schlecht es Minderheiten wie den Hispanics in den USA oder den Nordafrikanern in Frankreich gehe. Für solche Missstände mögen sie zwar die Ungerechtigkeiten des Systems anstatt die vermeintliche Unterwertigkeit der jeweiligen Minderheit verantwortlich machen – doch auch sie scheinen zunehmend zu schlussfolgern, dass die Zukunft kaum besser aussehen werde.

In diesem Kapitel möchte ich diesen Pessimismus ernst nehmen und den am häufigsten genannten Gründen für die weitverbreitete Verzweiflung über die Zukunft der diversen Demokratie – ob ich sie instinktiv für plausibel halte oder ihnen mit großer Skepsis begegne – ernsthaft nachgehen.

Drei Sorgen, so werde ich zeigen, sind für den vorherrschenden Pessimismus besonders verantwortlich. Da ist zunächst das Gefühl, Einwanderer und Minderheiten würden im gesellschaftlichen Mainstream nicht voll akzeptiert und könnten auf ewig Bürger zweiter Klasse bleiben. Zum Zweiten herrscht die Sorge, diese Gruppen hätten in Schulen, in Universitäten und auf dem Arbeitsmarkt weniger Erfolg und würden deshalb noch lange eine Art sozioökonomische Unterschicht bilden. Und schließlich gibt es Ängste, sie seien für Verbrechen und Terroranschläge verantwortlich und stellten dauerhaft eine fundamentale Bedrohung der zentralen Werte entwickelter Demokratien dar.*

Die Schlüsse, die ich aus meiner Analyse dieser drei Quellen des Pessimismus ziehe, sind unzeitgemäß optimistisch. Die Ge-

* Pessimisten von der Linken wie der Rechten äußern Varianten der ersten beiden Behauptungen – sie machen lediglich unterschiedliche Faktoren für dieses Scheitern verantwortlich. Die dritte Behauptung kommt im Wesentlichen von der Rechten.

fahren und Ungerechtigkeiten, die den momentanen Zustand der diversen Demokratien zeichnen, sind echt. Wir müssen uns mit ihnen auf ehrliche Weise auseinandersetzen. Aber gleichzeitig darf uns dies nicht für die Tatsache, dass die meisten diversen Demokratien große Schritte in Richtung einer besseren Zukunft gemacht haben – und dass sie das auch weiterhin tun können, wenn wir für die richtigen Prinzipien kämpfen und die richtige Politik verfolgen – blenden.

Ausgrenzung und Integration

Vor ein paar Jahren besuchte ich den muslimischen Religionsunterricht an einer Schule in Dinslaken.[2] Lamya Kaddor, die Lehrerin, die mich eingeladen hatte, ist eine entschiedene Verfechterin einer liberalen Auslegung des Islam. Sie ist häufig in politischen Talkshows zu Gast und sitzt seit 2021 für die Grünen im Bundestag.

Sobald ich das Klassenzimmer betrat, fiel mir auf, dass ihre direkte Art zu sprechen und ihr Singsang mit leichtem Einschlag aus dem Ruhrgebiet bei ihren Schülerinnen und Schülern großes Vertrauen weckte. Die Sechstklässler baten sie in allen möglichen Fragen um Rat. Wie gehe ich mit einer frommen Großmutter um, die mir aufträgt, das Kopftuch zu tragen, fragte die eine. Was ist von einem Mann zu halten, der in einem sozialen Netzwerk behauptete, er töte live vor der Kamera eine Frau, fragte der nächste.[3]

Kaddor, deren rundes Gesicht von langen schwarzen Haaren umrahmt wird, beantwortete die Fragen mit unerschütterlicher Geduld. (»Du solltest nur dann Kopftuch tragen, wenn du das selber willst.« – »Nein, ich glaube nicht, dass er sie wirklich getötet hat.«) Als ein Schüler nervös erzählte, seine Mutter wolle nicht, dass er sich als Schiit oute, nutzte sie die Gelegenheit, um klarzustellen, dass alle religiösen Überzeugungen denselben Respekt verdienen. »Es spielt keine Rolle, ob du Schiit, Sunnit, Alevit oder sonst was bist. Ein Mensch ist ein Mensch. Es spielt keine Rolle, ob jemand Muslim ist oder nicht.«

»Stimmt«, rief Federico, ein etwas übereifriger Junge mit großen Augen, der, ohne aufgerufen zu sein, ständig der ganzen Klasse seine Gedanken mitteilte. »Ich hab einen deutschen Freund!«

»Und glaubt ihr, die anderen Leute um uns herum seien weniger wert?«, fragte Kaddor. »Oder dass Yascha Mounk … ich kenne seine Religion nicht, aber ich vermute, er ist Jude … glaubt ihr, dass er weniger wert ist als wir?«

»Nein«, murmelten alle.

»Ein Mensch ist ein Mensch«, fügte ein Kind hinzu.

»Genau«, bestätigte Kaddor. »Wir beurteilen Menschen nach ihrem Tun. Danach, wie sie uns behandeln.«

Während Kaddor weiter über das Thema der religiösen Toleranz sprach, drehte Federico sich zu mir um. »Wie cool!«, flüsterte er so laut, dass es alle hören konnten, und reckte entschieden den Daumen hoch.

Im ersten Moment fand ich diesen Unterricht einfach nur inspirierend. Ein Beispiel für die Tatkraft vieler Einwanderer, die wie Kaddor für mehr Toleranz in der jüngeren Generation sorgen. Dann jedoch dachte ich über ein paar Details nach, deren Bedeutung mir zunächst entgangen war.

Wie stark konnte Federicos Gefühl der Zugehörigkeit sein, wenn er es so bemerkenswert fand, einen »deutschen Freund« zu haben? Der Junge war in Deutschland geboren und aufgewachsen, und trotzdem schienen »Deutsche« für ihn nur die wenigen weißen und christlichen Mitschüler zu sein.

Und erwähnte nicht sogar Kaddor weitreichende Grenzen ihrer religiösen Freiheit, als wären sie ganz selbstverständlich? An einem Punkt erzählte ein ernster Junge namens Kheder in einer Mischung aus Stolz und Scham, er würde im Sommer am

Wochenende morgens um fünf aufstehen, um zu beten. »Wow, Kheder! So früh?«, fragte Kaddor. Und dann erklärte sie freundlich, dass es unter religiösen Gesichtspunkten vollkommen okay sei, ein verpasstes Gebet später am Tag nachzuholen. Was sie selbst anging, so berichtete sie der Klasse, bete sie in der Regel fünf Mal am Tag. »Aber in der Schule kann ich natürlich nicht beten«, fügte sie beiläufig hinzu.

»Warum nicht«, fragte eine Schülerin.

»Ich will nicht vor den Kollegen beten. Sie würden es vielleicht nicht verstehen und mich für eine Fundamentalistin halten oder so. Und dann hätten sie womöglich Angst vor mir.«

Den meisten entwickelten Demokratien liegt ein monoethnisches, monokulturelles Selbstverständnis zugrunde. Wenn Sie in den Fünfzigern oder Siebzigern jemanden in Rom, Berlin oder Stockholm gebeten hätten, Ihnen zu sagen, wer als echter Italiener, Deutscher oder Schwede zähle, dann hätte man Ihnen wahrscheinlich die Antwort gegeben: jemand, dessen Eltern, Großeltern und Urgroßeltern ebenfalls schon im Land gelebt hätten.

In den letzten fünfzig Jahren sind diese Gesellschaften immer diverser geworden. Die Zahl der Bürger mit »Migrationshintergrund«, wie es im typischen Amtsdeutsch heißt, ist schnell gewachsen.[4] Doch während die Gesellschaften deutlich diverser geworden sind, sind einige ihrer Vorstellungen und Praktiken nach wie vor von einer Gründungsideologie geprägt, die die Zugehörigkeit zu einem Land deutlich restriktiver und exklusiver definiert.

In Ländern wie Italien[5] oder der Schweiz[6] berichten Mitglieder ethnischer Minderheiten nach wie vor, sie würden Menschen begegnen, die sie nicht als echte Landsleute ansehen. Im Kopf mancher Europäer kann jemand, der Ali oder Mohammed heißt, niemals »einer von uns« werden.

Auch Umfragen weisen auf anhaltenden Widerstand gegen eine Änderung der Vorstellung von Zugehörigkeit hin. Eine gar nicht so kleine Minderheit unter den Europäern glaubt nach wie vor, dass die Herkunft und nicht etwa die Sprache oder der Pass darüber entscheidet, wer ein »echter« Pole, Spanier oder Italiener ist.[7] Ihrer Ansicht nach kann und soll jemand, dessen Eltern ins Land eingewandert sind, niemals als echter Angehöriger ihrer Nation gelten.

Selbst in Staaten, die ihren Charakter als Einwanderungsländer lange betont haben – wie Kanada oder die USA –, gibt es eine enge Verbindung zwischen Ethnizität und Exklusion. Amerikaner mit asiatischen Wurzeln berichten häufig von hartnäckigen Fragen zu ihrer Herkunft. Eine Bekannte von mir zitierte den Eröffnungszug dieser Art von Gesprächen: »Woher kommst du denn?« Und nachdem sie erwidert hatte, sie käme aus Iowa City, folgte sofort die Nachfrage. »Nein«, hieß es dann. »Woher kommst du denn wirklich?«

Selbst dort, wo Stereotype über Einwanderer auf den ersten Blick positiv daherkommen, haben sie oft eine messerscharfe Kante. Latinos in den USA gelten als gute Arbeiter, aber für einige Amerikaner heißt das eben auch, sie seien eher für handwerkliche als für akademische Arbeit geeignet.[8] (Etwas Ähnliches gilt für Polen in Großbritannien oder Albaner in Italien.)[9]

Diese Art der Marginalisierung kann sich zu einem starken Gefühl summieren, nur Bürger zweiter Klasse zu sein. Einige Nachkommen von Einwanderern haben den Eindruck, ihre Mitgliedschaft in dem einzigen Klub, den sie je gekannt haben, sei immer an Bedingungen geknüpft.

Das alles hilft zu erklären, in was für einer Welt Federico aufwächst. Für ihn sind Mitschülerinnen und Mitschüler namens Susanne oder Thomas Deutsche. Leute, die Kheder oder Lamya heißen, sind – genau wie er – »Ausländer«.

Wird sich das jemals ändern?

Selbst bei einigen Befürwortern des großen Experiments lautet die Antwort eindeutig »Nein«. Sie weisen auf die Art hin, wie manche Angehörige von Minderheiten in den meisten entwickelten Demokratien nach wie vor ausgegrenzt werden, und schließen daraus, dass sich die Lage kaum verbessern wird. Noch in Jahrzehnten, so fürchten sie, werden Angehörige von Minderheiten dadurch definiert sein, dass ihre Vorfahren von »anderswo« gekommen sind, dass ihre Hautfarbe »anders« ist oder dass sie einer »anderen« Religion anhängen.

Seltsamerweise wird der Pessimismus derjenigen, die sich als stolze Verfechter des großen Experiments sehen, oft von Menschen geteilt, die sich als seine Feinde verstehen. Doch während die einen das ungerechte Verhalten der Mehrheitsgesellschaft für alle Probleme verantwortlich machen, schieben die anderen den Minderheiten selbst die Schuld für ihre Ausgrenzung in die Schuhe. Ihrer Ansicht nach lehnten Einwanderer und andere Minderheiten demokratische Werte ab, seien religiös intolerant und hätten ungenügendes Interesse daran, sich den Gewohnheiten der Einheimischen anzupassen. Sie lebten, so heißt es, in »Parallelgesellschaften« und könnten sich niemals in den kulturellen Mainstream integrieren.

Besonders besorgt zeigen sich Autoren, die diese Sichtweise vertreten, vom angeblich langsamen Tempo, mit dem Neuankömmlinge die Landessprache lernen. Thilo Sarrazin warnt beispielsweise davor, dass die Kinder und Enkel von türkischen Einwanderern nie wirklich fließend deutsch sprechen werden. In einem fiktionalen Szenario, das er in seinem Bestseller *Deutschland schafft sich ab*[10] entwickelte, stellt er sich vor, dass die Nachkommen von Migranten eines Tages das Recht erstreiten könnten, in ihrer Herkunftssprache unterrichtet zu werden. Bis 2045, so spekuliert Sarrazin, würden sich dann nur noch 48 Prozent der Erstklässler für Deutsch als Unterrichtssprache entscheiden. Und bei der nächsten Jahrhundertwende wären es dann nur noch 20 Prozent.[11]

In den Vereinigten Staaten vertreten prominente Autoren ähnliche Befürchtungen in Bezug auf die Hispanics. Der bedeutende Politologe Samuel Huntington schrieb 2009 zum Beispiel, im Gegensatz zu früheren Einwanderergruppen hätten sich »Mexikaner und andere Latinos nicht an die Mainstream-Kultur der USA angepasst. Stattdessen haben sie – von Los Angeles bis Miami – eigene politische und linguistische Enklaven gebildet und lehnen die anglo-protestantischen Werte, auf denen der amerikanische Traum aufbaut, ab.«[12]

Ist etwas an diesen Ängsten dran? Werden Einwanderer und Angehörige anderer Minderheiten – ob aufgrund ungerechter Exklusion oder aufgrund eigener Fehler – für immer vom kulturellen Mainstream ausgeschlossen bleiben und in einer Parallelwelt leben?

Zum Glück widersprechen die Fakten solchen Ängsten.

In vielen diversen Demokratien liberalisiert sich die Haltung der Mehrheit zu der Frage, wer »wirklich« zu ihrem Land gehört, in schnellem Tempo. Gleichzeitig integrieren sich die Angehörigen von Minderheiten in den sich ausweitenden sozialen Mainstream.

Der Befund in Sachen Zugehörigkeit ist ziemlich eindeutig. Nach Auskunft jüngster Umfragen sind die meisten Europäer immer noch der Ansicht, dass man die Landessprache beherrschen muss, um eine echte Französin, ein echter Brite oder eine echte Italienerin zu sein. Doch gerade in Westeuropa glaubt nur noch ein sehr kleiner Teil der Befragten, man müsse dazu im Land geboren sein, einheimische Vorfahren haben oder der Religion der Mehrheit angehören.[13]

Auch in den USA ist in den letzten Jahren viel deutlicher geworden, dass zum Beispiel Latinos und Amerikaner asiatischer Herkunft ein natürlicher Teil des sozialen Gefüges sind. Zweifellos gibt es nach wie vor einige Vorurteile gegen Latinos und werden Amerikaner mit asiatischer Herkunft auch immer noch ab und an so behandelt, als gehörten sie nicht »richtig« dazu. Doch in den letzten Jahren ist die Sichtbarkeit dieser Gruppen in fast jedem Teil der Alltagskultur erheblich gewachsen. Die Zahl der Leute, die der Ansicht sind, Eva Longoria, Alex Rodriguez, Ali Wong oder Andrew Yang seien keine »echten« Amerikaner, ist nicht besonders groß.[14]

Die Behauptung, die meisten Angehörigen von Einwanderer- oder Minderheitengruppen würden die Werte und Bräuche des Landes ablehnen, in dem sie leben, lässt sich noch weniger halten. Ihre starke Unterstützung demokratischer Werte ist dafür ein frappierendes Beispiel. Verglichen mit Menschen, deren Familien seit Generationen im Land leben, vertrauen Einwanderer den wichtigsten politischen Institutionen der USA, wie dem Kongress und dem Obersten Gerichtshof, deutlich mehr. Tatsächlich ist erstaunlich, wie patriotisch und optimistisch viele Einwanderer gegenüber ihrem eigenen Land eingestellt sind. In den USA sind zwei von drei Neubürgern stolz darauf, Amerikaner zu sein, und behaupten, ihre Wahlheimat sei »besser als die meisten anderen Länder«.[15]

Der Befund, dass Einwanderer sich – im Gegensatz zu den Prognosen von Panikmachern wie Thilo Sarrazin – sehr schnell integrieren, wird noch deutlicher, wenn man leicht erfassbares Verhalten wie den Spracherwerb unter die Lupe nimmt. Es stimmt, dass ärmere Einwanderer zunächst oft keine oder nur sehr geringe Sprachkenntnisse haben. Wenn sie sich dann auch noch in Gegenden – wie die Chinatowns in vielen amerikanischen Großstädten oder die Banlieues der französischen Metropolen – ansiedeln, in denen viele Menschen gleicher Herkunft leben, kann es sogar sein, dass sie die Landessprache niemals lernen. Solange immer neue Wellen von Einwanderern kommen, wird es also auch immer eine beträchtliche Anzahl an Menschen geben, die der Landessprache nicht mächtig sind.

Und doch wäre es ein großer Fehler, daraus zu schließen, dass Einwanderer und ihre Nachkommen im Laufe der Zeit die Sprache nicht lernen. So sprechen die Kinder von Einwanderern in den USA ihre Herkunftssprache in der Regel recht gut, weil sie ja mit ihren Eltern kommunizieren müssen. Aber im Kontakt mit Altersgenossen ziehen sie fast alle das Englische vor. Selbst zu Hause haben die Einwanderer der zweiten Generation ein eher ambivalentes Verhältnis zur Sprache ihrer Eltern. In sehr vielen Haushalten sprechen Eltern mit ihren Kindern in ihrer Herkunftssprache, die Kinder antworten ihren Eltern dagegen auf Englisch.[16]

In der dritten Generation trägt die englische Sprache dann in der Regel einen entscheidenden Sieg davon. Wie eine Untersuchung von Pew aus dem Jahr 2015 zeigt, beherrschen die Enkel der meisten Latinos die spanische Sprache kaum noch. Während eine klare Mehrheit der ersten Einwanderergeneration im Wesentlichen ihre Herkunftssprache spricht, trifft das in der dritten Generation nur noch auf ein Prozent zu.[17]

In den europäischen Ländern geht die kulturelle und linguistische Integration etwas langsamer vonstatten als in Nordamerika, aber der Trend ist derselbe. Natürlich gibt es einige Beispiele von Einwanderern der zweiten oder gar dritten Generation, die die Landessprache nicht wirklich beherrschen. Aber im Großen und Ganzen bedienen sich die Kinder und Enkel von Einwanderern, die in Deutschland, Frankreich, Schweden oder Griechenland geboren und aufgewachsen sind, der Landessprache wesentlich selbstbewusster als ihre Vorfahren.*

* Wohlgemerkt – es ist keineswegs ausschließlich positiv zu betrachten, dass Einwanderer in späteren Generationen ihre Herkunftssprache verlieren. Noch vor wenigen Jahrzehnten rieten viele Erzieher Einwanderern, mit ihren Kindern möglichst gar nicht in der Herkunftssprache zu kommunizieren. Der pädagogische Konsens hat sich dankenswerterweise inzwischen hin zur Mehrsprachigkeit bewegt. Mir geht es lediglich darum, eine der größten Sorgen von Gegnern des großen Experiments zu zerstreuen: dass nämlich die Nachkommen von Einwanderern sich nie integrieren und auch nie die Landessprache lernen würden. Untersuchungen zu diesem Thema zeigen das Gegenteil.

Überall auf der Welt, in sämtlichen diversen Demokratien, erleben Minderheiten nach wie vor Formen der Ausgrenzung. Trotzdem wäre es ein Fehler, daraus zu schließen, dass sie für immer marginalisiert wären oder nicht die Fähigkeit oder das Interesse besäßen, sich in die sogenannte Mehrheitsgesellschaft zu integrieren. Die schnellen Fortschritte vieler Minderheitengruppen widersprechen sowohl denjenigen Pessimisten, die ihnen Unwillen zur Integration in ihre neue Umgebung unterstellen, als auch jenen, die fürchten, dass diverse Demokratien Neuankömmlingen zu viele Hindernisse in den Weg legen und ihnen so eine Integration unmöglich machen.

Die Kluft bei Jobs und Bildung

Ein zweiter Bereich beunruhigt die Pessimisten, ob sie dem großen Experiment nun positiv oder negativ gegenüberstehen: die große sozioökonomische Lücke, die heute noch zwischen Mitgliedern der historisch dominierenden Mehrheit und vielen Minderheitengruppen besteht.

Diesem Narrativ zufolge verfügen Minderheiten über geringeren Bildungserfolg, partizipieren weniger am Arbeitsmarkt und verdienen auch deutlich niedrigere Löhne. Es gibt zwar durchaus erfolgreiche Einwanderer, aber im Schnitt bleiben ihre Nachkommen, was Einkommen oder höhere Bildungsabschlüsse angeht, ganz klar hinter den »Einheimischen« zurück.[18]

Ein Blick auf die Zahlen lässt den Schluss zu, dass diese pessimistische Sicht zumindest teilweise richtig ist. In den meisten entwickelten Demokratien haben Angehörige von Minderheiten im Schnitt einen deutlich niedrigeren sozioökonomischen Status als Menschen, deren Vorfahren bereits der herrschenden Gruppe angehörten. In den USA gibt es erhebliche Lohn- und Wohlstandsunterschiede zwischen den ethnischen Gruppen.

Der weiße Durchschnittsamerikaner verdient wesentlich mehr als der durchschnittliche Latino oder Afroamerikaner, und der Unterschied bei den Vermögen ist noch größer.

Auch für Europa hat die OECD herausgefunden, dass junge Leute aus Einwandererfamilien in benachteiligten Jobs überrepräsentiert sind.[19] Bewohner der Europäischen Union, die außerhalb der EU geboren wurden, haben ein doppelt so hohes Risiko für »Armut und gesellschaftlichen Ausschluss« wie Europäer, die in ihrem Geburtsland leben.[20]

Selbst in Ländern, die sich seit Langem um ein hohes Maß an Gleichheit bemühen und allen Bewohnern großzügige Sozialleistungen gewähren, klappt das Schicksal der verschiedenen demografischen Gruppen stark auseinander. Ein Beispiel dafür ist Schweden, wo Schülerinnen und Schüler mit Migrationshintergrund in der Schule deutlich hinter ihren einheimischen Altersgenossen zurückbleiben und wesentlich seltener eine Universität besuchen.[21]

Pessimisten aller Lager sind sich darüber einig, dass die Einkommens- und Bildungslücken zwischen Mehrheit und Minderheiten noch immer erheblich sind. Doch wie beim Thema Integration und Ausschluss liefern sie völlig verschiedene Erklärungen für ihren Befund.

Unterstützer des großen Experiments neigen dazu, die Hauptgründe in vergangener und fortbestehender Diskriminierung zu verorten. Sie führen an, dass Minderheiten, deren Vorfahren schon seit Jahrhunderten im Land leben, immer noch unter dem langen Schatten harter Dominanz leiden. So ist es unmöglich, die speziellen Herausforderungen für Amerikaner mit afrikanischer Herkunft zu verstehen, wenn man die lange Geschichte der Sklaverei und des gesellschaftlichen Ausschlusses nicht berücksichtigt. Doch auch Einwanderer, deren Vorfahren vor kürzerer Zeit ins Land kamen, so argumentieren Unterstützer des großen Experiments, werden im Bildungssystem marginalisiert und auf dem Arbeitsmarkt diskriminiert.

Eine ganze Reihe cleverer Untersuchungen zeigt, dass Diskriminierung wirklich weiterhin eine signifikante Rolle spielt. Forscher haben beispielsweise falsche Lebensläufe an die Personalabteilungen großer britischer Firmen geschickt und festgestellt, dass Bewerber mit typisch englischen Namen doppelt so häufig zu Bewerbungsgesprächen eingeladen wurden wie Bewerber, deren ansonsten identischer Lebenslauf mit einem »ausländischen« Namen versehen war.[22] Untersuchungen mit ähnlich entmutigenden Ergebnissen wurden auch in vielen anderen Teilen der Welt – unter anderem in Japan, der Schweiz, den Niederlanden und den USA – durchgeführt.[23]

Von Autoren, die dem großen Experiment offen feindselig gegenüberstehen – darunter die Amerikanerin Ann Coulter, der Franzose Eric Zemmour und Ko Bun'yu in Japan –, wird diese Erklärung zurückgewiesen.[24] Denn für fortbestehende Ungleichheiten machen sie Einwanderer und andere Minderheiten selbst verantwortlich. Der Grund für die weiter bestehende Kluft bei Beschäftigung und Bildung, so behaupten sie, liege im mangelnden Arbeitsethos der Einwanderer, ihrem Desinteresse an einheimischen Bräuchen oder gar ihrem angeblich niedrigeren IQ.[25]

Diese Faktoren, so erklären ethnonationalistische Pessimisten, werden sich in Zukunft kaum ändern. Ihrer Meinung nach sind die sozioökonomischen Nachteile von Minderheiten also kein temporäres Problem, das durch die richtige Politik oder einen langsamen Prozess der sozialen Mobilität gelöst werden könnte. Vielmehr sehen sie darin einen dauerhaften Zustand, der nur behoben werden könnte, wenn man die Zahl der Neuankömmlinge reduzieren oder viele von ihnen des Landes verweisen würde.[26]

Aber sieht es wirklich so schlecht aus?

Nein.

Pessimisten aller Couleur halten die Lücken bei Beschäftigung und Bildung für riesengroß und sehen keinerlei Anzeichen dafür, dass sie sich schließen könnten. Diese Annahmen sind jedoch in mehrfacher Hinsicht irreführend. Die tatsächlichen Lohnunterschiede zwischen den Gruppen sind – vor allem, wenn man Faktoren wie Alter oder Haushaltsgröße herausrechnet – oft deutlich kleiner, als einige immer wieder zitierte Statistiken nahelegen. Manche Einwanderergruppen verdienen deutlich mehr als Einheimische; indische Einwanderer in Großbritannien[27] und chinesische, libanesische sowie nigerianische Einwanderer in den USA[28] verdienen im Durchschnitt zum Beispiel deutlich mehr als die weiße Mehrheit. Und am allerwichtigsten: In fast allen diversen Demokratien erfreuen sich die meisten Einwanderergruppen einer viel höheren sozialen Mobilität, als weithin bekannt ist.

Die meisten reichen Länder ziehen heutzutage relativ viele gut ausgebildete Einwanderer an: Ärztinnen, Unternehmer und Softwareentwicklerinnen, die die Landessprache perfekt beherrschen, ausgezeichnete Hochschulzeugnisse oder erhebliche Berufserfahrung mitbringen und vom ersten Tag an hohe Gehälter verlangen können. Trotzdem bleibt das die Ausnahme. Die meisten Einwanderer sind nach wie vor arm, bringen eine eher geringe Schulbildung mit und beherrschen die Landessprache nur höchst unvollkommen.

So kann es ganz und gar nicht überraschen, dass viele Einwanderer auch deutlich weniger verdienen als die Einheimischen – was viele der immer wieder breitgetretenen Statistiken über die fortbestehnde Kluft bei Jobs und Bildung bedeutungslos macht. Datensätze, die Einwanderer der ersten Generation aus sehr armen Ländern mit Nachkommen von Einwanderern vermischen, die seit mehreren Generationen im Land leben, haben für die Zukunft kaum Aussagekraft. Wer sich wirklich für den aktuellen Zustand diverser Demokratien interessiert, sollte sich Zahlen ansehen, die zeigen, inwieweit sich die Lebensverhältnisse von Einwanderern nach einer gewissen Zeit verbessern.

Geht es den Kindern und Enkeln von Einwanderern signifikant besser als ihren Eltern und Großeltern? Und wie schneiden sie im Verhältnis zu Gleichaltrigen ab, die der historisch dominierenden Gruppe angehören?

Die Antworten auf beide Fragen fallen überraschend positiv aus.

So haben zwei Wirtschaftswissenschaftler kürzlich für verschiedene europäische Länder untersucht, wie Nachfahren von Einwanderern verglichen mit einheimischen Altersgenossen abschneiden, deren Eltern etwa denselben Bildungsstand hatten. In praktisch allen Ländern, die Doris Oberdabernig und Alyssa Schneebaum untersuchten, zeigten die Kinder von Einwanderern eine wesentlich höhere Wahrscheinlichkeit, die Bildungsleiter hinaufzusteigen. Das Ergebnis dieser Studie ist eindeutig: Die Analyse, so die beiden Autorinnen, »zeigt deutlich, dass die Bildungslücke zwischen Einheimischen und Einwanderern in den beiden letzten Generationen kleiner geworden ist … Setzt sich dieser Prozess in den nächsten Generationen fort, dann werden Personen mit Migrationshintergrund bald einen vergleichbaren Bildungsstand aufweisen wie die einheimische Bevölkerung.«[29]

In der Folge können wir damit rechnen, dass Einwanderer mit höheren Bildungsabschlüssen auch ein höheres Lohnniveau erreichen. Überraschend ist eigentlich nur, wie schnell sich die Angleichung nach Auskunft jüngerer Studien vollzieht. In einem der ehrgeizigsten Versuche, die ökonomische Mobilität von Neuankömmlingen in den USA zu untersuchen, haben vier bedeutende Wirtschaftswissenschaftler eine riesige Anzahl Datenpunkte analysiert und so Informationen über das Schicksal von einer Million Einwanderern, die im Verlauf der letzten hundert Jahre ins Land gekommen sind, zusammengetragen. Was sie dabei lernten, war extrem ermutigend.

Einwanderer machten sehr schnelle Fortschritte, ihr Einkommen wuchs von Generation zu Generation rasch an. Interessant war auch, dass die Erfolgsrate vom Ursprungsland kaum abhängig war. »Kinder von Einwanderern aus praktisch jedem Herkunftsland«, so die Autoren der Studie, »weisen eine höhere Aufwärtsmobilität auf als die Kinder von Eltern, die in den USA geboren wurden.«[30]

Und die beste Nachricht: Der ökonomische Aufstieg der Einwanderer vollzieht sich heute etwa genauso schnell wie bei Generationen, die vor fünfzig oder hundert Jahren ins Land kamen. Das sollte besonders denjenigen Mut machen, die fürchten, dass frühere Einwanderer – die mehrheitlich weiß waren – Chancen bekamen, von denen heutige Einwanderer – die mehrheitlich nicht weiß sind – aufgrund rassistischer Vorurteile ausgeschlossen sein könnten.

Die meisten Beobachter, so schlussfolgern die Autoren, »unterschätzen den langfristigen Erfolg von Einwanderern«. Tatsächlich hätten selbst diejenigen, »die mit wenig Ressourcen und geringer Ausbildung in die Vereinigten Staaten kommen, eine echte Chance, die Aussichten ihrer Kinder zu verbessern«.[31]

Solange diverse Demokratien hohe Einwanderungsquoten zulassen, wird es immer eine gewisse Kluft bei Beschäftigung und Bildung geben. Doch der Fokus auf aggregierte Zahlen verschleiert das Ausmaß der intergenerationellen Mobilität. Selbst diejenigen, die heute aus sehr armen Ländern in diverse Demokratien strömen, haben allen Anlass zu der Hoffnung, dass es ihren Kindern und Enkeln sehr gut gehen wird.

* * *

Die Erfahrung von Afroamerikanern stellt die größte Herausforderung für eine optimistische Darstellung der Zukunft diverser Demokratien dar. Denn diese Gruppe hat in der Vergangenheit nicht nur die extremste und gewalttätigste Form von Dominanz erlitten, sie bleibt auch in vielen Bereichen bis heute am schlimmsten benachteiligt. Trotzdem lässt eine genaue Betrachtung auch hier Raum für Hoffnung.

Es gibt wohl keine andere Gruppe, die so sehr unter den langfristigen Auswirkungen vergangener Herrschaftsverhältnisse leidet, wie Afroamerikaner. Schwarze verdienen im Durchschnitt 75 Prozent des mittleren Stundenlohns von Weißen.[32] Das Wohlstandsgefälle zwischen weißen und schwarzen Amerikanern ist noch höher: Das Nettovermögen einer typischen weißen Familie ist mit 171 000 Dollar etwa zehn Mal so hoch wie das einer typischen schwarzen Familie.[33]

Selbst im Vergleich mit anderen ethnischen Minderheiten werden die Unterschiede deutlich. Das mittlere Einkommen eines schwarzen Haushalts betrug im Jahr 2018 46 073 Dollar, das eines hispanischen Haushalts 56 113 Dollar. Das durchschnittliche Einkommen eines asiatischen Haushalts liegt mit 98 174 Dollar sogar deutlich über dem von weißen Haushalten.[34]

Diese großen ökonomischen Unterschiede gehen Hand in Hand mit ähnlich erschreckenden Zahlen in anderen Bereichen. Laut Daten der NAACP lässt sich feststellen, dass die Mehrheit der von Polizisten getöteten Amerikaner Weiße sind. Doch im Verhältnis zum Bevölkerungsanteil liegt das Risiko von Schwarzen, ein solch tragisches Schicksal zu erleiden, erheblich höher. 13 Prozent der US-Bevölkerung sind schwarz, aber bei den Menschen, die von Polizisten getötet werden, liegt ihr Anteil bei 22 Prozent. Sie laufen auch viel eher Gefahr, verhaftet zu werden. Im Jahr 2014 stellten sie etwa ein Drittel der Gefängnisinsassen.[35]

Doch all das rechtfertigt nicht die apokalyptische Sprache von Politikern wie Donald Trump. In seinen Reden konnte man oft den Eindruck gewinnen, als würden die meisten Schwarzen in Problemvierteln leben, in denen es praktisch keine Jobs, dafür aber enorm hohe Kriminalitätsraten gibt. Bei Wahlkampfauftritten im Jahr 2016 stellte Trump schwarzen Wählern mehrfach eine vermeintlich simple Frage: »Was haben Sie schon zu verlieren?«[36]

Doch für die meisten Afroamerikaner lautet die Antwort: Eine ganze Menge.

Eine Minderheit der schwarzen Amerikaner lebt tatsächlich in schrecklichen Verhältnissen. Die Hindernisse für Menschen, die in den ärmsten Gegenden von Detroit oder Baltimore geboren wurden, sind enorm. Doch alles in allem hat sich die Lage des schwarzen Amerika in den letzten sechzig Jahren deutlich gebessert.

Kommentatoren tun oft so, als hätte die Mehrheit der Afroamerikaner, die in Armut aufwachsen, kaum Aussichten, etwas an ihren Lebensverhältnissen zu ändern. Und wie die wichtigen Untersuchungen von Raj Chetty zeigen, haben Hautfarbe und Klasse tatsächlich erheblichen Einfluss auf die Aussichten des Einzelnen.[37] Doch selbst seine Statistiken, die deshalb so oft zitiert werden, weil sie als Beweis für das pessimistische Narrativ über den Zustand des schwarzen Amerika gelten, zeigen, dass die meisten Afroamerikaner, die in Armut aufwachsen, ihren sozioökonomischen Status im Laufe ihres Lebens deutlich verbessern.

Von hundert schwarzen Amerikanern, deren Eltern zu den untersten zwanzig Prozent der Einkommensskala gehörten, blieben neunundzwanzig arm. Aber dreiunddreißig stiegen ins nächsthöhere Fünftel auf und gehören damit zur unteren Mittelschicht. Weitere einundzwanzig stiegen in die Mittelschicht auf, elf in die obere Mittelschicht, und sechs werden reich.[38] Schwarze Jungen zeigen eine geringere soziale Mobilität als weiße Jungen, aber schwarze Mädchen haben eine deutlich höhere Chance, in der sozioökonomischen Rangordnung aufzusteigen, als weiße Mädchen.[39]

Betrachtet man nichtökonomische Kriterien, dann zeigt sich der Fortschritt des schwarzen Amerika noch deutlicher. So schließt sich auch endlich die Lücke bei der Lebenserwartung. Zu Beginn des 20. Jahrhunderts war die Lebenserwartung eines weißen Neugeborenen erschütternde sechzehn Jahre höher als die eines schwarzen Neugeborenen. Bis 1950 waren es noch zehn Jahre, 2016 weniger als vier.[40]

In der Folge dieser Veränderungen gehört die große Mehrheit der Afroamerikaner heute zur Mittelschicht. Im Jahr 2021 leben typische[41] schwarze Amerikaner in einem Vorort einer großen Metropole oder in einer Kleinstadt, nicht mehr in den Problemvierteln der Innenstädte oder auf dem Land.[42] Sie besitzen einen Highschoolabschluss und haben, wenn sie jünger als vierzig sind,[43] zumindest ein paar Jahre lang eine Fachhochschule oder eine Universität besucht. Sie arbeiten in einem Büro, als Krankenpfleger oder als Lehrer und nicht auf dem Bau oder am Tresen einer Fast-Food-Kette.[44] Sie sind über ihren Arbeitgeber krankenversichert, statt sich selbst um ihre Versicherung kümmern zu müssen oder ohne Schutz dazustehen.[45]

Dementsprechend ist die Stimmung bei den meisten schwarzen Amerikanern auch deutlich positiver, als man glauben könnte, wenn man Donald Trump zuhört – oder die *New York Times* liest. Sie sind stolz auf ihr Land und erklären mehrheitlich, dass sie Amerika lieben. Und sie glauben mehr als ihre weißen Mitbürgerinnen und Mitbürger an den »American Dream« oder neigen zu der Ansicht, dass ihrem Land die besten Zeiten noch bevorstehen.[46]

Kriminalität und Terrorismus

An einem kalten Morgen im November 2019 feierte »Learning Together«, ein Programm der Cambridge University, das sich zum Ziel gesetzt hat, Häftlinge zu rehabilitieren, indem es »transformative Lerngemeinschaften« schafft,[47] seinen fünften Geburtstag.[48] Die Zeremonie fand in den eleganten Räumen der Fishmonger's Hall in London statt.[49] Umgeben von historischen

Artefakten – von Narwal-Spießen bis hin zu goldenen Kronleuchtern – geißelten die Teilnehmer das britische Strafrechtssystem. Nachdem einige Wissenschaftler und Aktivisten ihre Reden gehalten hatten, trug Usman Khan, eine der besonderen »Erfolgsgeschichten« des Programms, ein Gedicht über seine traumatischen Erfahrungen vor.[50]

Dann atmete Khan, der für seinen Plan, die Londoner Börse in die Luft zu jagen, ins Gefängnis gewandert war, tief durch, zog zwei Küchenmesser aus den Ärmeln und ging damit auf die Delegierten los. In den nächsten zehn Minuten stach er auf fünf der Organisatoren ein und tötete dabei zwei von ihnen.[51]

In den Augen vieler Gegner des großen Experiments liefert die Geschichte von Khan und Learning Together einige wichtige politische Lektionen, die wohlmeinende Befürworter lieber ignorieren würden. Einwanderung und kulturelle Diversität, so die Gegner, brächten tödliche Gefahren mit sich. In den letzten Jahrzehnten hätten Terroristen, die im Land aufgewachsen seien, in Frankreich, Deutschland, Großbritannien, den USA und Dutzenden weiterer Länder blutige Anschläge verübt.[52] Deshalb seien Menschen wie Khan keine Opfer der Justiz, sondern gefährliche Ideologen, die ihre fundamentalistischen Ansichten mit allen Mitteln durchsetzen wollen.

Schlimmer noch, ein Großteil des kulturellen und politischen Mainstreams blende diese Realität bewusst aus. Für die schicken Studierenden und Professoren der Cambridge University sei Khan als missverstandenes Opfer, das auf ihre Rettung hofft, erschienen. Aber die Bewunderung, die sie jemandem entgegenbrachten, der nur auf die Gelegenheit wartete, sie niederzustechen, zeige das Ausmaß, in dem ihre Obsession mit der angeblichen Verdorbenheit der eigenen Gesellschaft ihren Blick auf Gut und Böse verzerre.

Jahrzehntelang konzentrierten sich die Gegner der diversen Demokratie auf die angebliche Tendenz von Einwanderern und ihren Nachkommen, Verbrechen zu begehen. Als ich in Deutschland aufwuchs, plakatierten rechtsradikale Parteien gerne Sprüche wie: »Kriminelle Ausländer raus!«

Diese Sorgen werden oft durch die Existenz von Einwandererviertein, in denen die Kriminalitätsrate tatsächlich hoch ist und in denen ethnische Banden wirklich ihr Unwesen treiben, verschärft. Schweden beispielsweise hat bis heute eine extrem niedrige Kriminalitätsrate. Trotzdem gab es im südschwedischen Malmö im Jahr 2017 einundachtzig Schießereien und achtundfünfzig Explosionen.[53] In den folgenden Jahren haben sich die Bombenattentate auf Einwandererviertel in anderen schwedischen Großstädten wie Göteborg und Stockholm ausgebreitet.[54]

Seit die europäischen Länder 2015 Millionen von Flüchtlingen aus Afrika und dem Mittleren Osten – darunter viele junge Männer ohne Familie – aufgenommen haben, richten sich ähnliche Sorgen mittlerweile vor allem auf diese Neuankömmlinge.[55] Nachdem ein zwanzigjähriger afghanischer Flüchtling in der südwestdeutschen Stadt Kandel seine fünfzehnjährige Ex-Freundin ermordet hatte und dafür gerade einmal zu achteinhalb Jahren Jugendstrafe verurteilt wurde, protestierten rechte Gruppen angesichts dieses milden Urteils gegen die Nachgiebigkeit der deutschen Gerichte. »Was wollen diese jungen Männer im besten Kampfes- und Fortpflanzungsalter denn eigentlich hier«, fragte Christiane Christen, eine der Organisatorinnen einer Demonstration vor dem Gerichtsgebäude im nahe gelegenen Landau. Nach einer kurzen Pause beantwortete sie ihre eigene Frage: »Sie führen Krieg.«[56]

Die größten Sorgen jedoch bereiten verständlicherweise die Terroranschläge, die in den letzten zwanzig Jahren die westliche Welt erschüttert haben. Vom Mord an den Journalisten der französischen Zeitschrift *Charlie Hebdo*[57] bis zur Belagerung der Konzerthalle Bataclan in Paris, von dem Bombenanschlag auf den Boston Marathon bis zur Schießerei im Pulse-Nachtklub[58] haben Terroristen, viele von ihnen im Land aufgewachsen, in den letzten zehn Jahren Hunderte Menschen ermordet. Einige prominente rechte Politiker schließen daraus, der Islam sei inkompatibel mit der westlichen Zivilisation. Beatrix von Storch, stellvertretende Bundessprecherin der AfD, bringt es so auf den Punkt: »Der Islam ist an sich eine politische Ideologie, die mit dem Grundgesetz nicht vereinbar ist.«[59]

Die Pessimisten haben, wenn sie die Geschichte von Usman Khan als ernste Warnung vor den Konsequenzen beschreiben, die diversen Demokratien ins Haus stehen, falls das große Experiment scheitert, durchaus recht. Manche Einwanderer stehen den Grundregeln eines friedlichen Zusammenlebens tatsächlich zutiefst feindlich gegenüber. Wissenschaftler und Intellektuelle, die sich dieser Erkenntnis verweigern, leisten ihren angeblichen Zielen einen Bärendienst.

Doch andererseits lassen die Gegner des großen Experiments nur zu gern ein wichtiges Detail weg, das ebenso zu der Geschichte über den Mordanschlag beim Jubiläum von »Learning Together« in der Londoner Fishmonger's Hall gehört. Denn zum Glück arbeitete an diesem Tag ein anderer Einwanderer in der Küche des Veranstaltungsortes.

Lukasz Koszocik ist polnischer Staatsbürger und einer von vielen Millionen, die in den letzten zwanzig Jahren nach Großbritannien gekommen sind. Als er die Hilferufe aus dem Saal hörte, zögerte er nicht einen Augenblick.

Auf der Suche nach irgendeiner Waffe, die ihm helfen könnte, Khan zu stoppen, schnappte er sich einen Speer, der an der Wand hing, und ging damit auf den Angreifer los. Khan wehrte sich und stach Koszocik in die Hände und Schultern. Doch trotz seiner Verletzungen verfolgte Koszocik Khan bis auf die Straße hinunter. Dort gelang es ihm mithilfe anderer Männer – darunter Darryn Frost, ein Einwanderer aus Südafrika, der sich mit einem Narwal-Spieß bewaffnete –, Khan festzuhalten, bis die Polizei schließlich eintraf.[60]

Nur wenige, egal ob Einwanderer oder Einheimische, würden so viel Mut aufbringen wie Koszocik. Doch ein nüchterner Blick auf die Realität legt den Schluss nahe, dass sein Engagement für die Gesellschaft, in der er lebt, die Haltung der meisten Einwanderer viel besser spiegelt als Khans Entschlossenheit, Menschen Schmerz und Leid zuzufügen.

Die meisten Einwanderer stehen zu den wichtigen Werten der Gesellschaft, in der sie leben.

Sie wollen sich in den sozialen Mainstream integrieren und machen in dieser Hinsicht rasche Fortschritte. Sie glauben an die Grundwerte der Demokratie. In einigen Ländern sind sie sogar patriotischer als sogenannte Einheimische.

Gleichzeitig gibt es zweifellos eine Minderheit von Einwanderern, die diese Werte ablehnen. Darunter sind religiöse Fanatiker. Andere werden wegen Armut, aus Mangel an Chancen oder aufgrund ihrer psychischen Disposition zu Verbrechern. Wieder andere haben sich schon vor ihrer Ankunft in ihrem neuen Heimatland kriminellen Banden oder Netzwerken angeschlossen. Doch kann all das den Gegnern diverser Demokratien eine valide Begründung für ihre Ablehnung des großen Experiments liefern?

Ich denke nicht. In vielen diversen Demokratien gibt es echte Probleme mit ethnisch basierten kriminellen Banden oder Clans. In manchen Ländern zeigen die Zahlen, dass Einwanderer ähnlich häufig kriminell werden wie andere Mitglieder ihrer sozioökonomischen Klasse, aber häufiger als der Durchschnitt der Bevölkerung. In anderen, wie den USA, dagegen werden sie weniger oft straffällig als Menschen, die im Land geboren sind.

All das sind gute Gründe warum diverse Demokratien kontrollieren sollten, wer zu ihnen ins Land kommt – und Personen, die eine echte Gefahr für ihre Bürger darstellen, schon an der Grenze abgewiesen werden müssten. Die Tatsache, dass ein Teil der Neuankömmlinge Straftaten begehen wird, ist jedoch kein ausreichender Grund, alle potenziellen Einwanderer aus dem Land auszuschließen. Und selbstverständlich kann es schon gar keinen Vorwand dafür liefern, die Rechte der Menschen zu verletzen, die bereits im Land leben und einen legalen Aufenthaltsstatus besitzen.

Es ist im Übrigen auch relevant, dass Banden jugendlicher Einwanderer aus armen Ländern nicht gerade eine neue Erscheinung sind. In den letzten hundertfünfzig Jahren hat New York den Aufstieg krimineller Clans aus Irland, Italien, Puerto Rico, China und neuerdings El Salvador erlebt. Die Tatsache, dass es derlei immer schon gegeben hat, soll freilich nicht von der Gefahr ablenken, die von diesen neuen Clans jetzt gerade ausgeht. MS-13, zum Beispiel, ist ohne Zweifel zu entsetzlichen Grausamkeiten fähig.

Und doch sollte uns die Tatsache, dass die ethnisch basierten Banden der Vergangenheit auch wieder verschwunden sind, zuversichtlich stimmen, dass es den aktuellen Gangs ähnlich ergehen wird. Irische und italienische Banden verloren an Macht und Einfluss, als die Polizei massiv gegen ihre Anführer vorging – und sich das breitere Milieu, aus dem sie ihre Mitglieder rekrutierten, immer mehr in den erweiterten amerikanischen Mainstream integrierte. Aus ähnlichen Gründen werden diverse Demokratien auch dieses Mal die ethnisch basierten Gangs und Clans besiegen, die derzeit in Großstädten von New York über Malmö bis Berlin operieren.

Die Angst vor Terrorismus ist – auch weil eine so kleine Anzahl von Menschen so entsetzlichen Schaden anrichten kann – am schwersten zu lindern.

Die große Mehrheit der Muslime in Europa und Nordamerika praktiziert eine tolerante Form des Islam und lehnt Extremisten, die die Religion vorschieben, um Mord und Gewalt zu rechtfertigen, dezidiert ab. Wie Mohamed Moussaoui, Präsident des französischen Rats der Muslime, nach einem Terroranschlag in Frankreich schrieb, war er »von diesem widerwärtigen Verbrechen entsetzt«.[61]

Moussaoui hat recht. Die Behauptung, der Islam sei mit der Demokratie inkompatibel, wird durch die große Mehrheit der Muslime widerlegt, die die demokratischen Staaten, in denen sie leben, von ganzem Herzen unterstützen – und gewalttätige Formen der politischen Auseinandersetzung ebenso klar ablehnen wie ihre Mitbürger anderer Glaubensrichtungen.[62]

Dieses Argument wird aber kaum jemanden überzeugen, der sich Sorgen macht, dass irgendwo in Europa oder Nordamerika schon der nächste im Land geborene Terrorist darauf lauert, seine eigenen Mitbürger zu töten. Wie können die Befürworter diverser Demokratien auf eine solche Angst ehrlich reagieren?

Im ersten Schritt muss es darum gehen, die Ernsthaftigkeit des Problems anzuerkennen und zuzugeben, dass wir es nicht vollständig lösen können. Mag sein, dass islamistische Terroristen in den Jahren seit 9/11 weniger Todesfälle in Amerika verursacht haben, als es Unfälle in Badezimmern gab.[63] Doch wer immer wieder darauf hinweist, ignoriert den psychologischen Unterschied zwischen einem tragischen Missgeschick und einem politisch motivierten Verbrechen, das es darauf anlegt, Menschen in Angst und Schrecken zu versetzen.

Der zweite Schritt besteht darin, die notwendigen Mittel für die Terrorismusbekämpfung und die Zerschlagung extremistischer Netzwerke bereitzustellen. Verteidiger der diversen Demokratie dürfen nicht zulassen, dass Mitglieder religiöser Minderheiten dämonisiert werden. Doch sie dürfen auch nicht zögern, die ideologischen Wurzeln des islamistischen Terrors zu diskutieren und Menschen zu bestrafen, die Gewalt unterstützen. Befürworter des großen Experiments sollten sich jedem entgegenstellen, der Gewalt rechtfertigt – egal, ob er zur Mehrheit oder zu einer Minderheit gehört.

Der Terrorismus bezieht seine Kraft zum Teil daraus, dass er Menschen gegeneinander aufhetzt und sie in die vermeintliche

Sicherheit der eigenen Gruppe zurücktreibt. Genau deshalb sollten wir an den Idealen festhalten, die uns einen – und darauf beharren, dass die große Mehrheit der Menschen in diversen Demokratien friedlich miteinander zusammenleben will. Selbst in Zeiten größter Schwierigkeiten dürfen wir es Terroristen nicht erlauben, Demokratien, die Menschen verschiedenster Herkunft die Freiheit lassen, ein selbstbestimmtes Leben zu führen, zu zerstören.

Warum Optimismus so wichtig ist

Aus Erfahrung weiß ich, dass man leicht auf taube Ohren stößt, wenn man darauf beharrt, sowohl die positiven als auch die negativen Seiten zu sehen. Doch so »richtig« sich der Instinkt anfühlen mag, hauptsächlich das Schlechte zu sehen, so ungeeignet ist er als Wegweiser zur Realität. Er könnte sich sogar als ernsthaftes Hindernis erweisen, wenn es darum geht, die Welt zu verbessern.

Viele Befürworter des großen Experiments glauben, der Fokus auf die Probleme diverser Demokratien würde ihre Landsleute zu mehr Mitgefühl bewegen. Sie hoffen, wenn die Menschen begriffen, dass das Land, das sie lieben, und die Institutionen, die sie für selbstverständlich halten, zutiefst rassistisch geprägt sind, wären sie eher bereit, radikale Veränderungen zu akzeptieren.

Doch es ist ganz und gar nicht eindeutig, dass es sich in der realen Welt so abspielt. Denn wenn man Menschen sagt, dass die Ungerechtigkeiten, die ihr Land in der Vergangenheit prägten, unverändert geblieben sind, sosehr man auch seit Jahrzehnten gegen sie ankämpft, werden wahrscheinlich etliche zu dem Schluss kommen, dass man da nichts machen kann. Andere werden sogar noch einen Schritt weitergehen. Sie werden glauben, dass die Verhältnisse sich *deshalb* nicht bessern, weil Einwanderer oder Minderheiten unfähig zu echten Fortschritten seien. (Aus diesem Grund sollte es pessimistischen Befürwortern des großen Experiments zu denken geben, dass die Gegner des großen Experiments genau dieselben Themen betonen – und zwar aus der Überzeugung heraus, damit die eigenen politischen Ziele fördern zu können.)

Mehr noch, edle Absichten allein werden das Los der Benachteiligten nicht bessern. Viele gescheiterte Versuche, Armut zu beheben oder wirtschaftliches Wachstum zu fördern, haben gelehrt, dass selbst die großzügigsten Programme schiefgehen müssen, wenn sie auf falschen Annahmen über die Wurzeln eines Problems oder die Maßnahmen, die es beseitigen könnten, beruhen. Wer echte Probleme beheben will, muss sich zunächst einmal ein realistisches Bild ihrer Ursachen machen.

Stellen Sie sich vor, das Haus Ihres Nachbarn brennt lichterloh.

Wenn Sie jetzt nur darauf hinweisen, dass viele Häuser in Ihrer Wohngegend immer noch sehr hübsch aussehen oder dass die meisten heute in einem wesentlich besseren Zustand sind als vor dreißig Jahren, dann würde Ihr Nachbar Sie mit Recht als herzlos bezeichnen. Statt Vorträge zu halten, sollten Sie lieber beim Löschen helfen oder dem Nachbarn einen Platz zum Übernachten anbieten.

Doch sobald das Feuer gelöscht ist und Ihre Nachbarn wissen, wo sie in nächster Zeit unterkommen, sollten Sie durchaus herausfinden, was passiert ist. Damit in Zukunft nicht weitere Häuser abbrennen, muss geklärt werden, warum die bestehenden Sicherheitsvorkehrungen versagt haben.

Stellen wir uns weiterhin vor, Sie haben herausgefunden, dass es in letzter Zeit in Ihrer Gegend ziemlich oft gebrannt hat. Um die Risiken zu minimieren, wurden in allen Häusern neue Meldeanlagen installiert. Doch dadurch ist die Zahl der Feuer nicht zurückgegangen.

Eine wertvolle Information! Vielleicht taugen die Alarmanlagen nichts, vielleicht braucht auch die Feuerwehr zu lange, um zum Brandort zu kommen. In jedem Fall scheint der derzeitige Ansatz zur Problemlösung nicht zu funktionieren. Sie brauchen eine drastische Kursänderung.

Vielleicht stellen Sie aber auch fest, dass angesichts der vielen Brände in Ihrer Gegend in den meisten Häusern die alte Elektrik ausgetauscht wurde. Und obwohl das in ein paar Häusern noch nicht möglich war, ist die Zahl der Brände – insbesondere in Häusern mit neu installierten Elektrikanlagen – seitdem deutlich gesunken.

Daraus ziehen Sie vermutlich ganz andere Schlüsse. Offenbar haben die Schritte, die in der jüngeren Vergangenheit eingeleitet wurden, einen wertvollen Beitrag zur Erhöhung der Feuersicherheit geleistet. Man sollte also dafür sorgen, dass sie möglichst schnell komplett durchgezogen werden. Vielleicht müssen auch noch weitere Maßnahmen ergriffen werden. Aber wenn Sie wollen, dass nicht noch mehr Häuser abbrennen, dann sollten Sie auf die bisherigen Schritte aufbauen, anstatt sie rückgängig zu machen.

Und damit, finde ich, kommen wir der heutigen Situation durchaus nahe.

Es gibt sehr reale Probleme und Ungerechtigkeiten in unserer metaphorischen Nachbarschaft. Wir müssen diese ernsthaft analysieren und uns dann energisch daranmachen, sie so gut wie möglich zu beheben. Diese Aufgabe ist ebenso dringlich wie schwierig. Doch wenn wir uns an die Arbeit machen, können wir zum Glück auf den Fortschritten aufbauen, die wir in den letzten Jahrzehnten gemacht haben.

* * *

Eine Quelle des Pessimismus gegenüber diversen Demokratien ist die weitverbreitete Meinung, wir würden auf dem Weg zu einer gerechteren Zukunft keine Fortschritte machen. Eine weitere wichtige Quelle ist die Auffassung, diverse Demokratien würden immer in zwei verfeindete Gruppen gespalten bleiben: die historische Mehrheit auf der einen, der Rest auf der anderen Seite.

Diese Auffassung geht davon aus, die Identitäten, die heute am stärksten ins Auge stechen, würden das kulturelle und politische Verhalten von Mitgliedern diverser Demokratien auf absehbare Zukunft bestimmen. Das hieße, in den USA würden Weiße auch noch in dreißig oder sechzig Jahren in direkter Konkurrenz zu »People of Color« stehen. Und in den Niederlanden würde sich in absehbarer Zukunft nichts an der Rivalität zwischen »ethnischen Niederländern« und »Nachkommen von Einwanderern« ändern.

Das jedoch wäre eine politische Katastrophe. Demokratien geraten in größte Schwierigkeiten, wenn bei jeder Wahl der eine ethnische Block den Sieg davonträgt und der andere eine Niederlage einstecken muss. Selbst Menschen, die darauf hoffen, dass sie eine gewinnende Koalition schmieden können – vielleicht indem sie den demografischen Wandel aufhalten und ihren Mehrheitsstatus erhalten oder vielleicht indem die Gruppen, zu denen sie sich zählen, von einer Minderheit zur Mehrheit wird –, sollten ob der Aussicht auf eine Zukunft, in der verschiedene ethnische oder religiöse Gruppen auf alle Zeit in einem existenziellen Kampf gegeneinander gefangen sind, schaudern.

Zum Glück gründen sich diese pessimistischen Prognosen aber auf ein falsches Verständnis der gegenwärtigen Realität sowie der zu erwartenden Zukunft. Denn demografisch gesehen ist es alles andere als klar, dass die Minderheit in irgendeiner großen Demokratie in Kürze zur Mehrheit wird. So beruht die weitverbreitete Vorstellung, Weiße würden in den USA bald in der Minderheit sein, auf höchst zweifelhaften Annahmen darüber, wer als »weiß« gilt und wie die meisten Menschen sich selbst verstehen. Auch die weitverbreitete Ansicht vom »Schicksal Demografie« missversteht die politischen Verhältnisse in den westlichen Industrienationen. So vollmundig Demografen und Politikstrategen auch ihre Prognosen formulieren: Es ist zum Glück unmöglich, den Ausgang der nächsten Wahlen vorherzusagen, indem man die Menschen summiert, die angeblich zur einen oder zur anderen demografischen Gruppe gehören.

Diverse Demokratien laufen immer Gefahr, sich zu fragmentieren. Niemand kann die Möglichkeit ausschließen, dass die Politik der Zukunft die Mehrheit gegen die Minderheit oder traditionell dominante gegen historisch marginalisierte Gruppen ausspielen wird. Doch wie ich im nächsten Kapitel zeigen werde, ist ein solcher Ausgang ganz und gar nicht unausweichlich – und wer dem großen Experiment Erfolg wünscht, sollte hart daran arbeiten, ihn zu verhindern.

KAPITEL 9
Demografie ist kein Schicksal

Demografen landen nur selten in den Schlagzeilen. Als das United States Census Bureau allerdings die Prognose veröffentlichte, in den 2040er-Jahren würden sich die demografischen Mehrheitsverhältnisse umkehren,[1] bekamen sie dafür riesige Aufmerksamkeit von den Medien. »Die weiße Mehrheit wird bald für immer verschwunden sein«, titelte der *Houston Chronicle*.[2] Andere Zeitungen und Zeitschriften stellten Analysen an, wie diese Veränderung jeden Lebensbereich in Amerika beeinflussen würde, von den Wahlen bis hin zu »den Gepflogenheiten in Ihrem Büro«.[3]

Fast alle Artikel hatten eines gemeinsam: Implizit teilten sie die Bevölkerung der USA in zwei klar getrennte Blöcke auf. Auf der einen Seite die Weißen, eine Gruppe, die trotz all der großen ethnischen und religiösen Unterschiede, die sie umfasst, als einheitlich beschrieben wurde. Auf der anderen Seite die Mitglieder ethnischer Minderheiten – also sogenannte People of Color –, die, obwohl sie aus höchst unterschiedlichen Teilen der Welt stammen und Menschen aller denkbarer Hautfarben umfassen, ebenfalls als eine einzige Gruppe mit natürlichem Zusammenhalt beschrieben wurden.[4]

In der Folge führten diese scheinbar so trockenen demografischen Prognosen zu einer umfassenden Transformation von Kultur und Politik im Land. Auf absehbare Zeit, so die Annahme, würde der Zusammenprall zweier verfeindeter Blöcke Amerika prägen. Und aufgrund sinkender Zahlen würde die Gruppe, die traditionell das Land dominiert, bald einen Großteil ihrer Macht verlieren.

Man kann sich vorstellen, warum solche Aussagen riesige Hoffnungen wecken. Viele Amerikaner freuen sich auf die 2040er als das Jahrzehnt, in dem sie nicht mehr die Ausnahme, sondern endlich die Regel darstellen.

Politische Strategen bereiten sich jetzt schon auf den Kipppunkt vor. Da Hispanics und Afroamerikaner mehrheitlich die Demokraten unterstützen, hoffen viele Vertreter der Partei, dass der demografische Wandel ihnen den endgültigen Sieg über die Republikaner bescheren wird – und ihnen dann endlich die Chance gibt, das Land ihren eigenen sozialen und kulturellen Vorstellungen entsprechend umzugestalten.

Einem anderen Teil der Amerikaner jagt diese Aussicht gleichzeitig große Angst ein. Ihrer Ansicht nach könnte der demografische Wandel das Land, in dem sie aufgewachsen sind, bis zur Unkenntlichkeit verändern und sie in eine untergeordnete Position verbannen.

In ihrer extremen Form versteigt sich diese Angst in apokalyptische Warnungen vor einem »großen Bevölkerungsaustausch«, der angeblich in den westlichen Gesellschaften vor sich geht.[5] Rechtsextreme Aktivisten behaupten, volksverräterische Politiker hätten sich verschworen, die existierende Bevölkerung gegen Neuankömmlinge auszutauschen, die leichter zu kontrollieren seien als die Einheimischen.[6]

Da die einstige Mehrheit in den Vereinigten Staaten besonders schnell an Boden zu verlieren scheint, wird diese Debatte in den USA auch besonders intensiv geführt. Deshalb stütze ich mich in diesem Kapitel in einer Art Fallstudie vor allem auf die Vereinigten Staaten. Aber in anderen Ländern, die den USA beim demografischen Wandel ein paar Jahrzehnte hinterher sind, rufen ähnliche Projektionen sehr ähnliche Hoffnungen und Ängste hervor. So zitieren viele deutsche Anhänger der Idee vom »Großen Austausch« mein Fernsehinterview über das »große Experiment« bis heute als angeblichen Beweis für ihre Verschwörungstheorie.

Umso dringlicher ist es, die Annahmen, auf der die gesamte Diskussion beruht, genauer unter die Lupe zu nehmen. Werden historische Minderheiten in Amerika – und irgendwann auch in anderen diversen Demokratien von Deutschland bis Australien – tatsächlich zu einer neuen Mehrheit aufsteigen, so wie viele Journalisten und Demografen es prophezeien? Werden die wichtigsten politischen und kulturellen Konflikte innerhalb diverser Demokratien verschiedene demografische Gruppen zu direkten Kontrahenten machen? Und könnte ein solcher Wandel dem großen Experiment zum Erfolg verhelfen – oder es an den Rand des Kollaps bringen?

Meine Antworten auf diese Fragen weichen von der landläufigen Meinung erheblich ab. In den meisten entwickelten Demokratien werde Minderheit nie zu einer kohärenten Mehrheit aufsteigen. Es ist vorschnell, davon auszugehen, dass die Politik der Zukunft »Einheimische« gegen »Einwanderer« oder »Weiße« gegen »People of Color« aufbringen wird. Und wer dem großen Experiment Erfolg wünscht, sollte froh sein, dass die Demografie eben doch kein unausweisliches Schicksal ist – und alles tun, um dafür zu sorgen, dass die kulturellen und politischen Konfliktlinien der Zukunft wesentlich fließender verlaufen, als heute so gerne vorhergesagt wird.

Wenn es der »Wissenschaft« an Wissenschaftlichkeit fehlt

Als das United States Census Bureau seine Meldung über den in den 2040er-Jahren anstehenden demografischen Wandel veröffentlichte, präsentierte es das zugrunde liegende demografische Modell wie ein Ergebnis rein objektiver wissenschaftlicher Untersuchungen. Auf diese Weise bekam es den Anstrich unwiderlegbarer Tatsachen.

Demografische Projektionen gelten vielen als relativ einfache Rechenexempel. Jeder Amerikaner, dessen Vorfahren zu einer relevanten Minderheit gehören, so die Annahme, wird Teil der neuen Mehrheit sein. Die künftige Größe dieser Gruppe errechnet sich also recht einfach daraus, wie viele Menschen aus Minderheitengruppen derzeit im Land leben, wie viele Kinder sie bekommen werden und wie viele zu den entsprechenden Gruppen gehörigen Personen in den kommenden Jahrzehnten noch nach Amerika einwandern.[7]

Da es unmöglich ist, diese Faktoren präzise vorherzusagen, basieren alle Modelle natürlich auf ein paar Annahmen. Deshalb ist es immer möglich, dass spezifische Prognosen hier und da um ein paar Prozentpunkte von der Realität abweichen. Doch solange die Menschen, die solche Modelle errechnen, gut ausgebildete Spezialisten sind, die sich nach besten Kräften darum bemühen, die Öffentlichkeit mit objektiven Informationen zu versorgen (was ja auch meistens der Fall ist), sind ihre Schlussfolgerungen zumindest mehr oder weniger akkurat.

Niemand kann sich ganz sicher sein, ob Amerika den Kipppunkt im Jahr 2042 oder 2048 erreicht. Doch früher oder später werden die Weißen in der Minderheit sein. Das ist eine reine Frage der Wissenschaft.

Aber dies verdeckt die Tatsache, dass die vom Census Bureau verwendeten Kategorien zur Klassifizierung von Amerikanern auf höchst fragwürdigen Annahmen darüber beruhen, wie die Menschen sich aktuell selbst definieren – und noch fragwürdigere Vermutungen darüber anstellen, wie sie das in der Zukunft tun werden. Gilt die Tochter zweier weißer Einwanderer aus Spanien als weiß oder als Hispanic? Das United States Census Bureau sagt: Hispanic. Wird der Sohn eines weißen Vaters und einer chinesischen Mutter als weiß oder Asiate eingeordnet? Das Census Bureau sagt: als Asiate. Und ist jemand, der sieben weiße Urgroßeltern und einen schwarzen Urgroßvater hat, nun weiß oder schwarz? Nach Ansicht des Census Bureau: schwarz.

Scheinbar rein objektiv, gehen die Prognosen des Census Bureau in Wirklichkeit von der fragwürdigen Annahme aus, dass alle Amerikaner, die einen Tropfen nichtweißes Blut in sich haben oder deren weit zurückliegendes kulturelles Erbe sie mit einem spanischsprachigen Land in Verbindung bringt, »People of Color« seien. Dies macht sie zu einem höchst spekulativen Leitfaden für die Realität im Lande.

Wenn wir wirklich herausfinden wollen, wie die Zukunft Amerikas – oder jeder anderen diversen Demokratie auf der Welt – aussehen wird, ist es also nicht genug, auf eine demografische Tabelle zu verweisen, die mithilfe eines extrem vereinfachenden Schemas Rassenzuschreibungen vornimmt. Stattdessen müssen wir uns die Mühe machen, das Verhalten in der wirklichen Welt zu beobachten. Und wer betrachtet, wie sich verschiedene Gruppen selbst einordnen oder von anderen eingeordnet werden, bemerkt sehr schnell, dass die Wirklichkeit mit dem vorgefertigten Narrativ, das Demografen ihr so gerne übergestülpen, wenig gemein hat.

Vor allem bei drei schnell wachsenden Gruppen in den USA, die nach herkömmlichem Narrativ als »People of Color« gelten, wirft dies große Fragen darüber auf, welche Rolle sie in der Politik und Kultur des Landes tatsächlich spielen werden.

Aufstieg des multiethnischen Amerika

Vor dreißig oder vierzig Jahren erklärte eine Mehrheit der Amerikaner noch offen, Weiße und Schwarze sollten miteinander keine romantischen Beziehungen haben.[8] Die Realität spiegelte diese Vorurteile. 1980 hatten gerade einmal drei Prozent der Neugeborenen in den USA Eltern, die aus verschiedenen ethnischen Gruppen stammten.[9]

In den letzten dreißig Jahren haben sich die Verhältnisse schnell und radikal geändert. Der Anteil der Befragten, die Ehen zwischen Menschen verschiedener ethnischer Herkunft ablehnen, ist mittlerweile klein. Nur noch zehn Prozent der Amerikaner erklären, sie würden sich bei dem Gedanken, dass ein naher Verwandter einen Angehörigen einer anderen Hautfarbe heiratet, unwohl fühlen.[10] Ein Teil dieser Verschiebung mag zwar daran liegen, dass es weniger akzeptabel geworden ist, solche Vorbehalte offen auszudrücken – doch es gibt auch klare Hinweise darauf, dass das tatsächliche Verhalten junger Amerikaner sich rapide verändert: Ende der 2010er-Jahre war jedes siebte Kind, das in den Vereinigten Staaten geboren wurde, multiethnisch.[11]

Die Tendenz, außerhalb der »eigenen« Community zu heiraten, ist in den demografischen Gruppen, die derzeit am schnellsten wachsen, besonders stark ausgeprägt. Fast ein Drittel aller frisch verheirateten Hispanics hat einen Ehepartner anderer Herkunft, bei Amerikanern mit asiatischen Wurzeln ist es genauso.[12] Und alle Indikatoren lassen darauf schließen, dass die Zahl von Amerikanern mit Eltern, die aus verschiedenen ethnischen Gruppen stammen, in den nächsten Jahren in den USA noch weiter wachsen wird.

Da die Medien für gewöhnlich weiterhin die alte Regel, »ein Tropfen Blut« würde ausreichen, damit ein Kind nicht als weiß gilt, anwenden, wird jedes Baby, das solche Paare zur Welt bringen, als Mitglied einer ethnischen Minderheit gezählt. Doch dieses von außen aufgedrückte Etikett passt überhaupt nicht zu den Erkenntnissen von Soziologen, die sich tatsächlich einmal die Mühe gemacht haben, die Selbstwahrnehmung solcher Kinder zu untersuchen.

Ethnografische Studien mit diesen Kindern kommen in der Regel zu dem Schluss, dass die meisten von ihnen zutiefst ins »weiße« Amerika integriert sind. Vor allem Kinder mit einem weißen und einem asiatischen oder einem weißen und einem hispanischen Elternteil waren dem weißen Elternteil in fast allen wichtigen Bereichen sehr ähnlich. So haben Edward Telles und Vilma Ortiz in einer Studie festgestellt, dass Kinder mit einem mexikanischen und einem nichthispanischen weißen Elternteil »seltener die spanische Sprache beherrschten, selbst häufiger außerhalb der eigenen ethnischen Gruppe heirateten und sich weniger mit ihren mexikanischen Wurzeln identifizierten«.[13]

Viele Amerikaner mit Eltern aus verschiedenen ethnischen Gruppen identifizieren sich sogar ausdrücklich als Weiße. »Viele Amerikaner mit gemischtem asiatischem oder hispanischem Familienhintergrund«, fasst ein prominenter Soziologe zusammen, »identifizieren sich zumindest zeitweise mit der weißen Mehrheit.«[14]

Die komplexe Identität der Latinos

Im Jahr 2014 lebten etwa 55 Millionen Menschen mit spanischen oder lateinamerikanischen Wurzeln in den Vereinigten Staaten.[15] Das Census Bureau geht davon aus, dass es 2060 119 Millionen sein werden.[16] Viele Hispanics sind schwarz oder gehören zu indigenen Gruppen. Aber die große Mehrheit, etwa 103 Millionen, werden ethnisch gesehen Weiße sein.[17] Und so stellt sich nun die große Frage: Wird sich diese Gruppe als vom amerikanischen Mainstream getrennt empfinden, oder werden diese Menschen genau wie die italienischen und irischen Einwanderer im 19. und frühen 20. Jahrhundert in diesem Mainstream aufgehen?

Die Frage, wie sich Hispanics in dreißig Jahren selbst definieren werden, ist schwer zu beantworten. Von 1960 bis 1990 und wieder von 1990 bis 2020 hat sich die amerikanische Haltung zum Thema »Rasse« drastisch verändert. Es ist kaum vorstellbar, dass sie sich bis 2050 nicht weiter verändern wird.

Klar ist jedoch, dass die hispanische Identität schon heute viel fließender ist, als die politische Klasse des Landes oft annimmt. Im Wahlkampf zur Präsidentschaftswahl 2020 führten zwei progressive Hispanics, Ian Haney López und Tory Gavito, Interviews mit Fokusgruppen durch. Sie nahmen an, Latinos würden sich als »People of Color« betrachten und Sorgen über »illegale Einwanderung aus Regionen, die von Drogen und kriminellen Banden geprägt sind« als rassistische Propaganda abtun. Doch dann stellten sie fest, dass ein erheblicher Teil der Leute, die sie befragten, darauf bestand, weiß zu sein – und Latinos sogar stärker als nichthispanische Weiße einwanderungsfeindlichen Slogans zustimmten.

Lopéz und Gavito kamen zu dem Schluss, dass die meisten progressiven Amerikaner

> »Latinos in der Regel als People of Color einordnen, zum Teil wohl, weil progressive Latinos die Gruppe so sehen und andere dazu ermuntern, es ebenso zu tun. Wir jedenfalls hielten diese Perspektive für selbstverständlich. Doch in unserer Studie zeigte sich, dass nur ein Viertel der Hispanics sich selbst als People of Color betrachtete. Die Mehrheit lehnte diese Zuschreibung ab. Sie zog es vor, die Hispanics als eine Gruppe zu sehen, die dabei ist, sich in den amerikanischen Mainstream zu integrieren, und nicht besonders stark von rassisch bedingten Einschränkungen betroffen ist.«[18]

Die unsichere Verortung der asiatischen Amerikaner

Während Hispanics die zahlenmäßig größte Gruppe darstellen, stammt die am schnellsten wachsende Gruppe aus Asien.[19] Von 2014 bis 2060 soll sich die Zahl der aus Asien stammenden Amerikaner mehr als verdoppeln, von etwa 20 auf 46 Millionen.

Im Gegensatz zu vielen Hispanics werden Amerikaner mit asiatischer Herkunft sich wahrscheinlich weiterhin als Angehörige einer eigenen ethnischen Gruppe betrachten – und auch von anderen so gesehen werden. Das heißt aber nicht, dass sie automatisch eine kulturelle oder politische Koalition mit anderen »People of Color« bilden werden.

Während schwarze Amerikaner im Schnitt immer noch weniger verdienen als Weiße, verdienen asiatische Amerikaner deutlich mehr. Aus Korea stammende Amerikaner haben ein mittleres Haushaltseinkommen von 72 000 Dollar pro Jahr, aus China stammende Amerikaner 82 000 Dollar, aus Indien stammende 119 000 Dollar.[20] Der Durchschnittsverdienst asiatischer Frauen in den USA liegt höher als der weißer Männer.[21]

Dieser finanzielle Erfolg hat seine Ursachen in außerordentlichen schulischen und universitären Leistungen. Obwohl aus Asien stammende Amerikaner derzeit weniger als zehn Prozent der US-Bevölkerung stellen,[22] machen sie ein Viertel der Studienanfänger an der Harvard University aus. An Bildungseinrichtungen, wo es gesetzlich verboten ist, Bewerber aufgrund ihrer Herkunft zu bevorzugen, liegt ihr Anteil sogar noch höher. An der Berkeley University beispielsweise hatte fast die Hälfte der einheimischen Studienanfänger asiatische Vorfahren.[23]

Weder in der Kultur noch in der Politik geht es nur um Eigeninteressen. Trotzdem könnten abweichende Interessen dauerhafte Koalitionen zwischen Hispanics und Afroamerikanern auf der einen Seite und aus Asien stammenden Amerikanern auf der anderen Seite schwieriger machen, als diejenigen, die verschiedene ethnische Minderheiten als natürliche Gruppe auffassen, gerne annehmen.

Es ist höchst zweifelhaft, ob die Zukunft wirklich in einen politischen Kampf zwischen »Weißen« und »People of Color« ausarten wird. Aber selbst falls dies, wie heute von vielen Wissenschaftlern und Journalisten angenommen, der Fall sein sollte, würde völlig offenbleiben, zu welcher Gruppe sich aus Asien stammenden Amerikaner dann zählen würden.

Die meisten Amerikaner überschätzen Art und Ausmaß der vor uns liegenden demografischen Veränderungen.

Da demografische Modelle, die auf einer ganzen Reihe von fragwürdigen Annahmen beruhen, vorhersagen, dass die Minderheiten des Landes bald zur Mehrheit aufsteigen werden, glauben die meisten politisch engagierten Amerikaner, dass der Anteil der Weißen an der Gesamtbevölkerung rapide sinkt.[24] Doch ein genauer Blick auf die Fakten zeigt, dass sich das Amerika der Zukunft von solchen Spekulationen drastisch unterscheiden wird.

Nach Auskunft des Census Bureau werden – wenn man die Nachfahren der Hispanics, die sich heute selbst als Weiße identifizieren, mit einschließt – im Jahr 2060 etwa 69 Prozent der Amerikaner Weiße sein. Weitere 5 Prozent werden sowohl weiße als auch nichtweiße Vorfahren haben. Darüber hinaus werden viele einen weißen Ehepartner oder nahe weiße Verwandte haben. Kurz gesagt: Es ist alles andere als klar, dass die größte Kluft in der amerikanischen Gesellschaft sich ausgerechnet zwischen »Weißen« und »People of Color« auftun wird.

Ist das nun eine Erleichterung oder eine Enttäuschung für diejenigen, die dem großen Experiment Erfolg wünschen? Die Antwort hängt von einer der wenigen großen Theorien über die amerikanische Politik, bei der sich weite Teile der Linken und Rechten einig sind, ab: ob der wachsende Anteil von Minderheiten an der Gesamtbevölkerung es den Demokraten, wie allerseits erwartet, leichter machen wird, Wahlen zu gewinnen. Aber wie sich herausstellt, ist auch die »unvermeidliche demografische Mehrheit« für die Demokraten – oder wie ich sie nenne, die gefährlichste Idee in der amerikanischen Politik – eine Illusion.

Die gefährlichste Idee in der amerikanischen Politik

In den Jahren nach 9/11 dominierte der »Krieg gegen den Terror« die amerikanische Politik. Die gesellschaftliche Stimmung war eindeutig konservativ. In einer Reihe von Volksabstimmungen führten US-Bundesstaaten ein Verbot der Ehe für alle ein.[25]

Und sosehr George W. Bush auch von vielen Journalisten und Intellektuellen im Land belächelt wurde – die seinem evangelikalen Glauben misstrauten und seine Außenpolitik ablehnten –, so populär war er unter den meisten Amerikanern.[26] Als »Dubya« 2004 wiedergewählt wurde, glaubten viele, die Rechte habe nun mal einen natürlichen Vorsprung in der amerikanischen Politik. Es sah so aus, als gehörte die Zukunft den Republikanern.

Dann stellten ein paar kritische Geister eine verblüffende Behauptung auf, die der konventionellen Meinung komplett widersprach. Die Teile der amerikanischen Wählerschaft, die traditionell die Republikaner bevorzugen, so argumentierten John Judis und Ruy Teixeira in ihrem Buch *The Emerging Democratic Majority*, schrumpfen sehr schnell. Die Teile, die traditionell die Demokraten unterstützen, wachsen in gleichem Maße. Es werde nicht lange dauern, bis dieses scheinbar nach rechts tendierende Land durch und durch progressiv sei.[27]

Ein Teil der Thesen von Judis und Teixeira bezog sich auf soziale und ökonomische Veränderungen. Amerikaner, die einen Collegeabschluss haben und im urbanen Raum leben, so erklärten sie, verträten progressivere gesellschaftliche Werte. Und da der Anteil solcher Menschen wachse, müsse sich das Land zwangsläufig nach links bewegen.

Doch der einflussreichste Teil des Buchs drehte sich um die Verschiebungen im relativen Gewicht verschiedener ethnischer Gruppen. Latinos, Afroamerikaner und aus Asien stammende Amerikaner, so zeigten Judis und Teixeira, bevorzugen mehrheitlich die Demokraten. Da ihr Anteil an der amerikanischen Bevölkerung wachse, würden Millionen von Stimmen auf der demokratischen Seite landen. Die meisten Mitglieder dieser Wählergruppen würden »weiterhin die Demokraten den Republikanern vorziehen und damit einer neuen Mehrheit den Weg bereiten«.[28]

Diese kontraintuitiven Vorhersagen schienen sich zu bewahrheiten, als ein Mann namens Barack Hussein Obama seinen bemerkenswerten Aufstieg begann. Obama war zwar kein Radikaler, doch seine Politik markierte einen entschiedenen Bruch mit dem gesellschaftlichen Konservatismus der Bush-Jahre. Und als er zum ersten schwarzen Politiker in der Geschichte des Landes wurde, der ins Weiße Haus einzog, verdankte er seinen Sieg genau der Art von Koalition, die Judis und Teixeira vorhergesagt hatten. Obama siegte haushoch bei den Gebildeten, holte erhebliche Zugewinne in den Großstädten und wohlhabenden Vororten und wurde rekordverdächtig von Minderheitengruppen unterstützt.[29]

Obamas historischer Sieg schien zu beweisen, dass Demografie eben doch Schicksal ist. Aber während Judis und Teixeira durchaus darauf hingewiesen hatten, dass die Demokraten eine breite Koalition brauchten, die eine erhebliche Zahl von weißen Wählern aus der Arbeiterschicht umfasst, hielten viele, die sich jetzt auf diese Theorie stürzten, derartige Kleinigkeiten für unwichtig. In den Köpfen vieler progressiver Journalisten und Politstrategen wurde aus einer aufsteigenden demokratischen Mehrheit, die sorgfältig kultiviert werden musste, eine Mehrheit, die unvermeindlich ist.[30]

Seltsamerweise übernahmen weite Teile der amerikanischen Rechten dieselben Annahmen. Die Republikaner sind mittlerweile ebenso überzeugt wie die Demokraten, dass der demografische Wandel das Land in eine progressive Richtung schieben wird. Doch was die Herzen der Linken mit Freude erfüllt, sät bei Rechten Furcht.

Die vielleicht einflussreichste Bekundung dieser Panik wurde im Vorlauf zur Präsidentschaftswahl 2016 geäußert. Unter einem Pseudonym gab Michael Anton, der später einen leitenden Posten im Weißen Haus bekam, unumwunden zu, dass Donald Trump ein unerprobter Kandidat sei, der sich als unfähig erweisen könnte. Doch das spiele keine Rolle. Die Demokraten, so

Anton, ständen »am Rand eines dauerhaften Sieges«, weil sie »ständig Fremde aus der Dritten Welt importieren«.[31] Seiner Ansicht nach war Donald Trump die letzte Chance der Republikaner, das Land vor dem drohenden Untergang zu retten, den der demografische Wandel mit sich bringen würde.

Im Wahlkampf schlug Trump dann sehr ähnliche Töne an. »Ich denke, dies wird die letzte Wahl sein, die die Republikaner gewinnen können, weil ständig Leute ins Land strömen«, sagte er auf dem Höhepunkt der Kampagne 2016. »Wenn es so weitergeht, können wir's vergessen.«[32]

Als Trump entgegen allen Erwartungen die Vorwahlen 2016 gewann, waren sich fast alle Demoskopen und Experten sicher, dass Hillary Clinton die Wahl gewinnen würde. Aufgrund der demografischen Transformation des Landes könne ein Kandidat, der seine Wählerbasis praktisch ausschließlich unter der weißen Bevölkerung habe, niemals genug Stimmen auf sich vereinigen. »Schon die Demografie sichert Clinton einen klaren Vorsprung in dieser Wahl«, schrieb *NPR* und sagte voraus, dass die demokratische Kandidatin das Electoral College haushoch gewinnen würde.[33]

Die Wahrheit sah dann ganz anders aus. Als die Stimmen am 8. November 2016 ausgezählt wurden, lieferten ausgerechnet die Staaten, die nach der Analyse von Ruy Teixeira die neue »progressive Vorherrschaft« der Demokraten zementieren sollten, Trump seinen Schock-Sieg.[34]

Trumps Wahl zum US-Präsidenten erweckte erste Zweifel an der Theorie von der unvermeidlichen demografischen Mehrheit. Vom wachsenden Anteil der Minderheiten an der Wählerschaft begeistert, hatten viele Progressive anscheinend vergessen, dass die Mehrheit der Amerikaner, die 2008 und 2012 für Obama gestimmt hatten, aus weißen Wählern ohne Collegeabschluss bestand.[35] Die Demokraten waren nach wie vor viel abhängiger von der Unterstützung durch die weiße Arbeiterschicht, als viele ihrer Aktivisten und Strategen glauben wollten.

Mittlerweile sind selbst die Erfinder der wachsenden demografischen Mehrheit zu dem Schluss gekommen, dass das in absehbarer Zukunft so bleiben wird. Wie Teixeira kürzlich zugab, müssen die Demokraten sich, wenn sie auf nationaler Ebene wettbewerbsfähig bleiben wollen, auch in Zukunft »die Stimmen eines erheblichen Teils der weißen Arbeiterklasse sichern«.[36]

Im Jahr 2020 gelang es den Demokraten, ein paar der falschen Lektionen, die sie gelernt hatten, wieder abzulegen. Nach einem intensiven Wahlkampf kam es zu einem klaren Sieg von Joe Biden über Donald Trump. Als alle Stimmen ausgezählt waren, lag Biden um fast sieben Millionen Stimmen vorn.[37]

Doch statt die Theorie von der wachsenden demografischen Mehrheit wiederzubeleben, zeigte die Wahl von 2020 lediglich, wie schnell sich das Wahlverhalten von ethnischen Gruppen verändern kann. Den Demokraten gelangen wichtige Siege in einigen Staaten mit schnell wachsender Minderheitenbevölkerung, darunter Nevada und Georgia. Doch selbst dort lief das Wählerverhalten den Annahmen, auf die sich die Demokraten in den letzten zehn Jahren verlassen hatten, direkt entgegen.[38]

Denn Joe Biden verdankt seinen Sieg fast ausschließlich der Tatsache, dass er unter weißen Wählern deutlich besser abschnitt als Hillary Clinton vier Jahre zuvor. Und Donald Trump hatte überhaupt nur eine Chance, weil er in fast allen anderen demografischen Gruppen Zuwächse verzeichnete. Bei seiner ersten Kandidatur war Trump extrem unbeliebt bei Muslimen und Afroamerikanern. In den vier Jahren seiner Amtszeit konnte er seinen Stimmenanteil in beiden Gruppen um etwa ein Viertel erhöhen.[39]

Bei den Latinos war die Verschiebung Richtung Trump noch deutlicher. Die Medien haben viel darüber geschrieben, dass Einwanderer aus Kuba und Venezuela, die schlechte Erfahrungen mit linken Machthabern gemacht hatten, von der sozialistischen Rhetorik einiger prominenter Demokraten abgeschreckt wurden. Das erklärt sicher zum Teil, warum Trump in Florida gewinnen konnte.[40] Doch Latinos liefen auch in Teilen des Landes, wo sie Anklängen an den Sozialismus nicht aus den gleichen historischen Gründen mit Nervosität begegnen, in großer Zahl zu den Republikanern über. So zeigten die Countys im Südwesten von Texas, in denen hauptsächlich aus Mexiko stammende Amerikaner leben, mit die größte Wählerwanderung Richtung Republikaner in den gesamten USA.[41]

So kontraintuitiv das erscheinen mag, ist das Wählerverhalten in den Vereinigten Staaten heute weniger von Herkunft und Hautfarbe abhängig als noch vor fünf Jahren. 2020 war es deshalb schwieriger, aufgrund solch demografischer Kriterien vorherzusagen, wem ein Amerikaner wohl die Stimme gegeben hat, als 2016.

Wir können nicht wissen, ob der bemerkenswerte Trend der letzten vier Jahre sich in den nächsten vierzig Jahren fortsetzen wird. Aber die Tatsache, dass ausgerechnet Trump bei seiner gescheiterten Wiederwahl Millionen von Wählerstimmen von »People of Color« dazugewinnen konnte, sollte uns zeigen, wie schwer es ist, sichere Vorhersagen über etwaige ethnische Gräben im Jahr 2032 oder 2048 zu treffen.

Meine eigenen politischen Wertvorstellungen sind links von der Mitte verortet. Sollte ich sagen, welchen amerikanischen Politiker der letzten fünfzig Jahre ich am meisten bewundere, so wäre es Barack Obama. Müsste ich zwischen Joe Biden oder Hillary Clinton auf der einen Seite und Donald Trump auf der anderen entscheiden, würde ich mich, ohne eine Sekunde lang nachdenken zu müssen, zu einem der ersten beiden bekennen.

Insofern wäre ich wohl dazu prädestiniert, große Hoffnungen in die Idee von der unvermeidlichen demografischen Mehrheit zu setzen. Schließlich wäre damit klar, dass »meine Mannschaft« eines Tages die amerikanische Politik dominieren würde. Doch je näher man diese angeblich so attraktive Zukunftsvision betrachtet, als desto verstörender entpuppt sie sich.

Inzwischen sollte klar sein, dass ich der weitverbreiteten Vorstellung vom »Schicksal Demografie« auch aus rein empirischen Gründen zutiefst skeptisch gegenüberstehe. Doch nehmen wir für den Moment einmal an, die Vorhersagen über die aufsteigende demografische Mehrheit würden sich als zutreffend herausstellen. Die Präsidentschaftswahl 2052 steht bevor, der Wahlkampf wird heftig und mit harten Bandagen geführt. Doch im Grunde genommen weiß jeder, wie die Wahl ausgehen wird. Denn die Demokraten können auf die zuverlässige Unterstützung der »Minderheiten« zählen, die in den letzten zehn Jahren offiziell zur Bevölkerungsmehrheit geworden sind, und steuern auf den nächsten Wahlsieg zu.

Wäre ein solches Szenario nicht zutiefst dystopisch? Geschenkt, dass eine demokratische Wahl, bei der das Ergebnis von vornherein feststeht, einen schalen Geschmack hinterlässt. Geschenkt, dass Länder, in denen eine Partei über Jahrzehnte hinweg dominiert, zu umfassender Korruption neigen.[42] Was mich an dieser angeblichen Utopie wirklich beunruhigt, ist die andauernde Segregation der Politik nach ethnischen Kriterien. Wenn ich im Jahr 2052 durch die Straßen von New York oder San Diego spazierte, könnte ich aufgrund der Hautfarbe vorhersagen, was die Leute wählen, die mir entgegenkommen.

Obama hat einmal gesagt, wir sollten das Wahlvolk nicht in blaue (also demokratische) und rote (also republikanische) Staaten aufteilen.[43] In der Vision, die viele Progressive für tröstlich halten, würden wir die Wählerschaft auf absehbare Zeit in »blaue Rassen« und »rote Rassen« aufteilen. Das kann wohl kaum eine attraktive Vision für die Zukunft diverser Demokratien sein.[44]

Warum wir froh sein sollten, dass die Demografie nicht das Schicksal vorwegnimmt

Im Laufe der letzten zehn Jahre hat der herrschende Diskurs begonnen, Amerikaner in zwei sauber voneinander getrennte Gruppen aufzuteilen: Weiße und »People of Color«. Doch die Gruppe der Weißen ist kulturell und politisch viel weniger homogen, und ethnische Minderheiten sind weitaus heterogener, als eine solch einfache Zweiteilung nahelegt.

Zum Glück gibt es auch eine alternative Vision vom Amerika der Zukunft. In dem Buch *The Great Demographic Illusion* zum Beispiel zeigt der bedeutende Soziologe Richard Alba, der »amerikanische Mainstream« habe sich in der Vergangenheit als unerwartet erweiterbar erwiesen.[45] Die einstmals herrschende Elite des Landes habe noch die Veränderungen gefürchtet, die irische oder italienische Einwanderer mit sich bringen würden, doch seien die Neuankömmlinge aus diesen Ländern letztlich im Mainstream aufgegangen: Heute sei es vollkommen unerheblich, ob ein Amerikaner aus Sussex oder aus Sizilien stamme.

Wenn man Alba glauben darf, dann wird sich der amerikanische Mainstream auch weiterhin in einer Weise als erweiterbar erweisen, die wir uns heute nur schwer vorstellen können. Die ersten Gruppen, die in dem neuen Mainstream aufgehen werden, sind vermutlich weiße Hispanics, aus Asien stammende Amerikaner und Personen mit Eltern unterschiedlicher Hautfarbe. Doch wie die zunehmend multiethnische Kultur der Metropolen von Houston bis New York City zeigt, dürfte dieser neue Mainstream am Ende noch inklusiver sein: Auch ein wachsender Anteil schwarzer Amerikaner wird darin vermutlich aufgehen.

Die Wahl zwischen einem Amerika, das den Projektionen des United States Census Bureau entspricht, und einem Amerika, das die Vorhersagen von Richard Alba spiegelt, dürfte eine einfache sein. Das Land wäre für Menschen jeglicher Herkunft und

Hautfarbe ein viel besserer Ort zum Leben, wenn es gelänge, ein möglichst breites Spektrum ethnischer und religiöser Gruppen in einen erweiterten Mainstream aufzunehmen.

Eine solche Sicht hat erhebliche Auswirkungen darauf, wie sich diejenigen unter uns, die dem großen Experiment Erfolg wünschen, verhalten sollen.

Die Politik spielt dabei eine große Rolle. Politiker gleich welcher Couleur sollten der Versuchung widerstehen, sich den Forderungen »ihrer« demografischen Basis zu beugen. Vielmehr sollten sie danach streben, ein möglichst breites Wählerspektrum anzusprechen und das politische System ihres Landes beim Thema der sogenannten Rassen zu depolarisieren. Zum Glück gibt es mindestens einen guten Grund für die Hoffnung, dass viele von ihnen diese moralische Entscheidung treffen: Letztlich dient ein solches Verhalten ihrem eigenen Interesse.

Die Demokratische Partei in den Vereinigten Staaten sollte sich weder darauf verlassen, dass ihr die Stimmen der Latinos, Afroamerikaner und Asiaten ohnehin sicher sind, noch damit abfinden, dass sie ihr Standing unter den Weißen nicht verbessern kann. Statt alles auf die Karte des demografischen Wandels zu setzen, sollten die Demokraten begreifen, dass ihre künftigen Wahlaussichten – und das Wohlergehen des ganzen Landes – von ihrer Fähigkeit abhängt, Amerikaner aus allen ethnischen Gruppen anzusprechen.

Die Entscheidung der Republikanischen Partei dürfte noch gravierendere Folgen haben. Die Republikaner können auf eine Wahlstrategie setzen, die ausschließlich weiße Wähler in den Blick nimmt. Eine solche Strategie würde ihnen möglicherweise sogar noch ein paar knappe Wahlsiege bescheren. Doch irgendwann wird eine Republikanische Partei, die sich jeder Erweiterung ihres Wählerkreises verweigert, sämtliche Wahlen verlieren. Dann stände diese Partei vor der Entscheidung, nichtweiße Wähler mit immer extremeren Maßnahmen von den Urnen fernzuhalten – oder endlich etwas zu unternehmen, damit sich diese Wählergruppen bei den Republikanern willkommen fühlen.

Wenn und falls die Republikaner damit anfangen, sich ernsthaft um diese demografischen Gruppen zu kümmern, dürften sie wesentlich mehr Erfolg haben, als viele Demoskopen heute erwarten. Denn zahlreiche Wähler aus Minderheitengruppen nehmen entgegen ihrem derzeitigen Wahlverhalten im gesellschaftspolitischen und ökonomischen Bereich alles andere als progressive Positionen ein. Viele Latinos, Afroamerikaner und aus Asien stammende Amerikaner wären für einen Konservatismus, der Wähler aller demografischen Gruppen anzusprechen versucht, durchaus offen.

Politik ist wichtig, aber Gesellschaft ist noch wichtiger. Aus diesem Grund mache ich mir viel mehr Gedanken darüber, wie das Amerika des Jahres 2052 fernab der politischen Arena aussehen wird.

Wird dieses Amerika sich an den ethnischen Kategorien des Census Bureau orientieren und davon ausgehen, dass die Interessen von Weißen auf der einen Seite und die Interessen von Hispanics, Afroamerikanern oder Asiaten auf der anderen einander unversöhnlich gegenüberstehen? Oder werden ethnische Kategorien, obzwar weiterhin erkennbar, einen Teil ihrer aktuellen Bedeutung verlieren, weil die große Mehrheit der Amerikaner ohnehin in einen diversen Mainstream integriert ist?

Genau an diesem Punkt gibt die Entwicklung im Alltag am meisten Anlass zum Optimismus. Jeden Tag tun sich viele Amerikaner aus unterschiedlichen demografischen Gruppen als Freunde, Geschäftspartner oder Paare zusammen. Im wirklichen Leben scheinen die meisten Amerikaner von einer monolithischen Opposition zwischen »Weißen« und »People of Color« nicht sehr viel zu halten.

Doch menschliche Identitäten sind wandelbar. Sie bilden und

verändern sich entsprechend den Narrativen einer älteren Generation, den Impulsen der Eliten und den Anreizen von Institutionen. Deshalb hängt viel davon ab, ob Grundschullehrer und College-Professorinnen, Senatoren und CEOs den natürlichen Prozess unterstützen werden, der die Grenzen zwischen verschiedenen Gruppen aufweicht – oder ob sie gar dazu beitragen, diese Entwicklung umzukehren.

Darüber mache ich mir im Moment die meisten Sorgen. Denn an immer mehr Stellen im amerikanischen Leben unternehmen wohlmeinende Leute, die wirklich glauben, dass sie für eine gerechte Sache kämpfen, alles Mögliche, um die ethnische Identität zur wichtigsten Trennlinie zu machen.

Die übermäßige Betonung der Bedeutung ethnischer Identität und die angeblich unversöhnlichen Konflikte zwischen »Weißen« und »People of Color« wurden innerhalb der amerikanischen Elite rasant zur herrschenden Ideologie. Eine der drängendsten Fragen in den nächsten Jahrzehnten wird sein, ob es dieser Elite gelingen wird, ihr Verständnis von »Rasse« dem Rest der Bevölkerung aufzuzwingen – oder ob ganz normale Amerikaner aus allen demografischen Gruppen in der Lage sein werden, diesem Verständnis eine inspirierendere Vision unserer kollektiven Zukunft entgegenzusetzen.

Ich habe mich in diesem Kapitel stark auf die USA konzentriert, und zwar aus einem einfachen Grund: Der demografische Wandel ist in den USA weiter fortgeschritten als in den meisten anderen diversen Demokratien. Deshalb ist auch die Debatte um die angeblich aufsteigende demografische Mehrheit hier weiter als anderswo.

Und doch ähneln sich die Grundzüge dieser Debatte in den meisten diversen Demokratien: Linke träumen von einer Zukunft, in der ihnen ein wachsender Anteil ethnischer Minderheiten sichere Wahlsiege bescheren wird, während Rechte fürchten, dass Einwanderer und ihre Nachkommen den Charakter ihrer Länder grundlegend verändern werden. Und wie in den USA auch würden solche Vorhersagen eine akute Gefahr für das Gelingen des großen Experiments bedeuten, wenn sie sich bewahrheiten würden – was zum Glück aber höchst unwahrscheinlich ist.

Das wird auf politischer Ebene rasch deutlich. In vielen europäischen und angelsächsischen Ländern haben rechte Parteien, die ihre Wähler zunächst fast vollständig in der ethnischen und religiösen Mehrheit fanden, ihre Basis verbreitert. Viele rechte Politiker verdanken ihren Sieg einer erheblichen Unterstützung aus Minderheitengruppen.

In Deutschland haben jüngste Umfragen sogar gezeigt, dass eine Mehrheit der Einwanderer und ihrer Nachkommen heute rechte Parteien wählt.[46]

Befürworter des großen Experiments sollten das, unabhängig von ihren eigenen politischen Neigungen, als Zeichen des Fortschritts interpretieren. Ein erheblicher Prozentsatz der Bürger diverser Demokratien, gleich welcher Hautfarbe, wird immer eher rechte politische Überzeugungen vertreten. Politische Parteien, die diese Ansichten repräsentieren und gleichzeitig jeden Rassismus ablehnen, würden dazu beitragen, den gefährlichen Wahn eines demografischen Determinismus zu überwinden, der heute in den politischen Systemen von Frankreich bis in die USA um sich greift. Und sie könnten damit einen enormen Beitrag zum Aufbau demokratischer Staaten leisten, die nicht nur divers, sondern auch tolerant sind.

* * *

Vor zehn Jahren untersuchten zwei Professorinnen der Northwestern University, ob eine Betonung des demografischen Wandels die Haltung weißer Amerikaner gegenüber ethnischen Minderheiten beeinflussen würde. Dazu luden Maureen A. Craig und Jennifer A. Richeson die Teilnehmer in ihr Labor ein und gaben ihnen einen von zwei Texten zu lesen. Der erste Text beschrieb die derzeitige demografische Zusammensetzung Amerikas. Der zweite fasste die Projektionen des Census Bureau zusammen, denen zufolge sich die Mehrheitsverhältnisse in Amerika bald umkehren würden.

Die Ergebnisse der Studie waren mehr als deutlich. Teilnehmer, denen man den Text über das bevorstehende Ende des »weißen Amerika« zu lesen gegeben hatte, neigten viel eher zu der Aussage, es würde sie stören, wenn ihr Kind einen Menschen mit anderer ethnischer Herkunft heiratete. Sie äußerten auch eher negative Gefühle gegenüber Minderheiten. »Eine Betonung des angeblichen Niedergangs der weißen Mehrheit«, so Craig und Richeson, »fördert eher Feindseligkeiten zwischen ethnischen Gruppen, als den Weg in eine tolerantere Zukunft zu ebnen.«[47]

Viele wohlmeinende Amerikaner sind heute überzeugt, die Betonung einer empirisch dubiosen Theorie über die demografische Zukunft des Landes könne helfen, die Ungerechtigkeiten der Gegenwart zu überwinden. Aber wie Craig und Richeson zeigen, macht sie es im Gegenteil schwerer, erfolgreiche diverse Demokratien zu schaffen.

Die diverse Demokratie wird wohl kaum von der angeblich unvermeidlichen demografischen Mehrheit der Minderheiten gerettet werden. In der Politik verschieben sich die Konfliktlinien ohnehin ständig. Gruppen, die heute einen engen Zusammenhalt zeigen, werden sich in Zukunft wahrscheinlich auf noch unvorhersehbare Weise aufspalten. Die Demografie ist, zum Glück, kein unumstößliches Schicksal. Und so werden die Bewohner diverser Demokratien – Schwarze und Weiße, Christen und Muslime, Mehrheit und Minderheit, Linke und Rechte, Religiöse und Säkulare – immer irgendwie miteinander auskommen müssen. Für diejenigen unter uns, die an den Erfolg des großen Experiments glauben, besteht die Hauptaufgabe in den kommenden Jahrzehnten deshalb darin, für eine Zukunft zu kämpfen, in der sich so viele Menschen wie möglich als stolze

Bürger einer diversen Demokratie sehen – und nicht als Mitglieder verfeindeter Stämme.

Kann auf dem Gebiet traditioneller Politik etwas getan werden, um das Erreichen einer solchen Zukunf zu beschleunigen? Mit dieser Frage beschäftige ich mich im zehnten und letzten Kapitel dieses Buchs.

KAPITEL 10

Wie die Politik helfen kann

Bücher über die großen Fragen der Gesellschaft und der Politik weisen oft einen schweren Mangel auf.

In den ersten neun Kapiteln beschreiben sie eine faszinierende Herausforderung. Sie erklären die Ursachen und die Zusammenhänge. Sie zeigen, warum es sich lohnt, darüber nachzudenken, und warum man dringend etwas unternehmen sollte.

Doch Probleme, die so groß und wichtig sind, dass man ein interessantes Buch darüber schreiben kann, lassen sich nur sehr schwer lösen. Und so bleibt das zehnte Kapitel dieser Bücher fast immer unbefriedigend. Entweder werden massive Veränderungen der Politik oder des kollektiven Verhaltens vorgeschlagen, die das Problem vielleicht lösen könnten, aber höchst unrealistisch sind. Oder es werden kleinere politische Schritte angestoßen, die in unserer Lebensspanne zwar erreichbar sein mögen, aber letztlich nicht viel bewirken werden.

Das ist das »Kapitel-10-Problem«.

Kein Autor kann dieses Problem komplett umgehen, denn es liegt in der Natur unserer nur eingeschränkt perfektionierbaren Welt. Große Probleme reichen immer tiefer als ihre vermeintlichen Lösungen. Es ist viel einfacher zu identifizieren, was falsch ist, als die Ressourcen zu mobilisieren, um das Richtige zu tun.

Doch wenn Autoren sich des Kapitel-10-Problems bewusst sind, können sie zumindest etwas vorsichtiger mit Versprechungen sein und – im Wissen, nicht den Stein des Weisen präsentieren zu können – ernsthaft darüber nachdenken, wie sie zu einer besseren Zukunft beitragen können. Die Fragen, die sich aus dieser Erkenntnis ergeben, sind wahrscheinlich weniger aufregend, aber dafür auch nützlicher. Erstens: Welche Trends in der wirklichen Welt deuten bereits in die richtige Richtung (und wie können wir sie verstärken)? Und zweitens: Wie würde eine Gesellschaft aussehen, in der positive Veränderungen möglich sind (und wie kann die Politik helfen, die entsprechenden Bedingungen zu schaffen)?

In den letzten beiden Kapiteln habe ich damit angefangen, die gesellschaftlichen Veränderungen, die in den diversen Demokratien der Gegenwart vonstattengehen, zu untersuchen – und dabei aufgezeigt, wie diese Veränderungen dazu beitragen können, verbleibende Probleme zu lindern.

Ein Anlass zum Optimismus, was die Erfolgsaussichten des großen Experiments angeht, liegt meiner Meinung nach darin, dass die Entwicklungen im Leben der Menschen viel positiver sind, als viele Beobachter anerkennen. In den meisten diversen Demokratien der Welt erleben Einwanderer und andere Minderheiten einen schnellen ökonomischen Fortschritt und erreichen ein neues Niveau an gesellschaftlicher Akzeptanz.

Ein weiterer Grund, optimistisch zu bleiben, liegt in der Erkenntnis, dass die Demografie kein unausweichliches Schicksal ist. Viele Demoskopen und Politiker gefallen sich zwar derzeit darin, diverse Gesellschaften in eine vermeintlich monolithische Gruppe von Insidern und eine vermeintlich ebenso monolithische Gruppe von Außenseitern aufzuteilen. Aber es ist keineswegs klar, dass sie sich entlang solch klarer ethnischen oder religiösen Linien aufspalten werden. Eine viel integriertere Kultur und Politik ist durchaus möglich.

So bleibt die Frage, wie diverse Demokratien aussehen müssten, um erfolgreich sein zu können, und welchen – vielleicht bescheidenen – Beitrag die Politik leisten kann, um die entsprechenden Bedingungen zu schaffen. Und der beste Weg, sich dieser Frage zu nähern, besteht meiner Ansicht nach darin, einige der größeren Hindernisse, die den Erfolg diverser Demokratien derzeit erschweren, genauer zu betrachten. Vier solcher Hindernisse erscheinen besonders wichtig.

Erstens: Viele Menschen haben ihren Lebensstandard in den letzten Jahren kaum verbessern können und machen sich jetzt Sorgen, in Zukunft sogar über noch weniger Wohlstand zu verfügen. Wie einige hervorragende soziologische Untersuchungen zeigen, neigen Menschen, die so empfinden, eher dazu, auf die Mitglieder anderer demografischer Gruppen mit Furcht oder Verachtung zu blicken. Es fällt leichter, den Erfolg anderer Gruppen zu begrüßen, wenn man das Gefühl hat, die eigene Zukunft werde ähnlich rosig aussehen.[1]

Zweitens: Einige ethnische und religiöse Gruppen leiden nach wie vor unter einem deutlich niedrigeren sozioökonomischen Status. Das gilt vor allem für Gruppen, deren Vorfahren unter einer Form der »harten Dominanz« gelitten haben. Der lange Schatten vergangener Dominanz in diversen Demokratien birgt die Gefahr, dass sie sich in hierarchische Gesellschaften verwandeln, in denen die Mitglieder einiger Gruppen auf absehbare Zeit eine überlegene Stellung einnehmen.

Drittens: Den Institutionen zahlreicher diverser Demokratien fällt es schwer, effektive Entscheidungen zu treffen. Sie reagieren zu wenig auf die öffentliche Meinung oder schließen wichtige Gruppen von der vollen Teilhabe an Entscheidungsprozessen aus. Daraus entsteht bei den Menschen das Gefühl, sie hätten keinerlei Kontrolle über ihr kollektives Schicksal – was wiederum das Risiko von Spannungen zwischen Gruppen erhöht und den Einfluss von Extremisten fördert, die die Grundprinzipien diverser Demokratien ablehnen.

Und viertens: Eine wachsende Polarisierung erschwert es den Bürgern diverser Demokratien, denjenigen, die andere politische Ansichten haben, mit offenem Ohr oder großem Herzen zu begegnen. Dieser Mangel an gegenseitigem Respekt untergräbt die Fähigkeit dieser Gesellschaften, Konflikte einzudämmen, wenn die Emotionen besonders hochkochen.

Es wird nicht leicht sein, auch nur eines dieser Probleme gänzlich zu beheben. Alle auf einmal zu lösen, wird sich als unmöglich erweisen. Trotzdem gibt es sinnvolle Maßnahmen, die sowohl Politiker als auch Einzelpersonen in Gang setzen können, um die Bedingungen für das große Experiment zu verbessern.

Diverse Demokratien, so zeige ich in diesem Kapitel, müssen ihren Bürgern *sicheren Wohlstand* anbieten: Sie sollten das ökonomische Wachstum fördern und dafür sorgen, dass die Gewinne in den Taschen der normalen Bürger landen. Sie sollten weiterhin die *universelle Solidarität* deutlich erhöhen, indem sie einen großzügigen Wohlfahrtsstaat aufrechterhalten und verhindern, dass Mitglieder verschiedener ethnischer Gruppe gegeneinander ausgespielt werden. Sie müssen *effektive und inklusive Institutionen* aufbauen, um allen Bürgern das Gefühl zu vermitteln, dass ihre Präferenzen berücksichtigt werden. Und schließlich müssen sie eine *Kultur gegenseitigen Respekts* erhalten: In einer erfolgreichen diversen Demokratie würden selbst Bürger, die starke Meinungsverschiedenheiten haben, einander nicht als Todfeinde betrachten.

Die diversen Demokratien der Zukunft müssen ihren Bürgern die Möglichkeit verschaffen, ein Leben in Wohlstand und Würde zu führen. Alle Kinder, unabhängig von der ethnischen Zugehörigkeit ihrer Eltern, brauchen echte Aufstiegschancen. Die Bürger müssen das Gefühl haben, Kontrolle über ihr kollektives Schicksal zu haben. Und sie müssen in die Lage versetzt werden, auch mit Landsleuten, die auf der anderen politischen Seite stehen, respektvoll umzugehen. Niemand kann eine solche Zukunft herbeizaubern. Doch es gibt einige politische Maßnahmen und Prinzipien, die helfen können, diverse Demokratien in diese vielversprechende Richtung zu lenken.

Sicherer Wohlstand

Im Spätsommer 2018 geriet ich per Zufall in eine Großdemonstration an der Place de la République in Paris. Junge Demonstranten in modischen Outfits schlugen Trommeln und skandierten fröhlich Slogans der Umweltbewegung. Mit bunten Schildern brachten sie ihre Opposition gegen die Konsumgesellschaft zum Ausdruck. Einer ihrer Slogans ist mir noch in Erinnerung: »Halte à la croissance« – »Stoppt das Wirtschaftswachstum«.

Ein paar Monate später beherrschte eine ganz andere Form des Massenprotests das Land. Als die Regierung vorschlug, die Steuern auf Benzin zu erhöhen, gingen Millionen von Menschen in gelben Warnwesten auf die Straße.

Soziologen fanden heraus, dass der typische Teilnehmer an diesen Protesten auf dem Land oder in exurbanen Gemeinden mit geringer wirtschaftlicher Perspektive lebt und nicht mehr als 1000 Euro Nettoeinkommen pro Monat zur Verfügung hat.[2] Das ideologische Profil der »Gelbwesten«, so die Forscher, sei zwar diffus, die Forderung nach einer Erhöhung des Lebensstandards jedoch breiter Konsens.[3]

Konsens war auch zunehmend ein Zorn, der an blinde Wut grenzte. Im Laufe der Zeit wurden die Proteste immer gewalttätiger,[4] und viele Teilnehmer identifizierten Außenseiter, darunter Juden und Araber, als Ursache ihrer Unzufriedenheit.[5]

Der Kontrast zwischen diesen beiden Protestbewegungen kann uns einiges lehren. Wenn Menschen, die materiell abgesichert sind, ein Ende des Wirtschaftswachstums fordern, fachen sie häufig den Zorn derjenigen an, die nie über ihre finanziellen Möglichkeiten verfügten.

Seit der Sohn eines Genfer Uhrmachers überraschend den angesehenen Preis der Akademie von Dijon gewann, nachdem er ein elegantes Essay über den verderblichen Einfluss von Wohlstand und Zivilisation geschrieben hatte, gilt es als chic, Wirtschaftswachstum und moralischen Verfall gleichzusetzen. Die meisten seiner Zeitgenossen, so behauptete Jean-Jacques Rousseau im Jahr 1755, schrieben normale Laster wie Gier oder Stolz der menschlichen Natur zu. Doch damit würden der natürlichen Verfassung des Menschen Übel zur Last gelegt, die die Zivilisation selbst verursacht habe.

Mehr als zweihundertfünfzig Jahre nach seiner Veröffentlichung ist der »Diskurs über den Ursprung der Ungleichheit unter den Menschen« immer noch ein höchst einflussreicher Text. Aufbauend auf Rousseaus Klage behaupten Autoren mit einer Neigung zum Anarchismus gern, der Mensch sei friedlicher und altruistischer gewesen, bevor er anfing, Felder zu bestellen und Siedlungen zu bauen.[6] Der Glaube an den verderblichen Einfluss der modernen Zivilisation hat auch den Weg in die Volkskultur gefunden. Wenn wohlbestallte Westler von einer Reise in »exotische« Länder zurückkehren, zeigen sie nur allzu gern Fotos von lächelnden Kindern vor baufälligen Hütten und schwärmen von den »einfachen Tugenden« der Menschen, die sie dort getroffen haben.[7]

Doch wenn man Sozialwissenschaftlern glauben darf, sind Armut und ökonomischer Stillstand keine Garanten für Altruismus oder gar Toleranz. Eine ganze Reihe von Studien zeigt, dass Wirtschaftskrisen häufig ein Klima des Hasses, den Aufstieg rechtsextremer Bewegungen und sogar Gewaltausbrüche hervorrufen. Drei deutsche Wirtschaftswissenschaftler beispielsweise haben festgestellt, dass Epochen von der Weltwirtschaftskrise in den Dreißigerjahren bis hin zur großen Rezession der Zweitausender regelmäßig einen statistisch signifikanten Anstieg extremistischer politischer Bewegungen nach sich zogen. Sie haben zwanzig Länder über einen Zeitraum von hundertvierzig Jahren betrachtet und dabei herausgefunden, dass weit rechts stehende politische Parteien die größten Nutznießer wirtschaftlicher Zusammenbrüche sind[8] – und moderne Demokratien unter erheblichen Druck setzen.[9]

Schnelles ökonomisches Wachstum hingegen ist normalerweise mit einer deutlichen Liberalisierung der gesellschaftlichen Haltungen gegenüber allen möglichen Außenseitern – inklusive ethnischen, religiösen und sexuellen Minderheiten – verbunden. Laut Daten der *World Values Survey* liegt die Wahrscheinlichkeit in reichen Ländern zum Beispiel deutlich höher, dass Menschen ein Mitglied einer erkennbaren Außenseitergruppe als Nachbarn willkommen heißen.[10] Ökonomisches Wachstum, schreibt Benjamin Friedman, Wirtschaftswissenschaftler an der Harvard University, fördert »in der Regel bessere Perspektiven, Toleranz gegenüber Diversität, soziale Mobilität, Fairness und ein positives Verhältnis zur Demokratie«.[11]

Verteilungskämpfe um materielle Güter oder gesellschaftlichen Status sind viel leichter auszuhalten, wenn der Kuchen wächst. Demokratien haben eine größere Chance, die Spannungen, die sich aus ihrer wachsenden Vielfalt ergeben, zu meistern, wenn der Großteil ihrer Bürger mit einem Gefühl der Sicherheit in die wirtschaftliche Zukunft blickt.

Befürworter diverser Demokratien sollten deshalb eine Politik verfolgen, die ökonomisches Wachstum fördert. Sie sollten sich Monopolen entgegenstellen, die es ineffizienten Firmen erlauben, mögliche Wettbewerber klein zu halten. Sie sollten reichlich Geld in Forschungsvorhaben stecken, die zu so bahnbrechenden Entwicklungen wie den mRNA-Impfstoffen führen könnten. Sie sollten es ambitionierten jungen Leuten leichter machen, Firmen zu gründen, und restriktive Bauvorschriften abschaffen, die Mieten in die Höhe treiben, und es vielen unterprivilegierten Bürgern so unmöglich machen, nah genug an guten Jobs zu wohnen. Sie sollten die Bildungssysteme so reformieren, dass alle Kinder Gelegenheit bekommen, ihre Begabungen zu entwickeln, und ihren Bürgern unabhängig vom Beschäftigungsstatus Zugang zu grundlegenden Sozialleistungen wie einer gesetzlichen Krankenversicherung verschaffen.

Doch wirtschaftliches Wachstum alleine reicht nicht aus, wenn es nur einer kleinen Gruppe von gut ausgebildeten und besonders begabten Menschen nützt, die ohnehin schon optimistisch in die Zukunft blicken. Um dafür zu sorgen, dass ökonomisches Wachstum Menschen wirklich dazu bringt, ihren Landsleuten mit Großzügigkeit anstatt Neid zu begegnen, muss es so vielen Menschen wie möglich zugutekommen.

Bislang haben die meisten modernen Staaten versucht dafür zu sorgen, dass alle ihre Bürger vom ökonomischen Wachstum profitieren, indem sie Transferleistungen und Sozialprogramme wie Arbeitslosengeld ins Leben riefen. Um die gesellschaftlichen Bedingungen für gegenseitige Toleranz zu fördern, sollten diverse Demokratien diese Programme aufrechterhalten. In Ländern, deren Sozialsysteme immer noch bedeutende Mängel aufweisen, wie etwa den USA, sollten die Regierungen endlich dafür sorgen, dass alle Bürger Zugang zu grundlegenden Rechten wie einer guten Gesundheitsversorgung oder bezahlter Elternzeit erlangen.

Eine Förderung gleicher Aufstiegschancen für alle ist ein weiteres wichtiges Instrument diverser Demokratien. In vielen Ländern stagniert oder sinkt die soziale Mobilität in den letzten Jahrzehnten. Gesellschaften, die dafür sorgen wollen, dass das Wirtschaftswachstum nicht nur einer kleinen Gruppe etwas bringt, sollten ihre Bemühungen verdoppeln, allen Bürgern faire Chancen auf Wohlstand zu geben.

Sozialleistungen wie das Arbeitslosengeld können helfen, Schicksalsschläge abzufedern. Doch viele, die solche Dienste in Anspruch nehmen, werden trotzdem das Gefühl haben, dass ihre materiellen Möglichkeiten sehr bescheiden sind und sie von der Gesellschaft unzureichend respektiert werden. So ähnlich sieht es mit der Chancengleichheit aus. So wichtig sie auch sein mag, werden nie alle gleichzeitig die gesellschaftliche Leiter hinaufsteigen können. Deshalb brauchen die Menschen über einen großzügigen Sozialstaat und eine echte Chancengleichheit hinaus dringend noch etwas: die Gewissheit, auch dann ein würdevolles Leben und echten gesellschaftlichen Respekt anvisieren zu können, wenn sie einen »ganz normalen« Beruf ausüben.

Länder, die nach diesem Muster eine inklusive Wirtschaft aufgebaut haben, besitzen verschiedene Waffen in ihrem Arsenal. Sie pochen mithilfe von progressiven Einkommensteuersätzen sowie von Unternehmenssteuern, die großen Firmen nicht endlos viele Schlupflöcher lassen, auf ein recht hohes Maß der Umverteilung. Sie schaffen die Voraussetzungen dafür, dass Arbeitnehmer aller Art – inklusive ungelernte Arbeiter – faire Löhne aushandeln können. Und sie investieren stark in die berufliche Bildung, sodass Menschen, die lieber mit ihren Händen arbeiten, einen anständigen Lebensunterhalt erwerben können.

In Zukunft wird es ehrgeizigere Programme brauchen, um dieselben Ziele zu erreichen. Die Biden-Administration unternimmt gerade den Versuch, das internationale Steuersystem zu harmonisieren, um es großen Firmen schwerer zu machen, ihren finanziellen Verpflichtungen zu entgehen. In einem vielversprechenden ersten Schritt haben sich die G7 vor Kurzem auf einen globalen Mindeststeuersatz von 15 Prozent für große multinationale Konzerne geeinigt.[12] Andere Ideen, die sich vielleicht irgendwann durchsetzen werden, sind neue Formen der Industriepolitik[13] oder sogar das bedingungslose Grundeinkommen.[14]

Der präzise Mix politischer Maßnahmen, der gebraucht wird, um inklusives Wachstum zu erreichen, wird sich von Land zu Land und von Jahrzehnt zu Jahrzehnt unterscheiden. Doch das Ziel bleibt wahrscheinlich in jedem Kontext gleich: Je mehr gesicherten Wohlstand diverse Demokratien ihren Bürgern bieten können, desto besser sind die Voraussetzungen für den Erfolg des großen Experiments.

Die meisten diversen Demokratien leiden nicht nur unter Ungleichheit zwischen Arm und Reich; die Unterschiede in Bezug auf Chancen und Einkommen tun sich auch zwischen den Mitgliedern der historisch herrschenden und der historisch beherrschten Gruppe auf. Um das große Experiment zum Erfolg zu führen, darf das nicht ewig so weitergehen. Wenn die Dominanz der Vergangenheit dauerhaft zu Nachteilen in der Zukunft führt, klingt das Versprechen der Gleichheit aller Bürger unerträglich hohl.

Zum Glück zeigen die Entwicklungen der letzten Jahrzehnte, dass Fortschritt hier wahrscheinlicher ist, als sowohl viele Befürworter als auch viele Gegner des großen Experiments heute glauben. In den meisten Ländern haben die Nachkommen von Einwanderern und die Mitglieder von Minderheitengruppen schnell einen höheren Bildungs- und Berufsstatus erlangt. Wenn sich diese Entwicklung fortsetzt, können wir damit rechnen, dass sich die Kluft zwischen verschiedenen demografischen Gruppen immer weiter schließt.

Die Politik kann helfen, diesen Prozess zu beschleunigen. Diverse Demokratien brauchen klare Gesetze, die dafür sorgen, dass Arbeitgeber niemanden aufgrund seiner Religion oder Hautfarbe diskriminieren. Sie müssen sicherstellen, dass die angesehensten Einrichtungen höherer Bildung für leistungsstarke Bewerber aus allen gesellschaftlichen Gruppen wirklich offenstehen. Und sie sollten unbezahlte Praktika in Firmen und öffentlichen Institutionen verbieten, die Kindern aus weniger begüterten Familien wichtige Karrierechancen verbauen.

Doch wenn diverse Demokratien ihre alten Dominanzmuster überwinden wollen, müssen sie sich weniger um die Absolventen angesehener Universitäten oder die Bewerberinnen um die besten Jobs kümmern als vielmehr darum, Kindern aus benachteiligten Familien überhaupt eine Chance auf Entfaltung ihrer

Begabungen zu bieten. Obwohl sich Pädagogen und Entwicklungspsychologen heute einig sind, dass die frühe Kindheit eine entscheidende Rolle bei der Festlegung von Zukunftsaussichten spielt, investieren die meisten Länder viel zu wenig in die Früherziehung, in Kindergärten und Grundschulen. Wenn man dort deutlich mehr Ressourcen einsetzen würde, wo das Potenzial von Kindern am meisten gefördert wird, dann würde das neben vielen anderen Vorteilen[15] auch helfen, die sozioökonomischen Lücken zwischen verschiedenen demografischen Gruppen schneller zu schließen.

Vor allem in Ländern, in denen das Bildungssystem sehr stark gegliedert ist und die Qualität der öffentlichen Schulen je nach Wohngegend stark differiert,[16] verlangen gleiche Entwicklungschancen für alle Kinder auch ein nachdrückliches Engagement für einen einheitlichen Zugang zu hervorragender Bildung. In den USA beispielsweise hängen die finanziellen Mittel für die Ausstattung der Schulen und die Gehälter der Lehrkräfte zum Teil vom Steueraufkommen der Gemeinde ab. Umso wichtiger wären bundesweite Förderungsmaßnahmen für Schulen in armen Gegenden. Schülerinnen und Schüler, die ohnehin schon erheblich benachteiligt sind, sollten zumindest Zugang zu denselben pädagogischen Ressourcen haben und dieselbe Qualität von Bildung erhalten wie diejenigen, die in reicheren Landesteilen leben.[17]

Darüber hinaus sollte auch mit innovativeren Ansätzen zur Förderung aller Kinder experimentiert werden. Sogenannte Babyanleihen würden jungen Erwachsenen das nötige Kapital geben, um die Kosten für eine hochwertige Ausbildung zu decken oder ein Start-up zu gründen. Solche Maßnahmen könnten helfen, Kinder aus armen Familien mit den gleichen Chancen auszustatten, ihre Träume zu verwirklichen, wie Kinder von Reichen.

Jahrzehntelang hat die Linke betont, staatliche Programme sollten so »universell« sein wie möglich. Während meines Doktorandenstudiums lehrten mich progressive Politologen wie Theda Skocpol, dass Sozialprogramme, von denen praktisch alle Bürger profitieren, eine wesentlich größere öffentliche Unterstützung genießen als solche, die nur einer bestimmten ethnischen oder ökonomischen Gruppe zugutekommen. Wer einen großzügigen Wohlfahrtsstaat aufbauen wolle, der allen die gleichen Chancen eröffne, sollte auf universelle Programme setzen, so Skocpol.[18]

Umso überraschender also, dass viele linke Autoren und Politiker in den letzten Jahren zum gegenteiligen Schluss gekommen sind. Seitdem Identitätsfragen im öffentlichen Diskurs die Oberhand gewonnen haben, fordern vielen von ihnen, eine »rassenbewusste« Politik zu verfolgen.[19] In verschiedensten Bereichen, von staatlich garantierten Darlehen[20] bis zum bevorzugten Zugang zu lebensrettenden Impfstoffen,[21] ermutigen sie den Staat, einigen Bürgern aufgrund ihrer »Rasse« prioritär zu Hilfe zu kommen.

Vor allem in den USA werden viele solche Ideen mittlerweile auch umgesetzt. Kurz nach seiner Wahl zum Präsidenten versprach Joe Biden beispielsweise, seine Administration werde »Kleinunternehmen von Schwarzen, Latinos, Asiaten, Native Americans und Frauen Priorität einräumen«.[22] Während amerikanische Behörden Notfallfonds für Kleinunternehmen bisher danach bemessen hatten, wie viel Umsatz beispielsweise ein Restaurant durch die Pandemie eingebüßt hatte, etablierten die neuen Regeln eine hauptsächlich nach der »Rasse« gestaffelte Hackordnung. Unternehmen von Schwarzen, Latinos, Asiaten und Frauen würden künftig zuerst an die Reihe kommen. Da dieser Notfallfonds nur sehr begrenzte Mittel hatte, hätte dies letztlich dazu geführt, dass Unternehmen keine Unterstützung aus diesem Programm bekommen würden, wenn es sich bei ihren Eignern um weiße Männer handeln würde.[23]

Angesichts der nach wie vor bestehenden gravierenden wirtschaftlichen Nachteile von einigen Minderheiten kann man den Absichten einer solchen Strategie durchaus Sympathie entgegenbringen. Ob der Rückgriff auf eine Politik, die Bürgern je nach ihrer »Rasse« verschiedene Pflichten und Privilegien erteilt, dazu dient, solch hehre Absichten umzusetzen, ohne dabei jede Menge Schaden anzurichten, mag jedoch bezweifelt werden.

Dies deutet darauf hin, dass die Gründe, warum Progressive lange Zeit universelle Programme bevorzugt haben, immer noch gültig sind.

In sehr seltenen Fällen mag eine Politik, die unter ihren Bürgern aufgrund ihrer Ethnizität unterscheidet, gerechtfertigt sein. Aber in der Regel führt eine solche Vorgehensweise zu willkürlichen Unterscheidungen, die moralisch unberechtigt sind und außerdem für große Wut sorgt. Damit schaden sie der universellen Solidarität, die diverse Demokratien brauchen, um den Wohlfahrtsstaat aufrechtzuerhalten.

In einer Demokratie muss eine »rassenbewusste« Politik nicht nur dem angestrebten Zweck dienen, sie braucht außerdem die Unterstützung der Mehrheit. Auch das könnte sich als schwierig erweisen.

In einer aufschlussreichen Studie aus Großbritannien haben sich die Politologen Robert Ford und Anouk Kootstra die Frage vorgenommen, wie beliebt sozialpolitische Maßnahmen je nachdem sind, ob sie die soziale Klasse oder die ethnische Zugehörigkeit als wichtigstes Inklusionskriterium benutzen.[24] Als sie eine repräsentative Auswahl weißer Briten fragten, inwieweit sie es für die Aufgabe der Regierung hielten, Ungleichheiten zwischen Arm und Reich zu verringern, reagierten die meisten sehr positiv.[25] Als sie dagegen einer Kontrollgruppe die Frage vorlegten, inwieweit die Regierung Ungleichheiten zwischen Weißen und ethnischen Minderheiten verringern sollte,[26] fanden sie deutlich weniger Zustimmung.

Im nächsten Schritt überprüften Ford und Kootstra, was passiert, wenn sie nach der Zustimmung zu ansonsten identischen Maßnahmen – wie etwa Universitätsstipendien – fragten, die darauf abzielen, die Chancengleichheit zu erhöhen. Solange solche Maßnahmen allen Kindern aus der Arbeiterklasse helfen sollten, fanden sie fast ausnahmslose Zustimmung. Nur drei Prozent der Befragten lehnten ein solches Programm ab. Sobald ein solches Programm aber ausschließlich benachteiligten ethnischen Gruppen zugutekommen sollte, stieg der Widerstand dramatisch. Bis zu 67 Prozent waren nun dagegen.[27]

Wäre die Situation in den USA anders? Immerhin haben Formen der »rassenbewussten« Politik dort eine längere Tradition und liegt der Anteil ethnischer Minderheiten deutlich höher als in Großbritannien. Und doch legt eine ganze Reihe von Studien nahe, dass dies nicht der Fall ist.

Viele Vorschläge, den Sozialstaat zu erweitern, finden über ein breites politisches Spektrum hinweg starke Unterstützung. Eine klare Mehrheit der Amerikaner befürwortet höhere Steuern für Reiche, einen höheren Mindestlohn sowie die Einführung von öffentlichen Kitas und einer gesetzlichen Krankenkasse. Aber gleichzeitig lehnen die meisten Amerikaner sozialpolitische Maßnahmen, die bestimmte demografische Gruppen bevorzugen, klar ab. Deshalb finden selbst Maßnahmen, die in der Realität erheblich zu einer größeren Gleichstellung der verschiedenen ethnischen Gruppen im Land beitragen würden, viel weniger Zustimmung, sobald sie explizit auf die sogenannte racial equity abzielen.[28]

Ein kürzlich veröffentlichtes Papier von zwei Politologen der Yale University kam beispielsweise zu dem Schluss, dass die exakt gleichen Maßnahmen deutlich weniger Unterstützung finden, wenn ihre Zielgruppe nicht nach der sozialen Klasse, sondern über die Ethnizität definiert wird.[29] Amerikaner, denen man rassenneutrale Begründungen für politische Maßnahmen wie einen höheren Mindestlohn, den Erlass von Studienschulden oder die Lockerung von Bauvorschriften vorlegte, befürworteten solche Maßnahmen in der Mehrzahl. Sobald sie bei exakt den gleichen Maßnahmen eine Begründung vorgelegt bekamen, die zum Ziel hatte, mehr Gleichheit zwischen verschiedenen ethnischen Gruppen zu erlangen,[30] stieg der Widerstand erheblich – und zwar nicht nur bei weißen Befragten, sondern auch unter Hispanics, Asiaten und Schwarzen.[31]

Die meisten Bürger diverser Demokratien von Frankreich bis in die USA sind empört, wenn Landsleute aufgrund ihrer Religion oder Herkunft diskriminiert werden. Sie unterstützen eine Politik, die besonders vulnerable Gruppen vor Schicksalsschlägen schützt und benachteiligten Kindern bessere Aufstiegschancen gibt. Maßnahmen, die die sozioökonomische Lücke zwischen benachteiligten Gruppen und der Mehrheit schließen helfen, sind sehr populär, solange sie universell formuliert sind. Das gilt selbst dann, wenn Mitglieder einer ethnischen oder religiösen Minderheit überproportional von ihnen profitieren.

Die Alternative zu dieser universellen Solidarität ist eine explizit rassenbewusste Politik, die ihre hochtrabenden Versprechungen aber oft genug nicht einhält. Derartige Maßnahmen versetzen verschiedene Gruppen in direkte Konkurrenz um materielle Zuwendungen und bringen sie damit gegeneinander auf. Und sie bekommen zu wenig Unterstützung von der Mehrheit, die aber gebraucht wird, um den Wohlfahrtsstaat aufrechterhalten zu können. Gelegentlich schaden sie sogar genau den Menschen, denen sie eigentlich helfen sollen.[32]

Es gibt gute Gründe für die Sorge, all dies könnte die Fragmentierung langfristig verschärfen, die den Erfolg diverser Gesellschaften in der Vergangenheit schon so schwer gemacht hat. »Rassenbewusste« Politik führt nicht zu einer gegenseitigen Anerkennung als Landsleute mit gemeinsamen Interessen, sondern zu Rivalität und Konkurrenz. Angesichts der starken Neigung des Menschen zur Bevorzugung von Mitgliedern der eigenen Gruppe stehen diverse Gesellschaften, die auf eine solche Politik setzen, unter keinem guten Stern.

Wer dem großen Experiment Erfolg wünscht, der sollte sich um die großen sozioökonomischen Ungleichheiten, die zwischen einigen demografischen Gruppen nach wie vor bestehen, sorgen. Aber die beste Weise, diese Ungleichheiten zu verringern, ist nicht eine »rassenbewusste« Politik, die die Rechte und Pflichten der Bürger von ihrer Hautfarbe abhängig macht – sondern eine echte Form der universellen Solidarität.

Effektive und inklusive Institutionen

Im Herbst 2005 begann Silvio Berlusconi, zu dieser Zeit Premierminister von Italien, um seine Zukunft zu bangen.

Die letzten Umfrageergebnisse sahen nicht gut aus. Die Opposition schien ihm bei den bevorstehenden Wahlen dicht auf den Fersen zu sein. Und für Berlusconi stand viel auf dem Spiel: Wenn er sein Amt und die damit verbundene Immunität verlor, konnte es sein, dass er hinter Gittern landete.

Nachdem ein riesiger Korruptionsskandal das politische System des Landes Anfang der Neunzigerjahre hatte implodieren lassen, war der Milliardär und Unternehmer wegen seines dubiosen Geschäftsgebarens ins Visier der Ermittler geraten.[33] Wenn er jetzt nicht wiedergewählt würde, könnte er auch nichts mehr tun, um die Ermittlungen so lange zu verzögern, bis die Anschuldigungen verjährt wären.

Berlusconi stand also mit dem Rücken zur Wand. Und er entschied sich, das italienische Wahlsystem zu manipulieren. Weniger als sechs Monate vor der nächsten Wahl drückte er im Parlament zwei entscheidende Veränderungen durch. Da er davon überzeugt war, bei im Ausland lebenden Italienern sehr viel Unterstützung zu bekommen, erweiterte er den Senat um sechs

Mitglieder, die im Ausland lebende Italiener vertreten sollten. Und da er davon ausging, dass sich die Rechte wesentlich leichter zusammenschließen würde als die Linke, führte er für die Koalition mit den meisten Stimmen einen riesigen Bonus an Sitzen in der Unterkammer ein.[34]

Alle Kommentatoren waren sich einig, dass sich diese Änderungen zugunsten Berlusconis auswirken würden. Der Minister, der das neue Gesetz ausgearbeitet hatte, gab sogar öffentlich zu, dass es sich um eine »porcata« handle, eine »Schweinenummer«, mit dem Ziel, an der Macht zu bleiben. Die Opposition lief Sturm gegen die Reform.[35] Doch als die Italiener im April 2006 zu den Wahlurnen gingen, erlebte das Land eine Überraschung.[36]

Da die Opposition die meisten Senatoren für Auslandsitaliener gewann, erlangte sie einen hauchdünnen Sieg im Senat. Und da das neue Gesetz den ständig streitenden Fraktionen der Linken einen Anreiz gegeben hatte, ihre Differenzen endlich zurückzustellen, schlug das linke Parteienbündnis *Unione* Berlusconis *Casa delle Libertà* in den Wahlen für das Unterhaus ebenfalls hauchdünn mit 49,80 zu 49,73 Prozent.[37] Gerade einmal 24 700 Stimmen verschafften Romano Prodi, dem neuen Ministerpräsidenten, dank der von Berlusconi durchgedrückten Reformen, eine bequeme Mehrheit.[38]

Politiker, Journalisten und Wissenschaftler glauben oft, sie könnten vorhersagen, wie institutionelle Reformen die Chancen der größten politischen Gruppierungen im Land beeinflussen würden. Diese Form der Hybris kann man in vielen Ländern gerade gut beobachten. Vor allem in den Vereinigten Staaten verlangen einige Wissenschaftler und Aktivisten derzeit größere Veränderungen des politischen Systems, die angeblich die Krise der demokratischen Institutionen beheben oder zumindest ihrer Seite den Sieg bescheren würden.

Einige glauben, der Volkszorn über das dysfunktionale politische System werde nachlassen, sobald das Land das Verhältniswahlrecht einführen würde.[39] Andere behaupten, die Demokratische Partei könnte viele Ungerechtigkeiten im Land beheben, wenn sie nur zusätzliche Richter an den Obersten Gerichtshof berufen würde, um dort eine Mehrheit zu erlangen.[40] Doch höchstwahrscheinlich hätten alle diese Veränderungen ganz andere Folgen, als ihre Befürworter glauben. Wer meint, die Auswirkungen solcher Reformen vorhersagen zu können, wird am Ende – wie Silvio Berlusconi und viele andere Politiker und Wissenschaftler, die aus edlen oder egoistischen Gründen an den Institutionen geschraubt haben –[41] womöglich eine bittere Überraschung erleben.

Deshalb stehe ich den vielen radikalen Reformvorschlägen, die außer Acht lassen, wie Politiker mit wenig edlen Absichten die veränderten Institutionen missbrauchen könnten, skeptisch gegenüber. Und doch ist auch klar, dass diverse Demokratien etwas brauchen, was vielen Ländern heute leider fehlt: inklusive politische Institutionen, die auf die öffentliche Meinung hören. Trotz des unvermeidlichen Risikos, dass auch sie unerwartete Nachteile mit sich bringen könnten, gibt es moderate Reformen, die dabei helfen würden, diese Mängel zu lindern.

Überall auf der Welt haben Bürger demokratischer Staaten den Eindruck, dass ihre politischen Systeme ihr Grundversprechen – die Herrschaft des Volkes – nicht mehr adäquat einlösen. Sie haben das Gefühl, ihr kollektives Schicksal nicht mehr unter Kontrolle zu haben, und klagen darüber, dass sie die Politik ihrer Regierungen kaum beeinflussen können.

Für dieses weitverbreitete Gefühl gibt es viele gute Gründe. In Europa hat es viel mit der äußerst indirekten Entscheidungsfindung in der EU zu tun. In den USA stammt es auch aus den vielen Veto-Instanzen, die es so schwierig machen, überhaupt Gesetze durchzubringen.

Es wird nicht leicht sein, diese Probleme zu lösen. Doch ein paar Änderungen bieten sich an.

Das europäische Projekt ist und bleibt ein inspirierender Versuch, den engen Nationalismus zu überwinden, der den Kontinent und die ganze Welt in der ersten Hälfte des 20. Jahrhunderts geprägt hat. Doch die europäischen Institutionen werden den edlen Idealen, die ihrer Gründung zugrunde lagen, oft nicht gerecht. Um das Demokratiedefizit der EU zu verringern, sollten die Mitgliedsstaaten dem Europäischen Parlament mehr Macht geben. Doch selbst wenn das gelingt, wird sich Brüssel für die meisten Europäer weit weg anfühlen. Deshalb sollte ein Teil der Entscheidungsmacht in einigen Schlüsselfragen, vor allem im sozialen und kulturellen Bereich, auf die nationale Ebene zurückverlagert werden.

Die Vereinigten Staaten hingegen leiden unter einem politischen System, das die Gesetzgebung schwieriger macht als in jedem anderen demokratischen Land der Welt. Um in Kraft zu treten, braucht ein Gesetz die Mehrheit im Repräsentantenhaus, sechzig Prozent der Stimmen im Senat, die Zustimmung des Präsidenten und das Abnicken durch den Obersten Gerichtshof.

Dieses komplizierte System hat dem Land durchaus gute Dienste geleistet. Zum Glück kann der Supreme Court zum Beispiel den Kongress oder den Präsidenten überstimmen, wenn diese gegen die Verfassung und die darin niedergelegten Grundrechte verstoßen. Doch gerade um die parteiübergreifende Unterstützung zu wahren, die der Supreme Court braucht, um im Notfall die Rechte vulnerabler Gruppen zu schützen, müsste er sich im politischen Alltag – wenn es zum Beispiel um Gesetze zur Gesundheitspolitik oder der Wahlkampffinanzierung geht – viel stärker zurückhalten.

Während der Supreme Court und das Präsidentenamt ihre Macht erheblich ausgedehnt haben, übt der Kongress immer weniger Einfluss aus. Ein plausibler Vorschlag, dies zu ändern, besteht darin, es einer Minderheit von Senatoren nicht mehr wie jetzt zu erlauben, die Verabschiedung von Gesetzen durch den sogenannten Filibuster zu blockieren. Doch weniger heiß umstrittene Reformen würden wahrscheinlich genauso große Wirkung entfalten. So weigert sich der Speaker of the House nach der informellen »Hastert-Regel« für gewöhnlich, Gesetzentwürfe, die im Parlament wahrscheinlich eine Mehrheit der Stimmen kriegen würden, zur Debatte zu stellen, wenn die eigene Fraktion diese mehrheitlich ablehnt.[42] Dies sorgt effektiv dafür, dass viele Vorschläge, die im Land breite Zustimmung finden würden, gar nicht erst vom House of Representatives debattiert werden können. Es ist an der Zeit, dass der Kongress diese notwendigen Änderungen vornimmt, um die Macht zurück in die Hände der gewählten Abgeordneten zu legen.

Auch eine Reform des Wahlsystems könnte helfen, die Polarisierung zu reduzieren, die den Kongress so sehr lähmt. Maine zum Beispiel erlaubt seinen Wählern, Kandidaten in der Reihenfolge ihrer Präferenz einzuordnen, was es ihnen erlaubt, ihren bevorzugten Kandidaten zu unterstützen, ohne Angst haben zu müssen, dass ihre Stimme »verschwendet« wird, wenn dieser nicht genügend Unterstützung bekommt.[43] In Kalifornien stehen bei der eigentlichen Wahl unterdessen nur noch die zwei Kandidaten zur Abstimmung, die – unabhängig von ihrer Parteizugehörigkeit[44] – in einer Art »Dschungel-Vorwahl« die meisten Stimmen erhalten haben. Beide Reformen könnten Politikern einen Anreiz bieten, auch außerhalb ihrer traditionellen Wählerbasis um Stimmen zu werben.[45]

Es gibt noch ein weiteres, spezifisch amerikanisches Problem. Da das Land die älteste existierende Demokratie in der Welt ist, ist das Wahlsystem in vielerlei Hinsicht überholt und trägt noch Merkmale früherer harter Dominanz. Daraus ergeben sich bis heute viele Ungerechtigkeiten.

Die Gründer der amerikanischen Demokratie hatten gegen die Idee revoltiert, Steuern zahlen zu müssen, ohne im Parlament vertreten zu sein. Doch bis heute schließt das Land einen Teil seiner Bürger aufgrund ihres Wohnsitzes von der vollen politischen Teilhabe aus. Um endlich ihren demokratischen Grundprinzipien Genüge zu tun, sollten die Vereinigten Staaten den District of Columbia und Puerto Rico zu vollen Bundesstaaten machen. Gleichzeitig werden momentan die Stimmen vieler Bürger in den fünfzig Bundesstaaten verwässert, weil sie in Wahlkreisen leben, die dem sogenannten Gerrymandering – in dem Politiker die Grenzen zwischen verschiedenen Wahlkreisen so ziehen, um sich selber Vorteile zu verschaffen – unterliegen. Ähnlich wie die meisten anderen Demokratien sollten auch die USA unparteiische Kommissionen anhand neutraler Kriterien mit der Festlegung von Wahlkreisen beauftragen.

In anderen Fällen werden Bürger aufgrund ihrer Hautfarbe diskriminiert. Die Sicherheit von Wahlen ist ein hohes Gut, und es ist legitim, sie zu verteidigen. Doch viele Republikaner nutzen derartige Sorgen als Vorwand für Gesetze, die es zum eigentlichen Ziel haben, Minderheiten von der Wahl auszuschließen. Der prinzipientreue Weg, solche Angriffe auf das Wahlrecht zu beenden, umfasst Maßnahmen wie die automatische Registrierung von Wählern, eine größere Zahl von Wahllokalen, den leichten und kostenfreien Zugang zu Ausweiskarten und vernünftige Sicherheitsvorkehrungen gegen den Wahlbetrug.

Doch die bei weitaus größte Bedrohung von freien und fairen Wahlen in den USA ist neueren Datums. Nachdem Donald Trump fälschlicherweise behauptet hatte, das Ergebnis der Präsidentschaftswahl von 2020 sei gefälscht, haben mehrere republikanisch dominierte Bundesstaaten Gesetze verabschiedet, die gewählten Politikern wesentlich mehr Einfluss auf die Bestätigung von Wahlergebnissen geben. Dadurch entsteht das Risiko, dass sie unparteiische Wahlkommissionen überstimmen und ihren eigenen Präsidentschaftskandidaten zum Sieger erklären könnten, auch wenn das nicht der Wahrheit entspricht. Letztlich könnte daraus eine schreckliche Verfassungskrise entstehen – oder eine tatsächlich gestohlene Wahl. Um dafür zu sorgen, das die Ergebnisse amerikanischer Wahlen auch in Zukunft respektiert werden, müssen derartige Gesetze dringend zurückgerollt werden.

Institutionelle Reformen können dazu beitragen, diverse Demokratien stärker am Wählerwillen auszurichten. Doch auch die Politiker selbst müssen den Ansichten ihrer Wähler wieder mehr Aufmerksamkeit schenken. Und es gibt einen Politikbereich, in dem Bürger besonders leicht den Eindruck gewinnen können, dass man ihnen nicht zuhört: die Einwanderung.

In fast allen demokratischen Staaten legen die Menschen großen Wert auf stark kontrollierte Landesgrenzen. Fünf von zehn Befragten in einer kürzlich durchgeführten Umfrage unter Bürgern westlicher Industrienationen gaben an, sie wünschten sich einen Rückgang der Einwandererzahlen. Nur einer von zehn wünschte sich eine Steigerung.[46] (Interessanterweise sah das in den USA in den letzten Jahren, auch wegen der weitverbreiteten Ablehnung von Donald Trumps extremen verbalen Angriffen auf Einwanderer,[47] anders aus. Doch selbst dort waren die Wähler nach Joe Bidens ersten hundert Tagen im Amt mit seinem Umgang mit der Grenze zu Mexiko weniger zufrieden als mit seinem Abschneiden bei allen anderen Politikbereichen.)[48]

Das bringt die Befürworter diverser Demokratien in eine schwierige Lage. Eine humane Behandlung von Einwanderern ist für sie unverhandelbar. Viele von ihnen glauben sogar, dass recht hohe Einwanderungszahlen eher Vorteile als Nachteile bringen.[49] Gleichzeitig sind sie dem demokratischen Ideal verpflichtet, dass der klare Wille der Mehrheit den Maßstab des Handelns darstellt. Und darüber hinaus haben die letzten zehn Jahre schmerzhaft verdeutlicht, dass gemäßigte Politiker, die die Ansichten ihrer Wählerbasis zum Thema Einwanderung ignorieren, Gefahr laufen, populistischen Strömungen den Weg zu ebnen, die ihre wichtigsten Werte ganz grundlegend gefährden.

Welche Einwanderungspolitik sollten die Befürworter diverser Demokratien also anstreben?

Die Grundprinzipien liberaler Demokratie lassen eine Diskriminierung von Bürgern aufgrund der Religion oder Herkunft nicht zu. Das bedeutet: Mitglieder von Minderheiten müssen dieselben Rechte und denselben Schutz bekommen wie Mitglieder der Mehrheit. Dies bedeutet aber nicht, dass liberale Demokratien nicht das Recht hätten zu bestimmen, wie viele Einwanderer unter welchen Umständen in ihr Land kommen dürfen. Es ist per se nichts Illegitimes daran, den Zugang zur Mitgliedschaft im Land für diejenigen, die noch nicht dort leben, zu beschränken.

In der Praxis muss jedes Land also selbst entscheiden, welche Einwanderer es aufnimmt. Die Kriterien dafür unterscheiden sich je nach dem historischen Selbstverständnis, der geografischen Lage und den ökonomischen Bedürfnissen eines Landes. So unterscheidet sich die Einwanderungspolitik der USA aus gutem Grund von der Schwedens, und die Schwedens wiederum von der Japans. Doch ein allgemeiner Grundsatz dürfte Politikern in all diesen verschiedenen Kontexten helfen, die richtigen Entscheidungen zu treffen.

Es gibt nämlich einen engen empirischen Zusammenhang zwischen der Grenzsicherung und der öffentlichen Meinung zum Thema Einwanderung. Grob gesagt ist die Haltung zur Einwanderung in Ländern, die ihrer eigenen Grenzen nicht Herr zu sein scheinen, oft negativ. Im Gegensatz dazu sehen die Bürger von Ländern, die die Kontrolle über ihre eigenen Grenzen zu haben scheinen, die Einwanderung oft relativ positiv. So kontraintuitiv es klingt: Wer seine Landsleute von den Vorteilen relativ hoher Einwanderungszahlen überzeugen will, sollte zeigen, dass er dazu in der Lage ist, selbst zu bestimmen, wer ins Land kommt.

Gegenseitiger Respekt

In vielen Demokratien hat die politische Polarisierung in den letzten Jahren stark zugenommen. Immer mehr Menschen sehen Politiker anderer Parteien und Mitbürger anderer Gesinnung nicht mehr nur als Gegner, sondern beschimpfen sie als Feinde oder gar Verräter. Der gegenseitige Respekt, den viele Wähler einst füreinander aufbrachten, geht in beängstigendem Tempo verloren.

Der Aufstieg populistischer Politiker, die ihre Gegner als korrupt oder illegitim denunzieren, ist die wichtigste Ursache für diese neue Form der Polarisierung. Doch in vielen Ländern liegen die Wurzeln auch in einer tieferen gesellschaftlichen und kulturellen Kluft zwischen Stadt und Land, Reich und Arm, Menschen mit hohem Bildungsgrad und dem weniger privilegierten Rest der Gesellschaft.

Im Amerika der Nachkriegszeit summierten sich die wichtigen Formen der Identität nicht, sondern hatten aufeinander oft einen mäßigenden Einfluss. Lutheraner misstrauten Buddhisten, und Demokraten misstrauten Republikanern. Doch in lutherischen Kirchen und buddhistischen Tempeln gab es sowohl Demokraten als auch Republikaner. Die meisten Amerikaner, die sich in ihrer Identität in einem Punkt auf bedeutsame Weise unterschieden, hatten gleichzeitig eine weitere Identität, die sie teilten.

Heute dagegen verstärken die wichtigsten gesellschaftlichen Unterschiede einander zumeist. Lutheraner sind mittlerweile größtenteils Anhänger der Republikanischen Partei, Buddhisten neigen eher zu den Demokraten.[50] Und so teilt sich Amerika immer mehr in zwei verfeindete Blöcke oder »Supergruppen« auf. Wenn zwei Amerikaner sich in einer wichtigen Hinsicht unterschiedlichen Identitäten zuordnen, dann ist sehr wahrscheinlich, dass sie es in einer zweiten, dritten oder vierten Hinsicht auch tun werden.[51]

Die ethnische Polarisierung der amerikanischen Politik macht die Sache noch gefährlicher. Viele Wähler haben nicht nur den Eindruck, dass ihre politischen Werte bedroht sind, wenn die andere Seite gewinnt; sie fürchten, ihre Landsleute hätten für den politischen Feind gewählt, weil sie die legitimen Interessen ihrer Gruppe missachten.

Man kann sich leicht Reformen vorstellen, die helfen könnten, der gefährlichen Polarisierung der amerikanischen Gesellschaft entgegenzuwirken. Politiker sollten unbedingt bei demografischen Gruppen, die ihre Partei traditionell eher selten unterstützen, um Zustimmung werben. Auch Reformen des Wahlsystems könnten helfen, Politikern den nötigen Anreiz zu bieten, sich nicht nur auf ihre traditionelle Basis zu verlassen.

Auch neuartigere Maßnahmen könnten einen wertvollen Beitrag leisten. Einige idealistische Reformer versuchen beispielsweise eine Art Peace-Corps-Programm im Inland anzustoßen, bei dem junge Leute sehr unterschiedliche Communitys im eigenen Land kennenlernen können.[52] Andere meinen, Schulen sollten sich für einen Sozialkundeunterricht, der die Ideale der liberalen Demokratie erklärt, ohne schwerwiegende Ungerechtigkeiten auszublenden, mehr Zeit nehmen.[53] Wieder andere warnen vor dem Erwachsen einer ideologischen Monokultur in den einflussreichsten Institutionen des Landes, die Entscheidungsträger der Zukunft zum Teil dazu ermuntert, die Hälfte ihrer Landsleute mit Verachtung oder Abscheu zu überziehen.[54]

Doch die Wirkung all dieser Maßnahmen und Ideen dürfte angesichts der Größe der Herausforderung verblassen. Und so ist und bleibt die wichtigste Arena, auf der sich entscheidet, ob wir ein Mindestmaß an gegenseitigem Respekt zustande bringen und die Bildung zweier verfeindeter Supergruppen vermeiden können, nicht die politische, sondern die gesellschaftliche und letztlich gar persönliche.

In Zeiten, in denen sich die Polarisierung in vielen Ländern verschärft, wächst auch täglich die Versuchung, die Politik in einen manichäischen Kampf zwischen »uns« und »denen« zu verwandeln. Ob sich diese gefährliche Entwicklung durchsetzt und das Leben in diversen Demokratien prägt, wird davon abhängen, welche Argumente vorgebracht, begrüßt und toleriert werden. Deshalb sollten wir alle uns so gut wie möglich an die folgenden drei Grundmaximen halten:

Bleib deinen Prinzipien treu. Je polarisierter ein Land wird, desto verlockender ist es, das eigene Denken unseren größten Feinden zu überlassen. Statt sich auf ihre eigenen Überzeugungen zu verlassen, um eine Situation zu beurteilen, geben sich erschreckend viele Menschen inzwischen damit zufrieden, die Positionen derer zu betrachten, die sie am meisten verabscheuen – und sich dann blind den diametral entgegengesetzten Standpunkt zu eigen zu machen. Doch so schlau uns das auch vorkommen mag: Die Vorstellung, dass der Feind meines Feindes mein Freund sein müsse, ist strategisch dumm, weil sie ausgerechnet denjenigen Macht über unsere Überzeugungen gibt, die am meisten Grund haben, uns zu schaden. Vor allem aber ist sie moralisch katastrophal, weil sie uns in ein Schwarz-Weiß-Denken führt, in dem jeder entweder total gut oder total schlecht sein muss. Ein solches Denken zwingt uns ständig dazu, für das vermeintlich kleinere Übel Ausreden zu erfinden. Der einzige Weg zum echten politischen Fortschritt ist und bleibt deshalb die Entschlossenheit, konsequent an den eigenen Standards festzuhalten.

Sei bereit, auch die eigene Reihe zu kritisieren. Eine der Schwierigkeiten, wenn wir den eigenen Prinzipien treu bleiben, besteht darin, dass wir dann manchmal Leute kritisieren müssen, die auf unserer Seite stehen. Wer wagt, darauf hinzuweisen, dass jemand, der eigentlich zur eigenen Mannschaft gehört, irgendwie danebenliegt, dem wird alsbald die Sünde der falschen Ausgewogenheit vorgeworfen werden. Doch wenn diejenigen, die sich auf der richtigen Seite der Geschichte wähnen, ihren eigenen Stamm nie kritisieren, dann lassen sich seine schlimmsten Instinkte nie in Schach halten. Der Vorwurf der falschen Ausgewogenheit erhöht also die Kosten interner Kritik und erlaubt es den unmoralischsten und zynischsten Mitgliedern jeder Gruppe, ungestört ihr Unheil zu treiben. Deshalb sollten wir, auch wenn wir die Sünden unserer Seite aus gutem Grund für weniger schwerwiegend halten als die der politischen Gegner, stets bereit bleiben, die eigene Seite zu kritisieren.

Diskutiere und überzeuge, anstatt zu dämonisieren oder zu provozieren: Ein viel zu großer Teil der Debatte über die Zukunft diverser Demokratien ergeht sich darin, andere Überzeugungen lächerlich zu machen oder zu dämonisieren, statt zu diskutieren und zu überzeugen. Anstatt einander zu provozieren, sollten wir uns in eine echte Debatte darüber stürzen, was für eine Zukunft wir gemeinsam für unser Land aufbauen wollen. Denn unser Ehrgeiz sollte sich nicht darauf begrenzen, rhetorisch zu punkten oder die nächste Wahl zu gewinnen, sondern so viele Landsleute wie möglich für das große Experiment zu begeistern.

* * *

Als Bürger demokratischer Staaten halten wir gemeinsam eine Menge politische Macht in den Händen. Daraus ergibt sich die Verpflichtung, in Krisenzeiten unsere Stimme zu erheben. Wir müssen Parteien wählen, die das große Experiment zum Erfolg führen wollen, eine Politik unterstützen, die das Versprechen der diversen Demokratie einlöst, und auf die Straße gehen, wenn Regierungen Minderheiten diskriminieren.

Doch für die meisten Bürger fühlt sich Politik oft sehr weit entfernt an. Die meisten Menschen interessieren sich nicht dafür, wie sie den Ausgang der nächsten Wahlen beeinflussen oder größere politische Veränderungen herbeiführen können. Stattdessen wüssten sie gern, wie sie das Anliegen der diversen Demokratie durch konkrete Schritte in ihrem eigenen Leben unterstützen können.

Ein großer Teil der Antwort auf diese Frage liegt tatsächlich im persönlichen Bereich.

Das Projekt einer erfolgreichen diversen Demokratie ist gleichbedeutend mit dem Projekt, ein gemeinschaftliches Leben zu gestalten. Es wird umso erfolgreicher sein, je tiefer die Bindungen, die Empathie und Solidarität zwischen verschiedenen Gruppen sind. Und das wiederum hängt von Millionen kleiner Entscheidungen darüber ab, worin wir unsere Zeit und Energie investieren.

Das Beste, was Sie tun können, um für diverse Demokratien eine bessere Zukunft aufzubauen, ist ganz einfach, das eigene Milieu ab und an zu verlassen. Suchen Sie nach Gelegenheiten, um Brücken zu Mitgliedern anderer Gruppen zu schlagen. Weiten Sie den Kreis Ihrer Freunde und Bekannten aus. Werden Sie in karitativen oder interkonfessionellen Organisationen aktiv. Laden Sie Ihre Nachbarn zum Kaffee ein, oder organisieren Sie ein Straßenfest. Verbringen Sie etwas weniger Zeit damit, über den Zustand der diversen Demokratie zu diskutieren, und deutlich mehr Zeit damit, die Zukunft, die Sie sich für Ihr eigenes Leben wünschen, zu gestalten.

Zum Schluss

Ein großer Teil der Welt macht sich auf den Weg in bislang unbekanntes Terrain.

In der Geschichte des Menschen gab es viele Gesellschaften, die sich durch ihre ethnische und religiöse Diversität auszeichneten. Aber fast alle unterdrückten Minderheiten litten auf grausame Weise unter strukturierter Anarchie oder hatten mit tiefgreifender Fragmentierung zu kämpfen. Nur ein paar waren demokratisch – und selbst diese taten gar nicht erst so, als gewährten sie ihren Mitgliedern echte Gleichheit.

In einigen diversen Demokratien, wie den Vereinigten Staaten, wurden die Mitglieder einer ethnischen Unterschicht mithilfe eines expliziten Systems von Dominanz selbst von den grundlegendsten Menschenrechten, die für die Mehrheit galten, ausgeschlossen. In vielen anderen Ländern, insbesondere in Westeuropa, machte ein implizites System von Dominanz Einwanderer und ihre Nachkommen zu Bürgern zweiter Klasse. Die Stabilität dieser Demokratien war in erheblichem Maß durch den Ausschluss von Millionen von Menschen erkauft.

Nur ein politisches System glänzt in den langen Annalen der Menschheit durch Abwesenheit: eine Demokratie, die einer hoch diversen Bevölkerung wirklich gleiche Rechte gewährt. Und dennoch unternehmen Dutzende von Ländern auf der ganzen Welt aktuell den Versuch, eine solche Gesellschaft aufzubauen.

Das ist *das große Experiment.* Kann es überhaupt gelingen?

In den letzten zehn Jahren wuchs die Versuchung, diese Frage mit Nein zu beantworten.

Als ich in die Vereinigten Staaten zog, verbreitete der erste schwarze Präsidentschaftskandidat mit einer realistischen Chance, ins Weiße Haus einzuziehen, seine Botschaft von Hoffnung und Veränderung. Als Barack Obama dann zum 44. Präsidenten der Vereinigten Staaten gewählt wurde, erklärten viele Kommentatoren, nun sei das Land endlich auf dem Weg in eine »post-rassische« Zukunft.

In den folgenden Jahren wurde schnell klar, dass solche Vorhersagen hoffnungslos naiv gewesen waren. Die Wirtschaftskrise machte gerade Minderheiten schwer zu schaffen.[1] Der Widerstand gegen den ersten schwarzen Präsidenten fokussierte sich immer mehr auf Verschwörungstheorien um seinen Geburtsort.[2] Und je mehr Smartphones mit Kamera es gab, desto sichtbarer wurde das Ausmaß brutaler Polizeigewalt gegen Afroamerikaner.[3]

Bei einem genaueren Blick auf das eigene Verhalten begriffen viele Menschen und Institutionen, die sich bis dahin ihrer Toleranz gerühmt hatten, wie oft sie selbst gegen ihre eigenen Ideale verstießen. Als Austauschstudent an der Columbia University in New York City war ich davon beeindruckt, wie vielfältig diese Stadt und diese Universität waren. Doch je länger ich in Amerika lebte, desto klarer wurde mir, dass selbst bewusst inklusive Institutionen wie Eliteuniversitäten entlang ethnischen Gräben gespalten blieben. Schwarze Studierende saßen meistens neben anderen Schwarzen, Weiße hatten im Wesentlichen weiße Freunde.

Doch damit nicht genug. Donald Trump wurde zum 45. Präsidenten der USA gewählt, und dies nach einem Wahlkampf, in dem er die Mitglieder von Minderheiten verunglimpft und die Legitimität seines Vorgängers infrage gestellt hatte. Gleichzeitig stürmten autoritäre Populisten in einigen der mächtigsten und bevölkerungsreichsten Länder der Welt, von Indien bis nach Brasilien, auf ähnlich überraschende Weise die politische Bühne. Ihr Erfolg macht schmerzhaft deutlich, wie viel bei dem großen Experiment auf dem Spiel steht. Wenn diverse Demokratien scheitern, werden ihre verwundbarsten Mitglieder unaussprechlicher Grausamkeit ausgeliefert sein – und selbst diejenigen, die den schlimmsten Ungerechtigkeiten entgehen, weil sie Teil der herrschenden Gruppe sind, werden Gefahr laufen, ihre demokratischen Rechte zu verlieren.

Die Rückschritte der letzten zehn Jahre haben zwei Reaktionen ausgelöst, die in der öffentlichen Debatte über die Zukunft diverser Demokratien um Vorherrschaft ringen.

Die erste ist ein blanker Pessimismus. Länder wie Großbritannien oder die USA, so die Ansicht ihrer selbstkritischsten Bürger, sind seit jeher von enormen Ungerechtigkeiten geprägt und werden auch in Zukunft keine großen Verbesserungen erleben. Die privilegiertesten Gruppen werden immer Möglichkeiten finden, sich an die Macht zu klammern, und so eine demütigende Gleichheit zu vermeiden wissen. Nach ihrer Überzeugung sieht die Zukunft diverser Demokratien düster aus.

Die zweite Reaktion gründet sich auf die Vorstellung, dass diverse Demokratien von einem Kampf zwischen verschiedenen Identitätsgruppen geprägt sind. In Nordamerika und Westeuropa hat das der weißen Mehrheit in der Vergangenheit die Möglichkeit gegeben, alle anderen zu unterdrücken. Doch da sich die demografischen Kräfteverhältnisse jetzt verschieben, sieht die Zukunft ganz anders aus. Eines nicht allzu fernen Tages werden die ehemals Unterdrückten zu den neuen Mächtigen werden.

Aus der Perspektive der Überwindung historischer Ungerechtigkeiten wirkt diese zweite Aussicht vielversprechender. Doch wer genauer hinsieht, erkennt schnell, wie dystopisch sie ist. Denn auch sie geht von der Annahme aus, dass die verschiedenen Mitglieder der diversen Demokratie einander immer als Feinde anstatt als Mitbürger ansehen werden.

Deshalb ist es an der Zeit, eine ehrgeizigere Zukunftsvision für diverse Demokratien zu entwickeln. Wenn das große Experiment wirklich gelingen soll, brauchen wir eine realistische Sicht auf die menschliche Natur und einen ehrlichen Umgang mit den vielen Ungerechtigkeiten der Vergangenheit. Aber wir müssen auch an der Möglichkeit festhalten, dass Mitglieder verschiedener Gruppen durchaus an einem Strang ziehen können, um faire Demokratien aufzubauen, deren Mitglieder ein echtes Zusammengehörigkeitsgefühl haben.

* * *

Menschen sind Herdentiere.

Wir sind darauf gedrahtet, zwischen »uns« und »denen« zu unterscheiden. Wie wir andere Menschen behandeln, hängt stark davon ab, in welche Kategorie sie fallen. Selbst Menschen mit einem eher durchschnittlichen Moralempfinden behandeln Mitglieder ihrer eigenen Gruppe oft großzügig und mit echtem Mitgefühl. Und selbst Menschen, die nicht unmoralischer sind als die meisten anderen, können die Mitglieder einer Außenseitergruppe unter den falschen Umständen mit erschütternder Gedankenlosigkeit oder Grausamkeit behandeln.

Die Neigung des Menschen zum Gruppendenken hat viele Vorteile. Sie ist der Grund, warum die Welt nicht in jenem Krieg aller gegen alle feststeckt, den Thomas Hobbes so sehr fürchtete. Sie macht es Menschen leichter, im großen Stil zusammenzuarbeiten. Und sie hat die großen Wunder der Zivilisation, von wunderschönen Tempeln bis hin zu bewegenden Symphoniekonzerten, erst möglich gemacht.

Doch unser Gruppendenken ist auch für viele der bittersten Tragödien und Ungerechtigkeiten der Geschichte verantwortlich. Es erklärt, wie gottesfürchtige Menschen dazu kommen, im guten Glauben Ungläubige zu erschlagen, oder warum hoch zivilisierte Menschen darauf verfallen, Menschen einer anderen Hautfarbe mit Bomben oder Bajonetten zu töten.

Angesichts der langen Parade historischer Schrecken verzweifeln viele Menschen aus gutem Grund an ihrem Land, ihrer Kultur, ihrer ethnischen Gruppe. »Wie konnten *wir* so schreckliche Dinge tun?«, fragen sie. Die Antworten, die sie geben, haben oft mit den spezifischen Attributen ihrer eigenen Gruppe zu tun. Sie deuten auf die dunkelsten Kapitel ihrer Geschichte, auf die übelsten Vorurteile, die ihre Kultur kennt, auf die gefährliche Neigung einiger Landsleute, sich selbst als Herrenmenschen zu betrachten.

An diesen Klagen ist viel Wahres dran. Die meisten Länder haben schändliche Kapitel in ihrer Geschichte, und in den meisten Fällen sind diese Kapitel tatsächlich tief in der jeweiligen Gesellschaft verwurzelt. Es gibt reichlich Anlass, sich zu schämen, und die Notwendigkeit einer ehrlichen Erinnerungskultur ist sehr real.

Doch gerade weil die Fähigkeit des Menschen zum Bösen so universell ist, ignorieren diese Antworten etwas ebenso Wichtiges. In der Geschichte der Menschheit waren Krieg und Mord, Unterdrückung und Unterjochung eher die Regel als die Ausnahme. Gesellschaften, die niemals Ungerechtigkeiten gegen andere verübt haben, verdanken ihren überlegenen moralischen Status eher einem Mangel an Gelegenheit als einem Übermaß an Tugend. Wer eine Gruppe korrumpieren will, so lehrt uns die Geschichte, muss ihr nur genügend Macht verleihen.

Jeder Versuch, einzelne Beispiele des Grauens losgelöst von allen anderen zu verstehen, führt also bestenfalls zu unvollständigen Schlussfolgerungen. Das große historische Rätsel ist nicht, warum manche Gesellschaften zu schrecklichen Dingen fähig waren – denn das waren, zum einen oder anderen Zeitpunkt, fast alle. Die Frage ist vielmehr, warum andere Gesellschaften es gelegentlich etwas besser gemacht haben und wie sie es in Zukunft noch besser halten können.

Verglichen mit der langen Menschheitsgeschichte ist das Erstaunliche beim Blick auf den derzeitigen Zustand von Deutschland oder Japan, Australien oder der Vereinigten Staaten nicht so sehr, was alles immer noch schiefgeht. Erstaunlich ist vielmehr, was alles gut läuft.

Die meisten diversen Demokratien auf der Welt sind heute viel gerechter und inklusiver als vor fünfzig oder hundert Jahren. Die USA haben die Sklaverei abgeschafft, den Afroamerikanern volle Bürgerrechte gewährt, und die meisten Bürger sind in ihrem Denken und Handeln weitaus inklusiver geworden als ihre Vorfahren. Europäische Länder wie Deutschland und Spanien haben den Faschismus überwunden, ihre Vorstellungen davon, wer »wirklich« zu ihren Gesellschaften gehört, erheblich erweitert und eine sehr diverse Alltagskultur aufgebaut. Selbst vergleichsweise homogene Demokratien wie Japan zeigen heute mehr Bereitschaft als früher, Einwanderer als Landsleute und Mitglieder anderer Kulturen als gleichwertig anzusehen.[4]

Eine faire Beurteilung des derzeitigen Zustands dieser Länder muss also sowohl das Gute als auch das Schlechte ins Auge fassen. Das heutige Amerika ist geprägt von einem ernsthaften Problem mit Polizeigewalt, aber eben auch von Millionen Menschen, die mitten in einer tödlichen Pandemie dagegen auf die Straße gingen. Das heutige Deutschland ist geprägt vom Wiedererstarken einer beunruhigenden rechtsextremistischen Bewegung, aber eben auch von den Millionen Menschen, die sich ernsthaft mit der Nazivergangenheit auseinandersetzen. Das heutige Japan ist geprägt von Premierministern, die die Gräber von Kriegsverbrechern ehren, aber eben auch vom allmählichen Entstehen einer Willkommenskultur für Einwanderer und Minderheiten. Und in all diesen Ländern gelingt Mitgliedern von Minderheiten und Nachkommen von Einwanderern ein so rascher wirtschaftlicher Aufstieg, dass viele von ihnen mittlerweile Posten innehaben, die ihre Eltern oder Großeltern niemals für möglich gehalten hätten.

Die meisten Autoren vernachlässigen die positive Seite. Wenn sie zu viel vom Fortschritt schreiben, während noch so vieles im

Argen liegt, könnten sie, so ihre Sorge, einer Form des Quietismus verdächtigt werden. Vielleicht würde man ihnen gar vorwerfen, die herrschenden Ungerechtigkeiten durch solche Verharmlosungen nur festigen zu wollen. Doch wer so denkt, hat die Bedeutung von Fortschritt nicht verstanden. Denn wenn ich darauf poche, sowohl das Gute als auch das Schlechte ohne Blatt vor dem Mund zu beschreiben, geht es mir nicht darum, schlechte Gewissen zu beruhigen – sondern, den Mut zu inspirieren, für eine bessere Zukunft zu kämpfen.

Befürworter diverser Demokratien brauchen Mut und Zuversicht für die Auseinandersetzung mit ihren Kontrahenten.

Von Europa bis nach Amerika, von Asien bis nach Australien – überall gibt es immer noch viele Menschen, die glauben, wir müssten das große Experiment abblasen, bevor es zu spät ist. Sie behaupten, Einwanderung und ethnische Diversität würden wenig Nutzen, aber viele Probleme mit sich bringen. Am einfachsten wäre es, den Zustrom von Neuankömmlingen zu stoppen und denjenigen Außenseitern, die sich bereits im Land befinden, klarzumachen, dass die historisch dominante Gruppe auf ewig den Ton angeben wird. Wem das nicht gefällt, der kann ja gehen.

Um den Kampf gegen diese Gegner zu gewinnen, müssen die Unterstützer diverser Demokratien eine zuversichtliche Vision der Zukunft vertreten. Die verschiedenen Horrorszenarien, die die Feinde diverser Demokratien so sehr lieben, werden höchstwahrscheinlich nicht eintreten. Im Gegensatz zu dem, was sie behaupten, sind unsere Länder absolut in der Lage, Neuankömmlinge zu integrieren und zwischen Menschen, die verschiedene Hautfarben oder Religionen haben, eine engere Bindung aufzubauen. Die Zukunft muss nicht von einem blutigen Kampf zwischen verschiedenen demografischen Gruppen geprägt sein.

Doch um das alles überzeugend vertreten zu können, müssen

die Befürworter diverser Demokratien auch die Pessimisten in ihren eigenen Reihen in Schach halten. Denn einige der lautesten Stimmen in der Debatte behaupten heute, »Rasse« und Religion würden die Angehörigen diverser Demokratien immer trennen – und zwar so stark, dass sie einander kaum verstehen können. Ihrer Vision zufolge wird die Gesellschaft auf alle Zeit von einem Zusammenprall zwischen den historisch Dominanten und den historisch Unterdrückten oder zwischen Weißen und »People of Color« geprägt sein. Selbst in dreißig oder sechzig Jahren werde die Hautfarbe das wichtigste Kriterium zur Definition von Bewohnern diverser Demokratien sein.

Eine solche Zukunftsvision kann wohl kaum die politische Solidarität hervorbringen, die wir brauchen, um alte Ungerechtigkeiten zu überwinden. Statt die Entschlossenheit derjenigen zu fördern, denen ein Vorankommen des großen Experiments am Herzen liegt, bestätigt sie unabsichtlich die Ängste seiner größten Gegner. Es wäre sowohl ein moralischer als auch ein strategischer Fehler, sich auf eine derart zynische Zukunftsvision einzulassen.

Doch zum Glück gibt es eine bessere Alternative. Verteidiger diverser Demokratien sollten eine Gesellschaft anstreben, in der so viele Menschen wie möglich das Gefühl haben, gemeinsam ein sinnerfülltes Leben zu führen. Niemand sollte so naiv sein, die Verständigungsprobleme zu unterschätzen, die verschiedene ethnische oder religiöse Gruppen dabei erleben werden. Aber gleichzeitig sollten wir der eigenen Fähigkeit vertrauen, eine Zukunft aufzubauen, in der die meisten Bürger einander als Landsleute betrachten, die sich gegenseitige Empathie und Fürsorge schuldig sind. Vor allem aber müssen sie versuchen, vielfältige Demokratien aufzubauen, in denen die Hautfarbe oder die ethnische Herkunft im Laufe der Zeit an Bedeutung verlieren – nicht, weil wir vor dem Ausmaß, in dem diese Merkmale Gesellschaften auf der ganzen Welt heute noch prägen, die Augen verschließen, sondern weil es uns gelungen sein wird, die

Ungerechtigkeiten, die sie noch immer hervorrufen, zu überwinden.

In letzter Zeit höre ich sehr häufig die Songs von Manu Chao.

Seine Musik hat etwas unwiderstehlich Fröhliches an sich. In den Monaten der Isolation durch die globale Pandemie – Monaten, in denen die erzwungene Einsamkeit der Shutdowns in meinem Fall noch durch die selbst auferlegte Disziplin, die zum Schreiben eines Buchs vonnöten ist, verstärkt wurde – hat mir sein Versprechen auf künftige Abenteuer viel Trost gespendet.

Aber es gibt auch noch einen tieferen Grund, warum ich mich zu Alben wie *Próxima Estación: Esperanza* (Nächste Station: Hoffnung) hingezogen fühle. Sie erinnern mich an einen Glauben an die Existenz einer gemeinsamen Menschlichkeit – und an das Mitgefühl, das nötig ist, um sie als solche zu erkennen –, der in letzter Zeit allzu selten geworden ist.

Manu Chao wurde 1961 in Frankreich als Sohn spanischer Eltern, die vor der Diktatur Francos geflohen waren, geboren.[5] Während seiner Kindheit in den sehr diversen Vororten von Paris saugte er kulturelle Einflüsse aus ganz Europa, Afrika, der Karibik und dem Mittleren Osten auf.[6] Politisch sind wir uns überhaupt nicht einig (obwohl ich mit fünfzehn Jahren wohl fast alle seine Ansichten geteilt hätte). Während ich an die liberale Demokratie glaube, unterstützt er seit Langem gewalttätige Widerstandsbewegungen.

Doch an seinem Stil und seinen Songs ist etwas, was mir aus der Seele spricht. Chaos Musik ist vom Punk und von Salsa, von französischer Folklore und jamaikanischen Ska beeinflusst. Er singt in einer verwirrenden Vielfalt von Sprachen, von Spanisch über Englisch und Arabisch bis hin zum Wolof. Es ist ein Sound der Begegnung, der gegenseitigen kulturellen Beeinflussung, des Aufeinandertreffens von Menschen aus verschiedenen Ländern, die gemeinsam die Welt neu erschaffen.[7]

Das heißt nicht, dass Manu Chaos Songs die Schwierigkeiten

und Ungerechtigkeiten verschweigen, die viele Angehörige diverser Demokratien erleben. Ein großer Teil von *Clandestino*, seinem ersten Album,[8] gibt illegalen Einwanderern, die mit der Gleichgültigkeit der Menschen in ihrer Umgebung leben müssen, eine Stimme. Im zweiten Song, namens »Desaparecido«, beschreibt er anschaulich die Not eines Straßenverkäufers, der flüchten muss, sobald er einen Polizisten sieht, und endlich als ebenbürtiger Mensch anerkannt werden will:

Sie nennen mich den der verschwindet
ein Gespenst das niemals irgendwo bleibt
Sie nennen mich den Profiteur
Doch damit sagen sie nicht die Wahrheit
In meinem Körper trage ich einen Schmerz
der mir den Atem raubt
In meinem Körper trage ich eine Strafe
die mich immer wieder davontreibt.[9]

Diese Zeilen drücken den Kern der Botschaft, die Manu Chaos Alben vermitteln, aus – eine zutiefst humanistische Botschaft, die heute erschreckenderweise fast altmodisch wirkt. Trotz all der Mängel, die sie schon damals hatte, und trotz all der Ergänzungen, die wir in den nächsten Jahrzehnten noch anfügen sollten, wäre es ein schwerer Fehler, diese Botschaft vorschnell zu verwerfen.

Appelle an unsere gemeinsame Menschlichkeit können, selbst wenn sie in der Form eines Ohrwurms daherkommen, nur eine begrenzte Wirkung entfalten. »Desaparecido« kann uns ebenso wenig ein realistisches Rezept für den Aufbau diverser Demokratien liefern wie »Kumbaya« oder »We Are the World«.

Und doch ist es wert, den Geist der Musik von Manu Chao wiederzuentdecken. Dieser Geist erzählt vom Ideal einer gemeinsamen Menschlichkeit, das einst große Teile der Öffentlichkeit prägte. Und eine solch optimistische Vision – die darauf beharrt, dass wir fähig sind, bessere Gesellschaften aufzubauen und einander als gleichberechtigt zu behandeln – ist weitaus attraktiver als die verschiedenen Dystopien, mit denen die Pessimisten, die heute den Diskurs beherrschen, so gerne hausieren.

Es wird sehr schwer, diverse Demokratien aufzubauen, die von der großen Mehrheit der Bürger begeistert aufgenommen werden. Wir haben uns auf ein noch nie da gewesenes Experiment eingelassen. Es könnte durchaus scheitern. Doch wenn diejenigen unter uns, die sich seinen Werten verpflichtet fühlen, seine Erfolgschancen erhöhen wollen, brauchen wir den Mut, für die Vision einer gemeinsamen Zukunft zu kämpfen, in der die meisten Menschen auch gerne leben würden. Eine Zukunft, in der sich so viele Menschen wie möglich als stolze und optimistische Bürger einer diversen Demokratie verstehen – und das, was wir gemeinsam haben, für wichtiger halten als das, was uns voneinander trennt.

Machen wir uns auf den Weg.

Anmerkungen

Einleitung

1 »Das hatte die Redaktion der Tagesthemen nicht geplant«. *Tichys Einblick.* 22. Februar 2018. https://www.tichyseinblick.de/daili-es-sentials/das-hatte-die-redaktion-der-tagesthemen-nicht-geplant/.

2 »Daily Stormer: Cloudflare Drops Neo- Nazi Site«. *BBC.* 17. August 2017. https://www.bbc.com/news/technology-40960053.

3 Anglin, Andrew. »(((Yascha Mounk)))'s Unique Historical Experiment: Transforming a Mono-Ethnic Country Into a Multi-Ethnic One«. *The Daily Stormer.* 23. Februar 2018. https://dailystormer.su/yascha-mounks-unique-historical-experiment-transforming-a-mono-ethnic-mono-cultural-democracy-into-a-multi-ethnic-one/.

4 Anglin, Andrew. »(((Yascha Mounk)))'s Unique Historical Experiment: Transforming a Mono-Ethnic Country Into a Multi-Ethnic One«. *The Daily Stormer.* 23. Februar 2018. https://dailystormer.su/yascha-mounks-unique-historical-experiment-transforming-a-mono-ethnic-mono-cultural-democracy-into-a-multi-ethnic-one/.

5 »Experiment«. *Lexico.* https://www.lexico.com/en/definition/experiment. Zugriff 6. Juni 2021.

6 Als das Interview stattfand, war ich Dozent am Department of Government der Harvard University.

7 »Experiment«. *Lexico.* https://www.lexico.com/en/definition/experiment. Zugriff 6. Juni 2021.

8 »Creating the United States«. *Library of Congress.* https://www.loc.gov/exhibits/creating-the-united-states/interactives/declaration-of-independence/abuses/index.html. Zugriff 6. Juni 2021.

9 Lowe, Keith. »Five times immigration changed the UK«. *BBC.* 20. Januar 2020. https://www.bbc.com/news/uk-politics-51134644.

10 Vgl. »Migrants in the UK: An Overview«. *The Migration Observatory, University of Oxford.* 6. November 2020. https://migrationobservatory.ox.ac.uk/resources/briefings/migrants-in-the-uk-an-overview/ und Lowe, Keith. »Five times immigration changed the UK«. *BBC.* 20. Januar 2020. https://www.bbc.com/news/uk-politics-51134644.

11 »Foreign-Born Population: Sweden«. *OECD Data.* 2016–2019. https://data.oecd.org/migration/foreign-born-population.htm.

12 Wirtz, Bill. »The German Economic Miracle Depended on Immigrants«. *Foundation for Economic Education*. 28. März 2018. https://fee.org/articles/the-german-economic-miracle-depended-on-immigrants/.

13 Liebig, T. et al. »The labour market integration of immigrants and their children in Switzerland«. *OECD Social, Employment and Migration Working Papers No. 128: Directorate for Employment, Labour and Social Affairs, OECD Publishing*. 2012. https://www.oecd.org/migration/49654710.pdf.

14 Bleich, Erik. »Colonization and Immigrant Integration in Britain and France«. *Theory and Society* 34, 2 (April 2005): 171–195. https://www.jstor.org/stable/4501720?seq=1.

15 Die Emancipation Proclamation hatte die Sklaverei in weiten Teilen der USA bereits zwei Jahre früher beendet, im Jahr 1863. Doch erst mit der Ratifizierung des 13th Amendment 1865 war der Prozess im ganzen Land abgeschlossen.

16 Eine klassische Geschichte von Hoffnung und Scheitern in Bezug auf die »reconstruction« findet sich bei Foner, Eric. *Reconstruction: America's Unfinished Revolution 1863–1877* (New York: HarperPerennial, 2014).

17 Leonard, Kevin Allen. »›Is That What We Fought for?‹ Japanese Americans and Racism in California, The Impact of World War II«. *The Western Historical Quarterly* 21, 4 (November 1990): 463–482.

18 Wie der Förderer eines entscheidenden Gesetzes, der Kongressabgeordnete Horace F. Page, klarmachte, bestand das Hauptziel darin, »die Gefahren zu umgehen, die billige chinesische Arbeitskräfte und unmoralische chinesische Frauen« angeblich mit sich brachten. (Peffer, George Anthony. »Forbidden Families: Emigration Experiences of Chinese Women Under the Page Law, 1875–1882«. *Journal of American Ethnic History* 6, 1 (1986): 28) Weniger als ein Jahrzehnt später dehnte die Chinese Exclusion Act dieses teilweise Verbot auf alle chinesischen Einwanderer aus. Vgl. »Immigration and Relocation in U.S. History: Legislative Harassment«. *Library of Congress*. https://www.loc.gov/classroom-materials/immigration/chinese/legislative-harassment/ und »Chinese Exclusion Act«. *Encyclopædia Britannica*. 2. Oktober 2019. academic-eb-com.proxy1.library.jhu.edu/levels/collegiate/article/Chinese-Exclusion-Act/605479.

19 Vgl. »Modern Immigration Wave Brings 59 Million to U.S., Driving Population Growth and Change Through 2065 – Chapter 1: The Nation's Immigration Laws, 1920 to Today«. *Pew Research Center*. 28. September 2015. https://www.pewresearch.org/hispanic/2015/09/28/chapter-1-the-nations-immigration-laws-1920-to-today/ und »The Immigration Act of 1924 (The Johnson-Reed Act)«. *US State Department: Office of the Historian*. https://history.state.gov/milestones/1921-1936/immigration-act.

20 »Modern Immigration Wave Brings 59 Million to U.S., Driving Population Growth and Change Through 2065 – Chapter 1: The Nation's Immigration Laws, 1920 to Today«. *Pew Research Center*. 28. September 2015. https://www.pewresearch.org/hispanic/2015/09/28/chapter-1-the-nations-immigration-laws-1920-to-today/.

21 »LBJ on Immigration: President Lyndon B. Johnson's Remarks at the Signing of the Immigration Bill Liberty Island, New York«. *LBJ Presidential Library*. 3. Oktober 1965. http://www.lbjlibrary.org/lyndon-baines-johnson/timeline/lbj-on-immigration.

22 »Modern Immigration Wave Brings 59 Million to U.S., Driving Population Growth and Change Through 2065 – Chapter 3: The Changing Characteristics of Recent Immigrant Arrivals Since 1970«. *Pew Research Center*. 28. September 2015. https://www.pewresearch.org/hispanic/2015/09/28/chapter-1-the-nations-immigration-laws-1920-to-today/.

23 Als Donald Trump den von ihm so genannten »Muslim ban« lancierte, urteilten untergeordnete Gerichte zunächst, sein Vorschlag verstoße gegen das Verfassungsverbot, eine Religion anderen vorzuziehen. Als seine Administration jedoch eine leicht revidierte Verwaltungsverordnung herausgab, in der betont wurde, dass Staatsbürger einiger mehrheitlich muslimischer Länder von der Einreise ausgeschlossen würden, ließ der Supreme Court dies zu. Tatsächlich hinderte Trump Millionen von Menschen an der Einreise nach Amerika, weil ihre Religion nicht der der Mehrheit entsprach. (Joe Biden hat diese Verordnung inzwischen zurückgenommen.)

Der indische Premierminister Narendra Modi war noch erfolgreicher in seinem Versuch, den Charakter seines Landes zu verändern. Auf Initiative seiner Regierung wird demnächst ein Nationales Register aller Bewohner des Landes die Feststellung ermöglichen, wer sich legal im Land aufhält und wer ausgewiesen werden sollte. Nachdem bis vor wenigen Jahrzehnten Geburtsurkunden noch unüblich waren, gefährdet dieser Plan die Rechte von Millionen Muslimen, die keine Dokumente besitzen, mit denen sie beweisen könnten, dass sie indische Staatsbürger sind. Obwohl sie alles Recht haben, sich im Land aufzuhalten, müssen sie jetzt die Ausweisung fürchten. Im Prinzip könnte dieses Register auch Hindu-Einwanderer in Gefahr bringen, die nach Indien geflohen sind, nachdem sie aus Nachbarländern ausgewiesen worden waren. Um ihre Befürchtungen zu besänftigen, hat Modi Einwanderern aus mehrheitlich muslimischen Ländern, die keinen legalen Aufenthaltsstatus in Indien besitzen, die Möglichkeit eröffnet, die indische Staatsbürgerschaft zu erhalten, wenn sie in ihrem Herkunftsland aus religiösen Gründen verfolgt wurden. Die Bitte, auch den zweihundert Millionen indischen Muslimen eine solche Sicherheit zu geben, lehnt er rigoros ab. Vgl. Gettleman, Jeffrey and Suhasini Raj. »India Steps Toward Making Naturalization Harder for Muslims«. *The New York Times*. 9. Dezember 2019. https://www.nytimes.com/2019/12/09/world/asia/india-muslims-citizenship-narendra-modi.html.

24 Kamp, David. »Heidi Schreck Is Giving New Meaning to Political Theater«. *Vogue*. 16. Oktober 2020. https://www.vogue.com/article/heidi-schreck-political-theater-vogue-august-2019-issue.

25 »The Shadows of the Constitution«. *NPR: Throughline*. 12. November 2020. https://www.npr.org/transcripts/933825483.

26 Ferguson, Andrew. »Who is the Constitution For?« *The Atlantic*. 28. August 2019. https://www.theatlantic.com/ideas/archive/2019/08/who-constitution/596341/.

27 Green, Jesse. »Review: Can a Play Make the Constitution Great Again?« *The New York Times*. 31. März 2019. https://www.nytimes.com/2019/03/31/theater/what-the-constitution-means-to-me-review.html.

28 Khan, Naureen. »The Tony-Nominated Play That Savages the U.S. Constitution«. *The Atlantic*. 8. Juni 2019. https://www.theatlantic.com/entertainment/archive/2019/06/what-constitution-means-me-takes-easy-out/591040/.

29 Douglass, Frederick. »What to the Slave is the Fourth of July?« In: *The Speeches of Frederick Douglass*, hg. von John R. McKivigan und Julie Husband (New Haven, CT: Yale University Press, 2018): 52–92.

30 King, Martin Luther und James Melvin Washington. »I Have a Dream.« *A Testament of Hope: the Essential Writings and Speeches of Martin Luther King, Jr.* (San Francisco: Harper San Francisco, 1991): 217–221.

31 In Kap. 8 erkläre ich im Detail meinen Optimismus in Bezug auf den sozioökonomischen Fortschritt von Einwanderern und Angehörigen von Minderheiten in den am weitesten entwickelten Demokratien.

32 Es könnte der Eindruck entstehen, als würde ich hier die Perspektive von Angehörigen der Mehrheit übernehmen. Umfragen zeigen aber, dass Nachkommen von Einwanderern und Mitglieder von Minderheiten in ihrer Meinung zu diesen Themen ebenso gespalten sind. So unterstützt ein erheblicher Teil von ihnen harte Maßnahmen gegen illegale Einwanderung. In Kap. 9 werde ich mich ausführlicher mit den politischen und kulturellen Ansichten von Minderheiten, vor allem in den USA, beschäftigen.

TEIL EINS
Wenn diverse Gesellschaften scheitern

1 Rekers, Yvonne, Daniel B.M. Haun und Michael Tomasello. »Children, but not Chimpanzees, Prefer to Collaborate«. *Current Biology* 21 (2011): 1756–1758.

2 Zitiert bei Haidt, Jonathan. *The Righteous Mind: Why Good People Are Divided by Politics and Religion* (New York: Vintage Books, 2013): 237.

3 Vgl. z. B. Tomasello, Michael, Alicia P. Melis, Claudio Tennie, Emily Wyman und Esther Herrmann. »Two Key Steps in the Evolution of Human Cooperation: The Interdependence Hypothesis«. *Current Anthropology* 53, 6 (Dezember 2012): 673–692. https://www.journals.uchicago.edu/doi/10.1086/668207#sc2.

KAPITEL 1
Warum der Konflikt vorprogrammiert ist

1 Zum Leben von Tajfel vgl. z. B. *Oxford Dictionary of National Biography.* »Tajfel, Henri [*formerly* Hersz Mordche]«. 23. September 2004. https://www.oxforddnb.com/view/10.1093/ref:odnb/9780198614128.001.0001/odnb-9780198614128-e-58393.

2 Zu Australia vgl. Kilham, Wesley und Leon Mann. »Level of Destructive Obedience as a Function of Transmitter and Executant Roles in the Milgram Obedience Paradigm«. *Journal of personality and social psychology* 29, 5 (Mai 1974): 696–702. https://doi.apa.org/doiLanding?doi=10.1037%2Fh0036636. Zu Deutschland vgl. Mantell, David Mark. »The Potential for Violence in Germany«. *Journal of Social Issues* 27, 4 (April 2010): 101–112. https://doi.org/10.1111/j.1540- 4560.1971.tb00680.x. Zu Jordanien vgl. Shanab, M. E. und Khawla A. Yahya. »A cross-cultural study of obedience«. *Bulletin of the Psychonomic Society* 11 (1978): 267–269. https://doi.org/10.3758/BF03336827.

3 Vgl. Sherif, Muzafer, B. Jack White und O. J. Harvey. »Status in Experimentally Produced Groups«. *American Journal of Sociology* 60 (1955): 370–379. https://www.journals.uchicago.edu/doi/abs/10.1086/221569. Eine kritische neue Würdigung findet sich bei Konnikova, Maria. »Revisiting Robbers Cave: The Easy Spontaneity of Intergroup Conflict«. *Scientific American* (September 2012). https://blogs.scientificamerican.com/literally-psyched/revisiting-the-robbers-cave-the-easy-spontaneity-of-intergroup-conflict/.

4 Tajfel, Henri. »Experiments in intergroup discrimination«. *Scientific American* 223, 5 (1970): 96–103. https://www.jstor.org/stable/10.2307/24927662.

5 Tatsächlich wurden die Jungen vollkommen zufällig zwei Gruppen zugeordnet, um auch noch die geringste Möglichkeit auszuschließen, dass die Tendenz, die Zahl der Punkte zu über- oder unterschätzen, in irgendeiner Verbindung mit den Aufgaben stehen könnte, die sie danach erfüllen sollten.

6 @DavidJHauser. »In case you are teaching social psych soon, know that it is easy to replicate the minimal groups paradigm effect in class if you replace ›which art do you prefer‹ with ›is a hotdog a sandwich?‹« *Twitter.* 5. Dezember 2019. https://twitter.com/DavidJHauser/status/1202610237934592000.

7 Tajfel, Henri. »Experiments in intergroup discrimination«. *Scientific American* 223, 5 (1970): 96–103. https://www.jstor.org/stable/10.2307/ 24927662.

8 »›Your ancestors were Gauls,‹ France's Sarkozy tells migrants«. *Reuters.* 20. September 2016. https://www.reuters.com/article/us-france-election-sarkozy/your-ancestors-were-gauls-frances-sarkozy-tells-migrants-idUSKCN11Q22Y.

9 Kwong, Luke S. K. »What's in a Name: Zhongguo (Or Middle Kingdom) Reconsidered«. *Historical Journal* 58, 3 (2015): 781–804. https://www.jstor.org/stable/24532047.

10 Garlick, Jennifer, Basil Keane und Tracey Borgfeldt. *Te taiao = Maori and the natu-*

ral world (Auckland: New Zealand Ministry for Culture and Heritage, 2010). https://manukau.primo.exlibrisgroup.com/discovery/fulldisplay?context=L&vid=64MANUKAU_INST:64MANUKAU&search_scope=MyInst_and_CI&tab=Everything&docid=alma994276853405101.

11 Über Zoroastrier vgl. Lopez, Saioa et al. »The Genetic Legacy of Zoroastrianism in Iran and India: Insights into Population Structure, Gene Flow and Selection«. *American Journal of Human Genetics* 101 (September 2017): 353–368. https://doi.org/10.1016/j.ajhg.2017.07.013. Über Juden vgl. Balter, Michael. »Tracing the Roots of Jewishnewss«. *Science* (Juni 2010). https://www.sciencemag.org/news/2010/06/tracing-roots-jewishness und Atzmon, Gil et al. »Abraham's Children in the Genome Era: Major Jewish Diaspora Populations Comprise Distinct Genetic Clusters with Shared Middle Eastern Ancestry«. *American Journal of Human Genetics* 86, 6 (2010): 850–859. https://dx.doi.org/10.1016%2Fj.ajhg.2010.04.015.

12 Li, Hui, Svetlana Borinskaya, Kimio Yoshimura, Nina Kal'Ina, Andrey Marusin, Vadim A. Stepanov, Zhendong Qin et al. »Refined geographic distribution of the oriental ALDH2* 504Lys (nee 487Lys) variant«. *Annals of human genetics* 73, 3 (2009): 335–345. https://www.ncbi.nlm.nih.gov/pmc/articles/PMC2846302.

13 Vgl. z. B. Centers for Disease Control & Prevention. »Data & Statistics on Sickle Cell Disease«. https://www.cdc.gov/ncbddd/sicklecell/data.html. Zugriff 24. 3. 2020; und Solovieff, Nadia et al. »Ancestry of African Americans with Sickle Cell Disease«. *Blood Cells, Molecules, and Diseases* 47 (2011): 41–45.

14 »Jewish Women and BRCA Gene Mutations«. *Centers for Disease Control & Prevention.* https://www.cdc.gov/cancer/breast/young_women/bringyourbrave/hereditary_breast_cancer/jewish_women_brca.htm. Zugriff 24. März 2020 und Warner, Ellen et al. »Prevalence and Penetrance of BRCA1 and BRCA2 Gene Mutations in Unselected Ashkenazi Jewish Women With Breast Cancer«. *Journal of the National Cancer Institute* 91, 14 (Juli 1999): 1241–1247. https://doi.org/10.1093/jnci/91.14.1241.

15 Meine Wiedergabe der Geschichte von Maíra Mutti Araújo basiert auf einem ausgezeichnet recherchierten Artikel in der Zeitschrift *Foreign Policy* von Cleuci de Oliveria. (De Oliveira, Cleuci. »One Woman's Fight to Claim her ›Blackness‹ in Brazil«. *Foreign Policy* (Juli – August 2017). https://foreignpolicy.com/2017/07/ 24/one-womans-fight-to-claim-her-blackness-in-brazil.

16 Vgl. Telles, Edward. *Race in Another America: The Significance of Skin Color in Brazil* (Princeton: Princeton University Press, 2006) und »Race Relations: Slavery's legacies«. *The Economist.* 10. September 2016. https://www.economist.com/international/2016/09/08/slaverys-legacies.

17 Ich will damit nicht den Eindruck erwecken, als hätten alle diese sexuellen Begegnungen auf Freiwilligkeit beruht. Wie in anderen Siedlerkolonien gab es selbstverständlich viele Fälle von Vergewaltigung. Doch die Möglichkeit legaler Verbindungen zwischen Mitgliedern verschiedener Gruppen hatte wichtige Folgen für das gesamte System der Rassenklassifizierung. Anders als in den USA, wo die »Ein

Tropfen Blut«-Regel zum Teil deshalb eingeführt werden konnte, weil Kinder mit einem weißen Vater und einer schwarzen Mutter nicht als »legitim« galten, besaßen die Kinder aus diesen Ehen einen anderen gesellschaftlichen und gesetzlichen Status.

18 Telles, Edward. »Racial Discrimination and Miscegenation: The Experience in Brazil«. *United Nations Chronicle.* https://www.un.org/en/chronicle/article/racial-discrimination-and-miscegenation-experience-brazil. Zugriff 24. September 2021.

19 Eine ausführliche Behandlung des Ursprungs und der Entwicklung der »Ein Tropfen Blut«-Regel im System der rassischen Kategorisierung und in den US-Statistiken findet sich z. B. bei Hickman, Christine B. »The Devil and the One Drop Rule: Racial Categories, African Americans, and the U.S. Census«. *Michigan Law Review* 95, 5 (März 1997): 1161–1265. https://repository.law.umich.edu/mlr/vol95/iss5/2.

20 Es fiel dem Publikum z.T. auch deshalb leicht, sich zu wünschen, dass die Liebe siegen möge, weil Zoe, die »Octoroon«, »weiß« aussah und sich auch so verhielt. Ungeachtet ihres rechtlichen Status war sie nicht »wirklich schwarz«, suggerierte das Stück. (Boucicault, Dion. *The Octoroon* (New York, NY: The Winter Garden Theatre, 1859).

21 Beim Vergleich zwischen Brasilien und den USA geht es nicht darum, ein System der Rassenzuordnung als weniger ungerecht oder aufgeklärter zu beurteilen.

Die Geschichte der Sklaverei in Brasilien ist nicht weniger grausam als in den USA. Die brasilianischen Plantagenbesitzer verschleppten sogar noch mehr Menschen, mehr als in irgendeinem anderen Land. Wie in Nordamerika starben viele Sklaven an Krankheiten, Erschöpfung, Mangelernährung oder gewaltsamen Strafen für angebliche Vergehen. Beide Länder sind das Ergebnis tiefgreifender historischer Ungerechtigkeiten.

Lange Zeit rühmten sich die Brasilianer der relativ fließenden Rassenkategorien in ihrem Land. Ein bekannter Historiker nannte das Land eine »racial democracy«. Und es stimmt zweifellos, dass die geringeren Tabus in Bezug auf den Kontakt zwischen Mitgliedern verschiedener »Rassen« zumindest einige besonders üble Ungerechtigkeiten vermeiden halfen, mit denen die USA heute noch kämpfen, z. B. die Segregation der Wohngebiete.

Trotzdem ist klar, dass die fließenden Rassenkategorien in Brasilien die historische Ungerechtigkeit nicht wettmachen, unter der viele Einwohner des Landes leiden. Bis heute werden Brasilianer mit hellerer Haut positiver beurteilt, während Menschen mit dunklerem Gesicht Vorurteile und Diskriminierung erleben. Die Elite des Landes ist überwiegend weiß, während die sich ausbreitenden Slums – auch wenn sie bei Weitem nicht so abgeschottet sind wie manche Wohngegenden in den amerikanischen Innenstädten – hauptsächlich von dunkelhäutigen Menschen bewohnt sind.

22 Vgl. »About Hispanic Origin«. *United States Census Bureau.* Letzte Revision 16. Oktober 2020. https://www.census.gov/topics/population/hispanic-origin/

about.html und Benadiaz, Lucia. »Why Labeling Antonio Banderas A ›Person of Color‹ Triggers such A Backlash«. *NPR*. 9. Februar 2020. https://www.npr.org/2020/02/09/803809670/why-labeling-antonio-banderas-a-person-of-color-triggers-such-a-backlash.

23 Gibson, Ginger. »Democratic Hopeful Warren Apologizes for Native American Ancestry Claims«. *Reuters*. 19. August 2019. https://www.reuters.com/article/us-usa-election-warren/democratic-hopeful-warren-apologizes-for-native-american-ancestry-claims-idUSKCN1V91QY.

24 »The Road Map to Reparations«. *ADOS: American Descendants of Slavery*. https://ados101.com/roadmap-to-reparations.

25 Fields, Karen E. und Barbara Fields. *Racecraft: The Soul of Inequality in American Life* (London: Verso Books, 2014): 262.

26 Mtika, Collins. »Malawi and Zambia Struggle to Mark their Border«. *DW*. 7. September 2009. https://www.dw.com/en/malawi-and-zambia-struggle-to-mark-their-border/a-4459275.

27 Eine naheliegende Erklärung für den Unterschied zwischen Sambia und Malawi wäre z. B., dass sich die Dorfbewohner auf der einen Seite der Grenze ihrer kulturellen Unterschiede weniger bewusst sind als die auf der anderen Seite. Posner konnte diese Möglichkeit aber ausschließen. Die Befragten in Sambia waren viel weniger feindselig eingestellt, konnten die kulturellen Unterschiede aber ganz klar benennen.

Eine andere Erklärung wäre, dass eins der beiden Länder »moderner« oder »entwickelter« wäre als das andere, sodass ethnische Identität und unterschiedliche kulturelle Praktiken den Bewohnern weniger wichtig wären. Doch auch diese Möglichkeit konnte Posner ausschließen. Die Dörfer auf beiden Seiten der Grenze zeigten ähnliche Bildungs- und Entwicklungsmerkmale. (Posner, Daniel N. »The Political Salience of Cultural Difference: Why Chewas and Tumbukas are Allies in Zambia and Adversaries in Malawi«. *American Political Science Review* 98, 4 (November 2004): 529–545. https://www.jstor.org/stable/4145323.

28 Patterson, Orlando. »Context and choice in ethnic allegiance: a theoretical framework and Caribbean case study«. In: *Ethnicity: Theory and Experience*, hg. von Nathan Glazer und Daniel P. Moynihan (Cambridge, MA: Harvard University Press, 1975): 305–349.

29 Vgl. z. B. Bates, Robert H. »Ethnic Competition and Modernization in Contemporary Africa«. *Comparative Political Studies* 6, 4 (Januar 1974): 457–484. https://journals.sagepub.com/doi/pdf/10.1177/001041407400600403.

Vgl. auch Bates, Robert H. *Markets and states in tropical Africa: the political basis of agricultural policies* (Berkeley: University of California Press, 2014).

30 Posen, Barry R. »The Security Dilemma and Ethnic Conflict«. *Survival* 35, 1 (Frühjahr 1993): 27–47. http://www.rochelleterman.com/ir/sites/default/files/posen-1993.pdf.

31 Schatz, Daniel. »Poland Reckons with its 1968 Campaign Against Jews«. *CNN*.

15. März 2018. https://www.cnn.com/2018/03/15/opinions/expulsion-polish-jews-50th-anniversary-schatz.

32 Politologen, die sich mit Themen wie Tribalismus, Ethnizität und Bürgerkrieg beschäftigen, vertreten erheblich divergierende Ansichten über die Wurzeln von Konflikten zwischen verschiedenen Gruppen.

Ein Teil glaubt, Gruppen, die einander bekämpfen, hätten in der Regel eine lange Geschichte der Identifikation innerhalb der Gruppe und der Feindseligkeit nach außen. Sie bestehen auf der großen Bedeutung von »urtümlichen« Erklärungen für Konflikte.

Andere betonen den strategischen oder »instrumentellen« Aspekt von Konflikten zwischen Gruppen. Sie konzentrieren sich zumeist auf die Art, wie ethnische oder religiöse Koalitionen ihren Mitgliedern erlauben, Macht zu gewinnen und konkrete Vorteile untereinander zu verteilen. Ob diese Autoren sich auf skrupellose Anführer fokussieren, die ethnische Koalitionen aufbauen, um Macht zu gewinnen, oder ob sie sich mit dem Verhalten normaler Bürger beschäftigen, die hoffen, durch eine Organisation anhand ethnischer Kriterien konkrete Vorteile zu erlangen – ihre Theorien zeigen, wie politische Anreize die Frage bestimmen, wer dazugehört und wer nicht.

Eine letzte Gruppe von Forschern betont die Macht der Rhetorik. Sie konzentrieren sich auf die »Kontruktion« von Identitäten durch das Handeln von Kolonialverwaltungen, durch Regierungsentscheidungen oder den Einfluss der Massenmedien.

Aber diese drei Stränge von Theorien schließen sich längst nicht so sehr aus, wie ihre Vertreter zu glauben scheinen. Alle drei sehen einen wichtigen Aspekt der Realität. Erst wenn wir die Verbindungen zwischen den Merkmalen der Welt betrachten, auf die sie unsere Aufmerksamkeit lenken, können wir verstehen, vor welchen Herausforderungen diverse Demokratien weltweit stehen.

KAPITEL 2
Drei Wege, wie diverse Gesellschaften scheitern

1 Hobbes, Thomas und W. G. Pogson Smith. *Hobbes's Leviathan* (Oxford: Clarendon Press, 1943): Kap. 13.

2 Hobbes, Thomas und W. G. Pogson Smith. *Hobbes's Leviathan* (Oxford: Clarendon Press, 1943): Kap. 13.

3 Hobbes, Thomas und W. G. Pogson Smith. *Hobbes's Leviathan* (Oxford: Clarendon Press, 1943): Kap. 13.

4 Lomas, William. »Conflict, Violence and Conflict Resolution in Hunter-Gatherer Societies«. *Brewminate.* 3. November 2018. https://brewminate.com/conflict-violence-and-conflict-resolution-in-hunting-and-gathering-societies/. Basiert auf Briggs, Jean L. 2000. »Conflict Management in a Modern Inuit Community«. In:

Hunters & Gatherers in the Modern World: Conflict, Resistance, and Self-Determination, hg. von Megan Biesele, Robert K. Hitchcock und Peter P. Schweitzer (New York: Berghahn Books, 2006): 110–124.

5 Martin, Debra L. und Ryan P. Harrod. »Bioarchaeological Contributions to the Study of Violence«. *American Journal of Physical Anthropology* 156 (Februar 2015): 116–145. https://doi.org/10.1002/ajpa.22662.

6 Pinker, Steven. *The Better Angels of our Nature: Why Violence has Declined* (New York: Viking, 2011).

7 Grundlage sind Daten von 2017. Sowohl in Bezug auf die USA, Singapur als auch El Salvador vgl. UNODC. *Global Study on Homicide* (Wien: Vereinte Nationen, 2019): 17. https://www.unodc.org/documents/data-and-analysis/gsh/Booklet2.pdf.

8 Institute for Economics & Peace. *Global Peace Index Measuring Peace in a Complex World* (Sydney: IEP, 2020): 9. https://reliefweb.int/sites/reliefweb.int/files/resources/GPI_2020_web.pdf. Über Venezuela vgl. Finnegan, William. »Venezuela, a Failing State«. *New Yorker.* 6. November 2016. https://www.newyorker.com/magazine/2016/11/14/venezuela-a-failing-state. Zur Zentralafrikanischen Republik vgl. Heumgoup, Hans de Marie. »In Search of the State in the Central African Republic«. *International Crisis Group.* 13. März 2020. https://www.crisisgroup.org/africa/central-africa/central-african-republic/search-state-central-african-republic.

9 Drury, Flora. »Afghan maternity ward attackers ›came to kill the mothers‹«. *BBC News.* 15. Mai 2020. https://www.bbc.com/news/world-asia-52673563. Details über den Anschlag finden sich in verschiedenen Berichten, darunter »Babies among 24 killed as gunmen attack maternity ward in Kabul«. *Aljazeera.* 13. Mai 2020. https://www.aljazeera.com/news/2020/5/13/babies-among-24-killed-as-gunmen-attack-maternity-ward-in-kabul; Hakimi, Orooj, Abdul Qadir Sediqi und Hamid Shalizi. »Maternity ward massacre shakes Afghanistan and its peace process. *Reuters.* 13. Mai 2020. https://www.reuters.com/article/us-afghanistan-attacks-hospital-insight/maternity-ward-massacre-shakes-afghanistan-and-its-peace-process-idUSKBN22P2F5.

10 Gannon, Kathy und Tameen Akhgar. »US blames brutal attack on Afghan maternity hospital on IS«. *AP News.* 15. Mai 2020. https://apnews.com/article/eebcd4af6c821e5530f3795352542f9f.

11 Eine gute journalistische Darstellung findet sich bei Khapalwak, Ruhullah, David Rohde und Bill Marsh. »Tribal custom and power in daily life«. *The New York Times.* 31. Januar 2010. https://archive.nytimes.com/www.nytimes.com/imagepages/2010/01/31/weekinreview/13rohde-grfk-2.html?action=click&module=RelatedCoverage&pgtype=Article®ion=Footer.

12 Vgl. dazu die interessanten neuen Forschungsergebnisse zur Idee eines »politischen Marktplatzes« in Ländern wie Somalia und Teilen Afrikas, zum Beispiel De Waal, Alex. *The real politics of the Horn of Africa: Money, war and the business of power* (New York: John Wiley & Sons, 2015) und De Waal, Alex. »Introduction to the Political Marketplace for Policymakers«. *JSRP Policy Brief* 1 (London: JSRP, 2016).

13 Barfield, Thomas J. *Afghanistan: A Cultural and Political History* (Princeton: Princeton University Press, 2010): 18.

14 Khapalwak, Ruhullah, David Rohde und Bill Marsh. »Tribal custom and power in daily life«. *The New York Times.* 31. Januar 2010.

15 Vgl. z. B. Special Inspector General for Afghanistan Reconstruction. *Support for Gender Equality: Lessons from the US Experience in Afghanistan* (Arlington, VA: Government Printing Office, 2021).

16 Shalizi, Hamid. »Who is an Afghan? Row over ID cards fuels ethnic tension«. *Reuters.* 8. Februar 2018. https://www.reuters.com/article/uk-afghanistan-politics-idUKKBN1FS1WH.

17 »Afghanistan – Education«. *UNICEF.* https://www.unicef.org/afghanistan/education. Zugriff 25. September 2021.

18 Labib, Abdul Majeed. »The Islamic Republic of Afghanistan: Updating and Improving the Social Protection Index«. *Asia Development Bank.* August 2012. https://www.adb.org/sites/default/files/project-document/76049/44152–012-reg-tacr-01.pdf.

19 »Coronavirus pushing millions into poverty: SIGAR«. *Aljazeera.* 31. Juli 2020. https://www.aljazeera.com/economy/2020/7/31/coronavirus-pushing-millions-of-afghans-into-poverty-sigar.

20 »Afghanistan«. *CIA World Factbook.* 21. April 2021. https://www.cia.gov/the-world-factbook/countries/afghanistan.

21 »Interview: ›Literacy Rate in Afghanistan Increased to 43 %‹«. *UNESCO Institute for Lifelong Learning.* 17. März 2020. https://uil.unesco.org/interview-literacy-rate-afghanistan-increased-43-cent#:~:text=Currently%2C%20over%2010%20million%20youth,increased%20to%2043%20per%20cent.

22 »Country Profile: Afghanistan. Key Demographic Indicators. Child Survival data table.« UNICEF. https://data.unicef.org/country/afg/. Zugriff 25. September 2021.

23 »Life Expectancy at Birth – Afghanistan.« *The World Bank.* https://data.worldbank.org/indicator/SP.DYN.LE00.MA.IN?locations=AF. Zugriff 25. September 2021.

24 Rothman, Joshua D. »Anthony Burns and the Resistance to the Fugitive Slave Act«. *We're History: America then for Americans now.* 27. Juli 2018. http://werehistory.org/anthony-burns-and-the-resistance-to-the-fugitive-slave-act/.

25 Stevens, Charles Emery. *Anthony Burns, a History* (Boston: J.P. Jewett and Co, 1856): 154–155. https://docsouth.unc.edu/neh/stevens/stevens.html.

26 Stevens, Charles Emery. *Anthony Burns, a History* (Boston: J.P. Jewett and Co, 1856): 172. https://docsouth.unc.edu/neh/stevens/stevens.html.

27 Stevens, Charles Emery. *Anthony Burns, a History* (Boston: J.P. Jewett and Co, 1856): 172-173. https://docsouth.unc.edu/neh/stevens/stevens.html.

28 Stevens, Charles Emery. *Anthony Burns, a History* (Boston: J.P. Jewett and Co, 1856): 177. https://docsouth.unc.edu/neh/stevens/stevens.html.

29 Rothman, Joshua D. »Anthony Burns and the Resistance to the Fugitive Slave Act«. *We're History: America then for Americans now.* 27. Juli 2018. http://werehistory.org/anthony-burns-and-the-resistance-to-the-fugitive-slave-act/.

30 Stevens, Charles Emery. *Anthony Burns, a History* (Boston: J.P. Jewett and Co, 1856): 16. https://docsouth.unc.edu/neh/stevens/stevens.html.

31 Almestoy, Jeffrey L. »Richard Henry Dana's Second Act«. *Los Angeles Times*. 31. Juli 2015. https://www.latimes.com/opinion/op-ed/la-oe-amnestoy-richard-dana-birthday-20150831-story.html.

32 Rothman, Joshua D. »Anthony Burns and the Resistance to the Fugitive Slave Act«. *We're History: America then for Americans now.* 27. Juli 2018. http://werehistory.org/anthony-burns-and-the-resistance-to-the-fugitive-slave-act/.

33 »Anthony Burns Captured, 1854«. *PBS*. https://www.pbs.org/wgbh/aia/part4/4p2915.html. Zugriff 25. September 2021.

34 Rothman, Joshua D. »Anthony Burns and the Resistance to the Fugitive Slave Act«. *We're History: America then for Americans now.* 27. Juli 2018. http://werehistory.org/anthony-burns-and-the-resistance-to-the-fugitive-slave-act/.

35 Rothman, Joshua D. »Anthony Burns and the Resistance to the Fugitive Slave Act«. *We're History: America then for Americans now.* 27. Juli 2018. http://werehistory.org/anthony-burns-and-the-resistance-to-the-fugitive-slave-act/.

36 »Trans-Atlantic Slave Trade: Estimates: 1501–1866«. *Slave Voyages*. https://www.slavevoyages.org/assessment/estimates. Zugriff 25. September 2021.

37 »On Views of Race and Inequality, Blacks and Whites are Worlds Apart«. *Pew Research Center.* 27. Juni 2016. 18–26. https://www.pewresearch.org/social-trends/2016/06/27/1-demographic-trends-and-economic-well-being/.

38 Zum Thema Bildung vgl. »Australia's Welfare: Indigenous Education and Skills«. *Australian Government. Australian Institute of Health and Welfare.* 11. September 2019. https://www.aihw.gov.au/reports/australias-welfare/indigenous-education-and-skills. Zu Einkommen vgl. »Australia's Welfare: Indigenous income and finance«. *Australian Government. Australian Institute of Health and Welfare.* 11. September 2019. https://www.aihw.gov.au/reports/australias-welfare/indigenous-income-and-finance.

39 Das, Maitreyi Bordia und Soumya Kapoor Mehta. »Poverty and Social Exclusion in India: Dalits«. 2012. *World Bank, Washington, DC.* 2012. https://openknowledge.worldbank.org/handle/10986/26336 Lizenz: CC BY 3.0 IGO.

40 »Reconquista«. *Encyclopædia Britannica.* 19. August 2019. academic-eb-com.proxy1.library.jhu.edu/levels/collegiate/article/Reconquista/ 62907. Zugriff 23.4. 2021.

41 Vgl. »History of Europe: Wars of Religion«. *Encyclopædia Britannica.* 26. Oktober 2020. academic-eb-com.proxy1.library.jhu.edu/levels/collegiate/article/history-of-Europe/106072 und »Peace of Augsburg«. *Encyclopædia Britannica.* 3. Februar 2016. academic-eb-com.proxy1.library.jhu.edu/levels/collegiate/article/Peace-of-Augsburg/11244.

42 Vgl. z. B. Cockburn, Andrew. »Iraq's Oppressed Majority«. *Smithsonian Magazine,* Dezember 2003. Web. https://www.smithsonianmag.com/history/iraqs-oppressed-majority-95250996/, »Rwanda genocide: 100 days of slaughter«. *BBC News.* 4. April

2019. https://www.bbc.com/news/world-africa-26875506, Eventon, Ross, Haklai, Oded. »A Minority Rule Over a Hostile Majority: The Case of Syria«. *Nationalism and Ethnic Conflict* 6, 3 (September 2000): 19-50. https://doi.org/ 10.1080/ 13537110008428602 und »Guatemala's state corruption and the heirs of colonial privilege«. *Aljazeera*. 18. Juli 2019. https://www.aljazeera.com/opinions/2019/7/ 18/guatemalas-state-corruption-and-the- heirs-of-colonial-privilege.

43 Die Dominanz von Minderheiten hat viele Wurzeln. In einigen Kolonien beförderten ausländische Mächte Minderheitengruppen in Machtpositionen, weil sie damit rechneten, dass diese ihnen weniger Widerstand entgegensetzen. Als diese Mächte ihre früheren Kolonien in die Unabhängigkeit entlassen mussten, waren diese Minderheiten in einer starken Position, um die Kontrolle über den Staatsapparat zu übernehmen.

In anderen Ländern liegen die Ursprünge der Minderheitenregierung in religiösen oder kulturellen Traditionen. In Indien beispielsweise haben die oberen Kasten Staat und Wirtschaft lange Zeit beherrscht, obwohl sie viel weniger Menschen vereinen als die niedrigeren Kasten, die auf untergeordnete Arbeit beschränkt waren. Doch da beide Gruppen Glaubensüberzeugungen teilten, die eine religiöse Rechtfertigung für diese Hierarchie lieferten, wurde diese Hierarchie lange Zeit viel stärker unterdrückt, als die extreme Ungleichheit im Land eigentlich erwarten ließe.

Unterschiedliche Raten demografischen Wachstums sind ein weiterer Grund, warum Minderheiten manchmal über Mehrheiten herrschen. Die herrschenden Familien der Vereinigten Arabischen Emirate z. B. besitzen traditionell die gleiche ethnische und religiöse Identität als ihre Untertanen. Doch nachdem das Land in den Jahrzehnten schnellen Wirtschaftswachstums enorm viele Einwanderer angezogen hat, steht heute eine kleine Zahl von Emiratis einer viel größeren Zahl von Nicht-Staatsbürgern aus einer Vielfalt von Kulturen und Ethnien gegenüber. Die Minderheit beherrscht das Land einfach deshalb, weil sie früher die Mehrheit darstellte und ihre Macht nie losgelassen hat.

44 Van den Berghe, Pierre, L. *Race and Racism: A Comparative Perspective* (New York: John Wiley & Sons, 1978).

45 »South Africa – The National Party and Apartheid«. *Encyclopædia Britannica*. https://www.britannica.com/place/South-Africa/The-National-Party-and-apartheid. Zugriff 25. September 2021.

46 Tavernise, Sabrina. »For Sunnis, Dictator's Degrading End Signals Ominous Dawn for the New Iraq«. *The New York Times*. https://www.nytimes.com/2007/ 01/01/ world/middleeast/01sunnis.html. Vgl. auch George Packer: *The Assassins' Gate: America in Iraq* (London: Faber and Faber, 2007).

47 Ruanda ist nur eine weitere tragische Illustration dieses deprimierend weitverbreiteten Musters. Im Jahr 1959 gelang es den Hutu, die lang andauernde Herrschaft der Tutsi-Minderheit infrage zu stellen, indem sie den König aus dem Land vertrieben. Exilierte Tutsi bildeten eine Rebellengruppe, die 1990 in Ruanda einmarschierte. Ein Power-Sharing-Abkommen aus dem Jahr 1993 konnte den Frieden nicht bewahren.

Nachdem 1994 ein Flugzeug abgeschossen wurde, in dem der Hutu-Präsident des Landes saß, stachelten Extremistenführer ihre Gefolgsleute an, sich an Hunderttausenden unschuldigen Tutsi zu rächen. Innerhalb von drei Monaten ermordeten Hutu-Soldaten und Dorfbewohner in ganz Ruanda mindestens 500 000 Tutsi.

48 Hellemans, Staf. »Pillarization (›Verzuiling‹). On Organized ›Self-Contained Worlds‹ in the Modern World«. *The American Sociologist* 51, 2 (Juni 2020): 124-147. https://doi.org/10.1007/s12108- 020- 09449-x.

49 Thompson, Nivek. »Patterns of Democracy with Professor Lijphart«. *Real Democracy Now*. Podcast. Staffel 3, Folge 2.24. September 2017. https://realdemocracynow.com.au/podcast/podcasts/season-3-elections/. Die entsprechende Stelle findet sich bei Minute 2:30.

50 Lijphart versucht diese Frage in seinem Buch *The politics of accommodation: pluralism and democracy in the Netherlands* zu beantworten. Auf S. 70 fragt er: »Was kann uns dieser Fall [Holland] über die Bedingungen einer stabilen und effektiven Demokratie sagen?« Lijphart, Arend. *The Politics of Accommodation: Pluralism and Democracy in the Netherlands* (Berkeley: University of California Press, 1976).

51 Horowitz, Donald L. »Democracies in Divided Societies«. *Journal of Democracy*, 4, 4 (Oktober 1993): 29. Vgl. auch seine Auseinandersetzung mit den Problemen der Demokratie in gespaltenen Gesellschaften in Horowitz, Donald L. *Ethnic groups in conflict* (Berkeley: University of California Press, 2001).

52 Horowitz, Donald L. »Democracies in Divided Societies«. *Journal of Democracy*, 4, 4 (Oktober 1993): 29. In anderen Ländern liegt das Problem etwas anders. Dort könnte die Machtbalance zwischen verschiedenen ethnischen Gruppen ausgeglichener sein. Doch wenn die Gruppen einander sehr feindlich gegenüberstehen, fürchtet jede wahrscheinlich, dass die andere das System an sich reißen könnte, sobald sie dazu in der Lage wäre. Dadurch wird jede Wahl zu einer Existenzfrage.

53 Lijphart, Arend. *The Politics of Accommodation: Pluralism and Democracy in the Netherlands* (Berkeley: University of California Press, 1976): 112-113. Der niederländische Rat bestand aus 45 Mitgliedern, die durch verschiedene sozialistische, katholische und protestantische Gewerkschaften, Arbeitgeberverbände und politische Organisationen sorgfältig ausgewählt wurden. So war die Zusammensetzung des Rats repräsentativ für den Anteil von Sozialisten, Katholiken und Protestanten in der Bevölkerung. Die formellen Entscheidungsbefugnisse des Rats waren zwar beschränkt, doch Ljjphart schreibt, die Beratungstätigkeit sei oft von entscheidender Bedeutung für die nationale Politik gewesen.

54 Lijphart, Arend. *The Politics of Accommodation: Pluralism and Democracy in the Netherlands* (Berkeley: University of California Press, 1976): 112. Abschnitt »The Institutionalization of Accommodation«. Vgl. auch Lijphart, Arend. »Typologies of Democratic Systems«. *Comparative Political Studies* 1, 1 (April 1968): 7–44.

55 Ein Überblick findet sich bei Harb, Imad. *Lebanon's Confessionalism: Problems and Prospects*. United States Institute of Peace (USIP), 30. März 2006. https://www.usip.org/publications/2006/03/lebanons-confessionalism-problems-and-prospects.

56 Lijphart, Arend. »Typologies of Democratic Systems«. *Comparative Political Studies Journal.* vol. 1, no. 1 (April 1968): 7–44. https://doi.org/10.2307/421322.

57 Lijphart, Arend. »Typologies of Democratic Systems«. *Comparative Political Studies Journal* 1, 1 (April 1968): 7–44. https://doi.org/10.2307/421322. Die kanonbildende Aussage der Theorie wurde ein Jahr später, 1969, in einem Artikel für *World Politics* veröffentlicht, unter dem Titel »Consociational Democracy«. (Lijphart, Arend. »Consociational Democracy«. World Politics 21, 2 (Januar 1969): 207–225. https://www.jstor.org/stable/i308670.

58 »APSA Presidents and Presidential Addresses: 1903 to Present«. *American Political Science Association.* https://www.apsanet.org/ABOUT/Leadership-Governance/APSA-Presidents-1903-to-Present. Zugriff 25. September 2021.

59 Lijphart, Arend. *Democracy in Plural Societies: A Comparative Exploration* (New Haven, CT: Yale University Press, 1977).

60 »Lebanon: History: Lebanon after independence: Civil War«. *Encyclopædia Britannica.* 5. Oktober 2020. academic-eb-com.proxy1.library.jhu.edu/levels/collegiate/article/Lebanon/108463. Zugriff 24. September 2021.

61 Es war wohl von vornherein etwas absurd zu glauben, dass Institutionen, die in den Niederlanden funktionieren, ebenso positive Ergebnisse in einem Land wie dem Libanon bringen könnten.

Die Niederlande haben eine lange Geschichte religiöser Toleranz, die auf das 17. Jahrhundert zurückgeht. Die Haupt»pfeiler« ihrer Gesellschaft gehörten zu unterschiedlichen Konfessionen derselben Religion. Auf die eine oder andere Art sind die Niederlande seit vielen Jahrhunderten eine souveräne Nation. In den Sechzigern, als Lijphart seine Theorie entwickelte, säkularisierte sich das Land sehr schnell. Es war Teil der Europäischen Gemeinschaft, wie es damals hieß, geworden, einer mächtigen supranationalen Organisation, die mit dafür sorgte, dass die Rechte religiöser und ethnischer Minderheiten geschützt wurden. Und es grenzte nach allen Seiten an friedliche, wohlhabende Nachbarländer an.

Der Libanon dagegen hat immer wieder ethnische Konflikte erlebt. Die Bevölkerung war zwischen verschiedenen Religionen aufgespalten, die einander seit langer Zeit feindlich gegenüberstanden. Die Grenzen waren weitgehend künstlich gezogen; einige größere Gruppen im Land hatten enge Verbündete in den Nachbarländern. Außerdem liegt der Libanon in einer sehr unruhigen Region. Seit seiner Gründung war er immer wieder in Kriege mit ein oder zwei unmittelbaren Nachbarländern verwickelt.

Viele andere Länder, in denen Politologen versuchten, derartige Systeme zu etablieren, stießen auf ähnliche Hindernisse. Verglichen mit den Niederlanden, waren sie ärmer, stärker gespalten und lagen in deutlich weniger günstiger Umgebung. Rückblickend kann man wohl sagen, dass es Hybris war, zu glauben, irgendein System cleverer institutioneller Mechanismen – seien es Konsenssysteme wie in Belgien oder der Schweiz oder stärker mehrheitsbasierte wie in Australien und Großbritannien – hätte die Probleme lösen können, denen Länder wie der Libanon gegenüberstehen.

62 Details über die Hochzeit wie auch den breiteren Kontext interreligiöser Ehen im Libanon finden sich bei Chulov, Martin. »Society couple said ›I do‹ – but Lebanon won't accept that they are married«. *The Guardian*. 25. August 2019. https://www.theguardian.com/world/2019/aug/25/lebandon-high-society-wedding-tests-civil-freedom.

63 »Interfaith marriages still a rarity in the Muslim world«. *DW*. 11. September 2019. https://www.dw.com/en/interfaith-marriages-still-a-rarity-in-the-muslim-world/a-50391076.

64 Chulov, Martin. »Society couple said ›I do‹ – but Lebanon won't accept that they are married«. *The Guardian*. 25. August 2019. https://www.theguardian.com/world/2019/aug/25/lebandon-high-society-wedding-tests-civil-freedom.

65 Chulov, Martin. »Society couple said ›I do‹ – but Lebanon won't accept that they are married«. *The Guardian*. 25. August 2019. https://www.theguardian.com/world/2019/aug/25/lebandon-high-society-wedding-tests-civil-freedom.

66 Geagea, Nayla und Lama Fakih. »Unequal and Unprotected: Women's Rights under Lebanese Personal Status Laws«. *Human Rights Watch*. 19. Januar 2015. https://www.hrw.org/report/2015/01/19/unequal-and-unprotected/womens-rights-under-lebanese-personal-status-laws#:~:text=Sunni%20and%20Shia%20laws%20in,divorce%20without%20her%20husband's%20consent.

67 Fordham, Alice. »A Wedding And A Challenge: Lebanese Couples Fight For Civil Marriage«. *NPR: All Things Considered*. 22. Mai 2015. https://www.npr.org/sections/parallels/2015/05/22/407769876/a-wedding-and-a-challenge-lebanese-couples-fight-for-civil-marriage.

Wie der Libanon hat auch Indien verschiedene Gesetze für einige religiöse Schlüsselgruppen, darunter Hindus, Muslime, Christen and Parsen. Damit die religiösen Autoritäten nicht zu viel Macht bekommen, durchlaufen diese Regelungen in Indien denselben Gesetzgebungsprozess wie alle anderen: Sie brauchen eine Mehrheit im Parlament. Doch daraus ergibt sich ein ganz eigenes Legitimitätsproblem, denn es bedeutet, dass z. B. die Repräsentanten von Hunderten Millionen Hindus und Muslimen mit dem »Parsi Marriage and Divorce Act« befasst sind, einem Gesetz, das das Privatleben der gerade noch 60 000 Zoroastrier im Land bestimmt.

68 Ein Ansatz dazu sind sogenannte Hundertfüßler-Institutionen. Ihr genauer Charakter beruht zwar auf lokalen Gegebenheiten, doch im Prinzip sorgen sie dafür, dass Politiker und politische Akteure über traditionelle gesellschaftliche Brüche hinausdenken. In zutiefst und auch geografisch gespaltenen Ländern führen sie dazu, dass die Vertretung im Nationalparlament auch auf der Fähigkeit von Parteien beruht, in allen Teilen des Landes Zuspruch zu finden. Eine Erklärung und kritische Würdigung findet sich bei Horowitz, Donald L. »Ethnic power sharing: Three big problems«. *Journal of democracy* 25, 2 (April 2014): 5-20. https://muse.jhu.edu/article/542442.

69 Lijphart, Arend. »Typologies of Democratic Systems«. *Comparative Political Studies Journal* 1, 1 (April 1968): 7–44, vor allem 25 f.

70 Zu Deutschland vgl. Palmer, Edith. »Citizenship Pathways and Border Protection: Germany«. *Library of Congress*. 30. Dezember 2020. https://www.loc.gov/law/help/citizenship-pathways/germany.php#:~:text=The%20path%20to%20citizenship%20is,five%20years%20of%20temporary%20status. Zu Uruguay und anderen lateinamerikanischen Ländern vgl. Del Real, Deisy. »Migrant Legalization and Rights: Ideas and Strategies from South America«. *University of Sourthern California, Dornsife School: Equity Research Institute*. 6. April 2021. https://dornsife.usc.edu/eri/blog-migrant-legalization-rights-ideas-strategies/ und Acosta, Diego. »Free Movement in South America: The Emergence of an Alternative Model?« *Migration Policy Institute*, 23. August 2016, https://www.migrationpolicy.org/article/free-movement-south-america-emergence-alternative-model. Zu Japan vgl. Milly, Deborah J. »Japan's Labor Migration Reforms: Breaking with the Past?« *Migration Policy Institute*, 20. Februar 2020. https://www.migrationpolicy.org/article/japan-labor-migration-reforms-breaking-past.

71 »Civil Rights Act; 2. Juli 1964«. *Yale Law School, Lillian Goldman Law Library, The Avalon Project: Documents in Law, History and Diplomacy*. https://avalon.law.yale.edu/20th_century/civil_rights_1964.asp.

72 Zu Nordamerika, vgl. z.B. Wetts, R. und R. Willer. »Privilege on the precipice: Perceived racial status threats lead white Americans to oppose welfare programs«. *Social Forces* 97, 2 (Dezember 2018): 793–822, https:// doi.org/10.1093/sf/soy046. Zu Europa vgl. Larsen, Christian Albrekt. »Ethnic heterogeneity and public support for welfare: Is the American experience replicated in Britain, Sweden and Denmark?« *Scandinavian Studies* 34, 4 (Oktober 2011): 332–53. http://dx.doi.org/10.1111/j.1467-9477.2011.00276.x. Spies, Dennis C. und Alexander W. Schmidt-Catran. »Immigration and welfare support in Germany: Methodological reevaluations and substantive conclusions«. *American Sociological Review* 84 (Juli 2019): 764–68. http://dx.doi.org/10.1177/0003122419858729 und Eger, Maureen A. »Even in Sweden: The effect of immigration on Support for Welfare State Spending«. *European Sociological Review* 26, 2 (April 2010): 203–217. http://dx.doi.org/10.1093/esr/jcp017. Teile der Linken haben diese Aussagen lautstark abgelehnt, z.T. wohl aus der Angst, sie könnten als Rechtfertigung für eine restriktive Einwanderungspolitik dienen. Doch interessanterweise ist eine strukturell ähnliche These in einem eher amerikanischen Kontext gerade auf der Linken sehr populär: Die Idee, dass sich weiße amerikanische Wähler gegen großzügige Sozialleistungen wandten, sobald sie sie mit Afroamerikanern teilen mussten. Vgl. z.B. McGhee, Heather. *The sum of us: What racism costs everyone and how we can prosper together* (New York: One World, 2021) und Wiltse, Jeff. *Contested waters: A social history of swimming pools in America* (Chapel Hill: University of North Carolina Press, 2007).

73 Vgl. z.B. Collard, Rebecca. »How Sectarianism Helped Destroy Lebanon's Economy«. *Foreign Policy*. 13. Dezember 2019. https://foreignpolicy.com/2019/12/13/sectarianism-helped-destroy-lebanon-economy/.

74 Francis, Ellen und Alaa Kanaan. »Protests sweep Lebanon as fury at ruling elite grows over economic corruption«. *Reuters*. 18. Oktober 2019. https://www.reuters.com/article/us-lebanon-economy-protests/protests-sweep-lebanon-as-fury-at-ruling-elite-grows-over-economic-corruption-idUSKBN1WX0Q8.

75 Vg. z. B. DiAngelo, Robin. *White Fragility: Why It's So Hard for White People to Talk about Racism* (Boston: Beacon Press, 2018).

KAPITEL 3
Wie der Frieden gewahrt werden kann

1 Tully, Mark. »Tearing down the Babri Masjid«. *BBC News*. 5. Dezember 2002. http://news.bbc.co.uk/2/hi/south_asia/2528025.stm.

2 Frayer, Lauren. »Nearly 27 Years After Hindu Mob Destroyed A Mosque, The Scars In India Remain Deep«. *NPR News*. 25. April 2019. https://www.npr.org/2019/04/25/711412924/nearly-27-years-after-hindu-mob-destroyed-a-mosque-the-scars-in-india-remain-dee.

3 Bisht, Akash. »Babri mosque demolition case: India's BJP leaders acquitted«. *Aljazeera*. 30. September 2020.

4 Vgl. Jain, Praveen. »Babri mosque: The build-up to a demolition that shook India«. *BBC News*. 5. Dezember 2017 und Bisht, Akash. »Babri mosque demolition case: India's BJP leaders acquitted«. *Aljazeera*. 30. September 2020. Zahlreich anwesend waren ebenfalls Politiker einer anderen verbündeten hinduistischen Partei, der Vishwa Hindu Parishad Party (VHP).

5 Jain, Praveen. »Babri mosque: The build-up to a demolition that shook India«. *BBC News*. 5. Dezember 2017.

6 Vgl. Tully, Mark. »Tearing down the Babri Masjid«. *BBC News*. 5. Dezember 2002. http://news.bbc.co.uk/2/hi/south_asia/2528025.stm; Jain, Praveen. »Babri mosque: The build-up to a demolition that shook India«. *BBC News*. 5. Dezember 2017.

7 »Timeline: Ayodhya holy site crisis«. *BBC News*. 6. Dezember 2012. https://www.bbc.com/news/world-south-asia-11436552.

8 Details über diese grausige Episode finden sich bei Varshney, Ashutosh. »Ethnic Conflict and Civil Society: India and Beyond«. *World Politics* 53 (April 2001): 362–398, vor allem 381 und Crosette, Barbara. »Aligarh Journal; Campus Under Fire: Not Just a Crisis of Identity«. *New York Times*. 10. Januar 1991. https://www.nytimes.com/1991/01/10/world/aligarh-journal-campus-under-fire-not-just-a-crisis-of-identity.html.

9 Hazarika, Sanjoy. »Muslim-Hindu Riots in India Leave 93 Dead in 3 Days«. *New York Times*. 10. Dezember 1990. https://www.nytimes.com/1990/12/10/world/muslim-hindu-riots-in-india-leave-93-dead-in-3-days.html.

10 Als Beispiel für den Gebrauch des Begriffes vgl. Yamunan, Sruthisagar und Ipsita Chakravarty. »Divided City: How Violence Occurred on Frontiers between Hindu and Muslim Neighbourhoods in Delhi«. *Scroll.In*. 28. Februar 2020. https://scroll.

in/article/954560/divided-city-how-delhi-violence-occurred-on-frontiers-between-hindu-and-muslim-neighbourhoods.

11 Varshney, Ashutosh. »Ethnic Conflict and Civil Society: India and Beyond«. *World Politics* 53 (April 2001): 362–398.

12 Varshney, Ashutosh. »Ethnic Conflict and Civil Society: India and Beyond«. *World Politics* 53 (April 2001): 362–398 (v. a. 373).

13 Varshney, Ashutosh. »Ethnic Conflict and Civil Society: India and Beyond«. *World Politics* 53 (April 2001): 362–398 (v. a. 380).

14 Varshney, Ashutosh. »Ethnic Conflict and Civil Society: India and Beyond«. *World Politics* 53 (April 2001): 362–398 (v. a. 381 f.).

15 Varshney, Ashutosh. »Ethnic Conflict and Civil Society: India and Beyond«. *World Politics* 53 (April 2001): 362–398 (v. a. 380).

16 Varshney, Ashutosh. »Ethnic Conflict and Civil Society: India and Beyond«. *World Politics* 53 (April 2001): 362–398 (v. a. 380).

17 »Gordon Allport«. *Encyclopædia Britannica.* 12. März 2005. https://academic-eb-com.proxy1.library.jhu.edu/levels/collegiate/article/Gordon-Allport/5833/history. Zugriff 25. September 2021.

18 Adams, Samuel Hopkins. *The Great American Fraud: Articles on the Nostrum Evil and Quackery* (Chicago: American Medical Association, 1912): 118. Zugriff über https://archive.org/details/greatamericanfra00 adamuoft/page/118/mode/2up.

19 »Gordon Allport of Harvard Dies: ›Maverick‹ Psychologist, 69, Outspoken on Prejudice«. *The New York Times.* 10. Oktober 1967. https://timesmachine.nytimes.com/timesmachine/1967/10/10/83635986.pdf?pdf_redirect=true&ip=0.

20 Allport, G. W. *The Nature of Prejudice* (Boston: Addison-Wesley, 1954): xiii.

21 Pettigrew, Thomas F. »Intergroup Contact Theory«. *Annual Review of Psychology*, 49 (1998): 65–85.

22 Allport, G. W. *The Nature of Prejudice* (Boston: Addison-Wesley, 1954): 267.

23 Allport, G. W. *The Nature of Prejudice* (Boston: Addison-Wesley, 1954): 277.

24 Allport, G. W. *The Nature of Prejudice* (Boston: Addison-Wesley, 1954): 271.

25 Ein neuerer Überblick findet sich z. B. bei Vezzali, Loris und Sofia Stathi (Hg.). *Intergroup Contact Theory: Recent Developments and Future Directions* (London: Routledge, 2016).

26 Allport, G. W. *The Nature of Prejudice* (Boston: Addison-Wesley, 1954): 274.

27 Thomas F. Pettigrew, Professor an der University of California in Santa Cruz, schreibt dazu in einer einflussreichen Metaanalyse Hunderter Studien im Jahr 1998: Allports Bedingungen »erfahren weiterhin Unterstützung über eine große Vielfalt von Situationen, Gruppen und Gesellschaften hinweg«. (Pettigrew, Thomas F. »Intergroup Contact Theory«. *Annual Review of Psychology* 49 (1998): 65–85, v. a. 68.) Die Zusammenfassung der Bedingungen von gruppenübergreifenden Kontakten in den folgenden Abschnitten basiert auf Pettigrew.

28 Darauf gründet sich die wichtige Idee der »jigsaw pedagogy« von Elliot Aronson. Vgl. Aronson, Elliot. *The jigsaw classroom* (Beverley Hills: Sage, 1978).

29 Pettigrew, Thomas F. »Intergroup Contact Theory«. *Annual Review of Psychology*, 49 (1998): 65–85.

30 Allport, G. W. *The Nature of Prejudice* (Boston: Addison-Wesley, 1954): 281.

31 Die klassische Arbeit über Sozialkapital ist Putnam, Robert D. *Making Democracy Work: Civic Traditions in Modern Italy* (Princeton: Princeton University Press, 2006). Vgl. auch später: Putnam, Robert D. *Bowling Alone: the Collapse and Revival of American Community* (New York: Simon & Schuster, 2000).

32 Zur Unterscheidung zwischen »bonding« and »bridging« von Sozialkapital vgl. Putnam, Robert D. »E pluribus unum: Diversity and community in the twenty-first century: the 2006 Johan Skytte Prize Lecture«. *Scandinavian political studies* 30, 2 (2007): 137–174. Vgl. auch Putnam, Robert D. *Bowling Alone: the Collapse and Revival of American Community* (New York: Simon & Schuster, 2000): 22.

33 Varshney, Ashutosh. »Ethnic Conflict and Civil Society: India and Beyond«. *World Politics* 53 (April 2001): 362–398.

34 Varshney, Ashutosh. »Ethnic Conflict and Civil Society: India and Beyond«. *World Politics* 53 (April 2001): 383.

35 Varshney, Ashutosh. *Ethnic Conflict and Civic Life: Hindus and Muslims in India* (New Haven: Yale University Press, 2002): 381.

36 Varshney, Ashutosh. *Ethnic Conflict and Civic Life: Hindus and Muslims in India* (New Haven: Yale University Press, 2002): 384 f.

37 Varshney, Ashutosh. *Ethnic Conflict and Civic Life: Hindus and Muslims in India* (New Haven: Yale University Press, 2002): 384.

38 Varshney, Ashutosh. *Ethnic Conflict and Civic Life: Hindus and Muslims in India* (New Haven: Yale University Press, 2002): 384.

39 Varshney, Ashutosh. *Ethnic Conflict and Civic Life: Hindus and Muslims in India* (New Haven: Yale University Press, 2002): 388.

40 Elizabeth Anderson schreibt in ihrer Erklärung dazu, warum es Sinn ergibt, sich in Bezug auf Themen wie Integration und Segregation auf die – philosophisch gesprochen – »nicht-ideale Theorie« zu stützen: »Wir müssen unsere Prinzipien den menschlichen Fähigkeiten in Bezug auf Motivation und Kognition anpassen … Gerechte Institutionen müssen so konstruiert sein, dass sie unsere Defizite auf diesen Gebieten blockieren, umgehen oder löschen, unsere eher unmoralischen Motive für moralische Ziele nutzbar machen und die Grenzen der Einzelnen ausgleichen, indem sie Wissen und Willen zusammenführen. Um solche Konstruktionen zustande zu bringen, müssen wir unsere Neigungen analysieren, sie daraufhin abklopfen, wie sie Menschen dazu bringen, andere schlecht zu behandeln, und Möglichkeiten von Institutionen ausloten, sie zu einem besseren Verhalten umzulenken.« Anderson, Elizabeth. *The imperative of integration* (Princeton: Princeton University Press, 2010): 3 f.

KAPITEL 4
Welche Rolle soll der Staat spielen?

1 MacIntyre, Alasdair. *After Virtue: a Study In Moral Theory* (South Bend: University of Notre Dame Press, 1984): 33 f. Patrick Deneen verurteilt den Liberalismus noch schärfer. In *Why Liberalism Failed*, argumentiert er, einige zentrale Probleme der modernen Welt seien direkt auf die Schwächen dieser Ideologie zurückzuführen. Da der Liberalismus die persönliche Autonomie überbetone, garantiere er Bürgerrechte und Freiheiten, die den Interessen des Kollektivs schadeten. Er sei verfault bis ins Mark, schließt er, und solle aufgegeben werden. Vgl. Deneen, Patrick J. *Why Liberalism Failed* (New Haven: Yale University Press, 2018).

2 In letzter Zeit haben geistreichere Denker einen »raffinierteren« Weg entwickelt, der Mehrheitsposition zum Erfolg zu verhelfen. Seltsamerweise sind auch Autoren aus Communities darunter, die wahrscheinlich in ihrem Land keine Mehrheit erlangen werden. So vertritt z. B. von Adrian Vermeule, Professor an der Harvard Law School, die Ansicht, nichtliberale Akteure sollten sich strategische Positionen innerhalb liberaler Institutionen sichern und danach streben, den Liberalismus des Staates von innen her auszulöschen. (Vermeule, Adrian. »Integration from Within«. *American Affairs* 2, 1 (Frühjahr 2018). https://americanaffairsjournal.org/2018/02/integration-from-within/. Sohrab Ahmari, »opinion editor« der *New York Post*, argumentiert, Konservative sollten darauf abzielen, einen öffentlichen Raum zu schaffen, der dem »Gemeinwohl und letztlich dem höchsten Wohl diene«. (Ahmari, Sohrab. »Against David French-ism«. *First Things*. 29. Mai 2019. https://www.firstthings.com/web-exclusives/2019/05/against-david-french-ism).

3 Kukathas, Chandran. »Cultural Toleration«. *Nomos* 39 (1997): 69–104, hier 94.

4 Orban, Andre. »An S7 flight with Alexey Navalny onboard diverted after suspected poisoning of Russian opposition leader«. *Aviation24.be*. 20. August 2020. https://www.aviation24.be/airlines/s7-airlines/an-s7-flight-with-alexey-navalny-onboard-diverted-after-suspected-poisoning-of-russian-opposition-leader/.

5 BBC Russian. »Alexei Navalny: Two hours that saved Russian opposition leader's life«. *BBC News*. 4. September 2020. https://www.bbc.com/news/world-europe-54012278.

6 BBC Russian. »Alexei Navalny: Two hours that saved Russian opposition leader's life«. *BBC News*. 4. September 2020. https://www.bbc.com/news/world-europe-54012278.

7 Zverev, Anton und Gleb Stolyarov. »Exclusive: Russian paramedics' accounts challenge Moscow's explanation for Navalny's coma – sources«. *Reuters*. 14. September 2020. https://www.reuters.com/article/us-russia-politics-navalny-health-exclus/exclusive-russian-paramedics-accounts-challenge-moscows-explanation-for-navalnys-coma-sources-idUSKBN265298.

8 »Doctor Who Treated Navalny and Denied Novichok Poisoning Promoted to Regional Health Minister«. *The Moscow Times*. 7. November 2020. https://www.the-

moscowtimes.com/2020/11/07/omsk-doctor-who-treated-navalny-and-denied-novichok-poisoning-promoted-to-regional-health-minister-a71980.

9 Harding, Luke und Andrew Roth. »A cup of tea, then screams of agony: how Alexei Navalny was left fighting for his life«. *The Guardian*. 20. August 2020. https://www.theguardian.com/world/2020/aug/20/a-cup-of-tea-then-screams-of- agony-how-alexei-navalny-was-left-fighting-for-his-life.

10 »Alexei Navalny: Russian doctors agree to let Putin critic go to Germany«. *BBC News*. 21. August 2020. https://www.bbc.com/news/world-europe-53865811.

11 »Statement by Charité: Clinical findings indicate Alexei Navalny was poisoned«. *Charité: Universitätsmedizin Berlin,* 24. August 2020. https://www.charite.de/en/service/press_reports/artikel/detail/statement_by_charite_clinical_findings_indi cate_alexei_navalny_was_poisoned/.

12 Troianovski, Anton. »Aleksei Navalny Says He'll Return to Russia on Sunday«. *The New York Times*. 13. Januar 2021. https://www.nytimes.com/2021/01/13/world/europe/aleksei-navalny-russia-return.html.

13 Associated Press. »Poisoned Kremlin critic Alexei Navalny detained after landing in Moscow«. *Los Angeles Times*. 17. Januar 2021. https://www.latimes.com/world-nation/story/2021–01–17/navalny-plans-to-return-to-russia-after-recovery-in-germany.

14 Troianovski, Anton und Ivan Nechepurenko. »Navalny Arrested on Return to Moscow in Battle of Wills With Putin«. *The New York Times*. 17. Januar 2021. https://www.nytimes.com/2021/01/17/world/europe/navalny-russia-return.html.

15 Troianovski, Anton und Ivan Nechepurenko. »Navalny Arrested on Return to Moscow in Battle of Wills With Putin«. *The New York Times*. 17. Januar 2021. https://www.nytimes.com/2021/01/17/world/europe/navalny-russia-return.html.

16 Troianovski, Anton. »Russian Activist Navalny Sentenced to More Than 2 Years in Prison«. *The New York Times*. 2. Februar 2021. https://www.nytimes.com/2021/02/02/world/europe/russia-navalny-putin.html.

17 Troianovski, Anton. »Russian Activist Navalny Sentenced to More Than 2 Years in Prison«. *The New York Times*. 2. Februar 2021. https://www.nytimes.com/2021/02/02/world/europe/russia-navalny-putin.html.

18 Editorial Board. »Opinion: Navalny's fiery indictment of the ›small man in a bunker‹ could rattle Putin's autocracy«. *The Washington Post*. 2. Februar 2021. https://www.washingtonpost.com/opinions/global-opinions/navalnys-fiery-indictment-of-the-small-man-in-a-bunker-could-rattle-putins-autocracy/2021/02/02/2a79140e-657e-11eb-8468–21bc48f07fe5_story.html.

19 Editorial Board. »Opinion: Vladimir the Poisoner of Underpants«. *The New York Times*. 4. Februar 2021. https://www.nytimes.com/2021/02/03/opinion/navalny-putin-speech.html.

20 »North Korea: Systematic Repression«. *Human Rights Watch*. 14. Januar 2020. https://www.hrw.org/news/2020/01/14/north-korea-systematic-repression.

21 »Report of the Commission of Inquiry on Human Rights in the Democratic Peop-

le's Republic of Korea«. *United Nations Human Rights Council. UN Document Number A/HRC/25/CRP.1:* 62. https://www.ohchr.org/EN/HRBodies/HRC/CoIDPRK/Pages/ReportoftheCommissionofInquiryDPRK.aspx.

22 Einige Beispiele von Todesstrafen oder anderen harten Strafen für triviale Vergehen finden sich bei Greenwood, Faine. »North Korean military officer executed – by mortar round – for drinking during mourning period for Kim Jong Il«. *PRI: The World.* 25. Oktober 2012. https://www.pri.org/stories/2012-10-25/north-korean-military-officer-executed-mortar-round-drinking-during-mourning; Salam, Maya und Matthew Haag. »Atrocities Under Kim Jong-un: Indoctrination, Prison Gulags, Executions«. *The New York Times.* 11. Juni 2018. https://www.nytimes.com/2018/06/11/world/asia/north-korea-human-rights.html.

23 Zu Nicaragua, vgl. z. B. Price, Ned. »Nicaragua's Foreign Agents Law Drives Nicaragua Toward Dictatorship, Silencing Independent Voices«. *United States Department of State:* Pressemitteilung. 8. Februar 2021. https://www.state.gov/nicaraguas-foreign-agents-law-drives-nicaragua-toward-dictatorship-silencing-independent-voices/.

Zur Türkei vgl. z. B. Tisdall, Simon. »Recep Tayyip Erdoğan: a dictator in all but name seeks complete control«. *The Guardian.* 19. April 2018. https://www.theguardian.com/world/2018/apr/19/recep-tayyip-erdogan-turkey-president-election-dictator-seeks-total-control. Zu Zimbabwe vgl. z. B. Mutsaka, Farai. »Zimbabwe continues arrests of critics, says opposition party«. *The Washington Post.* 3. August 2020. https://www.washingtonpost.com/world/africa/zimbabwe-continues-arrests-of-critics-says-opposition-party/2020/08/03/1434e6ba-d586-11ea-a788-2ce86ce81129_story.html.

24 Der philippinische Präsident Rodrigo Duterte fordert z. B. das Recht, Drogenhändler standrechtlich zu erschießen. Es überrascht wenig, dass seine Schergen nur allzu oft Unschuldige töten. Vgl. Johnson, Howard und Christopher Giles. »Philippines drug war: Do we know how many have died?« *BBC News.* 12. November 2019. https://www.bbc.com/news/world-asia-50236481.

25 Diamond, Larry. »Facing up to the Democratic Recession«. *Journal Of Democracy* 26, 1 (Januar 2015): 141–155.

26 Diese Schläge markierten das fünfzehnte Jahr in Folge, in dem weltweit Freiheitsrechte abgebaut wurden. Die betroffenen Länder waren zahlreicher als jene mit Verbesserungen, und der Abstand war so groß wie noch nie, seitdem der negative Trend 2006 begann. Der lange Abbauprozess demokratischer Rechte vertieft sich. (Repucci, Sarah und Amy Slipowitz. »Freedom in the World 2021: Democracy under Siege«. *Freedom House Annual Freedom in the World Report.* https://freedomhouse.org/report/freedom-world/2021/democracy-under-siege).

27 »New Report: The global decline in democracy has accelerated«. *Freedom House: Press Release.* 3. März 2021. https://freedomhouse.org/article/new-report-global-decline-democracy-has-accelerated.

28 Zu den Mängeln des »consolidation paradigm« und der Möglichkeit demokrati-

scher Dekonsolidierung in entwickelten Ländern vgl. Foa, Roberto Stefan und Yascha Mounk. »The Signs of Deconsolidation«. *Journal of Democracy* 28, 1 (Januar 2017): 5–15. Johns Hopkins University Press/Project MUSE.

29 In einigen Fällen kann diese Form staatlich tolerierter Verfolgung sogar von einer fanatischen Minderheit begangen werden, die von offizieller Seite unterstützt wird.

30 Zu den Details vgl. Jain, Shruti. »Bikaner: Hindu Woman's Family Kill Muslim Man Ahead of Her ›Arranged‹ Marriage«. *The Wire.* 3. Mai 2018. https://thewire.in/communalism/in-rajasthans-bikaner-man-killed-over-inter-faith-relationship. Singh, Harsha Kumari. »Bikaner Man, Killed By Girlfriend's Family, Was Also Run Over«. *NDTV.* 5. Mai 2018. https://www.ndtv.com/india-news/bikaner-man-killed-by-girlfriends-family-was-also-run-over-by-car-1847509. Zur langen Tradition einer Ablehnung von interreligiösen Heiraten vgl. auch Vikram Seths Roman *Eine gute Partie* (Hamburg: Hoffmann und Campe, 1995) Darin bestraft eine Gemeinschaft einen jungen Mann, weil er sich in eine Frau verliebt, die nicht zur selben Gruppe gehört wie er. Das ist leider keine Ausnahme, sondern sowohl in Indien als auch in vielen anderen Ländern weltweit die traurige Regel. Erst vor relativ kurzer Zeit wurde der Fall von Ankit Saxena bekannt, einem 23-jährigen Hindu, der sich in eine junge Muslima namens Shehzadi verliebt hatte. Als ihre Familie erfuhr, dass sie seinen Heiratsantrag angenommen hatte, ohne die Eltern um Erlaubnis zu fragen, inszenierte die Familie einen Verkehrsunfall, um sich zu rächen. Am frühen Abend des 1. Februar 2018 lenkte Shehzadis Mutter absichtlich einen Motorroller in Ankits Wagen. Als er unverletzt ausstieg, stürzte sich die ganze Familie auf ihn, und der Vater seiner Verlobten schnitt ihm die Kehle durch. (Vgl. Sunny, Shiv. »Eyewitnesses recount Delhi street horror, say girl's family feigned road rage to stab Ankit to death«. *Hindustan Times: New Delhi News.* 5. Februar 2018. https://www.hindustantimes.com/delhi-news/girl-s-mother-feigned-road-rage-to-draw-ankit-out-of-car-eyewitnesses/story-Fj1W2VBCvc3V4nTe4SGNhM.html; Bhandari, Hemani. »Over a year after Ankit Saxena's death, Shehzadi talks about her transformation to a woman in charge of her life«. *The Hindu.* 9. Juni 2019. https://www.thehindu.com/news/cities/Delhi/ankit-saxena-murder-shehzadi-opens-up/article277 00098.ece).

31 Acemoglu, Daron und James A. Robinson. *Gleichgewicht der Macht: Der ewige Kampf zwischen Staat und Gesellschaft* (Frankfurt: S. Fischer, 2019).

32 Hobbes, Thomas und W. G. Pogson Smith. *Hobbes's Leviathan* (Oxford: Clarendon Press, 1943): Kap. 13.

33 Acemoglu, Daron und James A. Robinson. *Gleichgewicht der Macht: Der ewige Kampf zwischen Staat und Gesellschaft* (Frankfurt: S. Fischer, 2019).

34 Topeka, Kansas, ist der Stammsitz der Westboro Baptist Church. Vgl. auch Larissa MacFarquhar, Larissa. »When One Parent Leaves A Hasidic Community, What Happens to the Kids?« *New Yorker.* https://www.newyorker.com/magazine/2020/12/07/when-one-parent-leaves-a-hasidic-community-what-happens-to-the-kids; Orange, Richard und Alexandra Topping. »FGM specialist calls for gynecological

checks for all girls in Sweden«. *The Guardian.* 27. Juni 2014. https://www.theguardian.com/society/2014/jun/27/female-genital-mutilation-fgm-specialist-sweden-gynaecological-checks-children; Musharbash, Yassin: »Man lebte in Kreuzberg, aber wohl nicht in Deutschland«. *Der Spiegel,* 4. April 2006. https://www.spiegel.de/panorama/justiz/ehrenmord-prozess-man-lebte-in-kreuzberg-aber-wohl-nicht-in-deutschland- a-411283.html.

35 Ahistrom, Sydney. »Lord Acton's Famous Remark«. *The New York Times.* 13. März 1974. https://www.nytimes.com/1974/03/13/archives/lord-actons-famous-remark.html.

36 Locke, John. *Locke: Two Treatises on Government* (Cambridge: Cambridge University Press, 1967).

37 Die einzige sichtbare Ausnahme in den USA ist der Supreme Court, dessen Mitglieder auf Lebenszeit ernannt werden und der heute einen enormen Einfluss auf das politische Leben des Landes ausübt.

38 Mugabe verlor sein Amt endgültig im November 2017 im Alter von 93 Jahren, etwa 37 Jahre nachdem er zum ersten Mal Premierminister geworden war. Vgl. z. B. Cowell, Alan: »Robert Mugabe, Zimbabwe's ›Founding Father‹ and Tyrant, Dies«. *New York Times.* 7. September 2019. https://www.nytimes.com/ 2019/09/06/obituaries/robert-mugabe-dead.html.

39 Einige Philosophen sprechen in diesem Zusammenhang von der Verpflichtung des Staates zur Neutralität – eine Diskussion und eingeschränkte Kritik dieser Theorie findet sich z. B. bei Brettschneider, Corey. »Value Democracy as The Basis For Viewpoint Neutrality: A Theory Of Free Speech And Its Implications For The State Speech And Limited Public Forum Doctrines«. *Northwestern University Law Review* 107, 2 (2013): 603–645 oder aber zum »Respekt vor der moralischen Autonomie seiner Bürger«. Vgl. z. B. Raz, Joseph. *The Morality of Freedom* (Oxford: Oxford University Press, 2000) und Mills, Chris. »How should Liberal Perfectionists Justify the State?« *Moral Philosophy and Politics* 4, 1 (2017): 43–65. Andere sprechen von »the priority of the right over the good«. Vgl. z. B. Rawls, John. *A Theory of Justice* (Oxford: Clarendon Press, 1971) und spätere Neuformulierungen in Rawls, John. *Political Liberalism* (New York: Columbia University Press, 1993) und Rawls, John. »The Priority of Right and Ideas of the Good«. *Philosophy and Public Affairs* 17, 4 (Herbst 1988): 251–276. Doch auch wenn diese Formulierungen auf wichtige Unterschiede im Schwerpunkt hindeuten, bleibt der Ansatz derselbe: Diverse Demokratien, so die Tendenz, sollten anerkennen, dass es wichtige Aspekte des Lebens gebe – Fragen des Glaubens und der Moral, des Gewissens und der Überzeugungen –, bei denen der Staat seinen Bürgern Entscheidungsfreiheit einräumen müsse.

40 Wie der britisch-ghanaische Philosoph Anthony Kwame Appiah betont, könnten kommunitaristische Gesellschaften Schwierigkeiten damit haben, die Rechte vergleichsweise neuer Vereinigungen anzuerkennen. Ob eine Gruppe mit großem Respekt behandelt werde oder ob man anderen Gruppen die Möglichkeit gebe, sie

in irgendeiner Weise zu dominieren, hängt möglicherweise letztlich davon ab, ob eine staatliche Instanz dieser Gruppe die notwendigen Merkmale zuspricht. Appiah diskutiert dies im Zusammenhang mit der Frage, welche sozialen Praktiken Kommunitaristen zulassen sollten, wenn andere anerkannte Gruppen betroffen sind: »How, in short, are we to establish the boundaries of the group deserving deference? One imagines a vast brigade of state-employed ethnographers, tasked with certifying this or that practice as legitimized by this or that social group«. Appiah, Kwame Anthony. *The Ethics of Identity* (Princeton: Princeton University Press, 2010): 76.

41 Schlimmer noch: Demokratien, die sich als »Vereinigung von Vereinigungen« begreifen, würden auch die Fähigkeit ihrer Bürger einschränken, gruppenübergreifende Kontakte zu knüpfen. In einem Staat, der sich auf ethnische oder religiöse Gruppen gründet, die eifersüchtig ihr Recht bewachen, das Leben »ihrer eigenen« Leute zu bestimmen, bedroht jede Person, die nicht in eine vordefinierte Kategorie passt, das gesamte System. Wer seine Wurzeln in mehr als einer Gruppe hat, stellt womöglich fest, dass es aufgrund widerstreitender Rechtsprechung unmöglich ist, eine Geburtsurkunde zu erhalten oder ein Erbe anzutreten. Und wer außerhalb seines eigenen Stammes heiraten will, könnte – wie mein Freund Abdallah – mit einer Regierung konfrontiert sein, die sich schlicht und einfach weigert, diese Ehe amtlich einzutragen.

42 Dabei soll nicht bestritten werden, dass Liberale ebenso wie die Anhänger jeder anderen Überzeugung schwierige Entscheidungen treffen müssen. Es wird immer Fälle geben, in denen diverse Demokratien die Notwendigkeit, Individuen aus dem Käfig der Normen zu befreien, gegen die gewichtigen Gründe abwägen müssen, warum ein Staat nur mit höchster Vorsicht kulturellen oder religiösen Gruppen irgendwelche Vorschriften machen sollte. Kein philosophischer Standard kann solche schwierigen Fälle ignorieren. Doch es geht darum, diese widerstreitenden Überlegungen angemessen zu berücksichtigen. Und das tut der Liberalismus, im Gegensatz zum Kommunitarismus.

KAPITEL 5
Kann Patriotismus etwas Positives sein?

1 Orwell, George. *A Homage to Catalonia* (Boston: Mariner Books, 1980).

2 Orwell, George. »Wells, Hitler, and The World State«. *Horizon* 4, 20 (1941): 133.

3 Orwells bekannteste Essays zum Patriotismus sind »Notes on Nationalism« und »The Lion and the Unicorn: Socialism and the English Genius«. Doch in »Wells, Hitler and the World State« formuliert er die Probleme, die entstehen, wenn ein gesunder Patriotismus fehlt, sehr deutlich. Vgl. Orwell, George. »Notes on Nationalism«. *The Orwell Foundation: Essays and Other Works.* https://www.orwellfoundation.com/the-orwell-foundation/orwell/essays-and-other-works/notes-on-na-

tionalism/ Orwell, George. »The Lion And The Unicorn: Socialism And The English Genius«. *The Orwell Foundation: Essays and Other Works.* https://www.orwellfoundation.com/the-orwell-foundation/orwell/essays-and-other-works/the-lion-and-the-unicorn-socialism-and-the-english-genius/ und Orwell, George. »Wells, Hitler, and The World State«. *Horizon* 4, 20 (1941): 133.

4 Orwell, George. »Wells, Hitler, and The World State«. *Horizon* 4, 20 (1941): 133.

5 Orwell, George. »Wells, Hitler, and The World State«. *Horizon* 4, 20 (1941): 133.

6 Die beste Verteidigung des Kosmopolitarismus findet sich bei Appiah, Kwame Anthony. *Cosmopolitanism: Ethics in a World of Strangers* (New York: W. W. Norton, 2007). Vgl. auch Nussbaum, Martha. »Patriotism and cosmopolitanism«. In: Brown, Garrett W. und David Held (Hg.) *The cosmpolitan reader* (Cambridge: Polity, 2010): 155–162.

7 Die klassische Formulierung dieses Punkts, der auch auf andere lokale Bindungen über die Nation hinaus zutrifft, stammt aus Singer, Peter. »Famine, Affluence, and Morality«. *Philosophy & Public Affairs* 1, 3 (1972): 229–243.

8 Ich sage »wahrscheinlich«, weil viele altruistische Bemühungen, um den Armen in fernen Ländern zu helfen, in der Vergangenheit keine positive Wirkung hatten. Vgl. Easterley, William. *The White Man's Burden: Why the West's Efforts to Aid the Rest Have Done So Much Ill and So Little Good* (New York: Penguin Press, 2006).

9 Die letzten Abschnitte basieren auf meiner Argumentation in Yascha Mounk. *Der Zerfall der Demokratie: Wie der Populismus den Rechtsstaat bedroht* (München: Droemer, 2018).

10 Zu India vgl. z. B. »Republic Day, January 26: History, Significance & Celebration«. *The Times of India.* 25. Januar 2020. https://timesofindia.indiatimes.com/home/education/news/republic-day-january-26-history-significance-celebration/articleshow/73604790.cms; Jaffrelot, Christophe. »The Fate of Secularism in India«. *Carnegie Endowment for International Peace.* 4. April 2019. https://carnegieendowment.org/ 2019/04/04/fate-of-secularism-in-india-pub-78689.

11 Vgl. Sternberger, Dolf. *Verfassungspatriotismus* (Frankfurt: Insel, 1990); Habermas, Jürgen. »Eine Art Schadensabwicklung«. *Die Zeit.* 11. Juli 1986. https://www.zeit.de/1986/29/eine-art-schadensabwicklung.

12 Vgl. »Pericles«. *Encyclopædia Britannica.* https://www.britannica.com/biography/Pericles-Athenian-statesman. 22. Dezember 2016; Martin, Thomas R. *Pericles: A Biography in Context* (Cambridge: Cambridge University Press, 2016): 155.

13 Zum Privileg der Staatsbürgerschaft vgl. Davies, John K. »Athenian Citizenship: The Descent Group and the Alternatives«. *The Classical Journal* 73, 2 (Dezember 1977–Januar 1978): 105–121, 105. Zur Abstammung vgl. Walters, K. R. »Perikles' Citizenship Law«. *Classical Antiquity* 2, 2 (Oktober 1983): 314–336, hier 316 f.

14 Vgl. z. B. »Civitas«. *Encyclopædia Britannica.* 20. Juli 1998. https://www.britannica.com/topic/civitas; »Roman citizenship«. *Oxford Reference.* https://www.oxfordreference.com/view/ 10.1093/oi/authority.20110803095613737; »Africa«. *Encyclopædia Britannica.* 20. Juli 1998. https://www.britannica.com/place/Africa.

15 Idi Amin wies alle Südasiaten aus, die in der Mehrheit Muslime waren. Zu Uganda, vgl. z. B. Shaddad, Reem. »Uganda's Asian exodus: Rose-tinted memories and current realities«. *Aljazeera*. 19. Juni 2018. https://www.aljazeera.com/features/ 2018/ 6/19/ ugandas-asian-exodus-rose-tinted-memories-and-current-realities; »1972: Asians given 90 days to leave Uganda«. *BBC: On This Day*. 7. August 1972. http://news.bbc.co.uk/onthisday/hi/dates/stories/august/7/newsid_2492000/2492333.stm. Zu Bangladesh vgl. Ashraf, Ajaz. »Interview: Hindus in Bangladesh have faced ethnic cleansing since 1947«. *Scroll.in*. 17. September 2017. https://scroll.in/article/847725/interview-hindus-in-bangladesh-have-faced-ethnic-cleansing-since-1947.

16 Die wichtigste Ausnahme bilden Nationen wie Indien oder die Vereinigten Staaten, die sich auf einen zivilen Patriotismus gründen. Ich werde später in diesem Kapitel noch genauer darauf eingehen.

17 Vgl. z. B. Whitehead, David. »Aristotle the Metic«. *Proceedings of the Cambridge Philological Society* 21, 201 (Januar 1975): 94–99.

18 Eine einflussreiche Verteidigung des zivilen, republikanischen Modells von Patriotismus und eine Gegenüberstellung mit einer ethnischen Form des Nationalismus findet sich bei Viroli, Maurizio. *For Love of Country: An Essay on Patriotism and Nationalism* (Oxford: Clarendon Press, 2003).

19 Guha, Ramachandra. »The Indian Tragedy«. *Liberties* 1, 1 (2021): 65.

20 Vgl. Habermas, Jürgen. »Eine Art Schadensabwicklung«. *Die Zeit*. 11. Juli 1986. https://www.zeit.de/1986/29/eine-art-schadensabwicklung; Habermas, Jürgen. *The Crisis of the European Union: A Response* (Cambridge: Polity, 2012) Vgl. auch Jan-Werner Müller. *Constitutional Patriotism* (Princeton: Princeton University Press, 2007).

21 Ibrahim, Azeem. »Modi's slide towards autocracy«. *Foreign Policy*. 13. Juli 2020. https://foreignpolicy-com.proxy1.library.jhu.edu/2020/07/13/modi-india-hindutva-hindu-nationalism-autocracy/.

22 »Partisan Antipathy: More Intense, More personal«. *Pew Research Center*. 10. Oktober 2019. https://www.pewresearch.org/politics/2019/10/10/how-partisans-view-each-other/.

23 Cillizza, Chris. »Americans know literally nothing about the Constitution«. *CNN*. 13. September 2017. https://www.cnn.com/2017/09/13/politics/poll-constitution/index.html.

24 Major, John. »Mr. Major's Speech to Conservative Group for Europe – 22. April 1993«. *The Rt. Hon. Sir John Major KG CH*. 22. April 1993. https://johnmajorarchive.org.uk/1993/04/22/mr-majors-speech-to-conservative-group-for-europe-22-april-1993/; zum Kontext vgl. Perraudin, Frances. »How politicians have struggled to define Britishness«. *The Guardian*. 10. Juni 2014. https://www.theguardian.com/uk-news/2014/jun/10/how-politicians-have-struggled-to-define- britishness.

25 Editorial Board. »Leading Article: What a lot of tosh«. *Independent*. 24. April 1993. https://www.independent.co.uk/voices/leading-article-what-a-lot-of-tosh-1457335.html.

26 Als ich meinen alten Freund und Gewährsmann für alle englischen Angelegenheiten, William Seward, nach der Bedeutung des Begriffs »pool fillers« fragte, sagte er mir: »Ich nehme an, dass damit Leute gemeint sind, die *football pools*, also Fußballwetten, spielen … Ironischerweise war es Major selbst, der diese Wetten förderte, als er 1994 die National Lottery einführte«.

27 Orwell, George. »The Lion And The Unicorn: Socialism And The English Genius«. *The Orwell Foundation: Essays and Other Works.* https://www.orwellfoundation.com/the-orwell-foundation/orwell/essays-and-other-works/the-lion-and-the-unicorn-socialism-and-the-english-genius/.

28 Hamburg war ein wichtiges Mitglied der Hanse, die auch freie Städte wie Sczeczin, Stockholm und Kaliningrad umfasste. Vgl. z. B. Harreld, Donald. *A companion to the Hanseatic League* (Leiden: Brill, 2015).

29 Offenburg gehörte nach dem Zweiten Weltkrieg zur französischen Besatzungszone. »Strasbourg History«. *French Moments.* https://frenchmoments.eu/strasbourg-history.

30 Goddard, Cliff und Anna Wierzbicka. »Cultural Scripts: What are they and what are they good for?« *Intercultural Pragmatics* 1, 2 (Januar 2004): 153–166, hier 157.

31 Goddard, Cliff und Anna Wierzbicka. »Cultural Scripts: What are they and what are they good for?« *Intercultural Pragmatics* 1, 2 (Januar 2004): 153–166, hier 157.

32 Vgl. z. B. »Umfrage: Das essen die Deutschen am liebsten«. *Volksstimme.* 22. Juli 2013. https://www.volksstimme.de/leben/gesundheit/umfrage-das-essen-die-deutschen-am-liebsten-549578#:~:text=Damit%20liegt%20der%20SPD%2DKanzler-kandidat,auf%20fast%20acht%20Kilo%20Nudeln; Khalil, Shireen. »Germany's favourite fast food«. *BBC.* 9. Februar 2017. http://www.bbc.com/travel/story/20170203-germanys-favourite-fast-food.

33 Nowak, Claire. »This Is Officially America's Favorite Food – It's Not Burgers«. *Reader's Digest.* 16. November 2020. https://www.rd.com/article/america-favorite-food/.

34 Vgl. z. B. Allan, Frankie. »In pictures: South Asian culture in Scotland over 30 years«. *BBC.* 9. Dezember 2018. https://www.bbc.com/news/uk-scotland-46291009; Nerukar, Sonal. »Kilt meets kirpan«. *The Times of India.* 21. September 2014. https://timesofindia.indiatimes.com/home/sunday-times/deep-focus/kilt-meets-kirpan/articleshow/43047014.cms.

35 Orwell, George. »The Lion And The Unicorn: Socialism And The English Genius«. *The Orwell Foundation: Essays and Other Works.* https://www.orwellfoundation.com/the-orwell-foundation/orwell/essays-and-other-works/the-lion-and-the-unicorn-socialism-and-the-english-genius/.

KAPITEL 6

Muss aus Vielfalt Einheit werden?

1 Shumsky, Neil Larry. »Zangwill's ›The Melting Pot‹: Ethnic Tensions on Stage«. *American Quarterly* 27, 1 (1975): 29–41, hier 29.

2 Zangwill, Israel. *The Melting-pot: Drama In Four Acts* (New York: Macmillan, 1909): 40.

3 Zangwill, Israel. *The Melting-pot: Drama In Four Acts* (New York: Macmillan, 1909): 47.

4 Zangwill, Israel. *The Melting-pot: Drama In Four Acts* (New York: Macmillan, 1909): 150.

5 Zangwill, Israel. *The Melting-pot: Drama In Four Acts* (New York: Macmillan, 1909): 37.

6 Zangwill, Israel. *The Melting-pot: Drama In Four Acts* (New York: Macmillan, 1909): 37.

7 Zangwill, Israel. *The Melting-pot: Drama In Four Acts* (New York: Macmillan, 1909): 37.

8 Zangwill, Israel. *The Melting-pot: Drama In Four Acts* (New York: Macmillan, 1909): 38.

9 Zangwill, Israel. *The Melting-pot: Drama In Four Acts* (New York: Macmillan, 1909): 18.

10 Zangwill, Israel. *The Melting-pot: Drama In Four Acts* (New York: Macmillan, 1909): 143–145.

11 Zangwill, Israel. *The Melting-pot: Drama In Four Acts* (New York: Macmillan, 1909): 98.

12 Zangwill, Israel. *The Melting-pot: Drama In Four Acts* (New York: Macmillan, 1909): 160–165.

13 Zangwill, Israel. *The Melting-pot: Drama In Four Acts* (New York: Macmillan, 1909): 166.

14 Zangwill, Israel. *The Melting-pot: Drama In Four Acts* (New York: Macmillan, 1909): 173.

15 Zangwill, Israel. *The Melting-pot: Drama In Four Acts* (New York: Macmillan, 1909): 173 f.

16 Zangwill, Israel. *The Melting-pot: Drama In Four Acts* (New York: Macmillan, 1909): 192.

17 Zangwill, Israel. *The Melting-pot: Drama In Four Acts* (New York: Macmillan, 1909): 193.

18 Zangwill, Israel. *The Melting-pot: Drama In Four Acts* (New York: Macmillan, 1909): 197.

19 Zangwill, Israel. *The Melting-pot: Drama In Four Acts* (New York: Macmillan, 1909): 197.

20 Zangwill, Israel. *The Melting-pot: Drama In Four Acts* (New York: Macmillan, 1909): 197.

21 Shumsky, Neil Larry. »Zangwill's ›The Melting Pot‹: Ethnic Tensions on Stage«. *American Quarterly* 27, 1, (1975): 29–41.

22 Vgl. z. B. Wallace, Mike. »Against the ›Melting Pot‹ Metaphor«. *LitHub*. 30. Oktober 2017. https://lithub.com/against-the-melting-pot-metaphor/; Booth, William. »The Myth of the Melting Pot: One Nation, Indivisible: Is it History?« *The Washington Post*. 22. Februar 1998. https://www.washingtonpost.com/wp-srv/national/longterm/meltingpot/melt0222.htm; Egan, Timothy. »A Narrative Shattered by Our National Crack-up«. *The New York Times*. 27. Oktober 2017. https://www.nytimes.com/2017/10/27/opinion/the-national-crackup.html.

23 Vgl. Grievo, Elizabeth M., Edward Trevelyan, Luke Larsen, Yesenia D. Acosta, Christine Gambino, Patricia de la Cruz, Tom Gryn und Nathan Walters. »The Size, Place of Birth, and Geographic Distribution of the Foreign-Born Population in the United States: 1960 to 2010«. *US Census Bureau. Population Division Working Paper No. 96*. Oktober 2012. https://www.census.gov/content/dam/Census/library/working-papers/2012/demo/POP-twps0096.pdf; Gibson, Campbell und Kay Jung. »Historical Census Statistics On The Foreign-Born Population Of The United States: 1850 To 2000«. *US Census Bureau. Population Division Working Paper No. 81*. Februar 2006. https://www.census.gov/content/dam/Census/library/working-papers/2006/demo/POP-twps0081.pdf, hier Tabelle 1 (37) im PDF. (»Nativity of the Population and Place of Birth of the Native Population: 1850–2000«.)

24 Ratner, Sidney. »Horace M. Kallen and Cultural Pluralism«. *Modern Judaism* 4, 2 (Mai 1984): 185–200.

25 Zu den Bildern Mosaik und Salatschüssel vgl. Higgins, Julia. »The Rise and Fall of the American ›Melting Pot‹«. *The Wilson Quarterly*. Dezember 2015. https://www.wilsonquarterly.com/stories/the-rise-and-fall-of-the-american-melting-pot/.

26 Zu den gängigen philosophischen Verteidigungen des Multikulturalismus vgl. Kymlicka, Will. *Multicultural Citizenship: A Liberal Theory of Minority Rights* (Oxford: Clarendon Press, 1995); Taylor, Charles und Amy Gutmann. *Multiculturalism: Examining the Politics of Recognition* (Princeton: Princeton University Press, 1994).

27 Zu Deutschland vgl. Yascha Mounk. *A Stranger in My Own Country: A Jewish Family in Modern Germany* (New York: Farrar, Straus and Giroux 2014): 200. Zu Italien vgl. Kap. 3 bei Papademetriou, Demetrios G. und Kimberly A. Hamilton. *Converging Paths to Restriction: French, Italian, and British Responses to Immigration* (Washington, D.C.: Carnegie Endowment for International Peace, 1996).

28 Zur Opposition gegen kulturelle Veränderungen durch Einwanderung auf der höchsten Ebene der europäischen Politik vgl. z. B. Altaner, Carl. »The Weight of Public Opinion: Tracing the Social and Political Genealogy of the British Nationality Act 1981«. *University of Oxford: Centre on Migration, Policy and Society.* Working Paper 152 (2020): 17f. Hecking, Claus. »Kohl Wanted Half of Turks Out of Germany«. *Der Spiegel*. 1. August 2013. https://www.spiegel.de/international/germany/secret-minutes-chancellor-kohl-wanted-half-of-turks-out-of-germany-a-914376.html.

29 Das spiegelte sich auch in der Kulturpolitik sowohl auf nationaler als auch europäischer Ebene. Vgl. z. B. Calligaro, Oriane. »From ›European cultural heritage‹ to ›cultural diversity‹? The changing core values of European cultural policy«. *Politique Européenne* 45, 3 (2014): 60–85. https://www.cairn.info/revue-politique-europeenne-2014-3-page-60.htm.

30 »The integration debate in Germany: is multi-kulti dead?« *The Economist*. 22. Oktober 2010. Vgl. auch die Beschreibung von Claudia Roth in Yascha Mounk. »How a Teen's Death Became a Political Weapon«. *New Yorker*. 21. Januar 2019. https://www.newyorker.com/magazine/2019/01/28/how-a-teens-death-has-become-a-political-weapon.

31 »Cool Britannia«. *The Economist*. 12. März 1998. https://www.economist.com/leaders/1998/03/12/cool-britannia.

32 Vgl. z. B. Lijphart, Arend. »Typologies of Democratic Systems«. *Comparative Political Studies Journal* 1, 1 (April 1968): 7–44; Kukathas, Chandran. »Cultural Toleration«. *Nomos* 39 (1997): 69–104, hier 94.

33 Vgl. z. B. »Facts about faith schools«. *The Guardian*. 14. November 2001. https://www.theguardian.com/education/2001/nov/14/schools.uk2; Dugan, Emily. »Inside Britain's first Hindu state-funded faith schools«. *The Independent*. 10. Februar 2014. https://www.independent.co.uk/news/education/education-news/inside-britain-s-first-hindu-state-funded-faith-school-1711566.html.

34 Vgl. Halpin, Tony. »Islamic schools are threat to national identity«. *The Sunday Times*. 18. Januar 2005. https://www.thetimes.co.uk/article/islamic-schools-are-threat-to-national-identity-says-ofsted-tmhw6w2sgtb; Smithers, Rebecca. »Anger at Muslim schools attack«. *The Guardian*. 18. Januar 2005. https://www.theguardian.com/uk/2005/jan/18/schools.faithschools.

35 Lipsett, Anthea. »MPs to voice concerns over faith schools«. *The Guardian*. 2. Januar 2008. https://www.theguardian.com/education/2008/jan/02/schools.faithschools.

36 Helm, Toby und Mark Townsend. »Taxpayers' cash should not be used to fund faith schools, say voters«. *The Guardian*. 14. Juni 2014. https://www.theguardian.com/education/2014/jun/14/taxpayers-should-not-fund-faith-schools?guni=Keyword:news-grid%20main-1%20Main%20trailblock:Editable%20trailblock%20-%20news:Position2.

37 Hill, Dave. »Labour's Tower Hamlets win is deserved, but John Biggs cannot be complacent«. *The Guardian*. 12. Juni 2015. https://www.theguardian.com/commentisfree/2015/jun/12/labour-tower-hamlets-lutfur-rahman-john-biggs.

38 Rickett, Oscar. »London's most controversial mayor got kicked out of office for corruption«. *Vice*. 24. April 2015. https://www.vice.com/en/article/yvxz95/lutfur-rahman-kicked-out-corruption-399.

39 Hill, Dave. »Opinion: Labour's Tower Hamlets win is deserved, but John Biggs cannot be complacent«. *The Guardian*. 12. Juni 2015. Weitere Details über Rahman finden sich bei Davey, Ed. »Tower Hamlets election case witnesses ›intimidated‹«.

BBC News. 31. Oktober 2014. https://www.bbc.com/news/uk-england-london-29850569.

40 Kool, Renée und Wahedi, Sohail. »Criminal Enforcement in the Area of Female Genital Mutilation in France, England and the Netherlands: A Comparative Law Perspective«. *International Law Research* 3, 1 (April 2014): 1–15; Orange, Richard und Alexandra Topping. »FGM specialist calls for gynecological checks for all girls in Sweden«. *The Guardian.* 27. Juni 2014. https://www.theguardian.com/society/2014/jun/27/female-genital-mutilation-fgm-specialist-sweden-gynaecological-checks-children.

41 Orange, Richard und Alexandra Topping. »FGM specialist calls for gynecological checks for all girls in Sweden«. *The Guardian.* 27. Juni 2014. https://www.theguardian.com/society/2014/jun/27/female-genital-mutilation-fgm-specialist-sweden-gynaecological-checks-children.

42 Gruenbaum, Ellen. *The Female Circumcision Controversy: an Anthropological Perspective* (Philadelphia: University of Pennsylvania Press, 2001).

43 Orange, Richard und Alexandra Topping. »FGM specialist calls for gynecological checks for all girls in Sweden«. *The Guardian.* 27. Juni 2014. https://www.theguardian.com/society/2014/jun/27/female-genital-mutilation-fgm-specialist-sweden-gynaecological-checks-children.

44 Je mehr man darüber nachdenkt, desto weniger attraktiv erscheint die Metapher der Salatschüssel. Niemand möchte einen vollkommen trockenen Salat essen – oder einen, der hauptsächlich aus Croûtons besteht. Die Zutaten eines Salats sollten also einen Teil ihrer ursprünglichen Eigenschaften behalten. Doch damit er essbar wird, muss jemand ein leckeres Dressing hinzugeben und die Zutaten – auch ihr Mengenverhältnis – sorgfältig auswählen.

Wenn man das Bild ernst nimmt, suggeriert die Salatschüssel eine seltsam paranoide Vision von diversen Demokratien. Sollten Politiker sorgfältig überwachen, welche Einwanderergruppen der existierenden Mischung beigegeben werden, um zu verhindern, dass jemand dominiert, mit bereits vorhandenen Gruppen in Konflikt gerät oder dass die Salatschüssel überläuft? Und müssen wir eine gemeinsame Kultur dazugeben, um den Salat zusammenzufügen? (Ähnliche Bedenken treffen auch auf das Bild des Mosaiks zu, das zwar aus vielen verschiedenen Elementen besteht, aber verlangt, dass diese mit äußerster Sorgfalt zusammengestellt werden, damit ein kohärentes Ganzes entsteht.)

Schon klar, nur wenige Metaphern funktionieren, wenn man sie dermaßen wörtlich nimmt. Aber die Schwierigkeiten im echten Leben, die herauskommen, wenn sich Demokratien als Zusammenstellung von Elementen verstehen, die nur miteinander kommunizieren müssen, sind schwer wegzudiskutieren.

KAPITEL 7
Werden wir überhaupt noch etwas gemein haben?

1 Es gibt viele Möglichkeiten, die Fragen zu beantworten, die heute weithin diskutiert werden, und noch mehr Möglichkeiten, diese verschiedenen Antworten in ein Gesamtbild zu integrieren. Die Zahl möglicher Zukunftsvisionen ist groß, und jeder Versuch, sie zu einigen Grundmodellen einzudampfen – wie ich es hier tue –, muss unvollständig bleiben. Trotzdem glaube ich, dass ein großer Teil der öffentlichen Debatte heute in drei breite Perspektiven aufzuteilen ist, die ein gewisses Maß an innerer Kohärenz zeigen. Sie erfassen nicht jeden einzelnen Teilnehmer dieser Debatten, doch sie liefern nützliche »Idealtypen«, die helfen können, das grundlegende Set von Optionen für die Zukunft diverser Demokratien zu beleuchten.

2 Die Beschreibung von Benjamin Jahn Zschocke und den rechtsextremen Protesten in Chemnitz stammt aus einem Artikel, den ich ursprünglich im *New Yorker* publiziert habe. Mounk, Yascha. »How a Teen's Death Became a Political Weapon«. *New Yorker*. 21. Januar 2019. https://www.newyorker.com/magazine/2019/01/28/how-a-teens-death-has-become-a-political-weapon.

3 Donadio, Rachel. »The New Populist Playbook«. *The Atlantic*. 5. September 2019. https://www.theatlantic.com/international/archive/2019/09/matteo-salvini-italy-populist-playbook/597298/.

4 Seipel, Brooke. »Trump: ›Make America Great Again‹ slogan ›was made up by me‹«. *The Hill*. 2. April 2019. https://thehill.com/homenews/administration/437070-trump-make-america-great-again-slogan-was-made-up-by-me.

5 Zu Mitteleuropa vgl. z. B. »Multiculturalism doesn't work in Hungary, says Orban«. *Reuters*. 3. Juni 2015. https://www.reuters.com/article/us-hungary-orban/multiculturalism-doesnt-work-in-hungary-says-orban-idUSKBN0OJ0T920150603; Karath, Kata. »Viktor Orbán's bigoted vision leaves me ashamed to be Hungarian«. *The Guardian*. 7. März 2021. https://www.theguardian.com/commentisfree/2018/mar/07/hungary-young-national-pride-viktor-orban-europe.
Zu Ostasien vgl. z. B. Schubach, Alanna. »The case for a more multicultural Japan«. *Al Jazeera*. 12. November 2014. http://america.aljazeera.com/opinions/2014/11/multiculturalismjapanantikoreanprotests.html.

6 Cumming-Bruce, Nick and Steven Erlanger. »Swiss Ban Building of Minarets on Mosques«. *The New York Times*. 29. November 2009. https://www.nytimes.com/2009/11/30/world/europe/30swiss.html.

7 Vgl. Staff of the Global Legal Research Center. »Legal Restrictions on Religious Slaughter in Europe«. *The Law Library of Congress*. März 2018. https://www.loc.gov/law/help/religious-slaughter/religious-slaughter-europe.pdf; »EU Court backs ban on animal slaughter without stunning«. *BBC*. 17. Dezember 2020. https://www.bbc.com/news/world-europe-55344971.

8 Vgl. Frey, William H. »The nation is diversifying even faster than predicted, accor-

ding to new census data«. *Brookings.* 1. Juli 2020. https://www.brookings.edu/research/new-census-data-shows-the-nation-is-diversifying-even-faster-than-predicted/; »Polling Update: Americans Continue to Resist Negative Messages about Immigrants, but Partisan Differences Continue to Grow«. *National Immigration Forum.* 18. September 2020. https://immigrationforum.org/article/polling-update-americans-continue-to-resist-negative-messages-about-immigrants-but-partisan-differences-continue-to-grow/.

9 Der Begriff wurde von Wesley Yang geprägt. Vgl. z. B. mein Interview mit Wesley Yang: »The Woke Future«. *Persuasion.* 6. Januar 2021. https://www.persuasion.community/p/the-woke-future.

10 Fields, Karen Elise und Barbara J. Fields. *Racecraft: The Soul Of Inequality In American Life* (New York: Verso, 2012).

11 Landry, Donna und Gerald MacLean (Hg.). *The Spivak Reader: Selected Works of Gayati Chakravorty Spivak* (London: Taylor & Francis Group, 1995). Insbesondere 204 f.

12 »The Merchant of Venice«. *Royal Shakespeare Company.* https://www.rsc.org.uk/shakespeare-learning-zone/the-merchant-of-venice/language/if-you-prick-us-do-we-not-bleed. Zugriff 30. Mai 2021.

13 *Humans of New York.* https://www.humansofnewyork.com/. Zugriff 1. Juni 2021.

14 Andrews, Robert. *The Columbia Dictionary of Quotations* (New York: Columbia University Press, 1993): 531.

15 Kidd, David Comer und Emanuele Castano. »Reading Literary Fiction Improves Theory of Mind«. *Science* 342, 6156 (Oktober 2013): 377–380. https://science.sciencemag.org/content/342/6156/377.abstract?sid=f192d0cc-1443–4bf1-a043–61410da39519.

16 Eine akademische Diskussion über »standpoint epistemology« findet sich z. B. bei Harding, Sandra. »Rethinking Standpoint Epistemology: What's ›Strong Objectivity?‹«. *The Centennial Review* 36, 3 (Herbst 1992): 437-470. Zum öffentlichen Diskurs über dieses Thema vgl. z. B. Wilke, Lorraine Devon. »No, White People Will Never Understand the Black Experience«. *Huffington Post.* 6. Dezember 2017. https://www.huffpost.com/entry/no-white-people-will- neve_b_7875608.

17 Coggins, Ross. »The Development Set«. https://morenewsfromafar.wordpress.com/2012/01/27/the-development-set-by-ross-coggins-2/. In dem Gedicht heißt es weiter: »Eye-level photographs subtly assure / That your host is at home with the rich and the poor«.

18 Morris, Wesley. »For centuries, black music, forged in bondage, has been the sound of complete artistic freedom. No wonder everybody is always stealing it«. *The New York Times.* 14. August 2019. https://www.nytimes.com/interactive/2019/08/14/magazine/music-black-culture-appropriation.html.

19 Tang, Terry. »Debate erupts over Halloween costumes crossing racial lines«. *PBS.* 28. Oktober 2018. https://www.pbs.org/newshour/nation/debate-erupts-over-halloween-costumes-crossing-racial-lines.

20 Zur philosophischen Diskussion über kulturelle Aneignung vgl. z. B. Rogers, Richard A. »From Cultural Exchange to Transculturation: A Review and Reconceptualization of Cultural Appropriation«. *Communication Theory* 16, 4 (November 2006): 474-503; Young, James O. »Profound Offense and Cultural Appropriation«. *The Journal of Aesthetics and Art Criticism* 63, 2 (Frühjahr 2005): 135-146; Matthes, Erich Hatala. »Cultural Appropriation Without Cultural Essentialism?« *Social Theory and Practice* 42, 2 (April 2016): 343-366 und Nguyen, C. Thi und Matthew Strohl. »Cultural Appropriation and the Intimacy of Groups«. *Philosophical Studies* 176, 4 (April 2019): 981-1002.
Eine journalistische Auseinandersetzung liefern Galchen, Rivka und Anna Holmes. »What Distinguishes Cultural Exchange from Cultural Appropriation?« *The New York Times.* 8. Juni 2017. https://www.nytimes.com/2017/06/08/books/review/bookends-cultural-appropriation.html.

21 Moreno, Carolina. »Portland Burrito Cart Closes After Owners Are Accused Of Cultural Appropriation«. *Huffington Post.* 25. Mai 2017. https://www.huffpost.com/entry/portland-burrito-cart-closes-after-owners-are-accused-of-cultural-appropriation_n_5926ef7ee4b062f96a348181.

22 Miller, Mira. »New Toronto clothing store ditches broth bar after cultural appropriation complaints«. *blogTo.* November 2020. https://www.blogto.com/eat_drink/2020/11/toronto-clothing-store-ditches-broth-bar-cultural-appropriation-complaints/.

23 Reyes, Raul A. »Hispanic Republicans? Yep, and they're here to stay, says author Geraldo Cadava«. *NBC News.* 2. Juni 2020. https://www.nbcnews.com/news/latino/hispanic-republicans-yep-they-re-here-stay-says-author-geraldo-n1215556.

24 Fulton, Jessica und Ryan Pougiales. »A Nuanced Picture of What Black Americans Want in 2020«. *Third Way.* 30. Dezember 2019. http://thirdway.imgix.net/pdfs/a-nuanced-picture-of-what-black-americans-want-in-2020.pdf.

25 Gupta, Shekhar. »India has a new political divide – Majority kanwarias vs elite Halloweeners«. *The Print.* 10. November 2018. https://theprint.in/national-interest/kanwarias-vs-halloweeners-indias-new-political-faultline/147733/.

26 Sharma, Aditya. »India's Modi gets invitation for Valentine's Day from citizenship law protesters«. *DW.* 14. Februar 2020. https://www.dw.com/en/indias-modi-gets-invitation-for-valentines-day-from-citizenship-law-protesters/a-52376124.

27 Leight, Elias. »Lil Nas X's ›Old Town Road‹ Was a Country Hit. Then Country Changed Its Mind«. *Rolling Stone.* 26. März 2019. https://www.rollingstone.com/music/music-features/lil-nas-x-old-town-road-810844/.

28 Eine subtile philosophische Verteidigung der Notwendigkeit solcher Gruppen, zumal im afroamerikanischen Kontext, findet sich bei Shelby, Tommie. *We Who Are Dark: The Philosophical Foundations of Black Solidarity* (Cambridge: Harvard University Press, 2009).

KAPITEL 8
Anlass zum Optimismus

1 Zu Frankreich vgl. Zemmour, Eric. *Le Suicide Français* (Paris: Albin Michel, 2015) und Beardsley, Eleanor. »A French Best-Seller's Radical Argument: Vichy Regime Wasn't All Bad«. *NPR*. 5. November 2014. https://www.npr.org/2014/11/05/361790018/a-french-best-sellers-radical-argument-vichy-regime-wasnt-all-bad. Zu Japan vgl. Yamano, Sharin. *Manga Kenkanryu* (Tokyo: Shin'yūsha, 2011); Lewis, Leo. »Neighbor fails to see funny side of comic«. *The Times*. 1. November 2005. https://www.thetimes.co.uk/article/neighbour-fails-to-see-funny-side-of-comic-tcjqpjwdmg7 und die Bücher von Ko Bunyu. Zu Deutschland vgl. Sarrazin, Thilo. *Deutschland schafft sich ab: Wie wir unser Land aufs Spiel setzen* (München: DVA 2010. Zu Amerika, vgl. z. B. Coulter, Ann. *Adios America: The Left's Plan to Turn Our Country into a Third World Hellhole* (New York: Regnery, 2015).

2 »Europe's largest wastewater project gets boost by KSB pumps«. *Waterworld*. 7. April 2017. https://www.waterworld.com/international/wastewater/article/16203176/europes-largest-wastewater-project-gets-boost-by-ksb-pumps.

3 Die Beschreibung von Lamya Kaddor stammt aus einem Artikel, den ich ursprünglich in *Harper's Magazine* publiziert habe. Mounk, Yascha. »Echt Deutsch«. *Harper's*. April 2017. https://harpers.org/archive/2017/04/echt-deutsch.

4 Vgl. »German population of migrant background rises to 21 million«. *DW*. 28. Juli 2020. https://www.dw.com/en/german-population-of-migrant-background-rises-to-21-million/a-54356773; »Germany: In 20 years, 1 in 3 people will have migrant roots«. *DW*. 11. April 2019. https://www.dw.com/en/germany-in-20-years-1-in-3-people-will-have-migrant-roots/a-51101172.

5 Vgl. Edwards, Catherine. »What does it mean to be a ›New Italian‹? The question facing a divided Italy«. *The Local*. 21. Juli 2017. https://www.thelocal.it/20170721/who-are-the-new-italians-second-generation-children-migrants-ius-soli-citizenship/; AFP. »›We're Italian too‹: Second-generation migrants renew calls for citizenship«. *The Local*. 25. August 2020. https://www.thelocal.it/20200825/were-italian-too-second-generaton-immigrants-renew-calls-for-citizenship/.

6 Olterman, Philip. »Switzerland puzzles over citizenship test after lifelong resident fails«. *The Guardian*. 18. Juli 2017. https://www.theguardian.com/world/2017/jul/18/switzerland-puzzles-over-citizenship-test-after-lifelong-resident-fails.

7 Stokes, Bruce. »What it takes to be truly ›one of us: 3. Birthright nationality.‹« *Pew Research Center*. 1. Februar 2017. https://www.pewresearch.org/global/2017/02/01/birthright-nationality/.

8 Maldonado, Marta Maria. »›It Is Their Nature To Do Menial Labour‹: The Racialization of ›Latino/a Workers‹ By Agricultural Employers«. *Ethnic and Racial Studies* 32, 6 (Juli 2009): 1017–1036.

9 Taylor, Ros. »›I want to try and tell them the facts‹: adolescents challenging the negative stereotypes of Polish migration«. *LSE Blog*. 24. Juni 2019. https://blogs.lse.

ac.uk/brexit/2019/06/24/i-want-to-try-and-tell-them-the-facts-adolescents-challenging-the-negative-stereotypes-of-polish-migration/.
Ein ähnliches Phänomen sorgt sogar dafür, dass sich die Aussichten einiger der erfolgreichsten Minderheitengruppen in den USA verringern. Dank ihrer bemerkenswerten Bildungsleistungen und ihres wirtschaftlichen Erfolgs werden Amerikaner mit asiatischer Herkunft oft als »Muster-Minderheit« gefeiert. Doch wie Wesley Yang zeigt, stoßen sie oft an eine »Bambusdecke«. Man spricht ihnen die wenig greifbaren Merkmale ab, die für Führungsaufgaben gebraucht werden, sodass die Verantwortlichen für den Zugang zum College ihnen »eine schlechte Persönlichkeit« unterstellen und große Firmen ihnen Beförderungen verweigern. Im amerikanischen Wirtschaftsleben, so Yang in einem viral gegangenen Essay von 2011 im *New York Magazine*, gibt es »viele Asiaten auf der Junior-Ebene, ein paar im mittleren Management und praktisch keine in höheren Führungsrängen«. (Yang, Wesley. »Paper Tigers«. *New York Magazine*. 6. Mai 2011. https://nymag.com/news/features/asian-americans-2011-5/).

10 Sarrazin, Thilo: *Deutschland schafft sich ab. Wie wir unser Land aufs Spiel setzen* (München: DVA, 2010).

11 »Die Auswertung der Einschulungsstatistik ergab, dass 2045 noch 48 Prozent, 2075 lediglich 30 Prozent und 2105 gar nur noch 20 Prozent der Einschüler für den muttersprachlichen Unterricht das Fach Deutsch wählten«. Aus: Sarrazin, Thilo. »Deutschland in 100 Jahren – Traum oder Albtraum«. *Bild*. 28. August 2010. https://www.bild.de/politik/2010/deutschland-in-100-jahren-traum-oder-albtraum-13775464.bild.html.

12 Huntington, Samuel P. »The Hispanic Challenge«. *Foreign Policy*. 1. März 2004. https://foreignpolicy.com/2009/10/28/the-hispanic-challenge/.

13 Stokes, Bruce. »What it takes to be truly ›one of us‹«. *Pew Research Center*. 1. Februar 2017. https://www.pewresearch.org/global/2017/02/01/what-it-takes-to-truly-be-one-of-us/.

14 Verglichen mit Latinos und Asiaten gelten die Schwarzen seit langer Zeit viel eher als »echte Amerikaner«. Die meisten weißen Amerikaner führen ihre Ankunft in der Neuen Welt auf das 19. oder 20. Jahrhundert zurück. Eine Mehrheit der Afroamerikaner hat zumindest einige Vorfahren, die bereits zur Zeit der Republikgründung im späten 18. Jahrhundert nach Amerika verschleppt wurden. Während man also den meisten anderen Minderheiten vorhalten konnte, sie sollten doch »dorthin zurückgehen, woher sie gekommen waren«, bringen selbst Fanatiker und Rassisten in der Regel den Respekt auf, anzuerkennen, dass die Schwarzen fast ebenso sehr wie die Ureinwohner ein Recht haben, in dieses Land zu gehören. Das schützt Afroamerikaner freilich nicht vor anderen Formen der Diskriminierung, die in vielerlei Weise sogar noch bösartiger sind. Eine Diskussion der besonderen Herausforderungen, vor die diese Verhältnisse eine optimistische Sicht des derzeitigen Zustands diverser Demokratien stellen, findet sich am Ende des nächsten Abschnitts über Arbeit und Bildung.

15 Vgl. Nowrasteh, Alex und Andrew C. Forrester. »Immigrants Recognize American Greatness: Immigrants and Their Descendants Are Patriotic and Trust America's Governing Institutions«. *CATO Institute.* 4. Februar 2019. https://www.cato.org/publications/immigration-research-policy-brief/immigrants-recognize-american-greatness-immigrants; Jilani, Zaid. »Immigrants Are Far More Patriotic Than the Right Fears or the Left Hopes«. *Persuasion.* 29. Juli 2020. https://www.persuasion.community/p/immigrants-are-far-more-patriotic.

16 Vgl. z. B. Alba, Richard. »Bilingualism persists, but English still dominates«. *Migration Policy Institute.* 1. Februar 2005. https://www.migrationpolicy.org/article/bilingualism-persists-english-still-dominates; Skapinker, Michael. »Immigrants‹ descendants lose the language – sadly«. *Financial Times.* 14. Mai 2019. https://www.ft.com/content/d16f54b6-730f-11e9-bbfb-5c68069fbd15; Cho, David. »Separated by a Wall of Words«. *Washington Post.* 11. April 2001. https://www.washingtonpost.com/archive/politics/2001/04/11/separated-by-a-wall-of-words/ed1cb1d3-18ed-4c0b-ac2a-da629399f68f/.

17 Lopez, Mark Hugo, Jens Manuel Krogstad und Antonio Flores. »Most Hispanic parents speak Spanish to their children, but this is less the case in later immigrant generations«. *Pew Research Center.* 2. April 2018. https://www.pewresearch.org/fact-tank/2018/04/02/most-hispanic-parents-speak-spanish-to-their-children-but-this-is-less-the-case-in-later-immigrant-generations/.

18 Crul, Maurice und Jens Schneider. »The Second Generation in Europe: Education and the Transition to the Labor Market«. *TIES: The Integration of the European Second Generation, University of Amsterdam / Migration Policy Institute.* Juni 2009. https://www.migrationpolicy.org/pubs/Crul2010.pdf.

19 Heath, Anthony und Wouter Zwysen. »The European Union: Entrenched disadvantage? Intergenerational mobility of young natives with a migration background«. In: *Catching Up? Country Studies on Intergenerational Mobility and Children of Immigrants,* hg. von OECD (Paris: OECD Publishing, 2018): 145-168, 145.

20 Eurostat: »Migrant integration statistics – at risk of poverty and social exclusion«. *Statistics Explained, European Commission.* Januar 2021. https://ec.europa.eu/eurostat/statistics-explained/index.php?title=Migrant_integration_statistics_-_at_risk_of_poverty_and_social_exclusion.

21 »Finding the Way: A Discussion of the Swedish Migrant Integration System«. *OECD.* Juli 2014. https://www.oecd.org/migration/swedish-migrant-intergation-system.pdf: besonders 5–7. Einige Einwanderergruppen kommen besonders schlecht zurecht. Nur einer von vier Einwanderern aus Somalia in Schweden hat z. B. einen festen Job.

22 »New CSI research reveals high levels of job discrimination faced by ethnic minorities in Britain«. *Centre for Social Investigation, Nuffield College, Oxford.* 18. Januar 2019. http://csi.nuff.ox.ac.uk/?p=1299.

23 Zu Japan vgl. Baron, Jonathon. »Mass Attitudes and Discrimination Against Hypothetical Job Candidates in Japan: A Resumé-Based Survey Experiment«. *Social*

Science Research Network. 19. Juni 2020. https://papers.ssrn.com/sol3/papers.cfm?abstract_id=3631838. Zur Schweiz vgl. Zschirnt, Eva und Rosita Fibbi. »Do Swiss Citizens of Immigrant Origin Face Hiring Discrimination in the Labour«. *NCCR – National Center of Competence in Research – The Migration-Mobility Nexus: Working Paper #20.* Februar 2019. https://cadmus.eui.eu/handle/1814/65726. Zu den Niederlanden vgl. Andriessen, Iris, Eline Nievers, Jaco Dagevos und Laila Faulk. »Ethnic Discrimination in the Dutch Labor Market: Its Relationship with Job Characteristics and Multiple Group Membership«. *Work and Occupations* 39, 3 (August 2012): 237-269. https://journals.sagepub.com/doi/10.1177/0730888412444783. Zu den USA vgl. Quillian, Lincoln, Devah Pager, Ole Hexel und Arnfinn H. Midtbøen. »Meta-analysis of field experiments shows no change in racial discrimination in hiring over time«. *Proceedings of the National Academy of Sciences* 41 (September 2017): 10870–10875. http://dx.doi.org/10.1073/pnas.1706255114.

24 Vgl. Coulter, Ann. *Adios America: The Left's Plan to Turn Our Country into a Third World Hellhole* (New York: Regnery, 2015) und Zemmour, Eric. *Le Suicide Francais* (Paris: Albin Michel, 2015) und die Bücher von Ko Bunyu. Bunyu stammt aus Taiwan, schreibt aber im Wesentlichen für ein japanisches Publikum. Vgl. z. B. Ryall, Julian. »China should pay its respects at Japan's Yasukuni Shrine, says Taiwan author Ko Bunyu«. *South China Morning Post.* 24. April 2015. https://www.scmp.com/news/asia/article/1774876/taiwanese-author-ko-bunyu-says-china-should-pay-its-respects-japans.

25 Vgl. z. B. Gilman, Sander L. »Thilo Sarrazin and the Politics of Race in the Twenty-First Century«. *New German Critique* 39, 3 (Oktober 2012): 47–59.

26 Eine Zusammenfassung der Debatten in Frankreich findet sich z. B. bei Fieschi, Catherine. »Muslims and the secular city: How right-wing populists shape the French debate over Islam«. *Brookings.* 28. Februar 2020. https://www.brookings.edu/research/muslims-and-the-secular-city-how-right-wing-populists-shape-the-french-debate-over-islam/#cancel.

27 Sonwalkar, Prasun. »Indians earn more than white British employees in UK, says report«. *Hindustan Times.* 9. Juli 2019. https://www.hindustantimes.com/india-news/indians-earn-more-than-whites-in-uk-says-report/story-qd02npVJaFvVjzFvXtQa4I.html.

28 Perry, Mark J. »Chart of the day«. *American Enterprise Institute.* 17. März 2016. https://www.aei.org/carpe-diem/chart-of-the-day-4/.

29 Oberdabernig, Doris und Alyssa Schneebaum. »Catching up? The educational mobility of migrants' and natives' children in Europe«. *Applied economics* 49, 37 (2017): 3701–3728, 3716. https://doi.org/10.1080/00036846.2016.1267843. Unter den elf untersuchten Ländern gab es zwei Ausnahmen: Estland und Lettland. Die Ergebnisse zeigten sich auch in Ländern wie Belgien, Deutschland, Frankreich und Großbritannien.

Andere Daten lassen ähnliche Schlüsse zu. Zum Beispiel besitzt nur ein Siebtel der afrikanischen Immigranten in Frankreich ein Zeugnis, das sie zu einem Universitätsstudium berechtigt. Doch die Hälfte ihrer Kinder erwirbt ein solches Zeugnis. Beauchemin, Cris. »Chapter 2: France: Intergenerational mobility outcomes of natives with immigrant parents«. In: *Catching Up? Country Studies on Intergenerational Mobility and Children of Immigrants,* hg. von OECD (Paris: OECD Publishing, 2018): 39-70. Ähnlich ist es in Großbritannien: Kinder aus ethnischen Minderheiten mit armen Eltern werden höchstwahrscheinlich eine Universität besuchen. In London erwerben zwei Drittel der chinesischen, drei Fünftel der südasiatischen und jedes zweite schwarze Kind aus armen Familien einen höheren Schulabschluss. Vgl. Sewell, Tony, Maggie Aderin-Pocock, Aftab Chughtai et al. »Commission on Race and Ethnic Disparities: The Report«. *Comission on Race and Ethnic Disparities, UK Government Commission.* März 2021: 94. https://assets.publishing.service.gov.uk/government/uploads/system/uploads/attachment_data/file/974507/20210331_-_CRED_Report_-_FINAL_-_Web_Accessible.pdf. (»Table 7: Progression rates to higher education by age 19 2018/2019«). Dasselbe gilt für Nordamerika. In Kanada ist die Wahrscheinlichkeit, dass ein College besucht wird, bei Einwanderern der ersten und zweiten Generation sogar höher als bei Kanadiern, deren Vorfahren schon viel länger im Land leben. Vgl. Turcotte, Martin. »Educational and labour market outcomes of children with an immigrant background by their region of origin«. *Statistics Canada: Ethnicity, Language and Immigration Thematic Series.* 15. November 2019. https://www150.statcan.gc.ca/n1/en/pub/89-657-x/89-657-x2019018- eng.pdf?st=bwLMozx8.

30 Abramitzky, Ran, Leah Platt Boustan, Elisa Jácome und Santiago Pérez. »Intergenerational Mobility of Immigrants in the US over Two Centuries«. Working Paper 26408. *National Bureau of Economic Research.* Oktober 2019: 30. https://www.nber.org/papers/w26408.

31 Abramitzky, Ran, Leah Platt Boustan, Elisa Jácome und Santiago Pérez. »Intergenerational Mobility of Immigrants in the US over Two Centuries«. Working Paper 26408. National Bureau of Economic Research. Oktober 2019: 31. https://www.nber.org/papers/w26408.

32 Patten, Eileen. »Racial, gender wage gaps persist in U.S. despite some progress«. *Pew Research Center.* 1. Juli 2016. https://www.pewresearch.org/fact-tank/2016/07/01/racial-gender-wage-gaps-persist-in-u-s-despite-some-progress/.

33 McIntosh, Kriston, Emily Moss, Ryan Nunn und Jay Shambaugh. »Examining the Black-white wealth gap«. *Brookings.* 27. Februar 2020. https://www.brookings.edu/blog/up-front/2020/02/27/examining-the-black-white-wealth-gap/.

34 Wilson, Valerie. »Racial disparities in income and poverty remain largely unchanged amid strong income growth in 2019«. *Economic Policy Institute.* 16. September 2020. https://www.epi.org/blog/racial-disparities-in-income-and-poverty-remain-largely-unchanged-amid-strong-income-growth-in-2019/.

35 »Criminal Justice Fact Sheet«. *NAACP.* https://www.naacp.org/criminal-justice-fact-sheet/. Zugriff 22. Februar 2021.

36 LoBianco, Tom und Ashley Killough. »Trump pitches black voters: ›What the hell

do you have to lose?‹«. *CNN*. 19. August 2016. https://www.cnn.com/2016/08/19/politics/donald-trump-african-american-voters/index.html.

37 »Racial Disparities in Income Mobility Persist, Especially for Men«. *Opportunity Insights*. https://opportunityinsights.org/race/. Zugriff 26. September2021.

38 Badger, Emily, Claire Cain Miller, Adam Pearce und Kevin Quealy. »Income Mobility Charts for Girls, Asian-Americans and Other Groups. Or Make Your Own«. *New York Times*. 27. März 2018. https://www.nytimes.com/interactive/2018/03/27/upshot/make-your-own-mobility-animation.html. Um diese Resultate zu erhalten, ist folgende Eingabe nötig: »Follow the lives of [black boys and girls] and [black boys and girls] from [poor] households, using their [individual] incomes as adults and including kids of [only native-born mothers].«
Vgl. auch Chetty, Raj, Nathaniel Hendren, Maggie R. Jones und Sonya R. Porter. »Race And Economic Opportunity In The United States: An Intergenerational Perspective«. Working Paper 24441. *National Bureau of Economic Research*. März 2018. https://www.nber.org/system/files/working_papers/w24441/w24441.pdf.

39 Badger, Emily, Claire Cain Miller, Adam Pearce und Kevin Quealy. »Income Mobility Charts for Girls, Asian-Americans and Other Groups. Or Make Your Own«. *New York Times*. 27. März 2018. https://www.nytimes.com/interactive/2018/03/27/upshot/make-your-own-mobility-animation.html. Um diese Resultate zu erhalten, ist folgende Eingabe nötig: »Follow the lives of [white girls] and [black girls] from [poor] households, using their [individual] incomes as adults and including kids of [only native-born mothers]«.

40 »Black men in America are living almost as long as white men«. *The Economist*. 15. Juni 2019. https://www.economist.com/united-states/2019/06/15/black-men-in-america-are-living-almost-as-long-as-white-men.

41 In den folgenden Beschreibungen zeichne ich ein Bild der wesentlichen repräsentativen Fakten zu den sozioökonomischen Lebensbedingungen von Afroamerikanern. Einige dieser Fakten treffen auf mehr als die Hälfte der Bevölkerung zu, andere für einen großen Anteil. (Zum Beispiel besitzen 46 % der schwarzen Amerikaner eine vom Arbeitgeber geförderte Krankenversicherung. Die übrigen müssen sich entweder privat versichern, haben eine Berechtigung für Medicare or Medicaid oder leben ohne jeden Versicherungsschutz.)

42 Semuels, Alana. »No, Most Black People Don't Live in Poverty – or Inner Cities«. *The Atlantic*. 12. Oktober 2016. https://www.theatlantic.com/business/archive/2016/10/trump-african-american-inner-city/503744/.

43 Cheeseman Day, Jennifer. »88 % of Blacks Have a High School Diploma, 26 % a Bachelor's Degree«. *US Census Bureau*. 10. Juni 2020. https://www.census.gov/library/stories/2020/06/black-high-school-attainment-nearly-on-par-with-national-average.html. (Abschnitt: »Gap Narrower Among the Young«.)

44 Vgl. »Report: Labor Force Characteristics by Race and Ethnicity«. *US Bureau of Labor Statistics*. Oktober 2019. https://www.bls.gov/opub/reports/race-and-ethnicity/2018/home.htm. (Besonders der Abschnitt: »Industry«.)

45 Bittker, Bobbi M. »Racial and Ethnic Disparities in Employer-Sponsored Health Coverage«. *American Bar Association.* 7. September 2020. https://www.americanbar.org/groups/crsj/publications/human_rights_magazine_home/health-matters-in-elections/racial-and-ethnic-disparities-in-employer-sponsored-health-coverage/.

46 Vgl. z.B. Parker, Kim, Rich Morin und Juliana Menasce Horowitz. »America in 2050«. *Pew Research Center.* 21. März 2019. https://www.pewresearch.org/social-trends/2019/03/21/america-in-2050/; Berman, Russel. »As White Americans Give Up on the American Dream, Blacks and Hispanics Embrace It«. *The Atlantic.* 4. September 2015. https://www.theatlantic.com/politics/archive/2015/09/the-surprising-optimism-of-african-americans- and-latinos/401054/; Graham, Carol. »Why are black poor Americans more optimistic than white ones?« *Brookings.* 30. Januar 2018. https://www.brookings.edu/articles/why-are-black-poor-americans-more-optimistic-than-white-ones/.

47 »Learning Together: What Happens When Students from Universities and Prisons Learn Together?« *Centre for Community, Gender and Social Justice, University of Cambridge.* https://www.ccgsj.crim.cam.ac.uk/research/learning-together-what-happens-when-students-from-universities-and-prisons-learn-together. Zugriff 1. Juni 2021.

48 »Fishmongers' Hall: Usman Khan described education project as ›kind of family‹«. *BBC.* 23. April 2021. https://www.bbc.com/news/uk-england-london-56858078.

49 »Fishmongers' Hall: Usman Khan unlawfully killed Cambridge graduates«. *BBC News.* 28. Mai 2021. https://www.bbc.com/news/uk-england-london-57260509.

50 »Fishmongers' Hall: Usman Khan described education project as ›kind of family‹«. *BBC.* 23. April 2021. https://www.bbc.com/news/uk-england-london-56858078.

51 Shukla, Sebastian, Nicole Chavez und Hollie Silverman. »This is what we know about London Bridge stabbing suspect Usman Khan«. *CNN.* 30. November 2019. https://www.cnn.com/2019/11/29/europe/london-bridge-stabbing-suspect-what-we-know/index.html.

52 Zu Frankreich vgl. z.B. »Paris attacks: Who were the attackers?«. *BBC.* 27. April 2016. https://www.bbc.com/news/world-europe-34832512.
Zu Deutschland vgl. z.B. Fürstenau, Marcel. »Berlin Islamist terror attack: A deadly story of failure«. *DW.* 18. Dezember 2020. https://www.dw.com/en/berlin-islamist-terror-attack-a-deadly-story-of-failure/a-55990942.
Zu Großbritannien vgl. z.B. »London attack: Who were the attackers?«. *BBC.* 28. Juni 2017. https://www.bbc.com/news/uk-40173157.
Zu den Vereinigten Staaten vgl. z.B. »Profile: Who is Boston bomber Dzhokhar Tsarnaev?«. *BBC.* 8. April 2015. https://www.bbc.com/news/world-us-canada-31734557.

53 Isenson, Nancy. »Bombs, shootings are a part of life in Swedish city Malmo«. *DW.* 23. November 2019. https://www.dw.com/en/bombs-shootings-are-a-part-of-life-in-swedish-city-malmo/a-51337737.

54 Orange, Richard. »Bombs and blood feuds: the wave of explosions rocking Sweden's cities«. *The Guardian.* 25. Januar 2020. https://www.theguardian.com/world/2020/jan/25/bombs-blood-feuds-malmo-explosions-rocking-swedens-cities.

55 Vgl. Mounk, Yascha. »Figures of Division«. *The New Yorker.* 28. Januar 2019. https://www.newyorker.com/magazine/2019/01/28/how-a-teens-death-has-become-a-political-weapon. Vgl. auch »Migrant crisis: Migration to Europe explained in seven charts«. *BBC.* 4. März 2016. https://www.bbc.com/news/world-europe-34131911.

56 Mounk, Yascha. »Figures of Division«. *The New Yorker.* 28. Januar 2019. https://www.newyorker.com/magazine/2019/01/28/how-a-teens-death-has-become-a-political-weapon.

57 »Charlie Hebdo attack: France seeks long jail terms in Paris trial«. *BBC.* 8. Dezember 2020. https://www.bbc.com/news/55231200.

58 Hurt, Alyson und Ariel Zambelich. »3 Hours In Orlando: Piecing Together An Attack And Ist Aftermath«. *NPR.* 26. Juni 2016. https://www.npr.org/2016/06/16/482322488/orlando-shooting-what-happened-update.

59 »Islam not compatible with German constitution, says AfD party«. *Reuters.* 17. April 2016. https://www.reuters.com/article/us-germany-afd-islam/islam-not-compatible-with-german-constitution-says-afd-party-idUSKCN0XE0T0.

60 Vgl. »Fishmongers' Hall porter ›stabbed Usman Khan with spear.‹« *BBC.* 20. April 2021. https://www.bbc.com/news/uk-england-london-56815632; Tilles, Daniel. »Polish hero who confronted London Bridge terrorist to be given top British honour«. *Notes from Poland.* 26. Dezember 2019. https://notesfrompoland.com/2019/12/26/polish-hero-who-confronted-london-bridge-terrorist-to-be-given-top-british-honour/.

61 Couvelaire, Louise. »After the Conflans attack, many imams condemn the assassination of Samuel Paty«. *Le Monde.* 19. Oktober 2020. https://www.lemonde.fr/societe/article/2020/10/19/apres-l-attentat-de-conflans-de-nombreux-imams-condamnent-l-assassinat-de-samuel-paty_6056566_3224.html.

62 In Großbritannien erklärten z. B. 84 % der Muslime, es sei »immer falsch«, »gewaltsamen Extremismus zum Protest gegen Dinge einzusetzen, die man für sehr unfair oder ungerecht hält«. Bei den Christen lag der Wert bei 88 %. Bei genauerer Nachfrage zu religiös begründeter Gewalt äußerten sich sogar mehr Muslime ablehnend. 92 % sagten, es sei »immer falsch«, »gewaltsamen Extremismus im Namen einer Religion zu benutzen, um zu protestieren oder ein Ziel zu erreichen«.

63 Mueller, John und Mark G. Stewart. »Terrorism and Bathtubs: Comparing and Assessing the Risks«. *Terrorism and Political Violence* 33, 1 (2021): 138–163. https://doi.org/10.1080/09546553.2018.1530662.

KAPITEL 9
Demografie ist kein Schicksal

1 Roberts, Sam. »Minorities in US set to become majority by 2042«. *The New York Times.* 14. August 2008. https://www.nytimes.com/2008/08/14/world/americas/14iht-census.1.15284537.html.

2 Poston, Dudley. »The U.S. White Majority Will Soon Disappear Forever«. *Houston Chronicle.* 30. April 2019. https://www.houstonchronicle.com/local/gray-matters/article/The-US-white-majority-will-soon-disappear-forever-13806738.php.

3 Mohan, Pavithra. »How the end of the white majority could change office dynamics in 2040«. *Fast Company.* 27. Januar 2020. https://www.fastcompany.com/90450018/how-the-end-of-the-white-majority-could-change-office-dynamics-in-2040.

4 Nachdem »weiße Hispanics« in diesen Projektionen als sogenannte People of Color gelten, werden auch Millionen von Menschen mit vollständig oder überwiegend europäischer Abstammung in diese Kategorie eingeordnet. Die einzige Gruppe, die fast vollständig aus dieser Gruppe ausgeschlossen wird, sind die Araber, die als Weiße gelten, obwohl die meisten aus Asien stammen. (Da es aber auch in Südamerika einige Araber gibt und ein paar von ihnen von dort aus nach Nordamerika eingewandert sind, müsste eine sehr kleine Zahl von Arabern im Prinzip als »People of Color« eingeordnet werden.)

5 Vgl. Onishi, Norimitsu. »The Man Behind a Toxic Slogan Promoting White Supremacy«. *The New York Times.* 20. September 2019. https://www.nytimes.com/2019/09/20/world/europe/renaud-camus-great-replacement.html; Sayare, Scott. »French Provocateur Enters Battle Over Comments«. *The New York Times.* 11. Februar 2011. https://www.nytimes.com/2011/02/12/world/europe/12zemmour.html.

6 Vgl. Charlton, Lauretta. »What Is the Great Replacement?« *The New York Times.* 6. August 2019. https://www.nytimes.com/2019/08/06/us/politics/grand-replacement-explainer.html; Bowles, Nellie. »›Replacement Theory,‹ a Racist, Sexist Doctrine, Spreads in Far-Right Circles«. *The New York Times.* 18. März 2019. https://www.nytimes.com/2019/03/18/technology/replacement-theory.html.

7 Dies ist keine vollständige Liste aller relevanten Faktoren. Die Lebenserwartung und das Alter, in dem Menschen Kinder bekommen, beeinflussen derartige Modellierungen ebenfalls.

8 »22 % of Americans Have a Relative in a Mixed-Race Marriage«. *Pew Research Center.* 14. März 2006. https://www.pewresearch.org/social-trends/2006/03/14/guess-whos-coming-to-dinner/.

9 Parker, Kim, Juliana Menasce Horowitz, Rich Morin und Mark Hugo Lopez. »Multiracial in America«. *Pew Research Center.* 11. Juni 2015. https://www.pewresearch.org/social-trends/2015/06/11/multiracial-in-america/.

10 Livingston, Gretchen und Anna Brown. »Intermarriage in the US. 50 years after Loving v. Virginia«. *Pew Research Center.* 18. Mai 2017. https://www.pewresearch.

org/social-trends/2017/05/18/intermarriage-in-the-u-s-50-years-after-loving-v-virginia. Während die Ablehnung von rassenübergreifenden Ehen früher bei Weißen am stärksten war, ist sie es heute bei den Afroamerikanern. Nach Auskunft des Pew Research Center, lag die Chance bei schwarzen Befragten doppelt so hoch wie bei Weißen, dass sie angaben, es sei »allgemein schlecht«, wenn Menschen verschiedener »Rassen« heiraten. Livingston, Gretchen und Anna Brown. »2. Public Views on Intermarriage«. *Pew Research Center.* 18. Mai 2017. https://www.pewresearch.org/social-trends/2017/05/18/2-public-views-on-intermarriage/#americans-are-now-much-more-open-to-the-idea-of-a-close-relative-marrying-someone-of-a-different- race.

11 Livingston, Gretchen. »The rise of multiracial and multiethnic babies in the U.S.«. *Pew Research Center.* 6. Juni 2017. https://www.pewresearch.org/fact-tank/2017/06/06/the-rise-of-multiracial-and-multiethnic-babies-in-the-u-s/.

12 Livingston, Gretchen und Anna Brown. »Intermarriage in the US. 50 years after Loving v. Virginia«. *Pew Research Center.* 18. Mai 2017. https://www.pewresearch.org/social-trends/2017/05/18/intermarriage-in-the-u-s-50-years-after-loving-v-virginia.

13 Telles, Edward Eric und Vilma Ortiz. *Generations of Exclusion: Mexican Americans, Assimilation, and Race* (New York: Russell Sage Foundation, 2008): 281.

14 Alba, Richard. »The Likely Persistence of a White Majority«. *The American Prospect.* 11. Januar 2016. https://prospect.org/civil-rights/likely-persistence-white-majority/. Vgl. auch den ausgezeichneten detaillierten Bericht des Pew Charitable Trust: Parker, Kim, Juliana Menasce Horowitz, Rich Morin und Mark Hugo Lopez. »Multiracial in America«. *Pew Research Center.* 11. Juni 2015. https://www.pewresearch.org/social-trends/2015/06/11/multiracial-in-america/.

Die einzige erkennbare Ausnahme sind Kinder mit gemischter Herkunft, die einen schwarzen Elternteil haben. Während Amerikaner mit einem asiatischen Anteil höchstwahrscheinlich angeben, sie hätten mehr Gemeinsamkeiten mit Weißen (vgl. Alba, Richard. »The Likely Persistence of a White Majority«. *The American Prospect.* 11. Januar 2016. https://prospect.org/civil-rights/likely-persistence-white-majority/), zeigt Pew, dass Amerikaner mit afrikanischen Vorfahren »have a set of experiences, attitudes and social interactions that are much more closely aligned with the black community«. (Parker, Kim, Juliana Menasce Horowitz, Rich Morin und Mark Hugo Lopez. »Multiracial in America«. *Pew Research Center.* 11. Juni 2015. https://www.pewresearch.org/social-trends/2015/06/11/multiracial-in-america/).

Das sollte uns nicht überraschen, nachdem Sklaven in der Vergangenheit als schwarz galten und der Bürgerrechte beraubt wurden, selbst wenn nur einer von vier Großeltern schwarz war. Dieses Erbe lebt in den amerikanischen Vorstellungen darüber, wer als schwarz gilt, weiter.

Es wäre aber ein Fehler, in anderen ethnischen Gruppen einen ähnlich großen Einfluss des »one drop rule« zu vermuten. Die Projektionen des Census Bureau irren ganz einfach, wenn sie als selbstverständlich voraussetzen, dass die historische Erfahrung der Afroamerikaner Aussagen über das künftige Verhalten der meisten Amerikaner mit gemischter Herkunft zulasse.

15 Stepler, Renne und Anna Brown. »2014, Hispanics in the United States Statistical Portrait«. *Pew Research Center.* 19. April 2016. https://www.pewresearch.org/hispanic/2016/04/19/2014-statistical-information-on-hispanics-in-united-states/.

16 Colby, Sandra L. und Jennifer M. Ortman. »Projections of the Size and Composition of the U.S. Population: 2014 to 2060«. Current Population Reports, P2–51143. *United States Census Bureau.* März 2015. https://www.census.gov/content/dam/Census/library/publications/2015/demo/p25–1143.pdf.

17 Vgl. Colby, Sandra L. und Jennifer M. Ortman. »Projections of the Size and Composition of the U.S. Population: 2014 to 2060«. Current Population Reports, P25–1143. *United States Census Bureau.* März 2015: 9, Tabelle 2. https://www.census.gov/content/dam/Census/library/publications/2015/demo/p25-1143.pdf. Nach Aussage der Projektion wird es 2060 285 Millionen Weiße im Land geben, davon 182 Millionen Nicht-Hispanics. Vgl. Tavernise, Sabrina, Tariro Mzezewa und Giulia Heyward. »Behind the Surprising Jump in Multiracial Americans, Several Theories«. *The New York Times.* 13. August 2021. https://www.nytimes.com/2021/08/13/us/census-multiracial-identity.html. Vgl. auch Tavernise, Sabrina und Robert Gebeloff. »Census Shows Sharply Growing Numbers of Hispanic, Asian and Multiracial Americans«. *The New York Times.* 12. August 2021. https://www.nytimes.com/2021/08/12/us/us-census-population-growth-diversity.html.

18 Lopez, Ian Hany und Tory Gavito. »This Is How Biden Should Approach the Latino Vote«. *The New York Times.* 18. September 2020. https://www.nytimes.com/2020/09/18/opinion/biden-latino-vote-strategy.html.

19 Colby, Sandra L. und Jennifer M. Ortman. »Projections of the Size and Composition of the U.S. Population: 2014 to 2060«. Current Population Reports, P25–1143. *United States Census Bureau.* März 2015. https://www.census.gov/content/dam/Census/library/publications/2015/demo/p25–1143.pdf.

20 Im Vergleich haben Weiße ein Durchschnittseinkommen von 76057 Dollar. (Vgl. Wilson, Valerie. »Racial disparities in income and poverty remain largely unchanged amid strong income growth in 2010«. *Economic Policy Institute.* 16. September 2020. https://www.epi.org/blog/racial-disparities-in-income-and-poverty- remain-largely-unchanged-amid-strong-income-growth-in-2019/.

Budiman, Abby. »Koreans in the U.S. Fact Sheet.« *Pew Research Center.* 29. April 2021. https://www.pewresearch.org/social-trends/fact-sheet/asian-americans-koreans-in-the-u-s/.

Budiman, Abby. »Chinese in the U.S. Fact Sheet.« *Pew Research Center.* 20. April 2021. https://www.pewresearch.org/social-trends/fact-sheet/asian-americans-chinese-in-the-u-s/.

Budiman, Abby. »Indians in the U.S. Fact Sheet.« *Pew Research Center.* 29. April 2021.https://www.pewresearch.org/social-trends/fact-sheet/asian-americans-indians-in-the-u-s/.

21 Nach Auskunft des Bureau of Labor Statistics hatten asiatische Frauen über 16 Jahren ein durchschnittliches Wocheneinkommen von 1134 Dollar. Bei weißen Männern über 16 Jahren lag das durchschnittliche Wocheneinkommen bei 1118 Dollar. »Usual Weekly Earnings of Wage and Salary Workers: First Quarter 2021«. *Bureau of Labor Statistics.* Tabelle 3. https://www.bls.gov/news.release/pdf/wkyeng.pdf.

22 Budiman, Abby und Neil G. Ruiz. »Key facts about Asian Americans, a diverse and growing population«. *Pew Research Center.* 29. April 2021. https://www.pewresearch.org/fact-tank/2021/04/29/key-facts-about-asian-americans/.

23 »Admissions Statistics«. *Harvard College.* https://college.harvard.edu/admissions/admissions-statistics.. Zugriff 27. September 2021; und »UC Berkeley Fall Enrollment Data for New Undergraduates«. *UC Berkeley.* https://opa.berkeley.edu/uc-berkeley- fall- enrollment- data-new-undergraduates. . Zugriff am 27. September 2021. (41,8 % der Studierenden ohne Abschluss sind asiatischer Herkunft, 11,8 Prozent kommen aus dem Ausland, darunter vermutlich einige Chinesen. 4,2 % der Studierenden machten keine Angaben über die Herkunft.)

24 Im Herbst 2020 führte ich auf Twitter eine informelle Umfrage durch. Ich betonte, dass ich weiße Hispanics in die Frage einschloss, und fragte, wie hoch wohl nach Auskunft des United States Census Bureau der Anteil der Weißen 2060 sein würde. Mehr als 70 % antworteten, bei dieser Definition wäre es weniger als die Hälfte. Weniger als 5 % gaben die richtige Antwort: In 40 Jahren werden mehr als zwei Drittel der Amerikaner Weiße sein.

Das Ergebnis dieser Umfrage ist natürlich absolut nicht repräsentativ und sagt überhaupt nichts darüber aus, was durchschnittliche Amerikaner über diese Frage denken. Doch nachdem Leute, die einem Politologen in den sozialen Medien folgen und ihre Wochenenden damit zubringen, an Umfragen über die künftige demografische Zusammensetzung der Bevölkerung ihres Landes teilzunehmen, möglicherweise doch stärker politisch engagiert sind, macht das Ergebnis eine interessante Aussage darüber, wie falsch ein Großteil der politischen Klasse Amerikas das eigene Land wahrnimmt.

25 Vgl. Wolf, Richard. »Timeline: Same-sex marriage through the years«. *USA Today.* 24. Juni 2015. https://www.usatoday.com/story/news/politics/2015/06/24/same-sex-marriage-timeline/29173703/ und Associated Press. »Voters pass all 11 bans on gay marriage«. *NBC.* 1. November 2004. https://www.nbcnews.com/id/wbna6383353.

26 Associated Press. »Bush edges Kerry in ›regular guy‹ poll«. *NBC.* 26. Mai 2004. https://www.nbcnews.com/id/wbna5067874.

27 Judis, John B. und Ruy A Teixeira. *The Emerging Democratic Majority* (New York: Scribner, 2002).

28 Judis, John B. und Ruy A Teixeira. *The Emerging Democratic Majority* (New York: Scribner, 2002): 35.

29 Kuhn, David Paul. »Exit polls: How Obama Won«. *Politico.* 5. November 2008. https://www.politico.com/story/2008/11/exit-polls-how-obama-won-015297.

30 Für einige linke Aktivisten barg die Idee einer unvermeidlichen demografischen Mehrheit auch noch ein zweites Versprechen: Wenn die Demokraten eine breite Koalition eingehen mussten, um Wahlen zu gewinnen, wie es Wahlkampfstrategen lange Zeit angenommen hatten, würden progressive Politiker einige harte Kompromisse machen müssen. Da viele ihrer politischen Ziele in der weißen Arbeiterklasse auf große Ablehnung stoßen – und diese Wählergruppe macht traditionell den größten Teil der Parteibasis aus –, dann entsteht immer eine Spannung zwischen reiner Lehre und Wahltaktik.
Die Theorie der unausweichlichen demografischen Mehrheit schien die Demokraten von derartigen Einschränkungen zu befreien. Damit wäre es nicht nur prinzipiell richtig, ein grundsätzlich progressives Parteiprogramm zu vertreten, sondern auch der offensichtliche Weg, die Wählerkoalition der Zukunft zu schmieden.

31 Publius Decius Mus (Michael Anton). »The Flight 93 Election«. *Claremont Review of Books*. 5. September 2016. https://claremontreviewofbooks.com/digital/the-flight-93-election/.

32 Pengelly, Martin. »Trump predicts demographics make 2016 ›last election Republicans can win‹«. *The Guardian*. 9. September 2016. https://www.theguardian.com/us-news/2016/sep/09/trump-demographics-2016-election-republicans-can-win.

33 Khalid, Asma. »The 270 Project: Try To Predict Who Will Win The Election«. *NPR*. 30. Juni 2016. https://www.npr.org/2016/06/30/483687093/the-270-project-try-to-predict-who-will-win-the-election. Vox formulierte es noch stärker: »There are simply not enough struggling, resentful, xenophobic white people in the US to constitute a national majority sufficient to win a presidential election«. (Roberts, David. »Why I still believe Donald Trump will never by president«. *Vox*. 30. Januar 2016. https://www.vox.com/2016/1/30/10873476/donald-trump-never-president).

34 Die demografischen Kräfte, die Obama zum Sieg verholfen hatten, so sagte Teixeira in einem triumphierenden Wahlbericht im März 2009 voraus, würden sich in den kommenden Jahren noch verstärken. Er zitierte das Census Bureau und wies darauf hin, dass sich die Mehrheitsverhältnisse in den Vereinigten Staaten bis 2042 umkehren würden. Und diese günstigen demografischen Trends, so argumentierte er, würden sich vor allem in den Bundesstaaten auswirken, die für die Präsidentschaftswahlen eine entscheidende Bedeutung haben. Speziell Michigan und Pennsylvania würden bald durch eine neue »progressive Dominanz« geprägt sein. Tatsächlich holte Trump ausgerechnet in diesen Bundesstaaten seinen Sieg. (Vgl. Teixeira, Ruy. »Twenty Years of Demographic, Geographic, and Attitudinal Changes Across the Country Herald a New Progressive Majority«. *Center for American Progress*. 11. März 2009. 20. https://www.americanprogress.org/issues/democracy/reports/2009/03/11/5783/new-progressive-america/).

35 Cohn, Nate. »How the Obama Coalition Crumbled, Leaving an Opening for Trump«. *The New York Times*. 23. Dezember 2016. https://www.nytimes.com/2016/12/23/upshot/how-the-obama-coalition-crumbled-leaving-an-opening-for-trump.html.

36 Teixeira, Ruy. »Democrats Can't Rely on Demographics Alone«. *Persuasion*. 4. Juni 2021. https://www.persuasion.community/p/demography-is-not-destiny.

37 Sherman, Mark. »Electoral College makes it official: Biden won, Trump lost«. *AP News*. 14. Dezember 2020. https://apnews.com/article/joe-biden-270-electoral-college-vote-d429ef97af2bf574d16463384dc7cc1e.

38 Vgl. Cohn, Nate. »Why Rising Diversity Might Not Help Democrats as Much as They Hope.«. *The New York Times*. 4. Mai 2021. https://www.nytimes.com/ 2021/05/04/us/census-news-republicans-democrats.html; Teixeira, Ruy: »Democrats Can't Rely on Demographics Alone«. *Persuasion*. 4. Juni 2021. https://www.persuasion.community/p/democrats-cant-rely-on-demographics.

39 Vgl. z. B. »Understanding The 2020 Electorate: AP VoteCast Survey«. *NPR*. 21. Mai 2021. https://www.npr.org/2020/11/03/929478378/understanding-the- 2020-electorate-ap-votecast-survey; Fadel, Leila. »Majority Of Muslims Voted For Biden, But Trump Got More Support Than He Did In 2016«. *NPR*. 4. Dezember 2020. https://www.npr.org/2020/12/04/942262760/majority-of-muslims-voted-for-biden-but-trump-got-more-not-less-support; Collins, Sean. »Trump made gains with Black voters in some states. Here's why«. *Vox*. 4. November 2020. https://www.vox.com/2020/11/4/21537966/trump-black-voters-exit-polls; »An examination of the 2016 electorate, based on validated voters«. *Pew Research Center*. 9. August 2018. https://www.pewresearch.org/politics/2018/08/09/an-examination-of-the-2016-electorate-based-on-validated-voters/.

40 Narea, Nicole. »How Latinos in Miami-Dade County helped Trump win Florida«. *Vox*. 3. November 2020. https://www.vox.com/policy-and-politics/2020/11/3/21548510/florida-miami-dade-latinos-cuba.

41 Collins, Keith et al. »Hispanic Voters Deliver a Texas Win for Trump«. *The New York Times*. 10. November 2020. https://www.nytimes.com/interactive/2020/11/05/us/texas-election- results.html.

42 Vgl. z. B. Martin, Jose Maria. »Literature Review: Corruption And One-Party Dominance«. *Transparency International*. 29. Mai 2015. https://knowledgehub.transparency.org/assets/uploads/helpdesk/Corruption_and_one-party_dominance_2015.pdf.

43 Obama, Barack. »Keynote Address at the 2004 Democratic National Convention«. 27. Juli 2004. https://web.archive.org/web/20080403144623/http://www.barackobama.com/2004/07/27/keynote_address_at_the_2004_de.php.

44 Es gibt noch ein zweites Problem mit dieser angeblichen Utopie. Selbst wenn die Definitionen des United States Census Bureau sich als richtig erweisen und die Enkel von Cameron Diaz, Martin Sheen und Snooki sich in vierzig Jahren immer noch brav als »People of Color« verstehen, wird das »weiße« Amerika immer noch fast die Hälfte der Bevölkerung stellen. Und selbst wenn diese Gruppe dann jede Wahl verlieren sollte, wird sie nach wie vor sehr mächtig sein. Mag sein, dass sie nicht mehr in der Lage ist, dem Rest der Bevölkerung ihren Willen aufzuzwingen, aber sie wird sicher fähig sein, der aufsteigenden Mehrheit auf vielerlei Weise das Leben schwer zu machen.

45 Alba, Richard D. *The Great Demographic Illusion: Majority, Minority, and the Expanding American Mainstream* (Princeton: Princeton University Press, 2020).

46 Pancevski, Bojan. »Immigrants and Their Children Shift Towards Center-Right in Germany«. *Wall Street Journal.* 9. Februar 2021. https://www.wsj.com/articles/immigrants-and-their-children-shift-toward-center-right-in-germany-11612872336.

47 Craig, Maureen A. und Jennifer A. Richeson. »On the Precipice of a ›Majority-Minority‹ America: Perceived Status Threat From the Racial Demographic Shift Affects White Americans' Political Ideology«. *Association for Psychological Science.* 25, 6 (2014): 1189–1197. http://dx.doi.org/10.1177/0956797614527113.

KAPITEL 10
Wie die Politik helfen kann

1 Vgl. z. B. die »deep story« in Hochschild, Arlie Russell. *Strangers in Their Own Land: Anger and Mourning on the American Right* (New York: The New Press, 2018).

2 Cigainero, Jake. »Who Are France's Yellow Vest Protesters, And What Do They Want?« *NPR.* 3. Dezember 2018. https://www.npr.org/2018/12/03/672862353/who-are-frances-yellow-vest-protesters-and-what-do-they-want.

3 Bradley, Matt, Mac William Bishop und Marguerite Ward. »›Yellow vests‹ find support among France's far-right and far-left – but can they win votes?« *NBC.* 26. Februar 2019. https://www.nbcnews.com/news/world/yellow-vests-find-support-among- france-s-far-right-far-n976021.

4 »Yellow vest protests: More than 100 arrested as violence returns to Paris«. *BBC.* 16. November 2019. https://www.bbc.com/news/world-europe-50447733.

5 Vgl. Kantor, Alice. »Why are France's yellow vest protests so white?« *Al Jazeera.* 28. Januar 2019. https://www.aljazeera.com/features/2019/1/28/why-are-frances-yellow-vest-protests-so-white; Nossiter, Adam. »Anti-Semitic Taunts by Yellow Vests Prompt French Soul-Searching«. *The New York Times.* 18. Februar 2019. https://www.nytimes.com/2019/02/18/world/europe/france-antisemitism-yellow-vests-alain-finkielkraut.html.

6 Die subtilste Erklärung dieser These findet sich bei Scott, James. *Against the Grain: A Deep History of the Earliest States* (New Haven: Yale University Press, 2017).

7 Das wurde von »Humanitarians of Tinder« karikiert, einer Website, die Fotografien darbietet, die den Nutzerprofilen der namengebenden Dating-App entnommen sind. Vgl. *Humanitarians of Tinder.* https://humanitariansoftinder.com.

8 Vgl. Funke, Manuel, Moritz Schularick und Christoph Trebesch. »Going to Extremes: Politics after Financial Crisis, 1870 – 2014«. CESifo Working Paper No. 5553. *Center for Economic Studies and Ifo Institute.* Oktober 2015: 2. https://www.statewatch.org/media/documents/news/ 2015/oct/financial-crises-cesifo-wp-5553.pdf.

9 Funke, Manuel, Moritz Schularick und Christoph Trebesch. »Going to Extremes:

Politics after Financial Crisis, 1870–2014 «. CESifo Working Paper No. 5553. *Center for Economic Studies and Ifo Institute.* Oktober 2015: 35. https://www.statewatch.org/media/documents/news/2015/oct/financial-crises-cesifo-wp-5553.pdf.

10 Ambrosino, Brandon. »What the world values, in one chart«. *Vox.* 29. Dezember 2014. https://www.vox.com/2014/12/29/7461009/culture-values-world-inglehart-welzel.

11 Friedman, Benjamin M. *The Moral Consequences of Economic Growth* (New York: Alfred A. Knopf, 2005): 4.

12 Rappeport, Alan und Liz Alderman. »Yellen Aims to Win Support for Global Tax Deal«. *The New York Times.* 2. Juni 2021. https://www.nytimes.com/2021/06/02/us/politics/yellen-global-tax.html; Rappeport, Alan. »Global Tax Deal Reached among G7 Nations«. The New York Times. 11. Juni 2021. https://www.nytimes.com/2021/06/05/us/politics/g7-global-minimum-tax.html. https://www.nytimes.com/2021/06/05/us/politics/g7-global-minimum-tax.html.

13 Scheiber, Noam. »The Biden Team Wants to Transform the Economy. Really«. *The New York Times.* 11. Februar 2021. https://www.nytimes.com/2021/02/11/magazine/biden-economy.html.

14 Eine einflussreiche philosophische Rechtfertigung des voraussetzungslosen Grundeinkommens findet sich bei Parijs, Philippe van. *Real Freedom for All: What (if anything) can justify capitalism?* (Oxford: Oxford University Press, 1997). Zur Diskussion jüngerer Versuche, es einzuführen, vgl. Samuel, Sigal. »Guaranteed income is graduating from charity to public policy«. *Vox.* 3. Juni 2021. https://www.vox.com/future-perfect/2021/6/3/22463776/guaranteed-universal-basic-income-charity- policy.

15 Vor allem würde dies das wirtschaftliche Wachstum der gesamten Gesellschaft fördern und diversen Demokratien die Wachstumsraten und Steuereinnahmen bringen, die sie brauchen, um ihren Bürgern einen sicheren Wohlstand zu bieten.

16 Rich, Motoko, Amanda Cox und Matthew Bloch. »Money, Race and Success: How Your School District Compares«. *The New York Times.* 29. April 2016. https://www.nytimes.com/interactive/2016/04/29/upshot/money-race-and-success-how-your-school-district-compares.html.

17 Die Biden-Administration hat 20 Milliarden Dollar vorgeschlagen, um die Ungleichheit zwischen armen und reichen Bezirken auszugleichen. Vgl. Carey, Kevin. »Rich Schools, Poor Schools and a Biden Plan«. *New York Times.* 9. Juni 2021. https://www.nytimes.com/2021/06/09/upshot/biden-school-funding.html. Einen Überblick über das Problem ungleicher Schulressourcen und eine Reihe Vorschläge, wie man es lösen könnte, bringen Martin Carmel, Ulrich Boser, Meg Benner und Perpetual Baffour. »A Quality Approach to School Funding: Lessons Learned from School Finance Litigation«. *Center for American Progress.* 13. November 2018. https://www.americanprogress.org/issues/education-k-12/reports/2018/11/13/460397/quality- approach-school-funding. Wenn die Schulen eine gleichmäßigere Qualität aufweisen würden, wäre dies auch ein Beitrag, um die wichtigsten

Ziele im Hinblick auf eine integrative Bildungs- und Wohnungspolitik zu erreichen. Denn damit wären die Anreize für wohlhabende Weiße verringert, in reichere Gegenden zu ziehen, sobald ihre Kinder ins Schulalter kommen.

18 Vgl. z. B. Skocpol, Theda. »Universal Appeal«. *The Brookings Review* 9, 3 (1991): 28; Skocpol, Theda. »Targeting Within Universalism: Politically Viable Policies to Combat Poverty in the United States«. In: *The Urban Underclass*. Hg. v. Christopher Jencks und Paul E. Peterson (Washington, DC: The Brookings Institution, 1991): 411–436.

19 Sawhill, Isabel und Richard V. Reeves. »The case for ›race-conscious‹ policies«. *Brookings*. 4. Februar 2016. https://www.brookings.edu/blog/social-mobility-memos/2016/02/04/the-case-for-race-conscious-policies/.

20 »Civil Rights, Fair Lending And Consumer Rights Organizations Urge A More Race-Conscious CRA«. *National Community Reinvestment Coalition*. 16. Februar 2021. https://ncrc.org/civil-rights-fair-lending-and-consumer-rights-organizations-urge-a-more-race-conscious-cra/.

21 Vgl. Stanley Becker, Isaac und Lena H. Sun. »Aiming for fairness in the coronavirus fight«. *The Washington Post*. 20. Dezember 2020. https://www-proquest-com.proxy1.library.jhu.edu/docview/2471223244/4076CC5D82404FB5PQ/1?accountid=11752 ; Yascha Mounk. »Why I'm Losing Trust in the Institutions«. *Persuasion*. 23. Dezember 2020. https://www.persuasion.community/p/why-im-losing-trust-in-the-institutions.

22 @WhiteHouse. »Our priority will be Black, Latino, Asian, and Native American owned small businesses, women-owned businesses, and finally having equal access to resources needed to re-open and re-build«. @WhiteHouse, *Twitter*. 10. Januar 2021. https://twitter.com/WhiteHouse/status/1348403213200990209.

23 Associated Press. »Court rules against Biden administration's use of race, sex to allocated COVID-19 aid«. *The Oregonian*. 28. Mai 2021. https://www.oregonlive.com/business/ 2021/05/court-rules-against-using-race-sex-to-allocate-federal-aid.html. Vgl. auch Jilani, Zaid. »What's Race Got to Do With It?«. *Persuasion*. 10. Mai 2021. https://www.persuasion.community/p/whats-race-got-to-do-with-it.

24 Ford, Robert und Anouk Kootstra. »Do white voters support welfare policies targeted at ethnic minorities? Experimental evidence from Britain«. *Journal of Ethnic and Migration Studies* 43, 1 (2017): 80-101, hier: 97.

25 Ford, Robert und Anouk Kootstra. »Do white voters support welfare policies targeted at ethnic minorities? Experimental evidence from Britain«. *Journal of Ethnic and Migration Studies* 43, 1 (2017): 80-101, hier: 97.

26 Ford, Robert und Anouk Kootstra. »Do white voters support welfare policies targeted at ethnic minorities? Experimental evidence from Britain«. *Journal of Ethnic and Migration Studies* 43, 1 (2017): 80-101, hier: 85.

27 Ford, Robert und Anouk Kootstra. »Do white voters support welfare policies targeted at ethnic minorities? Experimental evidence from Britain«. *Journal of Ethnic and Migration Studies* 43, 1 (2017): 80-101, hier: 87.

28 Vgl. z.B. Novicoff, Marc. »Stop marketing race-blind policies as racial equity initiatives«. *Slow Boring*. 20 Februar 2020. http://slowboring.com/p/race-blind-policies-racial-equity und Lindsey, Brink. »Moderation In Pursuit of Social Justice Is an Indispensable Virtue«. *Niskanen Center.* 20. April 2021. https://www.niskanencenter.org/moderation-in-pursuit-of-social-justice-is-an-indispensable-virtue/.

29 English, Micah und Joshua L. Kalla. »Racial Equality Frames and Public Policy Support: Survey Experimental Evidence«. *OSF Reprints.* 26. April 2020. https://doi.org/10.31219/osf.io/tdkf3.

30 English, Micah und Joshua L. Kalla. »Racial Equality Frames and Public Policy Support: Survey Experimental Evidence«. *OSF Reprints.* 26. April 2020: 1. https://doi.org/10.31219/osf.io/tdkf3.

31 Vgl. Tabelle A4 and Tabelle A5 bei English, Micah und Joshua L. Kalla. »Racial Equality Frames and Public Policy Support: Survey Experimental Evidence«. *OSF Reprints.* 26. April 2020. https://doi.org/10.31219/osf.io/tdkf3.

Zahlreiche andere Umfragen und Studien kommen zum selben Ergebnis. Eine linke Umfrageplattform bekam auf den allgemeinen Vorschlag, den Bau von Mehrfamilienhäusern zu erleichtern, starke Zustimmung. Zahlreiche Wähler stimmten einer Politik zu, deren Ziel es ist, »wirtschaftliches Wachstum zu fördern, weil mehr Menschen in wohlhabende Gegenden mit guten Jobs ziehen können«. Versah man dieselbe Politik jedoch mit einer ausdrücklichen rassebewussten Begründung, sank die Unterstützung merklich. Sobald man den Befragten sagte, eine solche Politik sei eine »Sache der Rassengerechtigkeit«, weil die bisherigen Regeln »Amerikas System der Rassentrennung zementieren und schwarze Amerikaner von wirtschaftlichen Möglichkeiten ausschließe«, stieg der Widerstand sowohl bei Anhängern der Demokraten als auch der Republikaner. Vgl. Demsas, Jerusalem. »How to convince a NIMBY to build more housing«. *Vox.* 24. Februar 2021. https://www.vox.com/22297328/affordable-housing-nimby-housing-prices-rising-poll-data-for-progress.

32 Ein Beispiel für »rassebewusste« Politik, die nach hinten losging und der Gruppe schadete, die eigentlich gefördert werden sollte, findet sich bei Mounk, Yascha. »Why I'm Losing Trust in the Institutions«. *Persuasion.* 23. Dezember 2020. https://www.persuasion.community/p/why-im-losing-trust-in-the-institutions.

33 Einen der besten Berichte über Silvio Belusconis Aufstieg bringt Stille, Alexander. *The Sack of Rome: Media + Money + Celebrity = Power = Silvio Berlusconi* (New York: Penguin, 2007).

34 Fisher, Ian. »Berlusconi Changes Rules to His Benefit«. *The New York Times.* 15. Dezember 2005. https://www.nytimes.com/2005/12/15/world/europe/berlusconi-changes-rules-to-his-benefit.html.

35 »Italy moves to change electoral system«. *The New York Times.* 13. Oktober 2005. https://www.nytimes.com/2005/10/13/world/europe/italy-moves-to-change-electoral-system.html.

36 Povoledo, Elisabetta. »An overseas surprise for Berlusconi«. *The New York Times.* 13. April 2006. https://www.nytimes.com/2006/04/13/world/europe/an-overseas-surprise-for-berlusconi.html.

37 Deloy, Corinne. »The left wins both houses in Italian parliamentary elections in a ballot marked by much confusion and division in the country«. *Robert Schuman Fondation.* 12. April 2006. https://www.robert-schuman.eu/en/eem/0513-the-left-wins-both-houses-in-italian-parliamentary-elections-in-a-ballot-marked-by-much-confusion-and-division-in-the-country.

38 »Top court confirms Prodi's win in Italian election«. *The New York Times.* 19. April 2006. https://www.nytimes.com/2006/04/19/world/europe/top-court-confirms-prodis-win-in-italian-election.html.

39 Drutman, Lee. *Breaking the Two-Party Doom Loop: The Case for Multiparty Democracy in America* (New York: Oxford University Press USA, 2020). Zum Gesetzesvorschlag siehe »The Fair Representation Act«. *Fair Vote.* https://www.fairvote.org/fair_rep_in_congress#why_rcv_for_congress. Zugriff 26. September 2021.

40 Vgl. z. B. Jurecic, Quinta und Susan Hennessey. »The Reckless Race to Confirm Amy Coney Barrett Justifies Court Packing«. *The Atlantic*, 4. Oktober 2020. https://www.theatlantic.com/ideas/archive/2020/10/skeptic-case-court-packing/616607. Serwer, Adam. »The Supreme Court Is Helping Republicans Rig Elections«. *The Atlantic.* 22. Oktober 2020. https://www.theatlantic.com/ideas/archive/2020/10/dont-let-supreme-court-choose-its-own-electorate/616808. Im April 2021 brachten führende Demokraten, darunter Jerrold Nadler, Vorsitzender des Judiciary Committee, eine entsprechende Gesetzesvorlage im Kongress ein. Vgl. Hulse, Carl. »Democrats' Supreme Court Expansion Plan Draws Resistance«. *New York Times.* 15. April 2021. https://www.nytimes.com/ 2021/04/15/us/politics/democrats-supreme-court-expansion.html.

41 Beispiele für ein solches Scheitern finden sich zuhauf. Im Jahr 1950 brachte die American Political Science Association die bedeutendsten Wissenschaftler ihrer Zeit zusammen, um über die Probleme zu diskutieren, die die Institutionen der Vereinigten Staaten plagten. Der Bericht kam zu dem Schluss, dass das Land unter der Existenz zweier politischer Parteien ohne klares ideologisches Profil litt. Es wäre viel besser, so der Vorschlag, wenn Demokraten und Republikaner über die Schlüsselfragen ihrer Zeit unterschiedlichere Ansichten artikulierten.
Dieser Wunsch wurde in den folgenden Jahrzehnten erfüllt. Indem es den Amerikanern leichter gemacht wurde, Politiker zu wählen, die ihre wichtigsten Werte vertraten, hatte diese Veränderung zweifellos positive Effekte. Doch wie die letzten Jahre schmerzhaft gezeigt haben, entstanden so auch ganz neue Probleme. Heute ist die amerikanische Politik zutiefst polarisiert. Jede Wahl scheint noch schicksalhafter zu sein als die letzte. Die bedeutenden Wissenschaftler im Jahr 1950 waren so sehr mit den Problemen ihrer eigenen Zeit beschäftigt, dass sie die neuen Probleme erheblich unterschätzten, die die von ihnen favorisierten Veränderungen mit sich bringen würden.

Ein anderes lehrreiches Beispiel für die Schwierigkeit, die Wirkung von Institutionen vorherzusagen, ist der demokratische Wandel postkommunistischer Regime. Zahlreiche Arbeiten von Politologen zeigen, dass die politischen Systeme vieler mittel- und osteuropäischer Länder zutiefst von der Wahrnehmung ihrer Führer beeinflusst waren, welche Regeln ihnen am meisten nützen könnten. Trotzdem verloren die meisten dieser Führer sehr schnell ihre Macht. In einer sich rasant verändernden politischen Landschaft schadeten ihnen gerade jene institutionellen Merkmale, die ihnen hatten nützen sollen.

42 Vgl. z. B. Golshan, Tara. »The ›Hastert Rule,‹ the reason a DACA deal could fail in the House, explained«. *Vox*. 24. Januar 2018. https://www.vox.com/policy-and-politics/2018/1/24/16916898/hastert-rule-daca-could-fail-house-ryan; Yascha Mounk. »The Rise of McPolitics«. *The New Yorker*. 2. Juli 2018. https://www.newyorker.com/magazine/2018/07/02/the-rise-of-mcpolitics.

43 Whittle, Patrick. »Maine's ranked choice voting rules and procedures, explained«. *AP News*. 2. November 2020. https://apnews.com/article/election-2020-senate-elections-voting-maine-united-states-355f2859cf5dabf25bb0bb953f9c66bd.

44 »How California's ›Jungle Primary‹ System Works«. *NPR*. 5. Juni 2018. https://www.npr.org/2018/06/05/617250124/how-californias-jungle-primary-system-works.

45 Eine weitere vorgeschlagene Reform, um die Bipolarität der amerikanischen Parteienlandschaft zu verändern, besteht in der Einführung von »multi-member districts«, die es angeblich dritten Parteien erleichtern würden, in den Kongress einzuziehen. Damit wäre eine Art Verhältniswahlrecht in den USA eingeführt, ohne dass man die Verfassung ändern müsste. Eine Auseinandersetzung damit findet sich in »Two Cheers for Two Parties«. *Intelligence² Debates*. 13. Februar 2020. https://www.intelligencesquaredus.org/debates/two-cheers-two-parties.

46 Connor, Phillip und Jens Manuel Krogstad. »Many worldwide oppose more migration – both into and out of their countries«. *Pew Research Center*. 10. Dezember 2018. https://www.pewresearch.org/fact-tank/2018/12/10/many-worldwide-oppose-more-migration-both-into-and-out-of-their-countries/.

47 Galston, William A. »As Trump's zero-tolerance immigration policy backfires, Republicans are in jeopardy«. *Brookings*. 18. Juni 2018. https://www.brookings.edu/blog/fixgov/2018/06/18/trumps-zero-tolerance-immigration-policy-puts-republicans-in-jeopardy/.

48 Rose, Joel. »Despite Concerns About Border, Poll Finds Support For More Pathways To Citizenship«. *NPR*. 20. Mai 2021. https://www.npr.org/2021/05/20/998248764/despite-concerns-about-border-poll-finds-support-for-more-pathways-to-citizenship.

49 Gonzalez-Barrera, Ana und Phillip Connor. »Around the World, More Say Immigrants Are a Strength Than a Burden«. *Pew Research Center*. 14. März 2019. https://www.pewresearch.org/global/2019/03/14/around-the-world-more-say-immigrants-are-a-strength-than-a-burden/.

50 Lipka, Michael. »U.S. religious groups and their political leanings«. *Pew Research*

Center. 23. Februar 2016. https://www.pewresearch.org/fact-tank/2016/02/23/u-s-religious-groups-and-their-political-leanings/.

51 Vgl. Mason, Lilliana. *Uncivil Agreement: How Politics Became Our Identity* (University of Chicago Press, 2018).

52 Johnson, Ted. *When the Stars Begin to Fall: Overcoming racism and Renewing the Promise of America* (Chicago: University of Chicago Press, 2018).

53 Vgl. z. B. Lepore, Jill. *This America: The Case for the Nation* (New York: Liverlight, 2019) und Winthrop, Rebecca. »The need for civic education in 21st-century schools«. *Brookings.* 4. Juni 2020. https://www.brookings.edu/policy2020/bigideas/the-need-for-civic-education-in-21st-century-schools/.

54 Lind, Michael. *The New Class War: Savings Democracy from the Managerial Elite* (New York: Portfolio, 2020).

Zum Schluss

1 Vgl. z. B. Famighetti, Christopher und Darrick Hamilton. »The Great Recession, education, race, and homeownership«. *Economic Policy Institute.* 15. Mai 2019. https://www.epi.org/blog/the-great-recession-education-race-and-homeownership/; Logan, Amanda und Christian E. Weller. »The State of Minorities: The Recession Issue«. *Center for American Progress.* 16. Januar 2009. https://www.americanprogress.org/issues/race/news/2009/01/16/5482/the-state-of-minorities-the-recession-issue/.

2 Zurcher, Anthony. »The birth of the Obama ›birther‹ conspiracy«. *BBC.* 16. September 2016. https://www.bbc.com/news/election-us-2016-37391652.

3 Turner Lee, Nicol.»Where would racial progress in policing be without camera phones?« *Brookings.* 5. Juni 2020. https://www.brookings.edu/blog/fixgov/2020/06/05/where-would-racial-progress-in-policing-be-without-camera- phones/.

4 Stokes, Bruce und Kat Devlin. »Despite Rising Economic Confidence, Japanese See Best Days Behind Them and Say Children Face a Bleak Future – Chapter 3. Perceptions of immigrants, immigration and emigration«. *Pew Research Center.* 12. November 2018. https://www.pewresearch.org/global/2018/11/12/perceptions- of-immigrants-immigration-and-emigration/.

5 Vgl. Hassan, Marcos. »At 20, Manu Chao's ›Clandestino‹ Remains a Radical and Compassionate Work of Art«. *Remezcla.* 5. Oktober 2018. https://remezcla.com/features/music/manu-chao-clandestino-album-20th-anniversary/; Garsd, Jasmine. »This Week On Alt.Latino: Special Guest Manu Chao«. *NPR.* 8. September 2011: Minute 1:33–2:31. https://www.npr.org/sections/altlatino/2011/09/08/140257279/this-week-on-alt-latino-special-guest-manu-chao.

6 Vgl. Garsd, Jasmine. »This Week On Alt.Latino: Special Guest Manu Chao«. *NPR.* 8. September 2011. Minute 2:35-4:11. https://www.npr.org/sections/altlatino/2011/09/08/140257279/this-week-on-alt-latino-special-guest-manu-chao; Hassan, Mar-

cos. »At 20, Manu Chao's ›Clandestino‹ Remains a Radical and Compassionate Work of Art«. *Remezcla.* 5. Oktober 2018. https://remezcla.com/features/music/manu- chao-clandestino-album-20th-anniversary/.

7 Harrington, Richard. »Seeing the World Through Manu Chao's Eyes«. *Washington Post.* 22. Juni 2007. https://www.washingtonpost.com/wp-dyn/content/article/2007/06/21/AR2007062100690.html.
Wie Manu Chao dem *Guardian* berichtete, lernte er viel, indem er in der Pariser Metro Musik machte. »Die Menschen dort waren sehr eklektisch, kamen aus vielen Ländern und Kulturen. Wir konnten also alle Arten von Musik spielen, um all diese Leute zufriedenzustellen. Es war die perfekte Schule, um viele unterschiedliche Musikstile zu erlernen«. Garsd, Jasmine. »This Week On Alt.Latino: Special Guest Manu Chao«. *NPR.* 8. September 2011. https://www.npr.org/sections/altlatino/2011/09/08/140257279/this-week-on-alt-latino-special-guest-manu-chao.

8 Culshaw, Peter. »Clandestino: the story of Manu Chao's classic album«. *The Guardian.* 9. Mai 2013. https://www.theguardian.com/music/2013/may/09/manu- chao-clandestino-culshaw. *Clandestino* ist zwar das erste Album, das Chao unter seinem eigenen Namen veröffentlicht, aber er hat vorher schon einiges unter dem Pseudonym *Mano Negra* herausgebracht.

9 Chao, Manu. »El Desaparecido«. *Genius.* https://genius.com/Manu-chao-el-desaparecido-lyrics. Zugriff 6. Juni 2021.

YASCHA MOUNK

DER ZERFALL DER DEMOKRATIE

Wie der Populismus den Rechtsstaat bedroht

Die Demokratie steckt in einer tiefen Krise. Die Zahl der Protestwähler steigt, Populisten erstarken, traditionelle Parteiensysteme kollabieren. Klug und scharfsinnig untersucht der renommierte Politologe Yascha Mounk diesen alarmierenden Zustand.

»Klar und deutlich zeigt Mounk die komplexen Mittel der Zerstörung von Rechtsstaatlichkeit auf – und benennt Maßnahmen zu deren Rettung.« *Die Zeit*

»Mounks Buch mündet weder in Fatalismus noch in trotzigem Optimismus, sondern in konstruktiven Vorschlägen, die jeder Diskussion und jedes Engagements wert sind.« *Süddeutsche Zeitung*

»Eine brillante und aufrüttelnde Analyse unserer politisch aufgeheizten Gegenwart.« *Deutschlandfunk Kultur*

»Wir hatten vergessen, dass Volksherrschaft und Liberalismus nicht untrennbar sind. Yascha Mounk erinnert uns daran.« *Frankfurter Allgemeine Sonntagszeitung*